부보상을 아십니까

이훈섭 지음

負褓商의 四大綱領
勿妄言
勿悖行
勿淫亂
勿盜賊

鄕約의 四大綱領
德業相勸
禮俗相交
過失相規
患難相恤

부보상을 아십니까

© Lee, Hunsup 2005
Printed in Korea

머리말

부보상(負褓商)은 1392년 이성계 태조대왕이 하사한 명칭이고 보부상은 1925년 조선총독부에서 변조한 명칭이다. 그러므로 일제 식민 통치권력에 의거하여 변칭된 보부상을 조선왕조 이성계 태조가 하사한 부보상의 명칭으로 마땅히 되돌려 놓아야 한다. 일본이 갈아 끼워놓은 일본해를 본래의 동해(한국해)로 회복시켜야 하는 것과 마찬가지이다.

일제는 고종실록과 순종실록을 가감 삭제하여 편찬하였고 일성록(日省錄)을 첨삭 가감하여 우리의 역사를 가필 감필 곡필로서 왜곡 변조하였다. 창씨개명과 지명변조 등도 서슴지 않았다.

남북통일과 북남통일의 개념이 다르듯이 부보상과 보부상의 내재된 개념은 다르다. 부모(父母)를 모부(母父)로 할 수 없고 夫婦(부부)를 婦夫로 순서를 바꿀 수 없듯이 부보상을 보부상으로 변조할 수 없다.

일찍이 보부상을 파고 들어가다 보니 유통경제의 진기한 보배인 부보상이 가려져 있는 사실을 발견했다. 일제는 전통적으로 건재했던 부보상을 찌그러트려서 보부상으로 변조하여 천덕꾸러기로 전락시켜 놓았다. 부보상은 진통행상의 대명사이고 보부상은 천민의 대명사로 판박이되었던 것이다.

만일 조선왕조에서 부보상을 소중하게 여기지 않았더라면 국가 경제의 허리부분인 유통경제가 무너져서 518년 동안 왕조유지가 불가능했을 것이다. 지금도 시장경제가 무너지면 국민의 생활경영이 파산되게 마련이다.

우리는 오랜 세월 동안 유구한 전통을 가지고 창조적 활동으로 훌륭한 문화유산을 남기면서 스스로 운명을 개척해 온 뛰어난 민족이다. 그러므로 대한민국의 국민이 우리의 역사와 전통을 폄훼하는 작태는 유구한 역사와 전통에 빛나는 대한국민을 자랑한 헌법전문을 위반하는 것이므로 민족반역자이기를 자청하는 짓이다. 헌법 제9조에서 국가는 전통문화의 계승 발전과 민족문화의 창달에 노력하도록 되어 있다.

우리 동도(東道)의 전통은 각박한 세상의 사회갈등을 진정 정화시키어 정신적 삶을 풍요롭게 만드는 각성제이다. 전통적 사실을 덮어놓은 채 엉뚱한 자해적 응답을 주저하지 않는 것은 몰지각한 사람들이 저지르는 과오이다.

유통경제의 버팀목이었던 부보상의 처신덕목(處身德目 : 勿妄言 勿悖行 勿淫亂 勿盜賊)은 우리 대한의 역사와 전통을 드높이는 안전판이다. 부보상은 생산자와 소비자의 중간지대를 활동영역으로 삼는 행상(行商)인데 시장과 시장을 자전거 바퀴줄처럼 연결 운행시키는 장돌림인 동시에 시장의 영역에서 탈선하지 않는 올곧은 장돌뱅이로서 국민의 경제생활을 밑받침해 주는 주요 기능을 발휘하였다.

필자는 이 책을 통하여 독자에게 독후감을 강요할 수 없다. 독자의 마음대로 느끼게 할 뿐이다. 독자의 느낌이 필자와 이심전심으로 상통하면 그것으로 만족하게 된다.

세상에서 시작과 끝이 맞닿아 만들어내는 작품은 동그라미이다. 동그라미에는 씨눈과 핵심이 되는 중심점이 살아 있으므로 가장 아름답고 강력하다. 필자와 독자가 동그라미를 그려내게 되기를 염원한다. 선각자의 글귀를 이용하되 주석달기와 같은 딱딱한 격식을 생략했으니 양해를 구한다.

환기(桓紀) 9202년 (서기 2005년) 3월 3일
경영학박사 구당(構堂) 이 훈 섭   씀

차 례…부보상을 아십니까

머리말 / 3

제1부 부보상 · 한국의 전통행상

제1장 서 론
- ¤ 망부석 …… 12
- ¤ 부보상 …… 14
- ¤ 표기자료 …… 16

제2장 일제의 부보상 말살계략
- ¤ 강화도조약 …… 19
- ¤ 억상이간책략 …… 22
- ¤ 사농공상 …… 26
- ¤ 조선총독부 …… 28
- ¤ 조선사편수회 …… 30
- ¤ 이왕직장관 …… 34
- ¤ 동해변칭 …… 36

제3장 부보상과 조선왕조
- ¤ 여진격퇴 …… 40
- ¤ 오녀산성 …… 41

- ¤ 황산대첩 …… 45
- ¤ 위화도회군 …… 56
- ¤ 조선왕조 …… 63
- ¤ 석왕사 …… 65
- ¤ 유아부보상지인장 …… 66
- ¤ 군량미보급 …… 68
- ¤ 상병활동 …… 70
- ¤ 암행어사 …… 71
- ¤ 황국협회 …… 73
- ¤ 통신활동 …… 77

제4장 부보상의 행상문화

- ¤ 행색모습 …… 81
- ¤ 패랭이 …… 84
- ¤ 물미장 …… 88
- ¤ 신분증 …… 91
- ¤ 인사법 …… 93
- ¤ 바가지밟기 …… 97
- ¤ 환의풍습 …… 100
- ¤ 위상애당 …… 102
- ¤ 병구사장 …… 105

제5장 부보상의 조직 및 자치활동

- ¤ 청금록 …… 109
- ¤ 총회날 …… 111
- ¤ 총회장소 …… 113
- ¤ 접상선출 …… 117
- ¤ 공문제 …… 120

- ¤ 연회 …… 123
- ¤ 장문형 …… 126
- ¤ 사발통문 …… 130
- ¤ 비용조달 …… 133
- ¤ 임원책무 …… 137
- ¤ 처신강령 …… 141

제6장 조선왕조의 주요 중상주의 인물
- ¤ 토정 이지함 …… 145
- ¤ 율곡 이이 …… 148
- ¤ 효자 한순계 …… 152
- ¤ 충숙공 이용익 …… 155

제2부 부보상 사료역해

I. 완문류 (完文類)
- ¤ 新刱設 漢城府 完文 序 (1851년 7월) …… 162
- ¤ 備邊司의 忠淸道 庇仁負商廳 完文 (1879년 7월) …… 165
- ¤ 漢城府 完文 (1879년 9월) …… 168
- ¤ 右捕盜廳 完文 (1879년 10월) …… 172
- ¤ 負商廳 改設 序 (1881년 8월) …… 175
- ¤ 通商衙門 陳情書 (1883년 4월)…負商褓商 …… 178
- ¤ 通商衙門 題音內 (1883년 4월 20일)…負商褓商 …… 182
- ¤ 通商衙門 題音 (1883년 6월 16일)…負商褓商 …… 185
- ¤ 軍國衙門 題音 (1883년 8월 19일)…負商褓商 …… 189
- ¤ 惠商公局 關文謄書冊 (1883년 8월 23일)…負商褓商 …… 192
- ¤ 惠商公局 甘結 (1883년 11월 4일)…負褓兩社 …… 197
- ¤ 惠商公局 序 (1883년 11월) …… 200

- ¤ 判下商理局 序文 (1885년 8월 10일)…負商袱商 負袱商 負褓商…205
- ¤ 甕岩褓商所 完文 (1887년 11월 15일) …… 217
- ¤ 親軍經理行陣所 完文 (1894년 12월) …… 220
- ¤ 忠淸道廳 完議 (1901년 5월 19일) …… 225

Ⅱ. 절목류 (節目類)
- ¤ 禮山任房 立儀節目 (1851년 7월 15일) …… 228
- ¤ 行商廳 節目 (1870년 4월) …… 234
- ¤ 庇仁官 節目 (1879년 5월) …… 239
- ¤ 漢城府 節目 (1879년 9월) …… 246
- ¤ 右捕盜廳 節目 (1879년 10월) …… 253
- ¤ 判下定式 節目 (1881년 윤7월) …… 256
- ¤ 惠商公局 節目 (1883년 11월)…負褓恤保 左右商 負褓兩商 …258
- ¤ 元洪州等六郡 商務社 贐儀節目 (1884년 윤 5월) …… 266
- ¤ 溫陽 褓商廳楔 節目 (1885년 5월) …… 270
- ¤ 商理局左社 陽智任房 新設節目 (1886년 10월) …… 280
- ¤ 判下商理局 節目 (1887년 2월 27일)…左右社 …… 287
- ¤ 大川市場 居間人 節目 (1896년 6월) …… 295
- ¤ 商務社右社 合任房 序文及節目 (1926년 2월) …… 297

Ⅲ. 장정류 (章程類)
- ¤ 商務會議所 規例 改正件 (1899년 5월 12일) …… 299
- ¤ 商務社 章程 序 (1899년 6월)…負褓兩商 …… 302
- ¤ 商務社 章程 (二十條 1899년 6월)…左右兩商 …… 304
- ¤ 商務社 章程 附則 序 (1901년 9월) …… 311
- ¤ 商務社 章程 附則 規例 (1901년 9월) …… 314
- ¤ 東亞開進敎育會 商業課 章程 序 (1905년 10월)…負褓兩商 …319
- ¤ 東亞開進敎育會 商務左團 章程 序 (1908년 3월) …… 322

- ¤ 東亞開進敎育會 商務左團 章程 序 (1908년 4월) …… 324
- ¤ 商規團 趣旨書 (1906년 12월)…左右之社 …… 326
- ¤ 商規團 規則 (1908년 4월 14일) …… 328
- ¤ 商規團 附則 (1908년 4월 14일) …… 329
- ¤ 帝國實業會 商務課 細則 序 (1908년 9월 5일) …… 331
- ¤ 帝國實業會 商務課 細則 (1908년 9월 5일)…左右商 …… 332
- ¤ 帝國實業會 商務課 附則 (1908년 9월 5일)…左右商 左右兩商…335
- ¤ 大韓商務組合 本部 章程 序 (1908년 12월) …… 338
- ¤ 大韓商務組合 本部 規則 (1908년 12월)…左右商民 左右兩商 …341
- ¤ 商務硏究會 規則 序言 (1920년)…負裋商 左右社 …… 345

Ⅳ. 기타류 (其他類)
- ¤ 商賈稧立儀 (1853년 9월) …… 350
- ¤ 商理局 禮山袱商接長 先生案 (1888년 5월) …… 354
- ¤ 先生案 追記 ……358
- ¤ 靑衿綠 (1901년 3월) …… 360
- ¤ 商務相助稧 (1923년 12월) …… 364

제3부 딸림 자료

〈딸림 자료 1〉 부보상 관련 전통노래 …… 368
〈딸림 자료 2〉 주요 약사 …… 369
〈딸림 자료 3〉 부사모의 계도활동 ……376
〈딸림 자료 4〉 부보상 명칭회복 호응자료 …… 381

제1부
부보상—한국의 전통행상

제1장 서 론

망부석(望夫石)

신라 제35대 경덕왕(재위 742~765)은 석굴암을 축조하고 불국사를 창건하며 성덕을 남긴 임금이다. 경덕왕 이후 옛 백제지방에 정읍사(井邑詞)라는 민속 노래가 있었다. 현존하는 단 하나의 백제가요이며 한글로 기록되어 전하는 가요 중 가장 오래된 것이다. 내용은 전주의 정읍현에 사는 부인이 행상(行商) 나간 남편이 돌아오지 않으므로 높은 뫼[山]에 올라 먼 곳을 바라보면서 남편의 밤길과 안부를 근심하는 애절한 마음을 나타낸 노래이다. 이 여인이 올라가서 남편을 기다리던 돌을 망부석(望夫石)이라고 이름 붙여졌다. 이를 두고 고려사에서는 그 여인이 망부석(望夫石)이 되었다고 기록되어 있다. 부부의 금실이 돋보이는 이 노래는 조선시대의 궁중음악으로 이용되었고 악학궤범에 실려 전해지고 있다.

 돌하 노피곰 도드샤   (달님아 높이 좀 돋으시어)
 어긔야 머리곰 비취오시라   (멀리 좀 비춰 주소서)
 어긔야 어강도리

아으 다롱디리
져재 녀러신고요 (장터에 가 계십니까)
어긔야 즌ᄃᆡ를 드ᄃᆡ욜셰라 (진 데를 밟을까 두렵습니다)
어긔야 어강됴리
어느이다 노코시라 (어느 곳에나 놓으십시오)
어긔야 내 가논ᄃᆡ 졈그를셰라 (임 가시는 데 저물까 두렵습니다)
어긔야 어강됴리
아으 다롱디리

 위의 노래에서 보듯이 행상나간 부보상(負褓商)들은 조선팔도 방방곡곡의 장터를 돌면서 가지고 온 물건을 팔아 생계를 꾸렸고 때로는 주막에서 토막시간을 이용하여 값싸고 분량 많은 대폿술을 돌려 마시면서 두고 온 가족에 대한 그리움을 달래고 동료간의 우애를 다지기도 했다. 이처럼 주고받는 대포술잔 사이에서 격의 없이 생겨난 비상한 결속력을 대포지교(大匏之交)라고 한다.
 대포는 별다른 안주 없이 큰 사발로 마시는 술을 뜻한다. 본래는 큰 바가지에 술을 담아 더불어 일하는 동료들끼리 나누어 마심으로써 일심동체를 다졌던 데에서 비롯된 말이다. 경주의 포석정에서는 신라의 임금과 신하들이 둘러앉아 대폿술을 돌려 마시면서 군신간의 의리를 다졌다. 또한 옛 관아마다 각기 이름이 다른 대포잔(大匏盞)이 있었고 공식회의가 끝나면 그 잔에 술을 따라 나누어 마심으로써 합심을 다지는 것이 관례였다. 사헌부의 대포는 아란배(鵝卵杯)이고 교서관의 대포는 홍도배(紅桃杯)이며 예문관의 대포는 장미배(薔薇杯)이고 성균관의 대포는 벽송배(碧松杯)이었다. 이처럼 대포잔의 이름을 관아의 아름다운 별칭으로 삼기도 했다.

부보상(負褓商)

　부보상은 부상(負商)과 보상(褓商)의 합성어이다. 부상은 물건을 지게[支械]에 지고 팔러 다니던 남자행상(등짐장수)이고 보상은 물건을 보자기[褓洑布]에 싸서 머리에 이거나 등에 지고 팔러 다니던 여자행상(봇짐장수)을 말한다. 본래 사람의 초기생활 수준에서는 식생활(食生活)에 관련된 용품을 판매하는 부상의 활동이 먼저이고 그 다음 단계로 점차 생활수준이 향상되면 의생활(衣生活)에 관련된 문화용품을 판매하는 보상의 활동이 순차적으로 요구되게 마련이다. 이에 부보상(負褓商)이라고 부르게 된다.

　부보상의 발자취는 두 개의 기계바퀴에 걸어 동력을 전달하는 띠 모양의 피대(皮帶 belt)처럼 시장과 시장을 돌아가게 하는 연결고리가 된다. 그러므로 부보상을 장돌림이라고 부른다. 장돌림은 시장을 자전 공전시킴으로써 본래 기능인 판매와 구매에 활기를 불어넣는다. 이들은 시장의 원활한 유통(流通)을 도모시키려는 목적을 가진 떠돌이[流浪人]이다.

　그러나 장돌림(부보상)들은 다람쥐 쳇바퀴 돌듯 시장의 한계를 벗어나지 않으므로 장돌뱅이라고 한다. 장돌뱅이는 물품유통의 본분을 저버리지 않으면서 시장의 틀을 탈선하지 않고 시장의 영역 안에서 자전으로 맴도는 상인이다. 한 가지 영역에서 뱅글뱅글 맴도는 습관이나 성질 모양을 가진 사람을 뱅이라고 한다. 예컨대 게으름뱅이 앉은뱅이 거렁뱅이 걸뱅이 등의 용어도 틀과 영역을 벗어나지 못하는 점에서 뱅이라는 접미어가 붙여진 것으로 보인다.

이러한 부보상들은 동쪽 지역에서 아침밥을 먹고 서쪽 지역에서 저녁잠을 자는 부평초인생이었다. 사방팔방을 둘러보아도 일가친척 하나 없는 고독한 신세이면서도 동료가 질병에 걸리거나 환난을 당하면 자기 일을 젖혀두고 동료를 가련히 여겨 돕기도 했다. 유무를 서로 유통했고 속내를 숨기지 않았으며 환난을 당하면 마치 나의 일처럼 구출해 주었다. 그들은 국민의 생활필수품인 목기 토기 수철 소금 건어물의 다섯 가지 물품을 유통시켜서 기초생활의 편리를 도모하였다. 그리고 이성계 태조대왕이 내려 준 팔자칙교(八字勅敎)―病則救療 死則埋葬―를 준수했다.

그들이 품속에 지니고 다니던 채장(신분증)의 앞면에는 소속임방과 성명이 기재되어 있고 뒷면에는 ① 물망언(勿妄言) ② 물패행(勿悖行) ③ 물음란(勿淫亂) ④ 물도적(勿盜賊)의 4대 계명이 적혀 있어 행실의 도덕적 기틀로 삼고 있었다.

특히 물망언은 재물을 들이지 않고 남에게 베풀 수 있는 일곱 가지 보시(布施 : 無財七施) 중의 하나인 언시(言施)에 입각하여 불신과 거리감을 좁히는 지름길이었다. 이러한 부보상의 계명은 향약의 4대 강령인 ① 덕업상권(德業相勸) ② 과실상규(過失相規) ③ 예속상교(禮俗相交) ④ 환난상휼(患難相恤)을 바탕으로 삼고 있다.

이와 같이 한국 상인의 전통의식 속에 살아 있는 부보상의 행실은 조선왕조 518년 동안 줄기찬 전통문화 속에서 백성의 생활을 지탱하였기에 민족의 사랑과 보호를 아낌없이 받았을 뿐더러 대한민족의 혼백을 간직한 독창적 상업유통제도로 확대되어 왔다.

부보상들은 규율과 신의를 절대적으로 지키고 심지어 국가에 환난이 생기면 양식을 제공하고 전령이나 치안의 일까지 도왔다.

그러나 불행하게도 그들의 명칭까지 왜곡되어 혼란을 주는가 하면 그들의 역할에 대한 역사적 평가가 크게 훼손되고 있는 것이다. 그래서 필자는 부보상의 전도사 대변인 지킴이를 자청 자임하고 식민통치과정에서 일본의 명칭변조를 고발하며 부보상의 역사적 축소에 대한 고찰과 재정립을 통하여 이들의 얼을 되살려 보고자 한다.

표기자료(表記資料)

부보상 명칭을 증빙하는 주요 사료는 다음과 같다. 조선왕조의 이성계 태조대왕이 고조선 때부터 존속해 오던 등짐장수[負商]들을 추슬러서 중상주의정책(重商主義政策)을 실현하기 위하여 행상(行商)들의 대표자인 백달원(白達元)에게 하사한 옥도장에 유아부보상지인장(唯我負褓商之印章)이라고 분명히 새겨져 있다. 여기서 유아(唯我)는 석가모니가 크게 깨우친 천상천하 유아독존과 상통한다. 유아는 자아(自我)와 대아(大我)를 포용하는 진아(眞我)로서 무아(無我)의 경지에 도달하는 천지만물과 우주를 말한다. 이는 지봉집(芝峰集 권4)의 채신잡록(采薪雜錄)에 나오는 풀이이다.

이런 옥도장을 비롯하여 통상아문진정서(1883) 통상아문대민행정처리문(1883) 군국아문행정처리문(1883) 혜상공국관문등서책(1883) 혜상공국감결(1883) 혜상공국절목(1883) 판하상리국서문(1885) 판하상리국절목(1885) 상무사장정서문(1899) 상무사장정이십조(1899) 동아개진교육회상무과장정서(1905) 상규단취지서(1906) 제국실업회상무과세칙(1908) 제국실업회상무과부칙(1908)

대한상무조합본부규칙(1908) 상무연구회규칙서언(1920) 등 큰 줄기의 공문서에 부상보상(負商褓商) 부보양사(負褓兩社) 부보휼보(負褓恤保) 좌우상(左右商) 부보양상(負褓兩商) 부보상(負褓商) 좌우사(左右社) 좌우지사(左右之社) 좌우상민(左右商民) 좌우양상(左右兩商) 등의 분명한 용어로 기록되어 있을 뿐 보부상(褓負商)이라는 용어는 전혀 사용되지 않았다.

또한 부보상으로 표기된 주요 저서를 보면 다음과 같다. 朝鮮經濟史(猪谷善一 동경대등각 1928) 朝鮮雜記(菊池謙讓 동경계명사 1931) 朝鮮社會經濟史硏究(四方博 경성제국대학 1933) 朝鮮의負褓商とその變遷(李能和 조선총독부 1937) 朝鮮의負褓商(車相瓚 조선일보사 1938) 李朝社會經濟史硏究(李北滿 대성출판사 1948) 負褓商(朴元善 한국연구원 1965) 朝鮮開港期의商業硏究(韓㳓劤 일조각 1970) 負褓商關聯史料譯解(李勳燮 한국전통상학회 1988) 韓國傳統經營史硏究(李勳燮 보경문화사 1992) 韓國籍負褓商論攷(李勳燮 경기대연구교류처 1997) 韓國傳統經營論(李勳燮 탑21북스 2004) 등을 들 수 있다.

그런데 1925년 조선총독부에서 발간한 <조선인의 상업>이라는 책자에서 보부상으로 변조했을 뿐더러 1935년 일본인이 책임장관 및 편찬감수관으로 주도하여 이왕직(李王職)에서 발간한 고종실록에는 약간씩 보부상으로 변칭했으니 이런 기록에 독자의 눈길이 멈추게 된다. 이미 일본은 러일전쟁(1904년) 과정에서 대한제국의 왕실업무를 담당하는 궁내부(宮內府)에 일본인 고문관을 다수 투입했고 을사오적의 상소문을 일성록(日省錄)에 등재시키기도 했다.

이런 점에서 일본인이 부보상의 명칭을 보부상으로 왜곡시킨 것은 치밀한 식민통치의 일환으로 볼 수 있고 대한민족의 혼백을 간직한 독창적 상업유통제도를 파괴하며 규율과 신의를 지키면서 국가의 환난에는 일사불란하게 힘을 합치는 그들의 단결된 얼을 파괴하려는 노림수로 볼 수 있다.

제2장 일제의 부보상 말살계략

강화도조약(江華島條約)

1876년의 강화도조약은 부산항 원산항 인천항의 개항을 강요하는 일제의 조선국에 대한 시장침탈(市場侵奪)의 전주곡이다. 이는 조선왕조의 운명이 바람 앞의 등불처럼 언제 꺼질지 모르듯 위태로운 처지에 밀려들어가고 있음을 예고하는 조짐이다. 조선국의 백성들은 황량한 사막의 모래바람에 휩쓸린 듯 숨통이 막힌 채 방향감각을 잃어가고 있었다.

또한 일본은 1876년의 강화도조약에 의하여 15개월 이내에 외교관과 영사를 조선에 파견할 수 있게 되었으며 영사재판권도 행사할 수 있게 되었다.

1875년 9월 20일 일본 운양호의 함장인 정상양형(井上良馨 : 이노우에 료오케이) 해군소좌가 무장병 14명을 보트에 태우고 강화도 해안에 접근하여 측량과 조선관리 면담을 빙자하면서 육지의 동정을 살피는 작전을 펼쳤다. 이것이 운양호 사건이다. 국적불명의 무장군사가 탄 보트를 발견한 강화도 초지진의 아군들은 포격을 가했다. 일본군은 악전고투 끝에 20일 밤 9시 운양호로 되돌아갔다. 그리고 다음날인 21일 오전 8시 일본 국기를 게양하고 초지진을 선제공격했으나 상륙도 못한 채 전과를 올리지 못했다. 그러나 22일 일본군의 영종진 기습공격으로 인하여 조선측은 사망자 35명을 비롯한 포로 16명과 대포 38문을 잃었다.

이와 같이 1875년 일본은 측량을 빙자하여 군함 운양호를 조선 근해에 파견하여 부산에서 함경도 영흥만에 이르는 동해안 일대의 해로측량과 아울러 함포시위를 벌였다. 또한 동년 9월 20일 운양호를 강화도 앞 바다에 재차 출동시켜 초지진(草芝鎭)의 수비병들이 발포하는 사태를 유발하였다.

일본은 1868년 명치유신혁명을 통하여 덕천막부(德川幕府 : 江戶幕府)를 뒤엎고 천황제 정부를 수립했다. 이에 따라 봉건적 특권을 상실한 무사군(武士群)의 불평불만을 해소하기 위하여 침략주의를 채택하였다. 지리 정치적으로 가장 가까운 우리 조선에 먼저 마수를 뻗치게 되었던 것이다.

조선정벌론이 대두되던 일본에서는 1876년 전권대신(全權大臣) 일행을 조선에 파견하여 운양호의 포격에 대하여 힐문함과 아울러 개항을 강요하였다. 동년 2월에는 일본 사신 일행이 군함 2척과 운송선 3척에 약 400명의 병력을 거느리고 강화도 갑곶에 상륙하여 협상을 강요해 왔다. 이에 조선정부는 국제관계의 대세에 따라 수호통상의 관계를 맺기로 결정하고 신헌(申櫶)을 강화도에 파견하여 일본사신 흑전청융(黑田淸隆 : 구로다 기요타카)과 협상한 결과 수호조약이 체결되었다.

일본의 무력시위 아래 체결된 강화도조약은 모두 12개조로 되어 있는데 그 내용에는 일본의 정치적 경제적 세력을 조선에 침투시키려는 의도가 반영되어 있다. 제1조에서 조선은 자주국으로서 일본과 평등한 권리를 가진다고 규정되어 있으나 이의 목적은 조선에서 청나라의 종주권을 배격함으로써 청나라의 간섭 없이 조선에 대한 일본의 침략을 자행할 수 있는 길을 모색하는 데 있다. 제2조에서 조약이 체결된 후 조선정부는 20개월 이내에 부산과 그 밖의 2개 항구를 개항할 것을 규정하고 2개 항구의 선정은 일본의 임의에 맡길 것을 주장하였다. 그 결과 동해안에서는 원산항이 선정되고 서해안에서는 인천이 각각 선정되었다.

또한 제4조와 제5조에서는 개항장 내에 조계(租界)를 설정하여 그곳에서의 일본상인의 자유로운 무역과 가옥의 건조운영 등 거주의 편의를 제공할 것을 규정하였다. 제7조에서는 일본이 조선의 연해 도서 암초 등을 자유로이 측량하고 해도를 작성할 수 있도록 규정하였다. 제8조와 제10조에는 개항장에서의 일본인 범죄자들에 대해 현지에 파견된 일본영사가 재판한다는 치외법권의 조항이 명시되었다.

이 조약의 규정을 앞세워 일본인은 개항장을 통하여 조선에 침투하고 여기에 조차지(租借地)를 확보하여 일본세력의 전초지로 삼고자 하였다. 아울러 치외법권을 설정하여 일본인 상인들의 불법적이고 방자스런 행동에 대해서 조선의 사법권이 미칠 수 없도록 하였다.

이와 같은 불평등조약으로 인하여 조선은 일본제국의 손아귀에 놓아나게 되었다. 예컨대 1863년부터 1907년까지 45년간의 조선왕조의 역사를 수록한 고종실록이 이왕직(李王職)의 장관인 일본사람 소전치책(篠田治策 시노다 지사쿠)과 경성제국대학 교수인 소전성오(小田省吾 오다 쇼고)의 주도하에 1935년 찬술되었다. 이처럼 일제 식민통치 시기에 일본인의 간여 아래 만들어진 고종실록의 내용은 의도적으로 가감 삭제될 소지가 다분히 내재되어 있으므로 고종실록의 사료이용에는 엄밀한 고증이 요구되는 것이다.

예를 들면 일본인의 이왕직장관 및 편찬실무책임에 의하여 가감 삭제되어 1935년 발행된 고종실록의 내용에는 1885(고종 22)년 3월 10일 내무아문이 각도에 보낸 훈시 속에서 슬쩍 보부상이라는 용어를 끼워 사용했던 것이다. 농상공부 관련 보부상의 용어를 1898년 10월 11일에는 일성록과 승정원일기에 등재시켰고 11월 24일에는 고종실록에 등재시켰으며 이를 부보상단과 상극관계인 독립신문에서 동년 11월 25일자로 기사화하였다. 또한 독립신문에서는 1899년 2월 15일과 5월 31일 기사에서 보부상이라는 용어의 기사를 실었다. 1904년 3월 3일 일한외교자료집성(5)에서도 보부상 용어를 사용하였고 조선총독부의 기관지로 전락한 대한매일신보에서는 1909년 7월 27일자에 보부상이라는 용어로 기사화하였다.

이와 같은 부보상 용어의 왜곡 행태는 그 이전인 1885년 6월 24일 승정원일기 및 비변사등록을 비롯하여 1894년 4월 14일 승정원일기 및 일성록과 1885년 2월 19일 승정원일기 일성록 고종실록 그리고 1895년 3월 4일 승정원일기 일성록 관보에 부보상의 용어가 분명히 사용된 것과 배치된다. 순수한 열성조에서는 이성계 태조가 하사한 부보상의 명칭을 언감생심 보부상으로 변조할 하등의 이유가 없는 것이다.

억상이간책략(抑商離間策略)

조선총독부는 한반도를 식민통치하기 위하여 눈엣가시 같은 부보상의 존재를 억누르고 말살시키고자 절치부심하였다. 우리의 부보상들이 일본제국의 조선국 침탈에 대하여 끈질기게 조직적으로 저항하였을 뿐더러 1894년 당시 상리국(商理局)에 납부된 전국 부보상 25만 명의 신표대금 50만 냥의 절반인 25만 냥은 호조(戶曹) 세입금의 50%에 해당하는 막강한 규모이었기 때문이다.

또한 조선총독부에서는 부보상의 국가 및 임금에 대한 강철같은 충성심을 단절 분쇄시키기 위하여 안간힘을 썼다. 우리의 부보상들이 조선왕조 이성계 태조의 원대한 배려에서 비롯된 중상주의적 정책차원에서 조직되었기 때문이다. 이에 부보상은 나라의 구심점인 임금에 대한 도전은 조금도 묵과하지 않았다. 그러므로 일제는 고종황제만을 닦달하는 수준을 넘어서 아예 조선왕조의 태생적 정통성 자체를 근본적으로 부인하려고 책략을 부렸던 것이다.

이와 같은 배경으로 말미암아 조선총독부에서는 부보상을 억압하고 조선왕조와 부보상을 이간시키려는 목적으로 1925년 부보상의 명칭을 보부상으로 변조하는 계책을 구사했던 것이다.

이러한 억상이간책략(抑商離間策略 1925)의 일환으로 조선총독부에서는 우선 일본의 토착적 사농공상의 신분적 서열개념에 착안하였다. 일본의 강호시대(江戶時代 1603~1867)에는 무사(武士)가 지배계급으로서 국가를 통치했던 것이다. 일제가 말하는 사농공상에서의 사(士)는 선비[文士]가 아니고 무사이다. 이에 근거하여 이성계 태조의 부보상 육성정책이 겨우 하천상민의 호응을 얻어내기 위한 것으로 부당하게 실추시키면서 조선왕조의 창업을 의도적으로 깎아 내리는 동시에 태어나서는 안 될 정권이 생겼다고 억지논법을 날조한 것이다. 부보상의 존재가치를 뿌리부터 뒤틀어 버리겠다는 속셈이다. 여기에는 1876년 강화도조약에 의한 타력개항에 따른 조선의 유통시장구조를 부보상으로부터 일본상인 및 일본자본으로 판갈이 물갈이하려는 속셈이 내재되어 있는 것이다.

또한 일제는 그들 고유의 남존여비(男尊女卑)의 논리를 가려둔 채 은연중 조선의 남자들이 여자들을 멸시하는 나쁜 습속에 젖어 있는 것처럼 남녀차별의 잣대를 허울로 삼았다. 예컨대 부모(父母) 부부(夫婦) 노비(奴婢)의 글자처럼 부보상(負褓商)의 용어도 남자를 앞세우고 여자가 뒤세워져 있는 점에 착안하여 슬그머니 남존여비의 관념으로 왜곡시켜서 가족이간(家族離間) 여성해방(女性解放)으로 연결지어 우리 민족 자체의 내부분란을 부채질한 것이다. 부보상이라는 고유명사를 보부상으로 바꾸어 놓은 속셈은 조선땅의 부녀자들이 남자들로부터 압제만 받고 숨죽여 살아온 계층으로 충동질하여 남녀간 불화를 조장하고 인구의 절반을 차지하는 여성들의 지지를 이끌어내어 식민통치의 정당성을 유도하려는 음흉한 계산이 깔려 있는 것이다. 예컨대 남북통일과 북남통일의 주도적 개념이 다르듯이 부보상과 보부상의 주도적 개념도 다른 것이다.

본래 우리 대한민족의 전통적 아버지는 부인을 압제하지 않았다. 정월 보름날에는 동네의 아낙들이 모여서 시원스럽게 널을 뛰었다. 오월 단오날에는 동구밖에서 마음 놓고 그네를 뛰었다. 팔월 추석날에는 휘영청 밝은 달밤에 강강술래를 유희하였다. 장날에는 아낙들이 장터에 나아가 가사에 필요한 물건들을 마음껏 구입하였다. 선비들은 부인에게 안방을 내어주고 바깥채인 사랑방에서 주로 생활하였다. 부부유별(夫婦有別)을 일상생활 속에서 철저히 지키어 서로간의 인격을 존중하였던 것이다.

일본을 비롯한 미국과 중국의 여성들은 결혼하면 남편의 성씨로 바꾸고 자기의 성씨를 없애버린다. 그러나 한국의 여성들은 결혼하여도 성씨를 바꾸지 않고 평생 동안 간직하고 사용하는 전통을 보유하고 있다. 그러므로 대한민족의 남편들이 부인을 속박하고 심지어 대문밖에도 내보내지 않았다는 논거는 일제식민사관의 잔재이다.

한반도 식민통치의 총 본산인 조선총독부에서는 조선반도의 명당자리에 쇠말뚝을 박고 창씨개명을 주도하며 동해를 일본해로 둔갑시키는 등 역사왜곡 전통변조를 위한 수 없는 만행을 서슴지 않았다.

1925년 조선총독부에서 굴려 들여온 보부상의 명칭이 1392년 조선왕조 태조대왕 때부터 굳게 박혀 있는 부보상의 명칭을 밀어내 버렸다. 아침의 나라인 조선땅에 도둑고양이처럼 스며 들어온 왜놈들이 남의 집에 붙어 있는 부보상의 문패를 뽑아 버리고 비슷한 보부상의 문패로 슬쩍 바꿔 달아 놓은 것이다.

이와 같이 시장을 공전하는 장돌림과 자전하는 장돌뱅이의 참된 의미를 지니고 있는 부보상이 조선총독부의 억상이간책략에 의거하여 보부상으로 변칭되었다. 더욱 분개할만한 현상은 일본이 패망하고 물러간 지 60여 년이 되는 오늘에도 많은 사람들이 일제에 의하여 변칭된 용어를 그대로 사용하고 있다는 사실이다. 그러므로 조선왕조 이성계 태조대왕의 중상육성정책(重商育成政策 1392)에 의거하여 하사된 부보상의 본래 명칭으로 회복되어야 하고 널리 알려져야 한다.

열성조인 조선왕조에서는 태조대왕의 하사명칭인 부보상(負褓商 1392)을 어느 누구도 감히 보부상(褓負商)이라고 변조할 수 없다. 충의정신(忠義精神)에 투철한 부보상들이 태조대왕의 건국정책적 특혜를 저버리고 돈이 더 많은 보상(褓商)의 권력이 강해지면서 보부상으로 발전 개칭되었다는 예덕상무사 윤규상 두령의 억측 괴변은 합리화될 수 없는 것이다.

요컨대 보부상의 용어는 일제 조선총독부의 잔재이고 부보상의 용어는 한국전통의 뿌리이다. 민족정기를 바로 세우는 차원에서 보부상의 용어를 깨끗이 퇴출시키고 당당한 부보상의 용어를 되찾아야 한다. 조선총독부에서 변조한 보부상이라는 명칭은 유구한 역사와 전통에 빛나는 우리 대한국민과 전통학문의 양심에서 절대로 용납될 수 없다.

사농공상(士農工商)

한국의 사농공상은 서열개념이 아니다. 그럼에도 사농공상이 신분이나 직업의 서열개념으로 왜곡 오인되어 왔다.

그 이유는 옛날 그리스에서 아리스토텔레스가 철학자로 명성을 날리던 시절에 교육을 으뜸의 직업으로 삼고 상업을 꼴찌의 직업으로 분류한 일이 있었다. 일본에서는 옛날부터 선비가 아닌 무사(武士)를 지배계층으로 인식하고 상인을 최하층민으로 폄하하여 사농공상을 서열개념으로 고착시킨 일이 있었다.

따라서 일본제국주의자들의 한반도식민통치를 위한 계략에 오염되어 지금까지 사농공상이 서열개념으로 둔갑되어 온 것으로 볼 수 있다. 이에 우리의 상인들은 사회적으로 보이지 않는 열등감에 사로 잡혀 있고 산업전반의 발전에 장애요인으로 작용되고 있는 실정이다.

그러나 본래 우리의 사농공상은 생업의 등권개념(等權槪念)으로서 백성의 대명사이었다. 토정 이지함 선생의 덕재견제관계론(德財牽制關係論)을 비롯한 ① 율곡 선생의 국태민부론(國泰民富

論) ② 유형원 선생의 단일율과세론(單一率課稅論) 및 장세폐지론(場稅廢止論) ③ 이중환 선생의 사민총론(四民總論) 및 생리론(生利論) ④ 유수원 선생의 부국안민론(富國安民論) ⑤ 박제가 선생의 상업우위론(商業優位論) 등이 이를 논증하고 있다

사농공상에서의 농업 공업 상업은 산업의 발생순서에 따라 손꼽히는 순서일 뿐이다. 이는 1909년 기호흥학회월보(畿湖興學會月報 제10호)에 게재된 한창우 선생의 농공상필요론(農工商必要論)에서 분명히 논증되고 있다.

또한 선비가 예우되고 있는 이유는 농업인을 비롯한 공업인과 상업인이 체질생리상 선비들처럼 장시간의 독서삼매에 적응하기 어려운 반면에 선비는 쉽사리 농공상에 적응할 수 있기 때문이다. 이는 이중환 선생이 사민총론에서 분명히 설명해 놓았다.

상인은 물건을 떼어다가 파는 사람이다. 소비자와 생산자의 속마음을 헤아림으로써 매매차익(賣買差益)을 추구하는 직업인이다. 상인은 적시적소(適時適所)의 소비자에게 유익한 생활용품을 신속하게 공급하는 동시에 생산자에게 값싸고 품질 좋은 제품을 생산할 수 있도록 생산정보를 제공하는 숭고한 노력을 기울이면서 경제흐름의 교량역할을 수행하는 직업인이다.

상인에는 두 가지의 유형이 있다. 일정한 장소에 앉아서 오는 손님에게 물건을 파는 상인을 좌고(坐賈)라 하고 물건을 가지고 소비자에게 찾아가서 파는 상인을 행상(行商)이라고 한다. 행상은 때때로 길가에서 찬바람을 맞으며 밥을 먹고 이슬을 맞으면서 잠을 잔다. 동쪽 집에서 새벽밥을 대충 떠먹고 하루 종일 장터 가는 길을 따라 걷다가 서쪽 집에서 피곤한 잠을 청하는 길 나그네 신세이다. 이는 조선왕조에서 독특한 행상인 부보상의 모습이다.

그러나 값싸고 품질 좋은 제품을 제 때 제 곳으로 차질 없이

공급하는 고달픈 상인일지라도 하늘과 땅을 조화시키는 사람의 존재처럼 소비자와 생산자의 속마음을 헤아려서 조정 조화시켜주는 중용(中庸)의 실천인(實踐人)으로 인식되어져야 하겠다.

조선총독부(朝鮮總督府)

일본제국은 러일전쟁(1904~1905)의 승리 후 1905년에 체결된 을사조약을 발판으로 대한제국의 외교권을 장악한 후 다음 해인 1906년 2월에는 조선통감부(朝鮮統監府)를 설치하여 1910년 8월 29일까지 통감정치를 시행하였다. 일제는 1910년 대한제국의 국가체제를 강제로 해체하고 국권침탈을 단행하여 한반도를 일본의 영토로 편입시키고 칙령(제319호)을 내세워 10월 1일부터 조선통감부보다 강력한 통치기구인 조선총독부의 기능이 가동되었다. 한반도는 일제의 꼭두각시들이 난무하는 세상이 되고 말았다.

조선총독부가 가동되면서부터 본격적으로 부보상의 용어도 보부상으로 변조 개칭되기 시작하였다. 조선왕조를 무너뜨리고 식민통치하는 본영(本營)인 조선총독부의 총독관방(總督官房) 문서과에서 1925년에 <조선인의 상업>이라는 책을 발행하였던 것이다. 이 책의 제2장 제3절 제2항인 78쪽을 보면 저자인 선생영조(善生永助 젠쇼 에이스케)가 보부상이라는 용어를 대두시켰던 것이다. 본문의 내용에서는 조선왕조의 이성계(李成桂) 태조대왕이 건국할 때 함경도(咸鏡道) 행상들의 협력을 얻었으며 부보상의 명칭을 내려 주었다고 설명하면서 항목의 소제목을 보부상으로 달아 놓았다. 따라서 일본인의 주도 아래 10년 이후인 1935년 이왕직(李王職)에서 편찬 발행된 고종실록의 내용에서 언급된 1925년 이전의 보부상 용어는 가필 왜곡된 것으로 보아야 한다. 왜냐하면 지금도 학계에서는 일본인에 의하여 가감삭제를 통하여 편찬된 고종실록과 순종실록은 정통적 조선왕조실록에서 제외시키고 있기 때문이다.

또한 1929년 조선총독부의 총무과(總務課)에서 선생영조(善生永助 젠쇼 에이스케)가 지은 <조선(朝鮮)의 시장경제(市場經濟)>라는 책을 발간했다. 이 책의 목차에 나타난 제5장 제2절의 제목은 시장행상(市場行商)이었는데 본문에는 지방행상(地方行商)으로 변경하고 민간에서는 부보상으로 부른다고 설명하면서 역시 소제목을 보부상으로 달아 놓았다. 몹시 의심스럽고 이상한 일이다.

그런데 1928년 동경상과대학 교수인 저곡선일(猪谷善一)이 일본의 민간출판사인 동경소재 대등각에서 발간한 조선경제사(朝鮮經濟史)의 178쪽을 보면 부보상으로 표기되어 있다. 또한 1931년 국지겸양(菊池謙讓)이 계명사에서 발간한 조선잡기(朝鮮雜記) 147쪽 이하에서는 모두 부보상으로 표기하고 있다. 양심적인 학자들은 부보상의 명칭을 표기하였던 것이다.

특히 1925년에는 조선총독부가 경복궁 경내에 신축되었고 그 산하에 조선사편수회(朝鮮史編修會)가 발족되었다는 점을 음미하여 볼 때 부보상이 보부상으로 변조된 것에는 분명히 곡절이 있을 것이다. 문서수발을 업무로 삼고 있는 문서과와 각 부서의 업무를 뒷받침하는 총무과에서 서적을 발행한다는 것도 얼른 납득이 되지 않는다. 그것도 특수임무를 부여받은 촉탁인 선생영조(善生永助)로 하여금 조선 특유의 상업관습을 비롯한 고유의 상업거래사정 등을 조사 편찬시켰다는 사실이다. 저자인 선생영조는 조선총독부의 어용학자임에 틀림없다.

조선총독부는 우리 조선왕조와 대한제국의 민족정기를 말살하려는 식민정책을 악독하게 추진한 총본부이었음을 각별히 주목할 필요가 있다. 조선총독부에서 발행된 책자가 대한민족의 역사와 전통을 긍정적으로 예찬할 이유가 없는 것이다. 아무래도 조선총독부의 앙큼한 발톱이 숨겨져 있는 것 같다.

조선사편수회(朝鮮史編修會)

한국사학의 태두로 군림해왔던 이병도(李丙燾 1896~1989) 박사가 조선총독부 산하의 조선사편수회에 촉탁과 금서룡(今西龍 이마니시 료)의 수사관보(修史官補)로 근무하면서 한국역사를 식민사학으로 왜곡 전락시킨 사실을 속죄하려는 양심고백의 글을 별세하기 3년 전인 1986년 10월 9일 조선일보에 특별기고로 발표했다.

단군은 신화가 아니고 우리의 국조이며 역대왕조의 단군제사는 일제 때 끊겼다는 제목이다. 그는 1976년부터 민족적 비판을 격렬하게 받았던 식민사관을 버티다 못해 드디어 그의 과오를 이실직고한 것이다.

이병도가 초기에 조선사편수회의 촉탁(囑託)으로 근무하다가 금소룡(今西龍 이마니시 료)의 수사관보(修史官補)로 승격되어 조선역사 왜곡업무에 종사한 것으로 보아 그의 지위 및 영향력과 편수회에서의 기여도를 충분히 짐작할 수 있다. 그 후 서울대학교 국사학과 교수로서 대학원장과 국사편찬위원회(1949년 3월 설립)의 국사편찬위원(1955~1982)으로 영향력을 발휘했다. 그는 독보적인 친일식민사학자로서 한국역사학계의 태두(泰斗)가 되었고 그의 후학들이 한국역사학계를 주름잡았으며 이에 따라 식민사학(植民史學)의 잔재가 만연되었던 것이다.

총독부의 훈령에 근거하여 부속기관으로 있던 조선사편찬위원회가 1925년 6월 천황칙령(天皇勅令)에 의하여 총독직할의 독립관청인 조선사편수회로 개편되었고 아울러 조선사편찬사업을 중추원에서 분리 이관하였다.

일본제국의 식민지지배 기초는 식민지경제수탈정책(植民地經濟收奪政策)과 민족동화정책(民族同化政策)이었다. 이중 민족동화정책은 식민지 병합의 정당성과 식민지 통치의 필연성을 강조하기 위하여 한국사 왜곡사업을 전개하고 식민지 통치의 일환으로 식민사학을 부식하였다. 그 첫 번째 사업이 고적조사사업과 사서편찬이었다. 고적 조사사업은 일선동조론(日鮮同祖論)과 한국사의 타율성을 조작하기 위해 시작되었고 1911년에는 총독부의 취조국과 참사관실의 주도하에 반도사 편찬이 추진되었다. 그러나 중추원으로 소관 업무가 이관될 때까지 사서편찬계획은 별다른 진전을 보지 못하였다.

일본제국은 1919년 삼일만세운동 이후 문화정치(文化政治)를 표방하면서 각종 강연회와 선전 책자를 통한 정치선전을 강화하였다. 이는 삼일만세운동으로 인하여 고조된 조선인의 독립의지를 제거하기 위한 행태이다. 그들은 당시 한창 주장되던 일선동조론과 강압으로는 한민족의 복종을 기대하기 어렵게 되고 조선인들이 역사서(歷史書)를 통하여 민족의식 및 독립운동을 고취하고 있는 상황에 비추어 날조된 한국사편찬이 절실하게 요청되었다.

때마침 민족주의 역사가인 박은식(朴殷植) 선생이 상해임시정부에서 지은 한국통사(韓國痛史)와 한국독립운동지혈사(韓國獨立運動之血史)가 국내에 유입되자 이에 당황한 일제는 조선사편수회를 설치하여 조선사(朝鮮史) 편찬에 갑자기 열을 올리게 된 것이다. 이것은 기존의 한국역사책을 절멸시키는 일이 의도된 효과가 적을 뿐만 아니라 오히려 민족주의 역사서의 전파를 격려할는지도 모르므로 차라리 옛 역사책을 엄금 압수하는 대신에 새롭게 날조한 역사책을 만들어내는 것이 효과적인 첩경이라고 인식한 데에서 비롯된다.

초기 조선사편수회는 먼저 조선인에 관한 강습회를 개최하고 1년 목표의 강의록 조선사강좌(朝鮮史講座 1923~1924)를 간행하였다. 조선사강좌의 일반사 부분은 1927년 조선사대계(朝鮮史大系)를 시대별로 다시 묶은 5권으로 간행되었다. 여기에서는 외세의 침략과 영향을 과장 서술함으로서 한국역사의 타율성을 도출하는데 주안점을 두었다.

이 때 특히 이병도는 조선사강좌에서 더 큰 충동과 자극을 받아 일제의 식민사학에 깊숙이 물들었다. 일제는 한국인이 독립할 능력이 없는 민족이라는 것을 강조하기 위하여 한국사의 타율성과 정체적 성격을 부각시켰고 조선사(朝鮮史) 편찬은 정치선전에 필요한 자료를 제공해 주었던 것이다.

사서편찬의 계획은 1921년에 총독의 지시로 이러한 목표에 부응할 조선사편찬위원회(朝鮮史編纂委員會)가 설치되면서 본격화되어 1921년부터 1926년까지 완성할 예정이었다. 그러나 이러한 최초의 계획안은 일본 사학자들과의 실무적인 협의과정에서 수정 변경되었다. 사업연한을 10년으로 늘리고 부위원장제를 폐지하였으며 전문사서로서의 성격을 강화하였던 것이다. 이에 따라 1922년 12월 4일 조선사편찬위원회규정(총독부훈령 64호)이 확정 발표되었으며 조선사의 편찬은 총독부의 산하기관인 조선사편찬위원회에서 관장하게 되었다. 이 편찬위원회의 한국측 고문은 이완용

(李完用 1858~1926) 박영효 이윤용 권중현 등 친일정객(親日政客)이었다. 이병도(1896~1989)와 이완용은 우봉이씨(牛峰李氏)의 종친 관계이다. 이 편찬위원회는 1915년 조선총독부 중추원에 설치된 <조선반도 편찬과>에 기인된 것이다. 그리고 조선사편찬위원회의 조직은 일제의 식민정책이 단순한 금압에 머물지 않고 그들의 착상에 따라 한국사를 재조정하려는 방향으로 나아간 것을 의미했다.

그러나 한국인들은 총독부 부속기관에 불과한 편찬위원회에서 추진하는 사서편찬이 과연 한국사를 공정히 서술할 수 있는지에 관하여 의혹을 품고 있었다. 그러므로 일제가 명망가의 참여를 유도하려면 편찬기관의 권위를 상승시킬 필요가 있었다. 편찬기관의 격조와 편찬 담당자의 권위를 높여 이를 국가적 수사사업(修史事業)으로 확대함으로서 조선사(朝鮮史)가 일당 일파에 치우치지 않는 공정한 사서라는 점을 부각시켜야만 하였다.

조선사의 편찬에 주도적 지도감독의 역할을 담당했던 사람은 동경제국대학의 흑판승미(黒板勝美 구로이타 가쓰미)를 비롯한 경도제국대학의 삼포주행(三浦周行 미우라 히로유키) 및 금서룡(今西龍 이마니시 료)이었다. 그리고 편수회 참가자들은 총독부의 관리를 비롯한 직원 및 촉탁으로 근무하였던 한국인과 대학의 사학과를 졸업한 신진 사학자들이었다.

특히 조선총독부의 경복궁부지 신축과 조선사편수회의 설치와 같은 해인 1925년 조선총독부의 촉탁인 선생영조(善生永助 젠쇼 에이스케)가 <조선인의 상업>이라는 책을 통하여 보부상이라는 용어를 대두시킨 것은 우연의 일치가 아니다. 전래된 부보상의 명칭을 변조 고착시키려는 의도된 책략이다. 따라서 한국역사학계의 동향 및 논문 운운하면서 보부상의 용어를 묵인 옹호하려는 태도는 식민사학의 잔재이기 때문에 용납될 수 없는 것이다. 부보상의 명칭을 회복하려는 계도활동은 당당한 학문의 광복운동인 셈이다.

이왕직장관(李王職長官)

고종황제가 승하한 지 8년이 지났고 순종황제가 승하한 다음 해인 1927년 4월 일본제국은 대한제국 황실을 관리하기 위하여 이왕직(李王職)이라는 특별기구를 설치하고 이를 통하여 고종실록과 순종실록을 간행하는 업무를 개시했다. 일제는 1910년 일한병탄 이후 고종황제를 이태왕(李太王)이라 명칭하고 순종황제를 이왕(李王)이라고 불렀다.

이왕직에서는 임시고용원 10명과 집필생 26명을 편성하고 1927년 4월부터 고종실록(1863~1907)과 순종실록(1907~1926)을 편찬하기 위하여 관련자료를 수집 등사하였다. 1930년 4월에는 실록편찬위원을 임명하고 실록찬술을 시작하였다. 초대 위원장에는 일본인 이왕직차관 소전치책(篠田治策 시노다 지사쿠)이 취임했고 그가 이왕직장관으로 승진되자 부위원장 직제를 신설하고 조선인 이항구(李恒九)가 차관으로 승격되어 부위원장으로서 실록찬술의 책임을 맡았다.

그러나 실제 총 편찬책임은 1930년 감수위원에 임명된 경성제국대학 교수인 소전성오(小田省吾 오다 쇼고)가 맡았다. 실록편찬실에는 위원장 부위원장 아래 사료수집부 편수부 감수부의 3개 부서를 두고 편집부 안에 3개의 반을 두었다. 각 부에는 위원 보조위원 서기를 두었다. 소전성오는 각 위원회에서 정리된 실록원고를 감색 감증하고 일본인 이왕직장관의 재가를 얻어 1934년 6월에 편찬을 마치고 1935년 3월에 간행하였다.

그러나 고종실록과 순종실록은 일제강점기 일본인의 주도에 의한 이왕직에서 편찬되어 왜곡된 내용이 많으므로 본래의 조선왕조실록에서 제외되고 있다. 따라서 진정한 조선왕조실록은 태조부터 철종까지 472년간의 역사수록을 의미한다.

이런 점에서 볼 때 태조대왕이 하사한 부보상의 명칭이 1935년에 간행된 고종실록의 내용 중 1895년 3월 10자와 1898년 11월 24일자 기록을 비롯하여 일성록 및 승정원일기의 1898년 10월 11일자에 각각 보부상이라고 변칭된 것은 일본인 이왕직장관이 왜곡시킨 것이다. 왜냐하면 1895년 3월 10일 이전인 동년 2월 29일에 기록된 고종실록 승정원일기 일성록을 비롯하여 ① 1885년 6월 24일에 기록된 승정원일기 및 비변사등록 ② 1894년 4월 14일에 기록된 승정원일기 및 일성록 ③ 1895년 3월 4일에 기록된 승정원일기 일성록 관보 등에는 부보상이라는 용어가 사용되었기 때문이다.

또한 부보상과 상극관계를 유지했던 독립신문(1898년 11월 25일자, 1899년 2월 15일자 20일자 및 5월 31일자)과 조선총독부의 기관지인 대한매일신보(1909년 7월 27일자)의 기사를 비롯하여 일한외교자료집성(1904년 3월 3일)과 주한일본공사 헌병대기밀문서(1909년 7월 31일)에서 보부상으로 표기한 것은 황성신문(1898년 11월 26일)의 기사에 부보상이라고 표기된 것에 비추어 볼 때 분명히 변칭된 것이므로 주목할 만한 가치도 없다.

따라서 일본인이 주도한 이왕직의 기록문서에서 보부상으로 변칭된 것은 조선국 역사왜곡의 숨은 책동이 잠겨 있는 것으로 판단된다.

동해변칭(東海變稱)

부보상이 보부상으로 변조된 것은 동해와 독도를 삼키려는 일본의 속셈과 다를 바 없기 때문에 가차 없이 분쇄시켜야 한다. 1929년 조선총독부는 동해를 일본해(日本海)로 변칭하여 국제수로기구에 등재시켰다. 이는 1602년 중국에 왔던 이탈리아 선교사 마테오 리치가 만든 곤여만국전도(坤與萬國全圖)에 나타난 일본해(Sea of Japan)를 근거로 왜곡 변조한 것이다. 일본이 대만과 요동반도 일부를 포함하여 대동아공영권(大東亞共榮圈)을 만들 때에는 심지어 황해를 일본해라고 표기한 일도 있다.

그러나 세계지도의 동해 표기를 둘러싼 분쟁의 씨앗은 1919년 영국 런던에서 열린 제1차 국제수로회의에서 뿌려졌다. 각 나라에서 만들어지는 해도(海圖)를 통일하고 수로사업(水路事業)에 관한 정보를 교환하기 위하여 영국 미국 프랑스 일본 등 18개국의 전문가들이 모인 자리에서 바다 지명의 표준화가 논의되었다. 이에 따라 발족된 국제수로기구(IHO)는 회원국에 관련된 바다이름을 제출하도록 했고 이를 모아 1929년 <해양과 바다의 경계(Limits of Oceans and Seas 제1판)>라는 책자를 발간했다.

당시 일본의 식민지이었던 한국이 이 기구에 참여하지 못한 상황에서 동해는 일본해로 둔갑 표기되었고 이는 1937년의 제2판과 1953년의 제3판에도 그대로 이어졌다. 이에 따라 국제사회에서 동해가 일본해라는 이름으로 통용되었던 것이다. 나라를 빼앗겼던 설움이 여실한 것이다.

한국은 광복 후인 1957년 국제수로기구에 가입했지만 <해양과 바다의 경계> 개정판이 오래 동안 발간되지 않아서 수정할 기회를 갖지 못했다. 더구나 국제수로기구와 함께 지명을 표준화하는

데 큰 역할을 하는 국제연합(UN)에 회원국으로 참여하지 못하였으므로 수정을 위한 활동을 펼 수 없었다. 한국은 남북한이 유엔에 동시 가입한 후인 1992년 제6차 유엔 지명표준화회의에서 처음으로 동해 명칭의 시정을 공식 요구하였다.

그러나 일본은 2002년 9월 베를린에서 개최된 제8차 유엔 지명표준화회의에서 <지난 200년 동안 세계의 60개국에서 출판되는 대표적인 지도 392종 가운데 97% 이상이 일본해로 단일 표기되어 있다>면서 일본해의 단독표기를 고집하고 있다. 일본은 일본해 단일표기를 고수하기 위하여 수단과 방법을 가리지 않고 있다. 예컨대 일본은 일찍부터 외국에 흩어진 고지도를 수집하여 뉴욕 뮌헨 등 외국에서 출판하여 유엔은 물론 세계 각국 정부 도서관 지도제작사 학교 항공사 유명호텔 등에 배포하여 왔으며 동해연구기관도 많다. 심지어 일본해 표기를 바꿀 경우 큰 혼란이 초래된다면서 18세기말부터 유럽에서 확립되어 200년 이상 사용되어 왔다는 역사적 정당성을 내세우면서 물불을 가리지 않고 있다.

어떤 곳에 이름을 붙인다는 것은 이미 그 곳을 소유했다는 뜻이 되거나 소유하려고 한다는 의미와 연결된다. 콜럼버스의 신대륙 발견을 전후하여 새롭게 해도(海圖)를 만들고 새로운 땅을 개척하여 나간 당시 유럽 열강들의 지명붙이기 경쟁에서도 이를 엿볼 수 있다. 동해의 명칭 문제도 과거의 역사로부터 시작될 수밖에 없다.

그런데 조선총독부에서 동해를 일본해(Sea of Japan)로 변조하는 근거로 삼았던 이탈리아 선교사 마테오 리치가 만든 곤여만국전도(坤輿萬國全圖 1602)보다 훨씬 이전인 1245년 몽골을 방문한 수도사 카르피니가 쓴 몽골견문기의 세계지도인 빈랜드에 동해(Eastern Ocean)라는 표기가 등장한다. 우리 한국의 경우 삼국사기의 고구려 동명왕(BC 59년)의 기사에 동해의 용어가 나오고 414년에 세워진 광개토대왕 비문에 동해라는 명칭이 등장한다. 고지도에서 동해라는 명칭이 가장 먼저 나타난 것은 신증동국여지승람에 첨부된 팔도총도(八道總圖 1530)이다. 일본에서도 1800년대 막부(幕府) 장군(將軍:쇼군)의 지도제작 책임자인 고교(高橋 다카하시)의 지도와 1870년 교본(橋本 하시모토)의 지도에 조선해(朝鮮海)로 명기되어 있다.

한편 일본에는 일본섬 동쪽에 동해가 있고 동해도(東海道)가 있다. 그래서 일본의 입장에서는 우리의 동해와 헷갈리게 된다. 동해는 한국의 동해인지 일본의 동해인지 혼동된다. 그러므로 부산과 대마도 일대의 해협이 모두 한국해협으로 표기되어 있으므로 동해는 한국해(韓國海)로 표기되는 것이 마땅하다. 특히 일본해라는 표기가 한국이 일본의 식민통치 아래 있던 1929년 채택되었으므로 한국이 광복된 상황에서는 당연히 한국해로 정정 표기되어야 한다.

가령 일본해의 명칭이 존속될 경우 한국의 영해는 물론이고 한국의 이익이 국제적으로 인정되는 대륙붕에 따른 배타적 경제수역이 East of Japan으로 불린다. 또한 동해라는 명칭은 부분적으로 한국과 일본을 상징하지만 현재와 같이 일본해로 단독 표기되는 상태에서는 한국의 상징성이 전혀 인정되지 못한다. 특히 1998년을 <세계해양의 해>로 국제연합(UN)이 지정할 정도로 21세기는 해양이 갖는 의미가 대단히 크다. 그러므로 동해가 일본해로 계속 표기되면 국제관계에서 부수적인 문제가 필연적으로 제기된다. 따라서 동해를 한국해로 되찾아야 하는 이유가 여기에 있다.

이런 점에서 한국바로알리기 기획단(V@NK : Voluntary

Agency Network of Korea www.prkorea.com)은 2002년 1월 23일부터 동해(East Sea) 명칭 되찾기 계도운동에 나섰다. 반크는 이 운동에 많은 네티즌이 참여할 수 있도록 국제소로기구(IHO)의 임원진에게 일본해로 되어 있는 오류 시정에 관한 항의서한을 한글과 영문으로 준비했으며 인터넷을 몰라도 누구나 손쉽게 동참할 수 있도록 원터치 발송시스템을 구축했다. 초등학생 200명을 포함하여 55세 주부까지 6천여 명의 자원봉사자로 지난 1999년에 결성된 반크는 2001년에 <내셔널 지오그래픽>과 인터넷 사이트인 <라이코스> 등 140건 이상 일본해 표기의 오류를 바로잡은 바 있다.

제3장 부보상과 조선왕조

여진격퇴(女眞擊退)

이성계(1335~1408) 장군이 고려왕조에서 함경북도의 군사령관인 만호(萬戶)의 벼슬에 있을 때인 1364년이었다. 이 때 장군의 나이 30세이다. 고려를 침입한 여진족(女眞族)의 삼선(三善) 삼개(三介)와 함경도 화주(和州)에서 교전하여 격퇴시킨 일이 있다.

교전 중에 이성계 장군이 머리에 화살을 맞고 추격 근접해 오는 적군에게 근접 공격을 받게 되었다. 육박전(肉薄戰 : 肉迫戰)이 벌어지려는 화급한 상황이었다. 그 때 마침 황해도 토산군(兎山郡) 출신의 행상인 백달원(白達元)이 평량자(平凉子 : 竹笠)를 쓰고 쌍지게[雙支械]를 지고 지나가다가 이 광경을 보았다. 지형지물을 잘 알고 있는 백달원이 전광석화처럼 재빨리 이성계 장군을 인도하여 산을 넘어 위기를 구출해 주었다.

여진은 중국동북부 만주에 살았던 퉁구스 계통의 민족이다. 여진족의 명칭은 시대에 따라 달라 춘추전국시대에는 숙신(肅愼)으로 불렸고 한나라 때에는 읍루(挹婁)라고 불렸으며 남북조시대에는 물길(勿吉)이라고 불렸다. 수당(隋唐) 때에는 말갈(靺鞨)로 불리어 오다가 송나라 및 명나라 때 여진이라고 불렸으며 청나라 때에는 만주족(滿洲族)이라고 불렸다. 여진족 중에서 고려와 관계를 가진 것은 고려의 북서부에 있던 압록강 유역 양안(兩岸)의 서여진[西蕃]과 동북의 함경도지방 일대에 걸쳐 거주하던 동여진[東蕃]이다.

삼선과 삼개는 고려의 공민왕 때 여진의 장수이다. 이들 형제는 본래 이성계 장군의 조부인 이춘(李椿)의 외손자들로서 여진 땅에서 자라나 장수가 되었다. 1364(공민왕 13)년 그들이 항상 두려워하던 동북면(함경도) 병마사인 이성계 장군이 서북면(평안북도)으로 원정을 나갔다. 이 때를 틈타서 삼선과 삼개는 여진족을 이끌고 대거 침입했다. 홀면(忽面 : 洪原) 삼살(三撒 : 北青) 등지를 거쳐 함주(咸州 : 咸興)를 함락시키니 수장(守將)인 전이도(全以道)와 이희(李熙) 등이 군사를 버리고 달아났다. 이 때 도지휘사(都指揮使)인 한방신(韓方信)과 병마사인 김귀(金貴)도 화주(和州 : 永興)로 진군했다가 오히려 그들에게 격퇴되어 철관(鐵關 : 德原 北部)에 머무르니 화주 이북의 땅은 모두 삼선과 삼개에게 빼앗겼다.

이 때 서북면에서 최유(崔濡)의 침입을 쳐부순 이성계 장군은 급히 군사를 이끌고 철관으로 돌아와서 한방신 김귀와 합류하여 삼선과 삼개를 크게 격파하고 화주(영흥)와 함주(함흥) 등지를 탈환하였다.

오녀산성(五女山城)

이성계 장군이 1370년 옛날 고구려의 도읍지이었던 오녀산성

(五女山城 : 卒本城)을 향하여 편전(片箭)에 아기화살을 덧걸어 70발을 쏘아 적군의 안면을 적중시켰다. 군량미 보급을 책임지고 있던 부보상들도 그 광경을 지켜보고 환호했다. 우리 민족의 무기 가운데 가장 우수한 것은 활(弓)이다. 편전은 화살의 일종이다. 편전의 길이는 일반화살의 절반도 안 되는 30cm 정도이다. 그러므로 편전을 쏘는 데에는 아주 특별한 기술이 필요하다. 일반 활에 없는 덧살이 필요하기 때문이다. 덧살은 작은 대나무를 반으로 잘라 만든다. 편전은 덧살을 씌워 시위를 당긴다. 덧살을 타고 날아가는 화살은 상대방의 눈에 보이지 않기 때문에 피할 수가 없다. 덧살은 편전이 안정적으로 날아가도록 궤도를 만들어 주므로 먼 거리를 강력하게 날아갈 수 있다.

몽골에서 일어난 원나라가 1231년 고려를 침입했다. 다음해인 1232년 고려는 강화도로 천도했다. 호국불교를 앞세우고 팔만대장경(八萬大藏經) 만들기에 온 국민의 마음을 하나로 모았다. 1270년 개성으로 환도할 때까지 39년 동안 고려의 국토를 몽골에 **빼앗긴** 셈이다.

고려는 제25대 충렬왕(忠烈王 1275~1308) 때부터 원나라의 행정간섭을 받았다. 충렬왕의 왕후는 원나라 세조(世祖:쿠빌라이)의 딸인 제국대장공주(齊國大長公主 : 忽都魯揭里迷失公主)이었다. 그 후 고려왕에게는 몽고의 명칭이 사용되었다. 그것도 원나라에 충성한다는 뜻에서 왕명의 첫 글자에 忠(충)의 글자를 붙였다. 예컨대 제26대 충선왕은 이지르브콰(益知禮普化 Ijirbuga)이고 정비(正妃)는 원나라 진왕(晋王) 감마라(甘麻刺)의 딸인 계국대장공주(薊國大長公主:寶塔實憐公主)이었다. 제27대 충숙왕(忠肅王)은 아랄눌특실리(阿剌訥特失理)이고 제28대 충혜왕(忠惠王)은 보탑실리(普塔失理)이었다. 제29대 충목왕(忠穆王)은 팔사마타아사(八思

痲朶兒思)이고 제30대 충정왕(忠定王)은 미사감타아(迷思監朶兒)이며 제31대 공민왕(恭愍王)은 빠이엔티무르(伯顏帖木兒)이었다. 공민왕의 왕비는 원나라 위왕(魏王)의 딸인 노국대장공주(魯國大長公主)이었다.

이와 같이 6대에 걸친 왕명이 원나라의 명칭으로 창씨개명된 수모를 겪었던 것이다. 철저하게 원나라의 지배를 받고 있었으므로 나약한 고려왕조일지라도는 반원정서(反元情緖)가 팽배하고 있었다.

공민왕은 12세 때부터 12년 가까이 원에 볼모로 잡혀 있다가 1351년 22세에 고려로 돌아와 제31대 임금이 된다. 드디어 공민왕은 원명교체기(元明交替期 1369~1370) 힘의 공백상태를 이용하여 고려의 전통적인 북진책(北進策)을 실현하였다. 1356(공민왕 5)년 압록강 너머 파사부를 치고 쌍성총관부를 회복한다. 그리고 1370(공민왕 19)년 여름 압록강을 넘어 올랄산성(兀剌山城五女山城)을 격파하고 요령성 요동의 심장부인 요성을 장악하고 두만강으로 진출하여 고구려의 옛 땅을 되찾았다. 요동성은 수나라의 백만 대군도 넘지 못한 고구려의 자랑이었고 거란의 중심 무대였으며 원의 동북아 지배의 중심지였다. 공민왕은 바로 이곳을 장악한 것이다.

공민왕의 요동정벌은 고려 초부터 지속적으로 추진해온 북진정책의 발로이었다. 그뿐만 아니라 고구려 멸망으로 만주지역을 잃은 지 약 600년이 지난 후 이를 회복하려는 움직임은 대한민족사의 일대 사건이었다. 요동정벌은 원의 식민지배에서 주권을 회복하겠다는 공민왕의 반원자주정책의 완성인 동시에 고구려의 후예임을 자부하던 고려의 상징이었다.

1370(공민왕 19)년 1월 동북면(함경도) 병마사인 이성계 장군이

기병 5천 명과 보병 1만 명을 거느리고 동북면에서 황초령(黃草嶺)을 넘어 원나라의 잔당인 이오로티무르(李吾魯帖木兒·李原景)가 지키고 있는 압록강 중류지역 환인시(桓仁市)에 위치한 우라산성(于羅山城 : 亐羅山城 兀剌山城 五老山城 五女山城)을 공격했다. 우라산성은 사면이 절벽으로서 난공불락의 천연요새인 바위산성이었다. 해발 820m 인 깎아지른 듯한 절벽의 산성에서 전투를 치른 것은 믿기 힘들 정도이다. 고려군은 천혜의 요새인 우라산성(오녀산성)을 어떻게 함락했을까? 이성계 장군의 신출귀몰한 편전술과 기마술의 승리이었다.

편전을 사용할 수 있는 병사는 100명 중 한 두 명에 불과하다. 편전의 사정거리는 317m 로서 일반화살의 225m 보다 100m 가량 더 멀리 나간다. 편전의 초속은 71.8m 로서 일반화살의 59.8m 를 크게 상회한다. 고속화살일수록 관통력이 우수한 것이다. 이성계 장군은 편전을 사용할 수 있는 신묘한 사격술(射擊術)을 구사하여 우라산성을 함락했다.

이성계 장군은 전쟁터에 나가야 할 새벽에 수행하는 부관들에게 건너편의 장대한 나무를 가리키면서 다섯 개의 가지를 지목하게 한 다음 다섯 개의 화살을 동시에 장전하여 시위를 당기면 각각 목표점을 명중한다. 만약 한 개라도 명중되지 않으면 병사들의 출진을 보류시켰다. 장군이 스스로의 몸 상태를 점검하는 방법이었다. 모든 화살이 목표지점을 명중시키게 되면 장군은 군사들을 총지휘 감독하면서 출진하고 병사들의 사기는 충천하여 필승을 거두었다.

이성계 장군의 출진에 따라 공민왕은 동쪽의 두만강 너머 간도지역과 서쪽의 요동 심장부인 요성까지 원나라를 내쫓고 옛 땅을 되찾는 북벌을 성공리에 마무리지었다. 공민왕은 만주가 우리 땅임을 선포하고 군대를 철수했다. 공민왕의 만주수복으로 인하여 조선은 두만강 유역을 확보하게 되었다. 공민왕의 북벌은 만주가 우리 역사의 무대라는 점을 새삼 확인했던 것이다.

그러나 아쉽게도 공민왕은 수복한 만주땅을 오래 지킬 수 없었다. 날로 강성해지는 명나라와 끊임없이 남쪽을 침입하는 왜구의 압력 속에서 만주를 끝까지 지키는 데에는 한계가 있었다.

황산대첩(荒山大捷)

1380(우왕 6)년 왜군이 500여 척의 함선을 이끌고 고려를 침입했다. 전라북도 남원군 운봉읍 화수리 부근의 험준한 황산(荒山)에서 숨막히는 치열한 전투가 벌어졌다. 적군과 아군이 뒤엉켜서 뒤범벅이었다. 적의 군사는 아군의 10배이었다. 전세를 가늠할 수 없는 지경이다. 적장이 종횡무진 비호처럼 날뛰고 있다. 아수라장 속에서 이성계 장군은 적군의 화살에 왼쪽 다리를 맞아 유혈이 극심하였다. 꽂힌 화살을 뽑아 던지고 더욱 의기충천하게 말을 달리고 활을 당겼다.

이성계 장군은 말을 타고 온갖 재간을 다 부리는 마상재(馬上才)의 천재이었다. 왜군과 싸울 때 적장의 창검을 마상재로 빗나가게 했다. 달리는 말 위에서 몸을 말의 왼편에 떨어뜨려 창검을 피하는 것이니 마협장신(馬脇藏身)이다. 말 위에서 엎드렸다 누웠다 옆 배에 붙었다가 아랫배로 돌아 나온다. 앞다리 사이로 나와 말꼬리를 붙들고 공을 쳐내므로 온 나라 안이 놀라고 예전에 듣지 못했던 일이다.

46세의 삼도도순찰사(三道都巡察使) 이성계 장군의 눈에는 아무리 적장이지만 특출한 무예가 탐스러웠다. 사로잡아서 수하에 두고 싶어 벼락같은 명령을 내렸다.

"적장을 죽이지 말라. 그의 예리한 용맹이 아깝다. 생포하라."

이성계 장군은 즉각 화살을 쏘아 날렸다. 화살은 적장이 쓰고 있는 투구꼭지의 정자(頂子)를 명중하여 투구가 비틀하였다. 순간 적장이 고쳐 쓰는 투구를 재차 명중하여 벗겨버렸다. 적장의 기세를 눌러서 생포하려는 것이다.

날쌘 적장의 투구만을 명중하여 벗겨 버리는 이성계 사령관의 활 쏘는 솜씨는 신궁(神弓)이었다. 중국의 무술이 창(槍)이라면 일본의 무술은 칼(劍)이고 조선의 무술은 활(弓)이 대표한다.

이성계 장군의 신궁은 조선왕조실록에 잘 나타나 있다. 화살 하나로 다섯 마리의 까마귀를 동시에 떨어뜨렸다. 20마리의 담비를 쇠살로 명중시켰다. 무거운 활로써 노루 일곱 마리를 명중시켰다. 화살 하나로 노루 두 마리를 사냥하였다. 화살을 쏘아 떨어뜨린 배(梨)를 손님에게 대접하였다.

이러한 신궁의 실력을 갖춘 이성계 장군이 눈앞에서 흰말을 타고 종횡무진하는 적장의 투구를 명중시켜 벗겨 버리는 일은 여반장이었다. 옆에 있던 여진족 출신인 의동생 이지란(퉁두란) 장군이 벗겨진 적장의 이마를 향해 즉시 화살을 쏘아 죽여 버렸다. 순식간에 전장의 상황이 종료되었다. 황산대첩이었다. 그 동안 지긋지긋한 왜구의 노략질에 몹시 시달리던 양광 전라 경상 등지에 살고 있는 백성들의 선망(羨望)은 이성계 장군에게로 쏠렸다. 자연스럽게 전국 백성의 신망을 한 몸에 지니게 된 것이다.

이성계 사령관은 생포하려던 적장을 죽였다고 아쉬워했다. 이지란은 말했다.

"적장을 사로잡으려면 아군의 피해가 너무 클 것이므로 쏘아 죽인 것입니다."

돌이킬 수 없는 일이다. 이미 죽은 사람을 살려낼 방도가 없다. 이성계 사령관은 죽어 쓰러져 있는 적장인 아기발도(阿其拔都 阿只拔都 아시누키 미야코)를 점검했다. 죽은 아기발도는 뜻밖에도 15~16세의 소년장수이었다. 순간에 벌어진 일이었으나 적장을 사로잡지 못한 것이 못내 아쉬웠다. 숨을 돌리고 안정을 되찾고 보니 이성계 장군의 허벅지에서는 화살을 맞아 유혈이 흘러내리고 있었다. 화살의 흔적으로 낭자하게 흘러내리는 유혈조차 느낄 겨를이 없었던 것이다. 창졸간에 치료할 방도가 없다. 이 때 부보상으로 종군하여 사역하고 있던 백달원(白達元)의 부하 가운데 목화장사하던 사람이 휴대하고 있던 약간의 목화 솜으로 장군의 검붉은 피를 깨끗이 씻고 붕대를 감아 응급 치료하였다.

만일 황산대첩에서 고려군이 왜군에게 패전했다면 고려는 왜국에게 접수되었고 그 후 조선을 비롯한 대한제국과 대한민국은 탄생될 수 없었다. 고려가 총력전을 펼쳐서 왜군을 퇴치한 것이다. 이성계 삼도순찰사를 비롯하여 이원계(李元桂 : 순찰사 백형) 변안열 왕복명 우인열 도길부 박임종 홍인계 임성미 등 8명의 각 도 지역 원수(元帥)가 총출동하였다.

그런데 이원계 장군은 군대를 통솔하고 있던 밤에 홀연히 마음에 불길한 놀라움이 떠올라서 즉시 장검(仗劍)을 들고일어나 동생인 이성계 장군의 침소로 스며들어가서 병풍 뒤에 숨었다. 잠깐 사이에 자객(刺客)이 공중을 날아 내려오자 순식간에 이원계 장군이 칼을 휘둘러 자객의 허리를 베었으므로 동생인 이성계 장군이 오히려 잠에서 깨지 않았다. 이는 경쟁관계인 최영 장군이 날로 융성하는 이성계 장군의 위엄과 덕망을 시기(猜忌)하고 또 이씨(李氏)가 왕이 될 것이라는 도참(圖讖)이 있으므로 자객을 보낸 것이다.

이성계 장군은 황산대첩 다음 해인 1381년 황산전투지를 방문하였다. 휘하 장수의 이름을 암벽에 새겼는데 이것이 어휘각(御諱閣)이다. 이성계 장군은 황산대첩 12년 후인 1392년 조선을 개국하여 태조가 되었다. 1577(선조 10)년에 이르러 이성계 장군의 황산대첩을 기념하기 위해 승전비인 황산대첩지비(荒山大捷之碑)가 세워졌다. 이 비의 비문은 김귀영(金貴榮)이 지었고 글씨는 송인(宋寅)이 썼으며 글씨를 새긴 사람은 남응운(南應雲)이다. 그 뒤 1667(현종 8)년에 이르러 현감 허제(許濟)가 비각을 세웠다.

일제는 이곳에 새겨진 자신들의 부끄러운 과거를 묻어버리기 위하여 1945년 1월 17일 새벽에 대첩비를 폭파하고 각자암벽(刻字岩壁)과 대첩비의 글씨를 정으로 쪼아내어 분간할 수 없게 만들었다. 현재는 새로운 비석이 세워졌으나 일제에 의하여 폭파되어 누워있는 비석은 역사의 현장을 증언하기 위하여 그대로 보존되고 있다.

황산대첩 비석의 파편들은 이성계 장군의 다리에서 화살의 흔적으로 낭자한 검붉은 유혈을 닦아주면서 응급조치하던 부보상 백달원 부하들의 갸륵한 정성을 머금고 있을 것이다.

荒山大捷之碑

所在 全羅北道 南原郡 雲峰面 花水里
時年 朝鮮宣祖十年丁丑 (皇紀二千二百三十七年)

資憲大夫 戶曹判書 兼 弘文館大提學知 成均館同知 經筵春秋館事五衛都摠府 都摠管 臣 金貴榮 奉敎 撰[1]
奉憲大夫 礪城君 臣 宋寅 奉敎 書
嘉善大奉 戶曹參判 兼 五衛都摠府 副摠管 臣 南應雲 奉敎 篆

萬曆三年 全羅道觀察使 朴啓賢 馳 啓曰 雲峰縣之東 十六里 有荒山 寔我[2] 太祖 康獻大王 大捷倭寇之地也. 年代流易 地名訛舛 行路躊躇 指點 有不能辨認. 誠恐千百世之後 高者夷下者湮盆 將眛眛[3] 而莫知其所 願樹一大石 以識之 縣之耆倪 相與懇于官 守土之臣 不敢抑以報. 謹 上聞 上可其啓 命其道幹其事 仍 命臣貴榮文之臣承命祗慄.

謹按 麗季國步飢脆.[4] 島夷乘之 屠城燒邑殺人盈野 所過波血 千重蕭然[5] 殲咸陽 火雲峰 屯引月 聲言[6]穀[7]馬北上 中外[8]大震.

太祖發南原 踰雲峰 抵[9]荒山 登鼎峰之上 相視形便. 指授[10]掎

---

1) 奉敎 撰 : 임금님의 下敎를 받들어 글을 짓다
   奉敎 書 : 임금님의 하교를 받들어 글을 쓰다
   奉敎 篆 : 임금님의 하교를 받들어 篆書(전서)하다
2) 寔我(식아) : 참으로 위대한
3) 眛眛(매매) : 눈이 어둡다
4) 飢脆(얼올) ← 東亞漢韓大辭典 1493쪽
   ① 편하지 아니함 ② 불안함
5) 蕭然(소연) ← 東亞漢韓大辭典 1581쪽
   ① 쓸쓸한 모양 ② 텅비어 허전한 모양
   ③ 시끄럽고 바쁜 듯한 모양
6) 聲言(성언) : 聲明 公言
7) 穀(곡) : ① 알리다 ② 고하다
8) 中外 ← 東亞漢韓大辭典 48쪽
   ① 조정의 안과 밖 ② 국내외

角[11] 盡銳奮擊 十倍之賊 不終日而蕩除. 邇來[12] 二百年間 海不揚波 嶺湖奠安. 莫非斯役之所賜 則南民之感戴追慕 思欲封殖[13] 而瞻依[14]者 烏得已也.

洪洪惟[15]我 聖祖 宏功峻烈[16] 昭載國乘[17] 照人耳目 軒天地耀古今當與玆山. 而終始不必區區[18] 斲[19]石爲之形容 然後 可以傳示無窮也.

雖雖然 南方之山 巍然[20]高大者 無慮百數. 而聖祖大勳之集 適在於玆山 則可與天作高山 儷美並稱 而崧高維嶽[21]萬世仰止者矣.

---

9) 抵 : 다달을 저 (至也)
10) 指授(지수) : 지시하여 가르쳐 주다
11) 掎角(기각) ← 東亞漢韓大辭典 719쪽
   - 사슴을 붙잡을 때 뒤에서 다리를 붙들고(掎) 앞에서 뿔을 붙잡는다(角)는 뜻으로 전후상응(前後相應)하여 적에게 대항함을 이르는 말
12) 邇來(이래) : 爾來 ← 東亞漢韓大辭典 719쪽
   ① 요사이 ② 근래 ③ 그 후 ④ 그 때 이래
13) 封殖(봉식) : 富強하게 함
14) 瞻依(섬의) : 우러러 의뢰(依賴)함
15) 洪惟(홍유) : 널리 생각하건대
16) 峻烈(준열) : 준엄하고 격렬함
17) 國乘(국승) : 나라의 역사
18) 區區(구구) : 자질구레 ← 동아한한대사선 263쪽
19) 斲 : 깎을 착
20) 巍然(외연) ← 東亞漢韓大辭典 550쪽
   ① 산이나 건축물 따위가 매우 높게 솟아 있는 모양
   ② 巍乎(외호)
21) ① 崧高(숭고) ← 東亞漢韓大辭典 543쪽
   산이 높고 웅장한 모양
   ② 崧生嶽降(숭생악강)
   숭산(崧山)의 신령이 기운을 내려 주어 주(周)의 중신(重臣)인 보후(甫侯)와 신백(申伯)을 낳았다는 고사(故事)로서 천은(天恩)의 두터움을 이르는 말

於戱 岐陽22) 蒐狩23) 簡24) 車徒25) 也. 而石鼓26) 有勒 淮西27) 削平28) 定
藩鎭29) 也. 而群臣請紀.

聖武廓淸30)之功 巍巍蕩蕩31) 萬世永賴 則鑱32)之貞珉33) 閣之龜
龍 使居民行旅 瞻望拜稽 有以寄 沒世不忘之思焉. 不亦韙哉. 臣貴
榮謹拜手稽首34)獻頌曰

麗運告窮 奸孼內訌. 召彼外戎 島夷隳突.35) 三陲被毒 爲麋爲肉.
萬姓暴骨36) 千里慘目 執遏亂略. 聖祖受鉞37) 師出以律. 震震38) 爞

---

22) 岐陽(기양) ← 동아한한대사전 538쪽
 - 중국 섬서성 기산현을 말함
23) 狩(수) : 冬獵也
24) 簡(간) : 閱武 大閱 (大閱者何 皆車徒也)
25) 거도(車徒) : 兵車與步率也
26) 石鼓(석고):
 - 주나라 때 사냥에 관한 글이 새겨 있던 북 모양의 석각(石刻)
27) 淮西(회서) : 淮水 上流之地
28) 削平(삭평) : 평정하다 ← 동아한한대사전 233쪽
29) 藩鎭(번진) : 군단사령관(軍團司令官)
30) 廓淸(확청) ← 동아한한대사전 588쪽
 - 세상의 혼란을 깨끗이 소탕함
31) ① 巍巍(외외) : 크고 웅장한 산
 ② 蕩蕩(탕탕) : 크고 힘찬 물결
32) 鑱(참) : ① 새기다 ② 파다
33) 貞珉(정민) ← 동아한한대사전 1751쪽
 ① 견고하고 아름다운 돌 ② 貞石 ③ 비석
34) ① 稽首(계수) : 계상(稽顙)← 東亞漢韓大辭典 1292쪽
 ② 稽顙再拜(계상재배)
 - 머리를 조아려 두 번 절한다는 뜻으로 흔히 상제가 한문투의
 편지 첫 머리에 쓰는 말
35) 隳突(휴돌) ← 東亞漢韓大辭典 1992쪽
 ① 들이받아 해침 ② 들이받아 날뛰고 설침
36) 暴骨(폭골) ← 동아한한대사전 816쪽
 ① 뼈에 비바람을 맞힘
 ② 전사한 시체를 거두어 주는 이가 없음

爁39) 神精上格. 白虹貫日 勝兆已卜. 天輿之憖 地效其利 荒山是畁.
爰赫一怒 爰奮厥武. 我旆我鼓. 凶酋揚骰 欲抗虓虎. 自送其脰40) 頂
子41)應發. 兜鍪42)忽側 已洞利鏃43). 蜂屯蟻雜 褫氣44)號哭 萬牛殷
谷. 策馬先登 四面以崩 莫我敢承 雷奔電激 竹破瓦裂. 齒腦狼藉
人神協討. 會朝迅掃 三韓再造. 革面悔罪 厥篚繹海 垂二百載. 南民
耕鑿 煦愉事育45). 莫非爾極 載慕載祝. 銘在心腹 愈久如昨. 明曆五
祀 伐石而紀 于山之趾. 不騫不剝 永世無斁 有如斯石.
　　　萬曆 五年46) 丁丑 八月　日
　　　　朝奉大夫 行雲峰縣監 南原鎭管兵馬節制都尉 兼 春秋館記
　　　　事官 臣朴光玉 建

만력 3년(1575 선조8) 전라도 관찰사 박계현은 신속하게 달려 나
아가 아뢰었다. 운봉현의 동쪽 16리에 황산은 참으로 위대하신 태조

---

37) 鉞(월) : 도끼 (정벌의 表徵)
38) 震震(진진) ← 동아한한대사전 2013쪽
　　① 진동하는 모양 ② 빛이 휘황하게 밝은 모양 ③ 무성한 모양
　　④ 몹시 바쁘고 분주한 모양
39) 爁爁(약약) ← 동아한한대사전
　　① 번갯불이 밝은 모양 ② 분주한 모양
40) 脰 : 목두　項也　自奮絶脰而死 (史記)
41) 頂子(정자) ← 동아한한대사전 2047쪽
　- 청나라에서 제1품부터 제9품까지의 관리가 모자 꼭대기에 달던 주옥
　- 그 빛깔과 품질에 의해 품급을 구별했다. 頂戴
42) 兜鍪(두무 도무) : 투구
43) 利鏃(이촉) : 예리한 화살
44) 褫氣(치기) ← 동아한한대사전 1658쪽
　　① 넋을 잃다　② 기를 빼앗기어 두려워함
45) 事育(사육) : 부모를 섬기고 자녀를 기름
46) 萬曆 5년 丁丑 : (중국연호) 1577년　宣祖10년

강헌대왕께서 왜구를 크게 무찌른 땅입니다. 연대가 흘러 바뀌니 지명이 어긋나서 가는 길이 머뭇거려지고 손가락으로 지점을 가리키더라도 판별 인식할 수 없게 되어 천백 대의 훗날이 진실로 두렵습니다. 높은 곳이 평평하게 되어 인멸이 더해지면 장차 애매하게 되어 그곳을 알지 못하게 될 것입니다. 큰 비석을 하나 세워서 인지시켜 주시기 바랍니다. 고을의 노인들과 어린이들이 관청에 알려오니 지역을 지키는 신하로서 감히 보고하지 않을 수 없습니다. 삼가 조정에 아뢰오니 이를 옳게 여기시고 해당 도에서 그 사업을 주간하되 소신 귀영이 글을 지으라는 명령을 받으니 크게 두려울 뿐입니다.

　삼가 살피건대 고려말에 국가의 운명이 불안한 틈을 타서 섬나라 오랑캐가 침범하여 성곽을 함락하고 고을을 불사르며 사람들을 죽여서 들판에 가득 찼으니 지나는 곳마다 피의 물결이 천 갈래로 중첩되어 황량했습니다. 함양이 섬멸되었고 운봉이 불질러졌으며 인월에 주둔하는 병마가 북상한다고 공언하여 조정 안팎의 민심이 불안에 떨면서 뒤숭숭했습니다.

　이 때 태조께서 남원을 출발하여 운봉을 넘어 황산에 다다르셨습니다. 정봉의 봉우리에 오르시어 이리 저리 형편을 살피시고 전후가 상응할 것을 지시하시고 적의 예봉을 꺾으면서 분발 공격하시니 10배의 적군이 해지기 전에 소탕 제거되었습니다. 그 이후 200년 동안 바다에는 파도가 일지 않고 영호남이 안정되었습니다. 모두 이 전쟁의 승리에 기인된 것이니 남쪽의 백성들이 감사히 여기어 공경하고 받들어 추모하면서 부강할 것을 염원하니 태조는 백성의 우러러 의뢰함을 당연히 얻게 되었습니다.

　널리 생각해 보면 위대한 성조의 굉장한 공덕과 준엄하고 격렬하심이 나라의 역사에 소상히 실려 있으므로 사람들의 귀와 눈에 빛나고 천지에 비치어 고금에는 마땅히 이 산과 더불어 활짝 트였습니다. 굳이 처음부터 끝까지 자질구레하게 깎은 돌로써 형용하지 않더라도 무궁하게 전해져 보일 것입니다.

비록 남방에는 높고 큰 산들이 무려 수 백 개인데 그 중에 성조의 위대한 공훈이 마침 이 산에 모여져 있으므로 하늘이 지어준 높은 산일 뿐더러 아름답습니다. 이처럼 높고 웅장한 산의 모습은 만세에 걸쳐 그침 없이 숭앙될 것입니다. 마치 중국 섬서성의 기산현에서 겨울 사냥할 때 3년마다 임금이 몸소 참석하여 군대의 실정 병마 등을 직접 검열하던 것과 같습니다. 주나라 때 사냥에 관한 글이 새겨 있던 북 모양의 돌에는 회수의 상류지역을 빼앗아 평정한 군사령관이 새겨져 있는데 이는 여러 신하들이 요청한 기강입니다.

태조대왕의 성스러운 무용과 혼란을 깨끗이 소탕한 공덕은 크고 웅장한 산과 힘찬 물결처럼 만세토록 영원히 신뢰받을 것입니다. 그러므로 새겨진 비석과 비각의 거북 용을 주민과 여행객이 흡족하게 우러러보고 머리를 조아려 땅에 닿도록 두 번 절하며 세상을 떠날 때까지 잊지 않고 생각할 것입니다. 이 어찌 아름다운 일이 아니겠습니까. 소신 귀영은 삼가 두 손 모아 머리가 땅에 닿도록 절하고 칭송을 드립니다.

고려의 운명이 궁색하여 간사한 요물들이 내부에서 분쟁을 일으키어
저 외부의 오랑캐를 불러들이니 섬나라 오랑캐가 들이받으면서 날뛴다.
세 곳의 변방이 해독을 입어 죽사발이 되고 고기첨이 되며
만백성의 시체들이 비바람을 맞아 천리길이 참혹하였다.
폭난을 막을 책략을 잡아
태조께서 정벌 명령을 받아 군율로써 군대가 출동하니
천둥이 진동하듯 번갯불이 번쩍이듯 신령의 정수가 최상격이다.
흰 무지개가 해를 관통하니 승리의 징조가 이미 점쳐졌고
하늘이 내려준 가르침과 땅이 본받은 이로움을 황산이 올바르게

내주었다.
이에 태조의 위대한 노여움이 빛을 발하고 무력을 분발 궐기하니
장엄한 우리의 깃발과 북소리뿐이다.
흉칙한 괴수가 새새끼(아기발도)를 날려서 포효하는 호랑이에 대항하려는 구나.
스스로 모가지를 내밀기에 태조가 투구 위의 주옥을 향해 화살을 발사하니
적장의 투구 끈이 명중되어 홀연히 옆으로 기울어지는 순간
이미 이두란이 쏘아 날린 예리한 화살이 적장의 목을 꿰뚫었다.
벌떼처럼 주둔하고 개미떼처럼 섞이어 있던 병사들의 넋잃은 호곡소리가
수 만 마리의 황소들이 울어대듯 골짜기를 요동쳤다.
태조가 말을 채찍하여 먼저 올라보니 사방이 붕괴되어 감히 받들 병사가 없었기에
천둥처럼 재빨리 내달리고 번개처럼 부딪쳐 대나무와 기와를 파열시키면서
썩은 해골이 낭자한 것을 사람과 신령이 협력하여 토벌하였다.
태조는 조정에 모여서 신속히 소탕하고 삼한을 다시 개조하며
면모를 혁신하고 죄를 뉘우치게 하며
굽어진 수레의 가리개를 바다에 풀어 제친 지 어언 200년을 드리웠다.
남쪽 백성들이 밭갈이하면서 따뜻하고 기쁘게 부모를 섬기고 자녀를 기르니
극진히 사모하고 축하할 뿐이었다.
마음 속 깊이 새겨서 어제처럼 영구히 기뻐하고자
명나라 책력 5년에 비석을 만들어 황산의 터전을 기념하오니
손상되지 않고 벗겨지지 않고 영세토록 파손되지 않은 채

지금의 비석처럼 온전하소서.

위화도 회군(威化島回軍)

1388년 5월 20일 이성계 장군이 정의로운 군대깃발을 휘날리면서 보무(步武)도 당당한 무장군인의 대열을 지휘하고 있다. 부보상의 영수인 백달원(白達元)이 군량미운반을 책임지고 있었다. 이 때 팔도도통사(八道都統使 : 崔瑩장군)의 조전원수(助戰元帥)인 이원계(李元桂) 장군이 대열의 기수를 진격시키면 천자의 경계를 침범하는 꼴이 되고 반대로 퇴각시키면 고려 임금의 진격명령을 위반하는 셈이다. 공의 난처함이 진퇴유곡이었으나 이미 천명(天命)이 돌아가는 곳을 알아차렸다.

반원(反元)의 공민왕이 승하하고 친원(親元)의 우왕(禑王)이 즉위한 이후 고려의 외교는 반원(친명)에서 친원(반명)으로 급선회하여 고려와 명나라의 관계가 악화되었다. 1388년 3월 명나라가 쌍성총관부(雙城總管府) 관할인 함경남도 영흥(永興)을 영유하기 위하여 철령위(鐵嶺衛)의 설치를 통고해 왔다. 고려에서는 최영 장군을 중심으로 명나라의 전진기지인 요동(遼東)을 정벌하기로 결정하였다.

최영 장군은 군사(軍師 : 軍參謀)들을 달갑지 않은 요동정벌에 투입시키면 흥분 궐기하게 되고 그에 따라 자연스럽게 군참모들과 현지사령관인 이성계 장군과의 갈등이 유발되면 이장군의 위상이 급격히 저하될 것을 모사(謀事)했던 것이다. 최영 장군은 1380년 전라북도 운봉의 황산대첩 이후 민심의 지지열도가 급상승하는 이성계 장군의 위상을 내키지 않는 눈으로 시기(猜忌)하여 이이제이(以夷制夷)의 음모를 꾸민 것이다.

이 때 이성계 장군은 요동정벌 사대불가론을 주장하였다. 이미 1370년 11월 요동의 중심지인 요양성(遼陽城 : 五女山城)을 공격 함락시킨 경험이 있는 이성계 장군이지만 패배가 확실한 전쟁을 일으킬 수 없었다. 사대불가론은 ① 소국이 대국을 거스르는 것은 옳지 않고 ② 여름철 농번기의 병사징발은 옳지 않으며 ③ 거국적 원정을 틈탄 왜구의 침입이 우려되고 ④ 시기가 무더운 장마철이라 쇠뇌활의 아교가 풀리고 군부대 내에 심한 질병이 우려된다는 것이다. 이성계 장군은 출병의 시기를 가을로 연기하는 것이 합당하다고 주장했으나 당시 실권자이었던 최영에 의하여 묵살되고 요동정벌이 강행되었다.

요동정벌을 수행하기 위한 고려군의 편제는 팔도도통사에 최영 장군이었고 좌군도통사에는 조민수 장군이었으며 우군도통사에는 이성계 장군으로 수뇌부를 구성했다. 그리고 팔도도통사의 조전원수에는 이원계 장군이었고 우군도통사의 조전원수에는 이화 장군이었다. 이원계 이성계 이화의 삼형제 장군이 참전한 것이다.

이성계 장군의 사대불가론은 출정군이 압록강 하류의 위화도(威化島)에 진주하였을 때 적중하고 말았다. 요동까지는 수많은 강을 건너야 하는데 장마철이라서 군량의 운반이 곤란하고 습기로 인하여 쇠뇌활의 아교가 풀려서 도저히 전쟁을 수행할 수 없었다. 때마침 엄청난 폭우로 인하여 강물이 범람하고 병사들 중에 환자가 속출하였다.

피로에 지친 군사를 몰아 견고한 명나라의 성곽으로 진격하면 승리할 수 없고 공격하여도 빼앗을 수 없다. 무모한 짓이었다. 상국(上國)의 국경을 침범하여 천자로부터 죄를 얻는다면 종사(宗社)와 생민(生民)에게 재화(災禍)가 즉시 닥칠 것은 명약관화한 일이었다.

고려군이 요동을 향해 출진한 후에도 팔도도통사인 최영 장군은 우왕과 함께 평양에 머물고 있었다. 그러므로 조전원수인 이원계(李元桂) 장군이 팔도도통사의 직무대행으로서 현장을 지휘하는 실질적 최고 군사령관인 셈이다.

심란한 조전원수 이원계 장군은 홀로 막사에서 나와 저녁하늘을 바라보면서 동네 주위를 서성이었다. 백성을 구제하라는 동네 아이들의 심상치 않은 노래 소리가 들려왔다. 이는 연려실기술(燃藜室記述)에 기록된 내용이다. 연려실기술은 조선조 정조대왕 때 이긍익(李肯翊)이 태조 때부터 현종 때까지 역대사실의 전말을 여러 책에서 뽑아 엮은 야사집이다. 이 책은 모두 400가지의 야사 수록 일기 문집 등 역사자료를 모아 원문 그대로 인용한 것이다.

☞ 태조조(太祖朝) 왕업조기(王業肇基) : 위화도회군

    威化回軍前
        위화도에서 회군하기 전에
    潛邸[①]里 有童謠云
        잠저가 있는 동네에 아이들의 노래가 있었는데
    西京城外火色 安州城外煙光
        서경성 밖에는 불빛이고 안주성 밖에는 연기로세
    往來其間李元帥[②]
        그 사이를 왕래하는 이원수여
    願言救濟黔蒼
        원컨대 백성들을 구제하소서
    未幾有回軍之擧
        이로부터 얼마 안되어 회군하는 일이 있었다.

자료: 燃藜室記述 卷之一 東閣雜記
주: ① 잠저(潛邸)는 한 나라의 창업주나 종실(宗室)에서 들어온 임금으로 보위에 오르기 전이나 그 동안에 살던 집
② 위의 싯귀에서 지목한 李元帥(이원수)는 팔도도통사의 직무대행으로서 현장을 지휘하는 실질적 최고 군사령관(軍司令官)인 완풍대군(完豊大君) 이원계(李元桂) 장군으로 판단된다.

  현지 사령관인 이원계 조전원수는 우군도통사인 이성계 장군에게 <만약 하룻밤을 지연하면 장마철의 큰 강물이 넘쳐 위화도를 건너기 어려울 형세이니 즉시 회군령을 내려서 군사들의 목숨을 구하라>고 촉구하였다. 군령에 따라 군사들이 강을 건너 퇴각하기가 무섭게 강물이 순식간에 위화도를 삼켜 버렸다. 하마터면 장병 전체가 속절없이 수장될 뻔하였다. 부득이 이성계 장군은 위화도에서의 회군을 결심하고 1388년 5월 20일 시행하였다.
  회군의 지점이 위화도(威化島)라는 사실에 각별히 주목해 볼만 하다. 위화도는 서울의 여의도처럼 압록강이 운반한 토사의 퇴적으로 형성된 하류의 섬이다. 엄밀히 따져 보면 압록강의 한 가운데 떠있는 위화도는 명나라의 땅도 아니고 고려의 땅도 아닐 수 있다. 한반도에서 보면 이쪽의 압록강 둑은 고려 땅이고 건너편 쪽의 압록강 둑은 명나라인 셈이다. 그러므로 요동정벌군이 한반도의 압록강 둑을 넘었으니 군통수권자인 고려왕의 진격명령을 수행한 셈이고 동시에 중국대륙 쪽의 압록강 둑을 넘지 않았으니 천자국인 명나라를 침공하지 않은 셈이다. 완풍대군 이원계 장군은 동생인 이성계 장군을 독려하여 침으로 교묘한 지점인 위화도에서 회군하여 당시 천자국과 고려국에 각각 관련된 군신지의(君

臣之義)를 수호해야 하는 대의(大義)를 충족시킨 것이다.47) 장마철이므로 군대이동의 전략 전술이 무용지물임을 명분(名分)으로 삼은 절묘한 회군이었다.

그러나 진퇴양난의 처지에 봉착한 완풍대군 이원계 장군은 천자국인 명나라를 침범하지도 않고 아우인 이성계 장군에게 건국의 길도 열어 주고 동시에 고려의 임금에 대한 충성심도 지키기 위하여 1388(우왕 14)년 10월 23일 절명성인시(絶命成仁詩)를 남겨 놓고 음독 자결하였다. 고귀하고도 숭고한 절명성인의 표본이 되었다. 대의와 명분을 동시에 구현한 셈이다. 절명성인의 처신은 대인의 도리이므로 소인들이 일상의 생활에서 입장이 난처하다고 함부로 목숨을 끊는 자포자기의 도피성자살과는 근본적으로 다른 행위이다.

☞ 이원계(李元桂) 장군의 절명성인시(絶命成仁詩)

三韓故國 身何在
　　삼한고국 어느 곳에 이 몸을 둘 꼬.
地下願從 伯仲遊
　　저승의 태백과 중옹과나 놀고지고
同處休云 裁處異
　　동처는 결단된 처이를 탓하지 마소.
荊蠻不必 海桴浮
　　형만 가던 뗏 배는 필요 없도다.

---

47) 欲進則 不敢犯 天子之境. 退則 不敢違 時主之令. 公之難處 進退維谷. ← 襄平公實記

자료 : 완풍대군 이원계공 사료역해, 글로벌, 2001, 60쪽.
주 : 절명성인시는 완풍대군 이원계 장군이 1388년 10월 23일 지어 남겨놓고 음로자정(飮鹵自靖)함

　당시의 민심이 고려왕조의 극심한 말기현상으로 인하여 새로운 국가경영 지도자의 출현이 간절히 요구되고 있었다. 그 때 만일 이원계 장군과 이성계 장군의 형제가 조선왕조 창업의 쌍두마차가 되었다면 당연히 역성혁명(易姓革命)의 누명을 벗어날 수 없다. 둘 중의 한 사람이 사라지면 이러한 누명을 벗어날 수 있을 것이다. 형과 동생 중 누가 선뜻 나서 희생할 것인가. 형인 완풍대군이 스스로 희생을 결심하고 자원(自願)한 것이다. 그야말로 형(兄) 만한 아우(弟)가 없다는 이치가 실증된 셈이다. 형과 동생 사이에 따뜻한 밥 한 그릇이 놓여 있을 때 형이 슬며시 자리에서 사라졌으므로 부드럽게 동생의 차지가 된 셈이다. 여기에 완풍대군 이원계 장군이 형으로서 아우인 이성계 태조에게 국가 창업의 은혜를 베풀어 준 절명성인(絶命成仁)의 깊은 의미가 숨겨져 있는 것이다. 이에 이성계 장군의 위화도 회군과 친명노선(親明路線)이 호응을 받을 수 있었던 것이다.

　이러한 위화도회군을 두고 후대의 퇴계 이황 선생은 하늘의 도움으로 군대의 깃발을 돌려서 백성의 안녕을 도모했다고 평가하였다.

☞ 위화도(威化島) ← 退溪　李滉 作

麗季狂謀敢逆天

고려조에서 무모하게 감히 하늘을 거역했건만
飛龍景會尙田淵
비룡의 밝은 빛이 모여서 더욱 땅은 조용하니
自從神勸回旌後
천신의 도움으로 군기를 돌린 후로
東海春融萬萬年
동해 나라에 봄이 만만년 길이 어울리노라.

자료 : 大洋書籍, 退溪集, 1975, 36쪽.
주 : ① 위화도는 압록강 하류 의주군에 있는 섬
② 1388년 5월 20일 우군도통사 이성계 장군이 회군한 곳

만약 위화도회군이 없었고 원나라의 지배가 계속되었더라면 지금의 한반도는 몽고화(蒙古化 : 元國化)되었을 것이고 아니면 고려왕조가 명나라에 패배 예속되어 한족화(漢族化)되고 말았을 것이다. 또한 조선왕조는 물론 대한제국과 대한민국이 이어질 수 없었을 것이다. 무모한 전쟁으로 자멸을 자초하지 않은 것이 대한민족의 슬기로운 생존을 도모한 셈이다.

특히 조선왕조에서 열성조(列聖朝)를 518년 동안 유지한 것은 지구상의 세계역사에서 돋보이는 특기할 사항이다. 열성조는 임금의 혈통을 계승한 왕조를 말한다. 이는 왕권의 강력한 힘에 기인된 것이 아니고 흔국(桓國)의 7대에 걸친 흔인왕조를 비롯한 배달국(倍達國)의 18대에 걸친 흔웅왕조와 단군조선국의 47대에 걸친 단군왕조를 승계하려는 대한민족의 자긍심으로 평가될 수 있다. 수백 년간 열성조를 유지해 온 국가는 지구상의 역사에서 유례를 찾아보기 어렵다. 따라서 열성조의 유지는 왕조실록의 편찬보존과 더불어 조선왕조를 높이 평가하는 척도로 삼을 수 있다.

조선왕조실록은 기록문화의 결정체이다. 조선왕조의 태조에서 철종까지 25대에 걸친 472년 동안의 역사를 담은 888책의 1893권에 이르는 조선왕조실록의 분량은 세계최대이다. 조선왕조실록은 5400만 글자로서 200자 원고지로 쌓으면 1km 의 높이인데 이는 서울 63빌딩의 4배 높이에 해당된다. 당대의 자연현상과 민간의 시시콜콜한 일까지 담은 풍부한 내용 및 기록에는 왜곡과 고의적 탈락도 없다. 더욱이 필사본이 아닌 인쇄본으로 여러 벌을 나누어 보관함으로써 수 차례의 전쟁참화 속에서도 완벽하게 보존되었다는 점은 유례를 찾을 수 없는 것이다. 이처럼 인류역사에 기여할 수 있는 보편적 가치가 인정되어 1997년 유네스코에서 세계기록문화유산으로 지정된 것이다.

조선왕조(朝鮮王朝)

조선왕조는 이성계 장군의 여진격퇴(1364)를 비롯한 오녀산성 함락(1370) 황산대첩(1380) 위화도 회군(1388)으로 점철되어 탄생되었다. 이성계 장군은 신진사대부 세력의 추대를 받아 1392(공양왕 4)년 7월 17일 공양왕(恭讓王)의 선양(禪讓)으로 개성의 수창궁(壽昌宮)에서 고려왕으로 즉위하였다. 이는 고려의 왕건 태조가 궁예왕을 추방하고 왕위에 오른 것과 차원이 다르다.

고려왕조에 이어 1393년 2월 15일 고조선을 계승하려는 자부심과 사명감에서 국호를 조선(朝鮮)으로 개정 선포하였다. 조선왕조의 이성계 태조가 새로운 왕조를 건국할 때 함경도 행상세력(行商勢力)이 전폭적으로 후원하였다. 전국의 팔도를 누비고 다니던 부보상들은 고려왕조의 말엽이 분란시대로서 토지제도가 문란하고 정치가 부패하였으며 도적 떼가 발호하고 지방관리의 주렴으로 사회가 불안하여 새로운 국가의 강력한 지도자를 갈망하는 민심(民心)의 소재를 손금 보듯이 파악하고 있었기 때문이다.

조선왕조의 건국초기에 보수세력을 대표하는 정몽주와 길재는 강상론(綱常論)에 따른 의리를 중요시하여 이성계 태조의 건국을 반대하였고 신진세력을 대표하는 정도전과 권근은 혁명론(革命論)에 의거한 개혁을 중요시하여 이성계 태조의 건국을 옹호하였다. 따라서 조선건국의 상황이 권력안정 및 평화시기라면 강상론이 타당하고 친몽세력(親蒙勢力)과 반몽세력(反蒙勢力)의 충돌로 인한 권력이동 및 격변시기라면 혁명론이 타당할 것이다.

대체로 장날은 지역사회의 축소판으로서 세상 돌아가는 일과 사람들의 온갖 생활이야기들이 풍성하게 오가게 되어 사회개방의 날인 동시에 가정개방의 날이기도 하였다. 마치 생활에 필요한 물자가 장터에서 전시되듯이 사람과 가정과 부락의 소문들이 풍성하게 전시된 것과 같았다. 그러므로 시장을 지배하던 부보상들이 곳곳에서 피어오르는 화제의 내용을 자세히 알아듣고 물어서 알 수 있는 적임자들이었다. 또한 부보상들은 각 가정을 아무 때나 출입하는 행상이므로 인심의 동향에 정통한 소식통이었다.

따라서 여러 시장에 산재하던 부보상들이 각기 자기의 임방에 모이게 되면 방방곡곡의 민심상황과 습속경향을 부챗살처럼 알수 있었던 것이다. 이에 건장하고 용감한 행상인(부보상)들이 자위상 상호구원을 도모하기 위하여 단결의 이익을 깨닫고 국가의 위란 때에는 단결의 진가를 발휘함으로써 관부(官府)의 존중과 국민의 주목을 받게 되었다.

석왕사(釋王寺)

조선왕조의 이성계 태조가 즉위한 1392년 조고(祖考)에 제사를 지내고 선대의 명복을 기원하는 동시에 스승인 무학국사(無學國師 : 朴自超)의 은혜에 보답하기 위하여 석왕사(釋王寺)를 창건할 계획을 세우고 그 규모를 웅장하게 만들기 위하여 강원도의 삼척으로부터 오백나한(五百羅漢)의 불체(佛體)를 옮겨오게 되었다. 오백나한은 진리를 추구하는 부처(佛陀 붓다)의 5백 명 제자를 말한다.

삼척은 이태조의 고조인 목조대왕(穆祖大王)이 전라북도 전주(全州)에서 2,500세대를 이끌고 이주해 와서 잠시 동안 살던 지역이다. 이성계 태조는 신라 때 사공(司空)을 지낸 이한(李翰)의 21대손이다. 사공은 토지와 민사(民事)를 관장한 공조판서로서 정1품 삼공(三公 三政丞 : 太尉 司徒 司空) 중의 하나다. 태위는 군사를 관장하는 병조판서이고 사도는 호조판서로서 호구 전답 토지 재화 교육을 관장했다.

목조(穆祖 : 李安社)는 원래 전주의 호족이었는데 그곳 지주(知州 : 知事)와 사이가 나빠 강원도 삼척으로 옮겨갔다가 얼마 뒤 지주가 다시 삼척으로 부임해 오자 가족을 데리고 두만강 너머의 간도(間島) 지방으로 이주해 가서 원나라의 다루가치(達魯花赤 : 지방관리)가 되었다. 그의 아들 익조(翼祖 : 李行里)와 손자인 도조(度祖 : 李椿)도 두만강 지방의 천호(千戶 : 지역군사령관)로서 원나라에 벼슬했고 이춘의 아들인 환조(桓祖 : 李子春)도 원나라의 총관부(摠管府)가 있던 쌍성(雙城 : 永興)의 천호를 지냈다. 이자춘은 공민왕의 북쪽강역 회복운동에 내응하여 쌍성 함락에 결정적인 공을 세워 이 지방의 지역군사령관인 만호(萬戶) 겸 병마사(兵馬使)로 임명되었다. 이성계 태조는 영흥(永興) 태생으로 22세 때 처음 고려에 벼슬했으며 아버지의 뒤를 이어 동북면(함경도)의 병마사가 되어 원군토벌(元軍討伐)과 왜구토벌(倭寇討伐)에 큰 공을 세웠고 위화도회군 이후 수문하시중(守門下侍中)에 이르면서부터 고려 말 중앙정권의 중추에 등장하였다.

석왕사는 함경남도 안변군 문산면 설봉산(雪峰山 : 雲峰山)에 위치한 선교양종(禪教兩宗)의 본산으로서 이성계 장군이 태조대왕에 오르기 이전에 토굴에서 지내던 무학대사의 해몽을 들은 일이 있었다. 이 장군이 임금이 될 것을 기도하기 위하여 1386(우왕 12)년에 지은 응진전(應眞殿)에 이어 무학대사가 살던 곳에 1392(태조 1)년 호지문(護持門)이 창건되었다.

오백나한의 불상을 옮겨 올 때 황해도 토산(兎山) 출신의 백달원(白達元)이라는 비범한 남자가 태조대왕의 효성심과 사은심에 크게 감복한 나머지 젊은 장정 80여명을 인솔하여 토공(土工)을 도와 불체운반을 담당하였다. 토산은 개성에서 140리 거리인 황해도 금천구의 산골지역으로서 토산장이 유명하다. 토산장을 통하여 거부상인이 많이 배출되었던 것이다. 부모에 대한 효성과 스승에 대한 사은심이 넘치는 태조대왕과 이를 존경하는 부보상 백달원의 마음은 어진 임금과 착한 백성의 본보기이다.

유아부보상지인장(唯我負褓商之印章)

이성계 태조대왕이 행상의 대표자인 백달원에게 <유아부보상지인장>이라고 새겨진 옥도장을 내려주었다. 백달원의 감동은 이루 말할 수 없었다.

이성계 장군은 1392년 7월 17일 고려왕에 등극하고 1393년 2월 15일 국호를 조선으로 개정하였다. 지난 일들이 주마등처럼 스쳤다. 고려의 장군으로서 여진전투와 황산전투에서 숨가쁘게 교전할 때 화살 맞은 왼쪽다리의 부상을 응급 치료하여 자신의 생명을 구해 준 부보상 백달원(白達元)이 머리에 떠올랐다. 조선왕조를 건국할 때 민심의 소재를 파악하고 전폭적으로 지지해 준 부보상들이 고마웠다. 부모와 무학대사의 은혜를 보답하기 위하여 석왕사를 건립할 때 불체(佛體)를 안전하게 운반하여 준 부보상들이 한없이 감사했다.

 이에 태조대왕은 부보상의 지도자인 황해도 토산(兎山) 출신의 백달원을 불러들였다. 그 동안의 은공을 치하하면서 보답할 방도를 하문하였다. 백달원은 사양하였다. 아군의 장군을 치료하고 민심의 지도자를 추대하며 대왕의 효성심(孝誠心)과 사은심(師恩心)을 도운 것이 포상 받을 일이 아니라는 것이었다. 백성의 당연한 도리라는 것이다.

 그러나 태조대왕은 거듭 자신의 진정한 뜻을 밝히면서 소원을 말하라고 채근하였다. 백달원은 할 수 없이 진심을 털어놓았다. 자신에게 포상할 것이 아니라 전국팔도에서 고생하고 있는 동료들을 굽어 살펴 달라고 건의하였다.

 태조대왕은 백달원의 갸륵한 소원대로 전국에 산재한 부보상들을 지원 육성할 방책의 어명을 내렸다. 개성의 발가산(發佳山)에 부보상본부 사무소인 ① 임방(任房)을 제공하고 백달원과 그의 동료들에게 건어물 소금 목기 토기 무쇠그릇[水鐵]의 5가지 물건에 대한 ② 전매특권을 부여하였다. 아울러 백달원의 임방에 공사(公事)를 증빙할 수 있도록 유아부보상지인장이라고 새겨진 ③ 옥도장을 내려주고 관아의 포달에도 시달리지 않고 직인에 의한 특권을 행사할 수 있도록 윤허하였다.

이에 백달원은 전매사무소의 본부를 발가산에 설치하고 경향시장의 관리권을 면허 받고 80여명 인부의 두목으로부터 일약 수천만 상민(商民)의 대두령이 되어 조선팔도의 상왕(商王)이 된 셈이다. 또한 전국팔도에 명령을 내려서 상인단체의 조직을 허가하고 부보상들의 침식을 비롯한 질병치료와 장례의식 등을 자유롭게 보장할 수 있도록 전국의 주요지역에 임방(任房)을 설치하도록 조처하며 부보상들이 질병에 걸리면 구료하고(病則救療) 사망하면 매장하라(死則埋葬)는 팔자칙교(八字勅敎)를 내렸다. 이것이 부보상 조직의 유래이다.

이러한 사실은 이태조가 백달원과 동료들에 대한 논공행상을 배려하고 상인을 보호 육성 지원하기 위하여 상품전매권과 시장관리권을 부여함으로써 중상주의정책(重商主義政策)을 실시한 것으로 풀이해야 마땅하다. 왜냐하면 중국의 역대 왕조역사를 살펴보더라도 중상주의정책을 실시한 왕조는 흥성하였고 억상주의정책(抑商主義政策)이나 경상주의정책(輕商主義政策)을 실시한 왕조는 쇠락 단명하였던 것이다.

군량미 보급(軍糧米補給)

부보상들은 전쟁 때 자기의 생명을 돌보지 않고 죽음의 지역을 목숨 걸고 출입하면서 군수물자를 운반하였다. 1592년 2월 임진왜란 때 권율 도원수가 행주산성에서 군량미 보급로를 봉쇄 당하여 전쟁을 수행하지 못한 채 심지어 땅에 굴을 파서 들쥐를 잡아먹고 새그물을 쳐서 날아다니는 참새를 잡아먹을 정도로 삼군이 굶어 지친 상황에 직면하였다.

이 때 수천 명의 부상(負商)들이 험준한 산골짜기를 이용하여 싸움터의 위험을 피하면서 아군의 진영으로 군량미를 운반하여 밥을 지어주었다. 이에 힙입은 아군들이 최전선의 진지에서 스스로 일어나 적군을 대파하면서 목숨을 던지는 계략으로 3일 동안 연달아 전투를 벌였다. 그러나 후원군이 당도하지 못하였으므로 부상들도 아군과 함께 절개를 지키어 죽고 말았다.

또한 1636(仁祖 14)년 병자호란 때 청나라의 태종이 대군을 이끌고 내침하였으므로 인조대왕이 황급히 남한산성으로 피난하게 되었다. 남한산성이 적군에게 완전 포위되어 식량의 보급로가 차단되었다. 그 결과 말(馬)이 제 몸의 갈기를 뜯어 씹어먹고 사람들이 자신의 팔을 씹어먹는 절박한 상황이었다. 조정에서는 화전의 양론으로 대립되고 있었다. 이런 상황 속에서 부상들이 결연히 항전에 가담하여 몰래 토굴을 뚫어 놓고 낮에는 식량을 모은 후 밤에는 운반해 주어 성곽 하나를 구출한 일이 있다.

그 이후 1866(고종 3)년의 양요(洋擾) 때에 부보상들은 아군이 프랑스함대와 결전하고 있는 강화도로 군량미를 운반하였다. 한편 1894(甲午)년의 동학란 때에는 부상들이 허다한 희생자를 무릅쓰면서 군량미 운반에 큰 공로를 세웠다.

부보상들은 비록 그들의 생업이 동서남북에 흩어져 있을지라도 충의(忠義) 두 글자를 항상 부표로 만들어 몸에 간직하고 다니다가 국가에 변란이 있을 때에는 충성으로 진출하였고 평화시에는 의리를 따랐다.

이와 같이 부보상들은 소아의 명리를 초월하고 대아의 의리를 지켰으므로 국가를 위해서라면 물과 불을 가리지 않으면서 한 마디의 명령에 따라 진충보국하였던 것이다. 부보상단은 충의를 지도이념으로 삼았기에 위대한 조직력이 생겨서 견고한 단결과 엄격한 규율 및 강령을 유지할 수 있었다. 철두철미한 애국단체인 부보상단은 대한민족이 독특하게 창안한 상업문화의 산물이라고 할 수 있다.

상병활동(商兵活動)

부보상은 국가의 비상시에 군량미를 운반하였을 뿐더러 상병단(商兵團)을 조직하여 강력한 군사력을 발휘하였다. 예컨대 병자호란(1636년12월~1637년 1월) 때 인조대왕이 남한산성으로 피난하여 곤경을 치를 때 부보상인 마기량이 충성심을 발휘하여 크게 도왔고 1811(순조 11)년 홍경래가 반란을 일으켰을 때에는 의주의 허항이 부상 1천여 명을 인솔 지휘하여 관군과 더불어 반란진압에 적극 활약하였다.

특히 1894년 음력 4월 6일 전라북도 고부군의 동학도들이 부안과 금구의 두 지역에 난입하여 현감인 이철화와 예속관리들을 사로잡아 결박하고 무기를 탈취하여 고부군의 도교산(道橋山)에 집결한 일이 있었다. 이 때 전주감영의 영장(營將)인 이광양 이재섭 송봉암 등이 영병 250명과 부보상 1천여 명을 인솔하여 황토현에서 격전하였으나 동학군에게 크게 패배하여 교살 당하고 말았다. 그 이후부터 동학도와 부보상이 정면으로 대전하기에 이르렀다. 예컨대 부상(負商)인 엄순영 송학헌 김명구 최해승 등이 동료 100여 명을 인솔하여 춥고 배고픔을 두려워하지 않고 군병을 도와 물불을 가리지 않으면서 동학군의 정황을 정통하게 탐지하여 동학도의 토벌에 진충봉공하였다.

또한 동년 4월 6일 전라감사 김문현은 고부봉기(古阜蜂起) 이래 동학농민군의 조사 변별에 노력하였으나 전봉준이 거느리는 동학농민군이 백산에 웅거하여 재기를 도모하고 있다는 소식과 이어서 부안 금구를 점령하였다는 경보를 들었다. 이에 영장(營將)인 이경호 김달관 이광양 이재섭 송봉수 등이 전주영병(全州營兵) 800명과 부보상 별동부대 800명의 혼성부대를 거느리고 진출하였으나 도교산에 집결한 동학농민군에 의하여 황토현 고부(古阜)에서 격멸 당했다.

이어서 1894(고종 31)년 4월 7일 새벽 동학농민군을 거느린 전봉준 장군에 의하여 관군 및 부보상군(負褓商軍) 2000여 명이 황토현에서 격멸되었고 부상민(負商民) 780명이 동학군에 의해 살해당했다.

이러한 동학란은 청국과 일본의 군대진입을 유발하는 하나의 구실이 되었다. 동년 6월 8일 청국 원병 2,400명이 아산만에 상륙하여 동학군 진압작전을 개시했다. 이에 일본은 일본공사관 및 거류민 보호를 이유로 대규모의 육해군을 파병했다. 일본군은 선전포고도 없이 7월 25일 주한 청국군대를 공격하여 승리했다. 청일전쟁(1894~1895)의 승리에 따른 거액의 전쟁배상금 세금수탈 자본축재 등으로 일본자본이 급속도로 불어나서 한반도 식민지화의 발판을 마련하였다.

암행어사(暗行御史)

암행어사 출도(出道)여!
천지가 진동하고 산천초목이 벌벌 떤다. 수령방백이 혼비백산

한다.

조선왕조 중기부터 암행어사가 왕명을 받고 지방관리들이 정치적으로 남긴 공적과 비리를 비밀히 감사하였다. 암행어사가 임무를 수행하는데 편리하고도 유리한 방법은 부보상을 이용하거나 부보상으로 분장하여 진입하는 것이었다. 또는 암행어사 출도에 필요한 역졸들을 부보상으로 위장하여 진입시키는 일도 있었다. 암행어사가 부보상을 이용하는 것은 부보상처럼 전국의 방방곡곡을 누비면서 관청의 사정과 백성의 여론을 정확히 파악하는 사람이 없었기 때문이다. 이와 같이 암행어사는 부보상이 있는 곳이나 부보상이 다니는 곳을 따라 가면서 염탐과 관찰의 예비상식을 마련하였다.

또한 암행어사 스스로 부보상이 되어 목적지로 찾아가는 경우가 있었다. 예컨대 출도지역에 간악한 토호의 장난이 있을 경우 암행어사는 필기구 제품을 비롯한 면포나 기타 가벼운 황화(荒貨)를 보자기에 싸서 짊어지고 그 마을로 찾아 들어간다. 그리고 해당 토호의 집에 들어가 물건을 팔아 가면서 동정과 허실을 기찰하였던 것이다. 더욱이 암행어사가 탐문하여 찾아보고 염탐하여 살핀 후 반드시 출두해야 할 경우에 암행어사는 자신과 역졸들을 부보상의 행장으로 꾸며서 안전하게 진입하였던 것이다. 이러한 일화가 있다.

박문수는 영조대왕 때의 암행어사로 혼자 조선팔도를 돌아다니며 군수 현감의 잘잘못 등을 조사하고 민정을 시찰하여 크게 내정의 개선에 전력을 다 바쳤다. 어느 날 박 어사는 쓸쓸한 산길을 홀로 걷고 있었다. 그 때 한 사람이 허둥지둥 도망쳐 와서 <부디 저를 숨겨주세요. 뒤에서 나를 죽이려고 악한이 쫓아오고 있습니다> 라고 말하기에 덤불 밑에 황급히 몸을 숨겨 주었다. 잠시 지나서 과연 험악한 얼굴의 한 남자가 쫓아와서 박 어사의 눈앞에 비수를 들이대면서 <지금 여기로 도망 온 남자가 숨은 곳을 대라. 꾸물거리면 너의 목숨은 없다>라고 위협하기에 박 어사는 할 수 없이 숨은 장소를 가리켰다. 그 남자는 죽임을 당했다. 그날 박 어사는 하루 종일 이것이 마음에 걸려 괴로웠다. 저녁이 되어 어떤 마을에 들어갔을 때 아이들이 길가에서 사또놀이를 하고 있는 것을 우연히 보았다. 두 아이가 동전 세 닢을 사또 앞에 바치며 <이 세 닢의 돈을 두 사람에게 공평하게 나누어 주십시오>라고 하소연하자 사또 역을 맡은 아이로서는 그 판결을 내릴 수가 없었다.

그러자 옆에서 다른 한 아이가 나와서 <그건 간단한 일이다. 자, 그 돈을 나에게 건네라>라고 하고는 세 닢의 돈을 받자마자 두 닢으로 두 아이에게 한 닢씩 주고 남은 한 닢은 자신의 돈주머니에 넣으며 <이건 나의 구전이다. 이것으로 공평하겠지>라고 말하였다.

박 어사는 그 아이에게 <낮에 실수한 예를 들면서 어떻게 하면 자신도 살고 그 불쌍한 사람도 살릴 수가 있겠는가>라고 물었다. 그러자 <그건 쉬운 일이다. 쫓기는 사람을 덤불 밑에 숨겨두고 자신은 장님인 것처럼 흉내 내며 걸으면 되는 것이 아닌가>라고 하였다.

황국협회(皇國協會)

"우리 만민공동회의 모임이 이처럼 찬바람을 맞아가며 엄동설한에 밤을 새워 모이는 것은 밥을 탐해서 그러는 것도 아니고 옷을 달라고 그러는 것도 아니오, 오직 애국하는 마음에서 그렇게 하고 있을 뿐입니다."

배재학당의 청년학생 이승만이 연단에서 사자후를 토하고 있다. 언뜻 보기에 그럴 듯하다. 1898년 11월 21일 종로광장에서 개최된 만민공동회의 장면이다. 만민공동회의 뒤에는 독립협회가 있다. 독립협회에는 한미 이중국적의 서재필을 중심으로 이상재 이승만 윤치호 등이 적극 참여했으며 이완용(李完用) 안경수 등 친일성향 정부요인들도 다수 참가했다.

독립협회는 일제가 1895년 청일전쟁에서 승리한 후 한반도의 지배를 위한 주도권을 행사하고 있으므로 조선왕조의 운세가 힘없이 기울어질 무렵인 1896(고종 33)년 7월 자주독립과 내정개혁을 표방하면서 설립되었다.

그러나 독립협회는 무쇠라도 녹여낼 만한 언론공세를 통하여 정부에 대한 비판을 넘어 비난과 탄핵으로까지 활동영역을 확대시켰다. 독립협회의 공박을 받지 않는 대신(大臣)들이 거의 없었다. 날이면 날마다 대중집회를 열고 총대의원을 앞세워 정부의 행정을 낱낱이 간섭하고 나섰다. 마치 소경이 제 발등 찍는 짓을 함부로 저지르면서 제 집 닭을 잡아먹으면서 즐기려는 꼴이다.

독립협회는 일본제국주의에 강력 대항하지 못하고 오히려 국권수호에 안간힘을 쏟으면서 고군분투 악전고투하고 있는 외로운 고종황제의 발목을 잡고 늘어졌다. 개운치 않다. 마치 제 머리는 깎지 않은 채 남의 머리만 길다고 닦달하는 꼴이다. 심지어 왕정을 폐지하고 입헌공화제의 실시를 도모한다는 소문이 난무하였다. 고종황제는 몹시 곤혹스러웠다.

부보상들은 원래 충성심이 강렬하므로 임금에게 도전하는 짓을 절대로 용납하지 않는다. 마침내 황국협회의 부보상들이 독립협회가 종로광장에서 만민공동회라는 집회를 개최하던 1898년 11월 21일 사발통문에 따라 일제히 행동을 개시하였다. 과천군수인 길영수가 부보상 수천 명을 지휘하여 광화문의 종로광장에서 국론 분열을 조장하는 만민공동회의 집회를 몽둥이뜸질로 해산시켰다.

황국협회는 1898(광무 2)년 가을 당시 참정대신 조병식이 독립협회에 대항하기 위하여 부보상을 중심으로 조직한 황국중앙총상회를 이어받은 단체이다. 부보상들은 독립신문의 주관자들이 서재필 예하의 서양사람이라는 점에 반감을 느꼈고 독립신문을 펴내는 신문사에서 종이장사와 봉투지 장사까지 활동분야를 넓히는 동시에 서양물건을 이 땅에 팔고 있던 것에 격분하고 있던 참이었다. 특히 서재필이 한국의 국적을 버리고 미국의 시민권을 보유한 채 한국 땅에서 만민공동회라는 대중정치집회를 주도한 것이 석연치 않다. 일종의 내정간섭이다. 마치 시집간 딸이 어느 날 불쑥 친정집에 나타나서 올케에게 대립각을 세우면서 살림을 잘못했다고 타박하는 꼴과 같다.

일본의 경제침략이 물밀 듯 스며들면서 나라의 장래가 풍전등화처럼 위기에 몰려 있는 상황에서 적군과 싸울 생각은 저버리고 아군의 내부로 칼끝과 총 뿌리를 겨누면서 공격하는 적전분열의 행태는 어떠한 이유로도 정당화될 수 없다. 마치 때리는 시어머니보다 말리는 척 두 팔을 붙잡고 늘어지는 시누이가 더 미운 것처럼 침탈해 오는 일본보다 발목 잡고 늘어지는 독립협회의 행태가 더욱 못된 것이다.

드디어 고종황제는 두 협회 대표자의 요구를 수렴한 후 두 단체의 해체를 명령하였다. 그러나 독립협회는 만민공동회의 이름으로 존속하다가 1899(광무 3)년초 고종이 만민공동회의 지도자들을 체포하여 최정식(崔廷植)을 사형에 처하고 이승만을 종신형에

처하는 등 강경조치를 취함에 따라 독립협회가 완전히 해체되었다. 뒤이어 부보상 중심의 황국협회도 유명무실하게 되었다.

본래 황국협회는 부보상을 관리하던 부상청에서 유래되었다. 부상청(負商廳 1392)이 부보청(負褓廳 1866) 부상청(改設 1881) 혜상공국(惠商公局 1883)으로 개편 발전되었다. 그러므로 보부청은 와전된 명칭이다.

부상청은 1883(고종 20)년 중앙에 혜상공국이 설치되어 부상단과 보상단을 합동하고 군국아문(軍局衙門)에 귀속되었다. 다시 1885(고종 22)년 혜상공국이 상리국(商理局)으로 개칭되면서 부상을 좌단(左團)이라 하고 보상은 우단(右團)이라 개칭되었다. 1894(고종 31)년에는 부상과 보상이 농상아문(農商衙門)에 소속되었고 1898(광무 2)년에는 황국중앙총상회(皇國中央總商會)에 예속되었다가 다시 황국협회에 이속되었다. 1899(광무 3)년에는 상무사로 이속되면서 좌단(左團 : 負商)이 좌사(左社)로 개칭되고 우단(右團 : 褓商)이 우사(右社)로 개칭되었다가 다시 이규항이 통솔하는 진흥회사(進興會社)에 귀속되었다. 부상과 보상은 1903(광무 7)년 서울의 인사동에 소재한 공제소(共濟所)로 이관되었다가 다시 상민회(商民會)로 이관되었다. 1904(광무 8)년 11월 26일 진명회(進明會)에 이속되었으나 부진하여 동년 12월 6일 공진회(共進會)의 발족과 더불어 이속되었다. 공진회의 회장은 이준이었고 총무는 나유석이었다.

그런데 1910년의 일한병탄에 따른 일제의 침략이 경제적 독자성을 유지하는 애국상인단체이었던 부보상조합을 말살시켰다. 이에 따라 전국의 부보상단이 거의 소멸되었고 충청남도의 부여와 한산지역을 중심으로 전통적인 조직과 친목을 지속하는 저산팔읍(苧産八邑)의 부보상만이 역사의 발자취를 간직하고 있을 뿐이다.

저산팔구(苧産八區)는 충남에서 모시가 많이 생산되는 부여군의 부여 은산 홍산 임천과 서천군의 서천 한산 비인 남포를 말한다.

통신활동(通信活動)

부보상들의 비상통신활동은 임진왜란과 병자호란 때에 돋보였다. 임진왜란 때에는 임금이 거둥할 때 가마[輦]가 머무는 의주의 행재소(行在所)에서 전국각지와 통신하기 위하여 30리마다 1명씩 배치하고 1일 3회씩 통보하였다. 이 때 질주자로 동원된 부보상 가운데 숨이 차서 생명을 잃은 사람이 많았다. 병자호란과 홍경래의 난 때에도 부보상들이 비상통신기능을 발휘하였다. 갑오년의 동학란 때에도 10~20리마다 부보상을 주재시키고 한성에서 공주까지 300리 거리를 화살이 날듯이 수 시간 동안에 통신문을 전달하였다.

부보상의 비상통신 임무는 한성부완문의 절목에 규정되어 있다. 부보상들이 통신활동을 신속하게 전개하는 데에는 이 조직체의 독특한 비상속달체계인 사발통문이 이용되었다. 특히 대원군은 병인양요(1866년)를 계기로 부보청(負褓廳)을 부활 쇄신하기 위하여 스스로 팔도도반수(八道都班首)가 되었다. 그리고 서울을 중심으로 서북의 의주와 동남의 동래에 이르는 전국의 통신망을 부보상단에게 위임하고 자기의 손발처럼 속달통신을 비롯한 특별통신과 선전통신으로 크게 활용하였다. 왕궁이나 관청에서 먼 지방에 화급히 연락하기 위하여 급사를 보내고자 할 때 부보상의 임방에 의뢰하면 신속하게 전달될 수 있기 때문이다.

예컨대 부보상 출신 이용익의 속보는 가히 지축을 날아가는 건각이었다. 1882(고종19)년 임오년의 정치국면은 난기류 속을 헤매고 있었다. 민씨세도의 중심인물이었던 민영익 대감은 어느 날 명성황후에게 한 사람의 비각(飛脚)이 전주에서 서울까지 500리 길을 당일에 달려온 신기한 사실을 이야기하였다. 이 말이 명성황후를 통하여 고종황제에게 전해졌고 고종은 사실여부를 시험하게 되었다. 고종은 전라감사에게 부채 1천 자루를 만들어 바치라는 봉서(封書)를 쓰고 전라감사로 하여금 답서의 발송일시를 반드시 적어서 심부름 보낸 청년 이용익에게 전하도록 분부하였다. 고종은 이튿날 술시(戌時 : 오후 8시)에 청년 이용익이 갖고 돌아온 전라감사의 답봉서를 개봉하여 보니 발부시각이 당일 진시(辰時 : 오전 8시)로 적혀 있었다. 이용익은 지금의 고속버스가 3시간 정도에 주파하는 서울과 전주간의 500여리 길을 12시간에 달린 것으로서 시간당 40여 리인 시속 약 17km 로 달린 셈이다. 물론 부보상 생활에서 익힌 지름길을 이용했을 것으로 추측되지만 이는 올림픽에서의 마라톤 우승자이었던 아베베나 자토벡도 못당할 신행태보대종(神行太保戴宗)의 마라토너이었다. 신행태보대종은 수허지(水滸傳)에 나오는 축지법을 구사했던 사람이다. 이에 놀란 고종이 청년 이용익을 불러 놓고 보행법을 하문하였다. 그는 별다른 비법이 있는 것이 아니고 단지 두루마기의 뒷자락을 깃발처럼 나부끼게 하여 후퇴부에 붙지 않게만 하면 속보가 가능하다고 말씀 올렸다. 이를 계기로 이용익은 훗날 단천부사로 발탁되어 나중에는 내장원경 탁지부대신 군부대신의 삼상(三相)을 지내기도 하였다.

특히 조선왕조의 관제통신방법에는 방(榜)을 비롯한 조보(朝報) 봉수(烽燧) 역참제(驛站制) 등이 있었다. 역참제는 조정의 명령과 지방관청의 보고를 동시에 수행하는 쌍방통신제도이다. 시간을 다투지 않는 공문서는 조정과 지방청의 연락기관 책임자인 경주인(京主人)을 통하여 전달되었다. 경주인은 조정과 지방관아의 연락기관으로 설치된 경저(京邸)의 관리자인데 경저리(京邸吏) 또는 저인(邸人)이라고도 불리었고 관청의 공문서뿐만 아니라 개인의 서신도 전달하였다.

그러나 이 개인통신은 상류계층인 양반이나 관료집안의 서간문이었으므로 신분이 낮은 백성들은 경주인을 통한 서신왕래가 불가능하였다. 경주인을 통한 서신전달에는 인편이 적어서 지체되는 경우가 많았으므로 무소식이 희소식이라는 속담이 생길 정도이었다. 이는 개인간의 소식을 주고받을 방도가 없었던 당시의 상황을 반영한 것이다.

이러한 시기에는 개인간의 통신이 사람의 이동에 의존할 수밖에 없었다. 그러므로 전국의 방방곡곡으로 이동하는 부보상들이 사설통신활동을 전개할 수 있었던 것이다. 1392년 조선왕조의 건국이후 1910년 일한병탄에 이르기까지 500여 년간 전국을 무대로 활동해온 부보상은 민간통신기관이 미비한 상황 속에서 특별체신부의 사명을 띠고 각 시장을 통하여 서면이나 구두(口頭)로써 통신을 전하였고 유사시에는 관부(官府)의 통신을 신속하게 전달하였다. 이에 따라 자연스럽게 부보상은 우체부인 동시에 통신의 집배원이 되었다. 시장은 부락의 우편소이었고 장날은 집배일이 되었다. 그리고 부보상이 시장에서 각 지역의 소문과 소식을 전달하게 되었던 것이다.

한편 조선왕조시대에는 시장이 소식전달의 상당한 부분을 차지하였다. 왜냐하면 시장이 상품매매의 장소일 뿐더러 관청과 민중의 격문이 나붙는 곳이었으며 씨름판과 남사당의 놀이장소로서 원근의 소식을 가장 먼저 들을 수 있었기 때문이다.

장터에서는 물건을 팔러 온 부보상과 장보러 나온 향촌주민 사이에 소식이 교환되었다. 이 소식은 부보상을 통하여 다른 장터로 전파되었고 동시에 장보러 나온 사람들을 통하여 향촌으로 번져 갔다. 그러므로 대체로 5일 간격으로 열리는 장터에는 먼 거리 지역의 소식 전달체계를 형성할 뿐더러 인근 친지의 소식과 안부를 교류하는 소식 전달기구가 되었다. 이러한 향시(鄕市)는 1700년대 중반 이후 1천여 개소로서 5일장이 주류를 이루었다. 그리고 시장 간의 거리는 경기지방과 삼남지방의 경우 20~35리 내외이었고 강원지방과 북한지방의 경우 30~60리 내외로서 도보로 하루의 노정(路程)이었다.

이러한 부보상의 지역상단이 1천여 개소로서 전국의 부보상 단원이 100여만 명에 달하였다. 그러므로 전국의 시장을 지배하던 부보상들은 접촉계층이 다양하여 각처의 사건과 세상 돌아가는 일을 두루 섭렵하여 자연스럽게 전파할 수 있었다. 더욱이 부보상의 소식 전달활동은 시장에만 국한되지 않고 부락과 개별가구를 방문하여 상품정보와 생활정보를 비롯한 세간의 소식과 흥미본위 소식 등을 다양하게 전달하였다. 이는 부보상의 본업인 상거래활동 중에 나타나는 부차적 활동이었다.

제4장 부보상의 행상문화

행색 모습

　부상(負商)은 솜방울이 양쪽에 달린 패랭이를 쓰고 쪽지게에다 부피가 크고 무거우며 비교적 값이 헐한 상품을 짊어지고 다녔다. 지게[支械 A-frame]는 한국 특유의 산악형 운반기구이다. 그들이 짚고 다니던 촉삭대(물미장 : 작대기)에는 구멍을 파서 쌀을 넣었고 쪽지게 밑에는 밥짓는 단지가 매달려 있었다. 배고픈 시장기가 들면 하늘을 지붕 삼아 아무 데에서나 밥을 지어먹었다.
　밤이슬을 맞으면서 냇물을 건너고 메[山]를 넘어 몇 달씩 팔도의 천리 길을 누볐다. 이는 등짐장수가 상품을 팔러 다니던 모습이다. 목기장수도 있었고 소금장수도 있었으며 옹기장수도 있었다. 건어물장수도 있었고 밥솥가마장수도 있었다. 그들의 취급품이 무겁고 부피가 크며 비교적 값이 헐한 일용잡화품을 지게 위에 얹어 지고 다니면서 팔게 되므로 등짐장수라고도 하고 시장을 중심으로 돌아다니므로 돌림장사 장돌뱅이 또는 장꾼[場軍] 장사꾼[場事軍]이라고도 한다. 개성지방에서는 부보상 객주(客主) 차인(借人) 차인(差人) 등을 총칭하여 장꾼이라고 하였다. 또 이들이 때로는 저자 및 장터나 어떤 집의 마당에다 상품을 내려놓고 선 채로 물건을 팔게 되므로 좌상(坐商)에 대칭하여 입상(立商)이라고도 하였다.

차인(差人)은 장사하는 일에 시중을 드는 고용인이다. 차인제도는 개성의 상공인들 사이에 보편화된 일종의 수습제도이다. 개성 상인들은 아무리 부유할지라도 장차 가업을 계승할 자제는 반드시 남의 상가(商家)에서 수년간의 수습을 거친 후에 가업을 이어받게 하였다.

한편 보상(褓商)이란 부상의 취급품보다 부피가 작고 가벼우며 비교적 값진 물건을 보자기에 싸서 들고 다니거나 머리에 이고 다니거나 질빵에 걸머지고 다니면서 팔게 되므로 봇짐장수라고도 하고 봇짐을 싸 가지고 이 장터에서 저 장터로 돌아다니면서 시장의 기능을 돌려냈으므로 장돌림이라고도 하였다.

이들이 때로는 저자에 앉아서 보자기 위에다 상품을 벌여놓고 팔거나 촌가를 돌아다니면서 남의 집 마루나 방바닥에 보자기[褓]의 상품을 펴놓고 앉아서 팔았으므로 뜨내기성의 앉은장수라는 뜻의 좌고(坐賈)라고도 불리었다.

부상과 보상의 발생 순서를 보면 사람들의 초기 생활 때에는 목기 소금 토기 건어물 수철(솥가마) 등의 식생활에 불가결한 용품이 남자부상에 의하여 판매되었고 그 이후 생활수준이 발달 향상되면서 여성용의 세공품 의류 화장품 노리개 등의 의생활 관련 문화상품이 여자보상에 의하여 판매되었다.

특히 부보상들은 동쪽 지역에서 아침밥을 먹고 서쪽 지역에서 저녁잠을 자면서 전국 방방곡곡의 저자와 장터를 부평초처럼 떠돌아 다녀야 했다. 그들은 의지할 데가 전혀 없는 사고무친(四顧無親)의 신세이었으면서도 어려운 처지에 있는 사람끼리 서로 동정하고 도움을 주었으며 서로간에 부족한 점을 채워주었다. 그들은 서로 마음을 터놓고 진심으로 사귀었으며 근심과 재앙이 생겼을 때 서로 구해 주면서 국민의 생활필수품을 유통시켜 생활수준을 배달했던 것이다. 그들이 품속에 지니고 다니던 채장(신분증)의 앞면에는 소속임방과 성명이 기재되어 있었고 뒷면에는 ① 헛된 말을 하지 말라(勿妄言) ② 패륜행동을 하지 말라(勿悖行) ③ 음란한 짓을 하지 말라(勿淫亂) ④ 도적질을 하지 말라(勿盜賊)의 4계명이 적혀 있어 행실의 기틀로 삼았다. 이는 불교에서 파라이죄(波羅夷罪)라고 하는 음계(淫戒) 도계(盜戒) 살계(殺戒) 망어계(妄語戒)를 어겼을 때 비구니의 자격을 박탈하고 교단(敎團)에서 추방하는 파문(破門)과 흡사하다.

　이러한 부보상은 우리 대한민족이 독특하게 창안하여 조선시대만이 독특하게 간직한 상업문화의 산물이다. 이들은 전국적인 조직을 갖고 목기 소금 토기 어물 무쇠밥솥의 5가지 산물에 대한 전매특권을 부여받아 조선시대 경제와 유통의 기반이 되기도 하였다. 그리고 부보상들은 조선왕조를 삼켜버린 일본제국에 대하여 끝없이 저항했다. 일본제국은 1910년 일한병탄(日韓倂呑)으로 우리 한국을 강점하면서 부보상을 천대시하고 부보상 세력을 시장으로부터 축출하였다. 그 뿐만 아니라 ① 팔도강산의 정기를 단절시키기 위한 명산에 쇠말뚝박기 ② 서울 소재 청와대 중앙청 서울시청 건물의 大日本 글자모형 축조 ③ 알파벳의 국제적 표기 순서가 Japan 보다 앞섰다는 이유로 Corea를 Korea로 바꾼 짓 ④ 명성황후의 시살(1895년) ⑤ 조선반도의 지명변경 ⑥ 창씨개명(1940) ⑦ 황국신민을 의미하는 국민학교 명칭사용의 보급(1941) ⑧ 동해를 일본해로 변조(1929 국제수로기구) ⑨ 부보상의 고유명칭을 보부상으로 변조(1925) 등을 서슴지 않았다. 이에 따라 우리의 고유한 전통행상문화에 대한 가치평가가 덧없이 뼈아픈 역사의 물거품 속에 묻혀버리고 말았던 것이다.

이상과 같은 사실에 비추어 볼 때 숭고한 의식구조를 갖추었던 우리의 뿌리 깊은 상인을 공연히 분식시켜서 가볍게 본다거나 그들의 생활업종인 상업을 멸시한다는 것은 납득될 수 없는 일이다. 왜냐하면 일본제국주의자의 손아귀 속에서도 호락호락하지 않았던 부보상들의 기백을 떠올릴 때 상인경시관(商人輕視觀)이나 상인천시관(商人賤視觀)은 조선의 상업을 억제하려는 일제에 의하여 조작 날조된 식민사관의 소산이 아닐 수 없기 때문이다. 1910년에 출간된 <조선반도>라는 일본책에서 조선귀족사회의 유생이라는 사람과 대조하여 평민사회에서 가장 주의해야 할 것은 부보상단체라고 기록하여 일본제국주의자들이 경계대상으로 삼았음을 보여주고 있다.

패랭이

부보상들은 유별나게도 목화송이가 달린 패랭이 모자를 머리에 쓰고 다녔다. 용(龍)이 그려진 물미장(勿尾杖)을 짚고 바지 저고리를 입으며 버선 대신 발감개를 감은 가볍고 편리한 차림이다. 패랭이는 평량립(平凉笠) 평량자(平凉子)라고도 부른다.

패랭이꽃은 우리 나라 토종의 카네이션이다. 이 꽃은 각박하고 모질고 불모의 땅에서도 각고의 인내 끝에 고운 꽃을 피운다. 모래밭이나 자갈밭을 불문하고 돌담 위에서도 잘 자라는 대나무 같다고 하여 석죽(石竹)이다. 바닷가에서 거세고 짜디짠 갯바람을 이기고 피는 갯패랭이를 비롯하여 1천 미터 이상의 고지에서 추위를 견디고 고고히 피는 난쟁이 패랭이와 심산유곡에서 누가 보아주건 말건 곱게 피는 술패랭이 등 어버이의 마음이 바라는 이상적인 자녀상을 패랭이가 대행해 주고 있다.

패랭이는 한국 특유의 대오리로 만든 갓의 일종으로서 패랭이 꼭지의 좌우에 목화송이가 달려 있고 그 밑에 줄을 늘어 둘려서 바람에 날려가지 않도록 턱에 걸 수 있게 만들어져 있다. 이것은 부상과 보상이 동일하게 사용하였다. 갓은 옛날 어른이 된 남자가 머리에 쓰던 의관인데 가느다란 대오리로 갓양태와 갓모자를 만든 것을 모시베나 말총으로 싸서 먹칠이나 옻칠하여 만든 한국 특유의 모자이다.

부보상의 패랭이에 목화송이가 달려진 기원은 이성계 태조와 깊은 관련을 맺고 있다. 이 장군이 1380(우왕 6)년에 출정하여 전라북도 남원군 운봉읍 지리산 근방의 황산에서 왜군의 장수인 아기발도(阿其拔都)와 교전한 황산대첩(荒山大捷)이 있었다. 이 장군이 모든 군사를 지휘 감독하면서 진격하다가 적군의 화살에 왼쪽 다리를 부상당하여 유혈이 극심하였다. 그럼에도 이장군은 꽂힌 화살을 뽑아 버리고 더욱 의기가 충천하여 활을 당겨 아기발도의 투구를 명중시켜 벗겨버렸다.

이 때 아군의 장수인 퉁두란(佟豆蘭 : 李之蘭)이 아기발도를 활로 쏘아 죽이려 하거늘 <죽이지 말라. 예리한 용맹이 아깝다>라고 명령하면서 그대로 생포하려 하니 퉁두란이 <생포하려면 많은 아군이 다칠 터이오니 할 수 없다>면서 활을 쏘아 죽여 버렸다. 퉁두란은 여진족에서 귀화하여 이성계 태조의 조선왕조 창업을 도와 개국공신이 된 무장이다. 이성계 태조를 친 형님처럼 받들어 모신다는 뜻에서 성씨를 이씨로 개칭하여 이지란으로 이름까지 바꾸었다.

싸움이 끝난 후에 이태조가 왼쪽 다리를 굽어보니 화살의 흔적에 유혈이 낭자하거늘 창졸간에 치료할 방도가 없었다. 이 때 부보상으로 종군하여 사역하고 있던 백달원(白達元)의 부하 가운데 목화장사하던 사람이 있었다. 그가 휴대한 약간의 목화로 검붉은 피자욱을 깨끗이 씻고 붕대하여 응급치료한 일이 있었다. 그리하여 이태조가 전란 가운데 목화송이로 응급치료를 받은 기념으로 패랭이의 왼편에 목화송이를 달게 한 것이다. 동시에 부보상들이 전쟁을 당하거나 평상시에라도 부상(負傷)으로 인하여 상처가 있을 때 응급 치료하라고 권장하였다.

또한 1592년 임진왜란 때 의주행재소(義州行在所)에서는 각 지역과의 소식을 통하기 위하여 30리마다 1인씩 배치하고 1일 왕복 세 번씩 통보시켰다. 이 때문에 질주하다가 기관지와 심장에 경련을 일으켜서 죽는 사람이 많았으므로 입안에 물 적신 목화를 물으라는 어명을 받들어서 패랭이의 왼쪽에 목화솜을 붙이고 걷는 풍습이 생겼다고 한다.

그 후 인조대왕이 1636년 병자호란을 당하여 남한산성으로 피난할 때에 전쟁으로 허기진 상태에서 돌아 나오다가 부상을 입어 선혈이 흘러 뭉쳐 있었다. 당시 시중을 들면서 보위하고 있던 신하 중에는 한 사람도 미처 간호하여 드리지 못하였다. 이 때 역시 종군하던 부보상 가운데 솜장수가 그 광경을 보고 즉시 달려가서 보자기에 싸서 메고 다니던 솜뭉치를 꺼내어 임금의 다친 곳을 붕대하여 드린 일이 있었다.

인조대왕은 난리가 평정된 후에 그 면상(綿商)의 기지(機智)와 충의(忠義)를 가상하게 여기고 태조의 고사를 상기하면서 패랭이의 오른편에 목화송이를 하나 더 달고 다니라는 어명을 내렸다. 이에 따라 부보상이 머리에 쓰고 다니는 패랭이에는 좌우 양쪽에 목화송이가 달리게 되었다. 이처럼 부보상이 패랭이에 목화송이를 달고 다니던 것은 응급치료의 의술재료이었다.

한편 선조대왕 때 김충선이 처음 만든 조총(鳥銃)을 사용할 때 화약에 솜이 합쳐져야 했다. 이 때부터 부보상이 패랭이의 한 편에만 목화송이를 달고 다른 한 편에는 탄환으로 발사할 솜알[綿片]을 두루 말아 달고 다녔다. 나중에는 패랭이의 양편에 모두 발탄할 솜뭉치[綿卷]를 보기 좋게 달고 다니었다. 이는 치료용과 군기용의 두 가지로 쓰였다.

그런데 고종시대의 부보상들은 평량자에 솜뭉치 다는 갓 장식을 마치 호사 짓처럼 무척 보기 좋게 달고 다녔다. 이런 점에서 보면 솜뭉치는 의료용 군기용 장식용으로 겸용하여 목화송이[木綿花]로부터 발탄솜[發彈綿]을 달고 다니게 되었다. 언제부터인지 필묵보상(筆墨褓商)들이 보통의 검은색 갓[墨笠]을 쓰고 다닌 것은 평량자 사용의 원칙에서 벗어난 예외이다.

이와 같이 부보상 복장의 특색은 패랭이로 나타났다. 일본인도 이를 기이하게 여겨서 첫 눈에 뜨인 부보상의 인상을 <죽피제(竹皮製)의 립(笠)을 쓰고 다녔다>라고 기록하였다.

본래 조선왕조의 태조대왕이 부보상의 여러 가지 충성스런 근면성을 겪어 본 후 부보상단을 조직하고 황실보호와 군국방위(君國防衛)를 위하여 통제 매진할 수 있도록 총동원할 때 핑계병을 없게 하려고 근대의 방호단과 비슷하게 복장제도와 소지품제도를 통일 제정하였다. 이는 대개 고려제도의 답습이 없지 않았으나 새롭게 첨가하여 제정한 것이 많았다. 이에 따라 부보상들은 목화송이를 달아 맨 패랭이를 쓰고 용을 그린 물미장을 짚고 바지 저고리를 입으며 버선 대신 발에 감는 무명감발(발감개)을 감은 가볍고 편리한 차림이었다. 이러한 복장제도 중에 패랭이가 대표적인 특색이다.

물미장(勿尾杖)

부보상이 지팡이를 짚고 등짐을 지고 다닌다. 그 지팡이 작대기가 물미장이다. 물미장은 패랭이와 더불어 부보상의 특이한 소지품이다. 물미장은 물미작대기로서 등짐장수들이 지게[支械 A-frame 負持械]를 버티는 물미(勿尾)를 끝에 맞춘 작대기이다. 물미는 땅에 꽂기 위하여 작대기 창대 등의 끝에 끼어 맞추는 쇠붙이를 말한다.

지게는 한국특유의 산악형 운반기구이다. 지게의 특성은 자연과 기술의 공존이다. 아무런 도구 없이 그냥 짐을 지고 가는 것을 자연적 형태라 하고 바퀴 달린 도구로 운반하는 것을 인공적 형태라고 본다면 지게는 중간적 형태이다. 그러므로 지게는 자연의 바탕을 인공적으로 개발하여 조화시키는 유가적(儒家的) 문화원형인 중용에 뿌리를 두고 있는 셈이다. 작대기나 지게 자체는 자연물을 그대로 이용하여 약간의 2차적 기능을 추출 가공한 것이다. 지겟발과 작대기는 모두 V자형 나뭇가지의 원리를 받침대로 응용하고 있다.

지게는 지렛대의 원리를 응용하여 좌우의 무게가 조금이라도 균형이 깨지면 아무리 가벼운 물체라도 짊어질 수 없다. 그러나 균형만 맞으면 자기보다 몇 배나 무거운 짐이라도 운반할 수 있다. 생체와 도구가 하나의 균형과 리듬에 의하여 기능을 갖게 되는 조화의 기술이다. 자연 그대로의 형태를 살리되 약간 손질한 한옥의 석가래 및 기둥과 나무절구 숫돌모양이 여기에 속한다. 시멘트나 플라스틱 제품들이 목제품처럼 보이게 만들고 실내장식도 자연물을 그대로 끌어들여 현대적 소재와 조화시키는 것도 이런 징후이다.

이와 같은 물미장은 부상막대 보상막대 촉삭대라고도 한다. 촉삭대는 촉(물미)을 박은 작대기로서 물미장을 말한다. 촉삭대는 이성계 태조가 하사한 물미장(勿尾杖)을 본떠 만든 것으로서 용의 모양을 조각한 팔각형(八角形)의 물미작대기이다.

물미장의 기원은 이성계 태조와 깊은 관련을 맺고 있다. 이태조가 수많은 정벌(征伐)에 종사하던 중에 지극히 황급한 위기일발의 지경을 당하였다. 이 때 80여명 행상 단체의 두령으로 충성을 다 바쳐 활동하던 황해도의 장사(壯士)인 백달원(白達元)이 즉시 몸을 날려 달려갔다. 마치 적벽대전의 화룡도(華容道)에서 정욱(程昱)이 위나라 태조를 업고 달아나는 모양으로 이태조를 등에 업어 모시고 조그마한 단장(短杖) 한 개를 짚고 위급을 피하여 드린 일이 있다.

그 후 이태조는 백달원의 공로를 가상하게 여겨서 물미장(勿尾杖)을 지참하도록 허락하고 물미작대기에다 용(龍)의 형상을 조각하여 사용하도록 윤허하였다. 그 이유는 제왕의 어체(御體)가 용체(龍體)이고 제왕의 옥안(玉顔)을 용안(龍顔)이라 하듯 용은 제왕의 상징이기 때문이다. 백달원이 호왕호국의 충성으로 용체의 위난을 구출 보호할 때 단장을 사용했던 기념으로 물미장에 용체를 조각하여 사용하도록 윤허한 것이다.

또 한 가지 깊은 이유는 신라의 호국용설처럼 이태조의 조부인 도조(度祖)가 경흥에 있을 때 꿈을 꾼 일이 있었다. 백의를 입은 한 사람이 와서 말하되 <나는 남지(南池)의 백룡인데 지금 흑룡이 난데없이 와서 내가 있는 연못을 탈취하여 살고자 하니 공은 나

를 구하여 주소서>라고 호소하였다. 도조가 깜짝 놀라 잠을 깨어 보니 이상한 꿈이었다. 그러나 그다지 개의치 아니 하였더니 그 다음날 밤에도 똑같은 꿈으로 더욱 간절하게 요청하는 것이었다. 비로소 도조는 근심스러운 징조가 심상치 아니하므로 다음날 활을 차고 남지로 나아갔다.

별안간 구름안개가 크게 일어나면서 천지가 어두컴컴하더니 백룡과 흑룡이 연못 가운데에서 서로 엉키어 죽기 살기로 싸우는 것이었다. 도조가 활을 당기어 한 살에 흑룡을 맞히시니 유혈이 연못에 가득하였다. 흑룡은 화살을 맞은 채로 언덕으로 달아나 강물로 들어갔다. 그런 일이 있은 후 토인들이 그 연못을 적지(赤池)라 하고 연못의 개포를 굴중포(屈仲浦)라 하였다. 이러한 일이 있은 후에 백룡이 또 다시 도조의 꿈에 나타나서 정중히 사례하면서 말하되 공의 후세에 반드시 큰 경사가 있으리라 하였다.

이태조가 도조의 백룡몽(白龍夢)은 조선왕조 임금의 착한 정치가 하늘에 감응되어 나타난 상서로움이라는 점에서 용비어천가에 나온 백룡과 동일한 취지로 백달원에게 백룡(白龍)의 형상을 부보상의 물미장(勿尾杖)에 조각하여 지참하도록 허가한 것이다. 이는 백달원이 날아오르는 백룡처럼 이태조를 구출한 것을 기념하여 황실과 국왕을 보호 방위하라는 임금의 뜻이 담긴 것이다.

한편 이성계 장군이 출정할 때 적군에게 포위되어 식량보급로가 끊어져서 사경(死境)에 이르게 되었다. 경계가 엄중하여 아무도 접근할 수 없었다. 그러나 부보상들은 쪽지게를 지고 작대기를 짚고 패랭이를 쓴 채로 어디든지 아무 의심을 받지 않고 나다닐 수 있었다. 이에 부보상들이 물미장(물미작대기)의 속을 파서 텅비게 하여 그 속에 쌀을 가득히 넣고 패랭이에다가 물을 많이 적신 솜송이를 달고 평소에 먼 길을 가면서 밥지어 먹느라고 쪽지게 밑에 달고 다니는 단지를 단 채로 적진을 뚫고 포위되어 있는 이 장군에게 들어갔다.

그리고 물미장 속의 쌀을 꺼내고 패랭이의 솜에 적신 물을 짜서 단지에다 밥을 지어 이성계 장군의 곤경을 모면시켰다. 그 후 이성계 태조는 부보상들의 공로를 가상하게 여기고 물미장에 용의 형상을 조각하여 하사하였다. 당시에 직접 하사하였던 물미장이 최근까지 상무사에 전해졌다고 한다.

이러한 물미장은 면화평량자(棉花平凉子)와 더불어 일반대중과 다른 부보상의 일목요연한 표지이었다. 부보상들은 물미장을 짚고 패랭이를 쓰고 다니면서 조선왕조 반 천년 동안 시장을 관할 지배하고 식량 잡화 직물 기물 등의 상품전매권을 장악하였으며 풍류와 권위를 아울러 표현하였다. 물미장은 공문서 인장 등과 아울러 상무사의 처소마다 비밀스럽게 감추어져 있다.

신분증(身分證)

부보상의 단원은 언제 어디서든지 험표(驗標 : 名標)라고 하는 신분증을 소지하도록 되어 있다. 험표에 의하여 부보상의 소속임소와 신분이 증빙되고 험표를 소지한 사람만이 상품전매권을 행사할 수 있다. 이 험표가 없으면 시장에서 물건을 팔 수도 없고 남의 집에 묵을 수도 없다. 다만 얼굴이 익숙하거나 신원이 확실한 부보상에게는 임시로 험표를 빌려줄 수 있는 예외가 있다. 그러므로 부보양상(負褓兩商)의 소지품 가운데 제일 중요한 것이 험표(驗標 : 帖紙)라고 한다.

이러한 험표는 경우에 따라 여러 가지의 명칭으로 불렸다. 충청우도의 완문절목에서는 험표를 신표(信標)라고 하여 이것이 없으면 가짜행상이므로 단속하였다. 혜상공국 서문의 상급관청에서 하급관청에 내리던 공문인 감결(甘結)에서는 험표를 명표(名標)라고 하며 이는 각 도의 임방에서 발급하여 무뢰배의 모칭을 방지하였다.

혜상공국 절목에는 험표를 명첩(名帖)이라 하고 이 명첩의 첩본(帖本)을 만들어 한 장씩 각 임방에 비치하고 상인들에게 발급한 명첩과 대조하여 사실여부를 확인하였다. 그리고 혜상공국의 다른 절목에서는 험표를 첩문(帖文)이라고 하여 전국의 상업자에게 모조리 이를 주어서 단속하였다. 또한 험표를 첩지(帖紙) 또는 채장으로 불렀고 부보상들은 채장과 노인공문(路引公文)을 항시 품에 고이 간직하고 다녔다.

험표는 행상만이 아니라 좌상(坐商)도 이를 상세하게 대조할 수 있도록 기록하고 있다. 한성부에서는 부보상단원을 보호하기 위하여 팔도도접장(八道都接長)을 임명하고 험표(驗標 : 圖書)를 발급하여 신분을 보장받을 수 있도록 한성부 완문이라는 관청문서를 작성하였다. 험표 발급의 실질적 이득은 각 도 지역전체 행상의 명부록이 작성되어 도접장에게 보내어 보관되고 있으므로 전국의 행상인원이 일목요연하게 파악되어 통솔하기에 편리하였다.

험표의 내용에는 단원마다 주소 성명이 기입되어 있으므로 신분이 확실하게 증명된다. 예컨대 동아상무조합(東亞商務組合) 정관 제43조에는 상민(商民)은 빙표(憑標)를 휴대하여 상민의 자격을 증빙하도록 되어 있고 제44조에는 빙표의 양식을 규정하였다. 빙표의 전면에는 주소를 좌사(左社)와 우사(右社)로 구분하고 주소 성명 생년월일 발급년월일을 기재하고 후면에는 물망언 물패행 물음난 물도적의 4계명이 기재되어 있다.

상규단규칙(1907년) 부칙 2조에는 본단 인원의 양악(良惡)을 식별하기 위하여 통표(統票)를 패용하도록 규정하였고 동 부칙 1조에는 단원 10인을 1통으로 삼아서 통수(統首) 1인을 두고 50인(5통)에 관령(管領) 1인과 사통(司統) 1인을 두도록 규정되어 있다. 험표 발급의 절차는 명첩의 발간에 위조가 생기지 못하도록 엄중하게 보관하여 두었다가 한 해 걸러서 각 임소로 나누어주었다. 또한 험표의 발급에 있어서 무뢰배들이 끼어들어서 혼란이 생기기 쉬우므로 이를 지극히 염려하여 명확하게 처리하도록 주의하였다. 또한 부보상의 험표에는 검은 먹글씨를 사용하고 붉은 색으로 쓴 글씨를 금지하였다.

인사법(人事法)

부보상이 서로 인사할 때에는 처음부터 신분증인 채장을 묻는 것이 법도이었다. 채장을 물을 때에는 정결한 책상 위에 채장을 올려놓은 후 서로 살펴본다. 만약에 채장을 함부로 보통의 것을 보듯 소홀히 하면 큰 벌이 내려졌다. 이는 이태조가 당초에 검정(檢定)하고 제도로 만든 것이므로 칙첩(勅帖)과 다름이 없다는 정신에서 소중히 다루었던 것이다.

또한 서로간에 지칭하는 용어는 동무(同務)이다. 예컨대 <당신은 어느 임방(任房) 동무(同務)이십니까>라고 하면 <예, 나는 어느 임방 동무입니다>라고 하는 것이 그들의 정규적인 말투이었다. 결코 부보상들 사이에는 보통 사람들이 인사하는 것과 같이 <어디 사시오?> <뉘댁이시오?> <당신의 성명은 무엇입니까?>하는 투의 인사말을 쓰는 법이 없다.

겸손은 상대를 높이고 자신을 낮추는 겸양의 미덕이다. 하늘은 채워진 것을 덜어서 겸손한 데 주고 땅은 채워진 것을 흔들어서 겸손한 곳으로 흘러가게 하며 사람은 채워진 사람보다 겸손한 사람을 좋아하고 귀신은 채워진 사람의 것을 빼앗아 겸손한 사람에게 준다고 한다. 공연히 자랑하는 마음을 없애고 오만한 마음과 과시하는 마음을 없애어 남의 잘못을 보지 않고 오직 자기의 허물만 보는 마음을 가져야 한다.

예의범절은 정중한 인사법에서 나온다. 범절이란 법도에 맞는 질서나 절차를 의미하고 문화는 인류가 모든 시대를 통하여 학습에 의해서 이루어 놓은 물심양면에 걸치는 생활형성의 양식과 내용을 말한다. 그리고 제도는 공인된 사회생활을 지속하기 위하여 집단구성원을 규제하는 행동구조 및 양식구조로 인식된다.

이런 점에서 볼 때 부보상들은 일종의 통일된 은어를 사용하여 서로 직업을 격려하여 주면서 그들끼리 독특한 인사말을 나누었다. 부상의 인사는 부상동지(負商同志)가 길거리 위에서 만났을 때 사용하던 인사말로서 부보상 상호간에 신의 절제 기율 등에 관련된 하나의 단면을 엿 볼 수 있다.

갑 : 동무시오니까.
을 : 동무시오니까.
갑 : 초인사를 올렸습니다마는 거주를 상달치 못하였습니다.
을 : 피차 그리되었습니다.
갑 : 연1년 좌석으로 금일 노상상봉이오니 사촌지도리(四寸之道理)에 정의불밀(情誼不密)하외다.
을 : 피차 그리되었습니다.

갑 : 하생(下生) 살기는 서울이 지본(地本)이올시다.
을 : 좋은 곳에 놀아 계시외다.
갑 : 어찌 좋기를 믿사오리까마는 각 귀소(貴所) 웃 영감(令監)이시나 제공원(諸公員) 제집사(諸執事)시나 한산노공원(閑散老公員)이시나 슬하에 찾자 하시면 어찌 일반방자(一般放恣)히 별호있게 하니오리까마는 부상지명(負商之名)이 소중한 고로 이가성(李哥姓) 가진 고로 이서울이라 수행합니다.
을 : 하생 살기는 고양이 지본이올시다.
갑 : 좋은 곳에 놀아 계시외다.
을 : 어찌 좋기를 믿사오리까마는 각 귀소 웃 영감이시나 제공원 제집사시나 한산노공원이시나 슬하에 찾자 하시면 어찌 일반방자히 별호있게 하니오리까마는 부상지명이 소중한 고로 김가성 가진 고로 김고양이라 수행합니다.

이와 같이 부보상들이 길에서 만나면 절 한 번 하고 말 한 번 하는 짓을 번갈아 하는 모습이었다. 인사를 시작한 때부터 끝나기까지 한 가지 인사를 마칠 때마다 서로 예배하는 습관을 갖추고 있었다. 겸손의 미덕을 가지고 있으면 끝을 잘 맺으므로 만사가 형통한다.

부보상들은 처소가 서로 다르더라도 같은 반수와 접장을 모시고 있을 뿐만 아니라 동고동락하는 사이이므로 객지에서 마주친다 해도 서로 반색하고 안부를 물어 오는 처지이다. 그들은 특별히 가진 재산이 없으니 허욕이 있을 수 없고 경사(經史)를 섭렵한 일이 없으니 기만과 술수에 능통하지 못하였다. 몸 가꾸기에 힘쓴 일이 없으니 마음에 허황된 것이 없고 남의 염량을 살필 줄 모르니 태어난 심성대로 살아가는 것이다.

엄격한 규율을 정해 놓고 공동체로서 살았으므로 인사하는 법과 말하는 법에 이르기까지 여느 사람들과 판이하게 달랐던 것이다. 말 한 번 하고 배례 한 번 하는 상투적이고 형식적인 대화의 형식과 어귀를 써야 하는 바람에 인사 한 번 하는데 한 시간이 더 걸렸고 그 동안에 절만도 수 백 번 정도 해야 하였다. 그들은 반드시 동무라고 지칭했고 상대자의 부인은 서로 아주머니라고 존대하였다. 인사할 때에는 서로 이름을 불러서는 안 되고 성씨에다 거주지명을 붙여 김춘천 이평양 등으로 말하였다. 그들은 군호(軍號)를 말할 때나 물건을 흥정하고 매매할 때에는 은밀히 통하는 비밀용어를 사용하면서 격려하였다.

　부보상의 단원관계는 신의(信義)로써 결합된 단체이다. 부보상이 일종의 상인조합 (merchant gild)임에도 불구하고 이익사회(gesellschaft : 계약사회)의 요소보다는 신의를 생명으로 결합된 공동사회(gemeinschaft : 緣約社會 緣分社會)의 성격을 기반으로 삼고 있다는 점에서 특이하다. 예컨대 부보상들은 생업이 동서남북에 흩어져 있을지라도 신의를 율법으로 삼았다. 부보상의 법도는 사촌지의(四寸之義)를 함께 맺었고 살아서는 서로 의탁하고 병이 들었을 때에는 구료하여 살리며 죽었을 때에는 염습하여 장사지내주니 온 천하가 모두 형제나 다름없었다. 나이가 많으면 형님이라 부르고 나이가 적으면 동생이라고 부르는 정의(情誼)이었다. 그리고 단원의 부모를 아저씨로 대접하게 되니 단원의 자녀를 조카라고 일컫는 것이 마땅하였다.

바가지밟기

바가지밟기는 한국의 토속적 육상경기 중의 하나이다. 마을의 수호신에게 동신제(洞神祭)가 베풀어지는 날에는 동신의 수호를 받는 마을끼리 장정 3명을 뽑아내어 이어달리기 경주를 벌인다. 장승이 서 있는 동네 입구에서 출발하여 숲길을 지나 신당(神堂) 앞의 결승지점에 돌입시킨다. 이들이 이어 달리는 지점마다 선수의 숫자만큼 빈 바가지를 엎어놓고 선두주자가 바가지를 밟아 깨는 소리를 신호로 다음 주자가 이어 달림으로서 결승지점의 빈바가지를 먼저 밟아 깨는 쪽이 우승자가 된다. 그래서 바가지밟기이다.

이 경기는 마치 올림픽경기가 제우스신제(神祭) 후에 신당 앞에서 베풀어졌던 것과 일맥상통하고 있어 한국육상경기의 기원을 시사하는 토속적 증명이 될 수 있다. 이 경기에서의 우승자에게는 천하장사의 씨름판에서 보는 바와 마찬가지로 잘 차려 입고 기다리던 무녀(巫女)들의 더덩실 춤과 지화자 노래의 영광이 베풀어진다. 그리고 달리기의 다리품을 팔 때 남보다 갑절의 품값을 받는 공인된 경제적 특혜가 주어진다. 예컨대 벼나락단을 지고 논에서 타작마당까지 달려 나르는 다리노동품을 비롯하여 상가집의 부고를 먼 외지의 친지에 전달하는 다리품을 들 수 있다. 이 바가지밟기 경주에서 다리의 힘이 좋은 부보상들이 출전하면 불문곡직 승리하게 마련이다.

등짐과 봇짐을 지고 팔도를 누비면서 행상을 생업으로 삼았던 부보상 조직은 유사시에 조정의 통신망과 첩보망의 구실을 담당하고 있었다. 그러므로 부보상들은 발이 빠르고 건장한 체력이 필수조건이었다. 이러한 직업적 필요성에 따라 팔도부보상의 총회인 공사(公事)가 끝나는 날에는 으레 <바가지밟기>를 비롯한 <달리기경주>가 벌어진다.

특히 우산각평(雨傘閣坪)에서 벌어지는 바가지밟기의 달리기 경주에서 우승자가 되면 지방관아의 수령들이 공무를 처리하던 대청인 동헌(東軒)의 공문서를 전달하는 비각(飛脚)으로 특채되거나 낙향한 양반들의 서울대리인인 경주인(京主人)과의 다리머슴(步撥通信者)으로 선발되기도 하였다.

우산각평이란 지금의 동대문 밖 동덕여고가 자리잡고 있는 부근의 평지벌판을 말한다. 우산각(雨傘閣)은 태조 정종 태종 세종의 4대를 35년 동안 모셨던 청백리 정승인 유관(柳寬)이 살던 집을 말한다. 유관이 장마철에 비가 새는 집의 방안에서 우산을 펴들고 살았다는 데에서 연유된 것이다.

우산각은 동대문 근처의 낙산(駱山) 동쪽 모서리에 위치했다. 그는 일산(日傘)을 받쳐서 두루 천만 리의 평안을 얻었고 그로써 천하가 새지 않았다. 청빈한 유관이 살던 초가집은 장마철이면 비가 새었고 비가 새면 과거급제 때 임금으로부터 하사받은 일산을 펴들었다. 그리고 부인에게 일산이 없는 집은 장마철을 어떻게 보내는가라고 걱정스럽게 물었다는 것이다. 이런 일산철학이 연고가 되어 이 집을 우산각이라고 불렀다.

선조대왕 무렵에 판서를 두루 역임한 이희검(李希儉)이 외가 4대조의 집인 이 우산각에서 살았다. 이희검도 어찌나 청렴했던지 옷은 몸을 가리는 것으로 만족하고(衣足以蔽身) 밥은 창자만 채우는 것으로 충분하다(食足以充腸)는 철학을 몸소 실천했다. 그가 임종했을 때에는 친지들이 추렴해서 장사를 치를 정도로 가난하였다.

임진왜란으로 폐허가 된 이 집에 이희검의 아들인 지봉(芝峰)

이수광(李睟光)이 살았다. 이수광은 선조대왕 때 임진왜란에 종군했고 실학자이며 판서를 역임했다. 고래등 같은 기와집이 아니라 겨우 비나 근근이 가리는 것으로 만족한 오두막집이라는 뜻에서 이 집을 계승해 내린 이수광이 청빈정신을 담아 비우당(庇雨堂)이라고 붙였다.

이와 같은 우산각이 위치한 지역의 들판에서는 개화기 서울 장안의 대갓집에 식수를 공급하던 물꾼들이 물통지게를 지고 도가(都家)끼리 대항하여 이어 달리는 바가지밟기 경주를 곧잘 겨루기도 하였다. 이 때 부보상으로 행상하던 청년 이용익이 끼어들게 되면 연전연승으로 상대자가 없어 다른 사람의 추종을 불허하는 우산각평의 영웅이 되었다.

우산각평의 영웅 이용익이 서울에서 근거를 잡은 곳은 오강도진(五江渡津) 가운데 어느 하나이었다. 당시 서울에는 지방으로부터 반입되는 물화를 양륙하는 곳으로서 다섯 군데의 나루터가 있었다. 남한강을 비롯하여 노들강 용산강 마포강 그리고 서강이었다. 이 다섯 강의 길목에서 객주와 여각이 발달하였다. 여기가 바로 서울의 관문이었다. 이용익은 이들 가운데 어느 여각에 숙소를 정하고 세상의 물정을 익히기로 작정하였다. 물건(상품)의 발자취를 좇아가는 일은 결국 그것을 소비하는 사람의 뒤를 추적하는 일로 통하기 때문이다. 그래서 상품의 유통과정은 사람과 사람과의 관계를 말한다. 이에 착안한 이용익은 물건의 뒤를 유심히 좇기 시작하였다.

이용익은 다시 육의전(六矣廛) 근처로 활동의 무대를 넘보았다. 거기서 그는 어떤 물건이 주로 어느 집에서 많이 소비되고 있는지를 관찰하였다. 관가나 사대부의 집안에서 직접 시장에 나와 물건을 사가는 일이 좀처럼 없었다. 단골상인들이 일정한 간격을 두고 사대부의 집을 방문하면서 무엇이 얼마나 필요한가를 확인하고 또 새로운 물건이 나오면 직접 가지고 가서 보여줌으로써 상품을 배달하는 상거래 형식을 취택하고 있었다.

이 때 이용익은 육의전 언저리를 맴돌다가 당대의 세도명문가의 집과 그들이 주로 좋아하는 물건을 파악하게 되었다. 그리고 그는 물건 보따리를 싸들고 당대의 세도가인 민영익 대감의 집에 접근하기 시작하였다.

우산각평의 한편에서는 물미장놀이가 구경거리이었다. 물미장놀이는 지게작대기를 짚고 겨룬 넓이뛰기와 높이뛰기이다. 물미장(勿尾杖)은 장돌림인 부보상이 지게에 등짐을 지고 손에 짚고 다니는 지팡이이다. 넓이뛰기는 달 속의 옥토끼가 불사약을 구하러 멀리 껑충 뛰는 듯하여 옥토약단(玉兎躍丹)이라 하였다. 그리고 높이뛰기는 잠자리가 공중의 바람을 펄럭이는 듯하여 청령번풍(蜻蛉翻風)이라고 불리었는데 이는 매우 시적인 표현이다.

환의풍습(換衣風習)

부보상들에게는 서로 옷을 바꿔 입는 환의풍습이 있었다. ① 오래도록 작반하다가 헤어져야 할 때 ② 같은 고향을 두었으되 한 사람은 고향으로 가고 다른 한 사람은 그렇지 못할 사정이 있을 때 ③ 서로간에 비밀을 지킬 약속을 나누었을 때 ④ 동료로부터 은혜를 입었을 때 옷을 바꾸어 입음으로서 우의와 의리를 확인하였다. 수 십 번의 옷바꿔입기를 겪은 우의가 팔도에 얼음 박히듯 견고하였다. 서로의 체취를 느끼면서 정감공동체를 실천하는 것이었다. 그러므로 저자(시장)를 헤매는 부보상들은 누구도

제 몸에 맞는 저고리를 입고 다니는 사람이 드물었다.

이러한 풍속은 지금도 국제경기가 끝난 후 상대선수들끼리 적대감정을 완화시키는 정감(情感)의 표시로 운동복을 바꾸어 입는 모습에서도 엿 볼 수 있다. 흐뭇한 광경이다. 이에 관련된 이규태 선생의 2002년 6월 12일자 조선일보의 글이 크게 눈길을 끈다.

동업자끼리 유대 강하기로 소문난 부보상(負褓商)들이 오다가다 만나면 입었던 옷을 바꿔 입고 제 갈길 간다. 옷을 바꿔 입는다는 것은 친화와 신의 그리고 일심동체를 다지는 전통의식이다.

우리 나라에 아버지의 옷을 맏이 둘째 셋째로 물려 입었던 물림옷의 관행도 가난해서가 아니라 조손 형제간에 이해를 초월하여 한 마음을 가지라는 정신의식이었다. 초생아의 배내옷을 할아버지 할머니의 속곳 빨아 지어 입혔던 것도 섬유가 빳빳한 새 베를 피한다는 실용성도 있지만 신생아의 탄생으로 멀어지기 쉬운 조손간의 사이를 좁히려는 뜻이 잠재돼 있었다. 동포(同胞)를 동포(同袍)로 쓰기도 하는데 곧 같은 옷을 입는 사이라는 보다 친밀감을 돋우는 말이다.

옷은 입은 사람의 체온이 스미고 땀이 밴 그 사람의 대체물이다. 혼은 그 사람의 체온과 체취를 기억하기에 옷과 혼을 동일체로 보는 것은 동서고금이 다르지 않다. 사람이 죽으면 맨 먼저 망인이 입었던 옷을 들고 지붕에 올라가 흔듦으로써 육신을 떠나가는 혼백을 불러드리는 초혼(招魂)도 바로 그 때문이다. 처녀가 시집 못 가고 죽으면 그 아가씨가 입었던 옷을 사람이 많이 다니는 네거리에 던져두어 사나이들로 하여금 밟고 다니게 하는 관행이 있었다. 옷에 깃들어 있는 영혼으로 하여금 시집 못 가고 죽은 한을 풀어주는 대리 성행위인 것이다. 다산한 부인의 속곳이나 바지는 많은 사람이 노리는 절도의 대상이므로 방안에서 말리는 것이 관행이었다. 다산의 주력(呪力)이 그 옷에 스며있다고 생각한 때문이다.

2002년 서울월드컵경기대회의 프랑스와 세네갈 전에서 이변의 한 골을 넣은 세네갈 선수가 벗어 던진 유니폼을 복판에 두고 동료선수들이 둘러서서 아프리카 고유의 발굴림 춤을 추었다. 사냥을 성공시켰을 때 그 영력(靈力)을 옷으로부터 얻으려는 마술(魔術)의 춤인 것이다. 맞싸웠던 선수들의 땀이 밴 유니폼을 바꿔 입는 것도 서로의 잘 싸웠던 영력을 흡수하려는 이기적 행위가 승리감과 패배감을 중화시키게 된다.

위상애당(爲上愛黨)

비록 부보상들은 불행하게도 문무(文武)의 수련장에서 학술이나 무술을 수업하지 못하여 남들이 천박한 직업으로 몰아붙이는 행상(行商)에 종사할지라도 형제의 정의(情誼)로 맺어진 수양단체의 성격을 지니고 있었다. 그들은 스스로 미천하다거나 조잡스럽다고 자학하지 않고 위로는 임금을 섬기고 아래로 동료를 아끼고 보살피는 위상애당(爲上愛黨)의 정신이 도리어 사대부의 군자(君子)와 의리 있는 사나이의 기풍을 지니고 있었다.

부보상들은 임금과 나라를 수호하려는 거룩한 충성심과 비상한 조직력을 바탕으로 국가의 토목건축공사 때에는 석재 목재 철재 등을 운반하였다. 조선왕조의 이성계 태조가 선대의 명복을 빌고 무학대사에게 은혜를 갚기 위하여 석왕사를 중건할 때 충효를 인도의 기강으로 삼고 있는 부보상들이 두령인 백달원의 지휘하에 강원도의 삼척으로부터 오백나한의 불체를 안전하게 옮겨왔다.

1794(정조 18)년에는 수원성곽공사인 화성부역(華城賦役)에 부상들이 대거 참여하여 돌을 운반하고 다듬었으며 목재 철재 등에 관한 각종의 기술부문을 담당하여 장안문(長安門)을 완축하였다.

  1865~1872(고종 2~9)년에는 대원군이 왕실의 존엄과 중흥을 도모하기 위하여 임진왜란으로 소실된 경복궁을 중건할 때 부보상들이 헌신적으로 참여하여 교통이 지극히 불편했던 강화도로부터 육로와 해로의 난관을 극복하면서 석재를 운반하고 다듬었다. 그리고 쇠붙이를 제련하고 목재를 다듬어서 조선왕조 말기의 공예 미술 건축을 대표하는 역사적 대업을 완성하였다.

  또한 부보상들은 충성심이 투철하였으므로 임금이 행차할 때마다 보급품을 짊어지고 가마행렬(輿輦 : 여련)을 뒤따랐다. 예컨대 1592년 임진왜란으로 인하여 선조대왕이 평안도 의주로 파천할 때 식량과 필요물자를 운반하면서 임금의 가마행렬을 수행하였다.

  1624(인조 2)년 1월 22일 평안병사(平安兵使) 겸 부원수인 이괄(李适)이 반란을 일으키고 영변을 출발하여 황주 수안 평산 개성 벽제관(碧蹄館) 등을 거쳐 남하하여 서울의 궁성을 장악하였다. 반란군이 왕성을 함락한 것은 조선의 건국 이래 처음 있는 일이다. 이괄의 반란군이 동년 2월 8일 벽제관에 이르렀을 때 인조대왕은 남쪽으로 피난 갈 것을 결정하고 2월 9일 새벽 한강을 건너 과천 수원 천안을 거쳐 13일 충청도의 공주에 도착하였다. 이 때에도 부보상들이 뒤따르면서 필요한 물자를 운반하였다.

  유난히 효성이 지극한 정조대왕이 1788(정조 13)년 경기도 양주에 소재한 생부인 사도세자(思悼世子)의 원침(園寢 :永祐園)을 수원 화산의 현륭원(顯隆園) 유택으로 천봉하였다. 1788년 10월 4일 밤 10시 사도세자의 영정을 모신 가마가 영우원을 출발하여 뚝섬나루에서 배를 연결하여 만든 다리를 건너 5일 과천에서 지내고 6일 수원 신읍에서 잠시 머물렀다가 경기도 수원 화산의 현륭원에 도착하였고 10월 7일 유택에 천존되었다. 그 이후 정조대왕은 1790(정조 14)년부터 1800(정조 24)년까지 11년 동안 12차례에 걸쳐 현륭원을 전배하였다. 정조대왕의 현륭원행(顯隆園幸)에 수행한 행렬은 충시대효(忠是大孝)라는 위대한 마음으로 장엄하였다. 이 때마다 부보상들이 당시의 냇물 산고개 골짜기 산길 들길 등 불편한 도로와 교통사정을 무릅쓰고 사역운반(使役運搬)을 담당하였다.

한편 부보상의 활동이념은 충의(忠義)와 신의(信義)를 생명선으로 삼았으므로 생업인 상업활동에서도 신의존중을 최고의 영예로 삼았다. 이에 따라 만일 동료 중에서 상업에 실패하여 자본이 없는 사람이 발생하면 솔선수범으로 자본을 융통하여 주었다. 반면에 폭리를 취하거나 사기를 감행하여 상업도의를 어기는 사람이 있으면 벌칙을 적용하여 엄중하게 단속했다. 그리고 행상의 상업거래에서 금전이 관련된 회계관계는 도의에 어긋나지 않도록 각별히 주의하였고 금전관계를 명확하게 처리하여 훗날에 실패가 없도록 항상 경계하였던 것이다.

육의전(六矣廛)에는 오리계(五里戒)라는 상도(商道)가 있었다. 갓을 파는 갓전[笠廛]이 있으면 그 갓전의 사방 5리 안에는 갓을 파는 다른 전방을 낼 수 없고 행상도 허용하지 않았다. 그러므로 장사가 잘되면 너도 나도 뒤따라 시장을 잠식하여 서로 패망하거나 이웃에 같은 업종의 가게를 내어 원조싸움으로 함께 망하는 상업도덕의 타락은 있을 수 없다. 등짐과 봇짐을 지고 전국의 팔도를 누비는 부보상들도 자신의 단골구역이 정해져 있고 남의 지역을 지나면서 빨래방망이 한 개나 엿 한 가래를 팔지 않았다. 낯선 부보상끼리 만나면 요즈음의 운동경기 끝에 유니폼을 바꿔 입 듯이 윗저고리를 맞바꾸어 입음으로서 형제의 정의(情誼)를 다지 는 풍습이 관례이었다. 한 도가(都家)의 동업자는 호형호제로써 의사혈연(擬似血緣)을 맺고 친상을 당하면 3년 동안 술과 담배를 삼가하고 새 옷을 입지 않는 등의 심상(心喪)을 입었다. 그들은 신의를 지키기 위하여 전국 각처에서 모여들기도 하고 서로의 처지가 다르더라도 뜻을 합하여 함께 일하는 경우도 있었으며 생사길흉사(生死吉凶事)를 서로 도왔다.

팔도의 장시(場市 : 장터와 저자)를 누비는 부보상들은 충청도 전라도 경상도의 갈림길목인 천안 삼거리에 접근해 가면 흙 한 줌을 주어 담고 삼거리에 이른다. 그 곳에서 동료들을 만나면 자기가 지나 온 도(道)의 흙을 건네준다. 흙을 합쳐서 물품신(物品神)의 도움으로 발(足)에 질병이 나지 않는다고 인식했던 것이다. 이들은 모두가 형제처럼 훈훈하고 믿음직한 부보상단을 이룩하였다.

병구사장(病救死葬)

이성계 태조대왕이 부보상단에게 여덟 글자로 된 교서(敎書)를 내렸다. 병즉구료(病則救療) 사즉매장(死則埋葬)의 팔자칙교이다. 이 병구사장은 질병에 걸렸으면 구출 치료해주고 사망하면 매장해 주라는 것이다. 이는 사람들의 세상살이에서 환난상휼(患難相恤)의 극치이다. 이에 부보상들은 태조대왕의 칙령을 받들기 위하여 신분증에 해당하는 신표(信標)를 발급하는 비용으로 춘수전(春收錢)과 추보전(秋補錢)을 거두어 모았다.

춘수전은 부보상들이 봄철에 일정한 금액을 소속 임방에 납부하는 신분증 발급비이다. 이는 부보상들에게 질병이 발생하였을 때 회춘(回春)과 회생(回生)을 도모하기 위하여 치료비로 쓰이는 자금이다. 춘수전이라는 명칭은 질병에서 회생되는 것을 회춘이라 하므로 봄철에 받아 두었던 돈으로 부보상들의 질병에 대한 치료비로 충당하여 지출하게 되면 곧 회생할 수 있다는 염원이 담긴 뜻이다. 대체로 사람이 나이를 따질 때 춘추(春秋)라고 하듯이 봄철은 삶의 이치와 양기(陽氣)가 발동하는 기운이 있으므로 질병을 얻었을 때에는 춘수전으로 약을 사서 환자를 회생시키자는 의미가 담겨져 있는 것이다.

이에 비하여 추보전은 부보상들이 가을철에 일정한 금액을 소속임방에 납부하는 신분증 발급비이다. 이는 부보상들이 세상을 떠났을 때 장례비로 쓰이는 자금이다. 추보전이라는 명칭은 초목을 시들게 하는 가을철의 쌀쌀한 기운과 만물을 거두어들이는 이치에 따라 주검을 의미하여 추보전으로 매장한다는 뜻이 담겨져 있다. 가을철은 곡식과 열매가 익어 결실하는 것을 일러주므로 감사해야 한다. 마치 사람이 한 평생의 생명을 얻어 살다가 마칠 때에는 만물이 봄에 생겨나서 여름에 성장하고 가을의 음기(陰氣)로 완성되어 수확되는 것처럼 경건한 마음으로 장례를 치러 주어야 한다는 것이다.

부보상들은 행상을 떠날 때 춘수전과 추보전을 소속 임방에 납입하면 비치된 장부에 기재되고 영수증에 해당하는 척문(尺文)이라는 신표(信標)를 발급 받아 소지하고 다니다가 다른 임방을 지날 때에 이것을 제시하면 이중으로 납부하지 않는다. 그러나 만약 척문을 분실하여 제시할 수 없을 경우에는 다시 납부하도록 되어 있었다. 영수증을 겸한 척문인 신표에는 성명 거주지 소속임소 소속도임소 행상지역 등이 기재되어 있으므로 행상의 신분증으로 작용하였고 이를 소지하지 않으면 행상 판매할 수 없도록 되어 있었다. 척문이 영수증을 의미한 것은 당시의 화폐제도에서는 포목을 비롯한 비단과 명주를 화폐로 사용하고 이를 재는 자(尺)를 계산의 척도로 삼았던 것에 기인한다.

부보상이 신분증인 신표를 발급 받으려면 춘수전과 추보전의 매장 2냥씩 납부하였다. 그 가운데 1냥은 중앙기관인 상리국본국(商理局本局)으로 상납되는데 그 중 5전은 해당도의 도반수에게 납부되고 4전은 접장의 용지대금으로 납부되며 1전은 해당임소의 용지대금으로 납부되었다. 나머지 1냥은 서울의 내왕비로 납부되었으므로 한 푼도 남용되는 일이 없었다. 이러한 회비납부는 부보상을 위장한 한산인(閒散人)의 행패를 방지하는 데 목적이 있었다.

그런데 이와 같은 부보상이 유독 사농공상 사민 가운데 가장 곤궁하였다. 그들은 모두 신분이 미천하고 이득이 미약하며 환과고독의 사궁(四窮)에도 들지 못하는 하나의 어리석은 백성이다. 그들은 도로에 흩어져 흘러 다니면서 의지할 곳 없는 혈혈단신이다. 부상들은 본래 물위에 떠다니면서 사는 부평초처럼 정처없이 떠돌아다니고 개미와 이처럼 방도 없고 집도 없다. 동쪽 지역에서 아침밥을 먹고 저녁에는 서쪽 지역에서 잠을 자니 질병에 걸려도 구료의 방도가 없고 죽어 시체가 되어도 땅에 묻어줄 길이 없어 간혹 구렁텅이에 굴러 떨어지기도 한다. 이들은 꼽추처럼 등이 굽은 채 아침에는 동쪽에 있다가 저녁에는 서쪽으로 돌아다니면서 이득을 남기고자 요행을 바라지만 죽음을 구출하는 꾸밈조차 넉넉하지 못하였다.

이런 점에서 부보상들에게는 병구사장이 절실한 문제이었다.

만약 도로에서 질병을 얻은 부보상이 있으면 비록 여러 날을 지체하더라도 약을 써서 구료하고 점막과 시장에서 사망하면 해당 읍의 임소에서 초상을 치른 후 고향으로 보내어 매장하였다. 그러므로 부보상이 병들어 객주집에 누워 있으면 약을 써서 구료하고 질병상태임에도 내쫓으면 크게 처벌하였다. 질병에 걸린 사람을 돌보아 주지 않은 부보상에게는 볼기 20대를 치고 벌금 3전을 물린다. 문상하지 않은 부보상에게는 볼기 15대를 치고 벌금 5전을 물린다. 부고를 받고도 응하지 않은 부보상에게는 볼기 10대를 치고 벌금 부전의 2배를 물린다. 임소의 접장이 타처에서 객사하면 임원들이 부조금을 수합하여 일제히 모여 안장한다. 비방의 수령이 타 임소에서 사망하면 비방들이 달려가서 부조금을 수합하여 일제히 모여 안장한다.

동료가 상장(喪葬)을 당했을 때 부조하지 않으면 일제히 모여 회의에 부쳐 처벌한다. 동료의 질병에 공손하지 않으면 태장 25대를 치고 벌금 3전을 물린다. 문상하지 않은 사람에게는 태장 15대를 치고 벌금 5전을 물린다. 부의금을 납부하지 않은 사람에게는 태장 10대를 치고 벌금은 전례에 따른다. 또한 애경상장(哀慶喪葬)은 전례에 따라 각별히 가호한다. 애경을 상조하고 환난을 상구하는 데에는 대소사를 막론하고 일체 잔꾀를 부려 회피하지 않는다. 상민의 애경상조는 흘러온 후덕한 정의(情誼)이니 각 해당 임방에서는 진심으로 구호하고 신의를 잃지 않는다.

제5장 부보상의 자치활동

청금록(靑襟錄 靑衿錄)

청금록은 부보상단 역대임원의 명단을 기록한 장부책이다. 靑禁(청금)은 가슴을 가린 푸른 옷섶을 의미하고 靑衿(청금)은 옷깃과 옷고름을 뜻한다. 수백 년간의 명단이 수십 권의 책이 되어 고색창연한 모습으로 유구한 전통을 머금고 있다.

이 청금록은 거듭 닥쳐 든 전란으로 인하여 많이 분실되었으나 공문을 비롯한 기타 신성시하는 기물 등이 결사적으로 보존되어 왔다. 6.25사변 때에도 접장을 비롯한 기타 책임자들이 대대로 내려오는 가문의 보물처럼 공문 인장 기물 등을 장독 속에 고이고이 담아서 땅속 깊이 파묻느라고 미처 피난을 못 가서 공산군에게 고생한 갸륵한 일화를 남겼다.

원래 청금록이라는 것은 성균관 향교 서원 등에 다니던 유생이나 학생의 이름을 적은 명부를 뜻하므로 유안(儒案)이라고 한다. 청금(靑襟)이란 푸른 옷깃을 뜻하며 옛날 유도(儒道)를 닦는 선비인 유생과 학생이 푸른 옷깃을 단 의복을 입고 있었기 때문에 그 맑고 높은 뜻을 존경하여 부른 것이다.

그런데 부보상단의 임원들이 우애와 정의를 위하여 몸 바친다는 점에서 이를 청금에 비기고 그 명부에 청금록이라는 존칭을 붙였던 것이다. 그 후 임원록 임원방명록 역원방명록 방명록 사원명부 등으로 개칭된 곳도 있다. 예컨대 예덕산상무사와 봉산면 본소소관 공문에 의하면 1899년에 상무사임원록이라 하였고 1905년 예덕산상무사에서는 예산임소좌목이라고도 하였다. 좌목(座目)은 자리의 차례를 적은 목록이라는 뜻이다. 그리고 1926년에는 덕산임소방명록 또는 사원명부라고 불리었다.

그러나 저산팔구상무사의 공문들은 여전히 靑襟錄(청금록) 또는 靑衿錄(청금록)의 명칭을 옛날 그대로 답습하고 있다. 더욱이 반수나 접장급 이상 두령들의 이름 위에는 직접 볼 수 없도록 붉은 종이로 가려서 신성하고 장엄한 분위기를 조성하고 있다.

한편 충청비인임소에는 충청비인임소천금록(忠淸庇仁任所千金錄)으로 되어 있다. 이는 청금의 발음이 천금(千金)과 비슷할 뿐만 아니라 천금처럼 소중히 아껴야 한다는 뜻에서 은연중에 와전되었을 것이다.

이와 같은 청금록과 더불어 선생안(先生案)이 있다. 선생안은 안책(案冊)이라고도 하는데 이는 원래 각 관공서에서 전임공무원의 성명 직명 생년월일 본적 등을 기록한 책을 말한다. 그런데 부보상단에서는 두령급을 역임한 역원의 명단을 뜻하는 말로 쓰였다. 그러므로 이 책에는 접장(接長 : 掌務員)으로부터 접장(장무원)을 거친 실감반수(實鑑班首)를 거쳐 영위(領位)까지 된 두령의 경력이 적혀 있다. 다만 접장을 지나지 않고 반수(班首)와 영위가 된 사람은 선생안에서 제외되었다.

총회날[總會日]

　부보상의 총회에는 정기총회와 임시총회가 있는데 이른바 요직 임원을 선거하기 위하여 장엄하고도 화려한 행렬이 거행되는 정기총회를 공사(公事)라고 한다. 공사일(公事日 : 總會日)은 각 상무사(商務社)의 본소(本所)에서 대체로 음력 3월 10일경부터 4월 초 사이의 적당한 날을 책정한다.

　공사예정일이 결정되면 설령 비라 오더라도 절대 변경되지 않고 사원(社員)들은 온갖 일을 제쳐두고 참석한다. 1천여 명의 부보상들은 수십 리의 먼 길을 우천 불구하고 보무당당(步武堂堂)하게 행렬하여 운집하는데 그 광경이 장관(壯觀)이다. 목화송이를 달아맨 패랭이를 쓰고 용을 그린 물미장(勿尾杖)을 짚고 긴 저고리와 통바지에 신들메를 고쳐 맨 동무님들의 행렬 앞에는 봉매기(奉枚旗)가 높이 쳐들렸고 푸른 실로 몸체를 삼고 위 아래로 붉은 등을 달아맨 청사등롱(靑紗燈籠)이 수십 개이다. 그래서 구태여 횃불을 달지 않아도 밤길은 달빛과 어울려 밝았다.

　행렬 앞에는 환갑 늙은이가 상투를 풀어 귀밑머리를 땋은 뒤에 머리꼬리에 붉은 댕기를 멋들어지게 내려뜨리고 설설 기는 시늉으로 <에와자>의 앞소리를 매긴다.

서산낙조(西山落照) 일모(日暮)하니 내와 함께 가자꾸나 금침을 펴려느냐
애고대고 흥 심화(心火)났네.
불친(不親)이면 무별(無別)이요 무별이면 불상사(不相思)라
애고대고 흥 심화났네.
유정고인(有情故人) 재상봉(再相逢)하니 보낼 송자(送字) 난감이

로다
애고대고 흥 심화가 났네.
고향소식 간절하여 천리가산(千里家山)을 바라보니
운하(雲霞 :구름과 노을)가 첩첩하여 가망(可望)을 못하겠네
애고대고 흥 심화가 났네.
무변대해 가없는 바다 동서남북 가리질 못하겠네
애고대고 흥 심화가 났네.
장안만호(長安萬戶) 일편월(一片月)에 도성(擣聲 : 다듬이소리)은 재재(在在)한데
님의 소식 돈절일세
애고대고 흥 심화가 났네...

 흥타령 앞소리에 화답하는 <에와자> 소리가 송파장 병문에 그득하니 기다리고 있던 악공들이 또한 마주 나아가서 날라리와 장고와 징으로써 환접한다. 공사를 알아채고 모여든 호인(胡人) 환술사(幻術師)들, 마목(麻木)에 든 용천병들 각설이 걸궁패 들병이 유무(遊巫) 따위의 잡색들과 유랑 굿중패들, 장텃가 악다구니들이 또한 덩달아 춤을 춘다.
 행렬이 쇠전머리 초입의 비석거리 취나무집 앞에 이르면 과천처소 출신인 시재접장(時宰接長)이 위엄과 예의를 갖추고 도집사(都執事)를 대동하고 나아가 행렬을 맞아들인다. 집사가 점고를 마친 뒤에 사처(私處)를 지정하면 그들이 마방의 봉노로 들어올 사람들이다. 마방의 중노미들은 물론이고 새앙각시들도 쏟아져 나와 서둘러 봉노를 치우고 경기도 양주 처소의 동무님들을 맞아들이는데 50명에 가까운 동무님들을 재우려면 부득이 마당에다 휘장을 치고 멍석을 연폭해 깔아서 노숙할 장소를 마련하게 된다.

총회장소(總會場所)

　공사일(公事日 : 총회날)에는 쇠전[牛廛 : 牛市場]으로 오르는 길목의 드넓은 빈터에 차일(遮日)을 치고 덕석과 멍석을 연폭으로 깔아서 2백여 명의 상대(商隊)들이 취회할 수 있는 널찍한 도회청(都會廳)이 마련된다. 그리고 영위 반수 접장 등의 상임들이 북쪽의 상좌에 자리를 정한다. 그 앞으로는 봉매기(奉枚旗)를 앞세운 각 임소의 요원(僚員)과 비방(裨房)들이 행렬을 지어 마주보고 앉는다.

　처소에 등록된 동무님들마다 권점(투표)이 주어지지 않았지만 시재접장(時宰接長)이 선출되면 봉제사(奉祭祀)를 비롯한 상견례와 폐백(幣帛)을 드리는 절차가 있고 연회가 이어지며 권점의 절차를 지켜보는 것이 공사일에 내려오는 규율인 동시에 풍속이다.

　도회청의 주변에는 잡인의 접근을 금지시키고 곧이어 상임들만 모여서 권점의 절차를 구수회의한 다음 도집사가 나와서 공사를 주관한다. 권지(圈紙)가 나누어지고 권점(圈點)이 진행되는 동안 도회청에서는 기침소리 한 번 나지 않을 정도로 엄숙하다. 드디어 권점이 마무리되고 도집사에게 되돌아 온 권지들이 반수에게 전달된다.

　접장 이상의 선생안(先生案 : 上任) 중에서 한 사람을 차출하고 요원과 비방에서 각각 한 사람씩 차출되어 권지를 가름한다. 권지를 받아 든 반수가 개표 결과를 발표한다.

　"한 해 동안 근기(近畿)의 다섯 읍 동무님들을 이끌어 갈 시재접장으로 차출된 동무님은 송파 본방이었던 천봉삼이오. 오늘부터 접장은 송파로 옮겨 앉게 되었습니다."

그 한 마디가 반수의 입에서 떨어지자 도회청에서는 일제히 함성이 터져 나왔다. 천봉삼이 일어나서 앞으로 나와 앉았다. 그리고 상대들은 일제히 일어나서 시재접장과 상견례를 갖추었다. 이어서 차정장(差定狀)이 내려지고 요중회(僚中會)에서 통영반에 올린 간단한 다담을 폐백하였다. 접장이 원님으로 불리었다. 이는 접장이 부보상 동료들을 살리고 죽이며 주고 빼앗는 생살여탈권(生殺與奪權)을 가지고 있다는 뜻이다.

공사일의 공사장소에서는 푸근한 인정이 분위기를 형성한다. 부보상들은 처소가 서로 다르더라도 같은 반수와 접장을 모시고 있을 뿐만 아니라 사생동고하는 사이에 객지에서 마주친다 해도 반색하고 안부를 물어 오던 처지이다. 공사일에는 잔칫날을 방불한지라 객주와 여각의 포주인들도 주효를 베풀어 동무님들을 흔연히 대접하는 것이 풍속이다. 두루거리 밥상에 둘러앉아 모주집에서 날라 온 술방구리를 반주로 비워내고 농지꺼리에 육담이 오가는 것은 오히려 입맛을 돋우는 일이다.

대체로 공사의 장소는 접장을 비롯한 기타 두령들이 협의 결정하도록 되어 있으나 관례에 의하여 시재접장이 거주하고 있는 곳의 장터 빈터 빈밭 등 넓은 장소를 이용하고 있다. 예컨대 1963년 저산팔구상무사(苧産八區商務左社)의 총회는 총회날까지 지난 1년 동안 장무원(掌務員)의 주소가 서산군 문산면 수암리(水岩里) 도마다리이므로 총회가 도마다리 주택 근처에서 열렸다. 이 우사(右社)의 1963년 총회장소도 당시 장무원의 주소 근처에 있는 기산시장(麒山市場)에서 개회되었다. 원홍주등(元洪州等) 육군상무사(六郡商務社)에서는 1963년 총회 당시 접장이 운곡출신(雲谷出身)이었으므로 총회장소가 역시 청양군 운곡면 아곡리(芽谷里) 접장주소의 근방으로 결정되었다. 그리고 1963년 예덕상무사(禮德商務社)의 총회장소도 예산군 봉산면 대지리 당시 접장의 자택으로 되어 있다.

이와 같이 총회장소가 장무원(掌務員 : 接長)의 주소 근처로 정해지는 이유는 총회의 연회를 준비하기에 편리하기 때문이다. 총회에서는 장무원이 교체되는데 총회연(總會宴)은 전임 장무원의 자택에서 음식 일체를 마련하여 총회장소로 운반한다.

총회식장에는 솔문을 만들어 세우고 <○○상무사총회(商務社總會)>라고 쓴 현판을 달고 멍석을 널찍이 깔아 놓는다. 우천이면 이에 대비하는 설비를 마련하여 오랜 전통의 연중행사를 익숙하게 준비한다. 총회는 상무사의 가장 큰 명절이므로 정성을 다 모아서 꾸며 놓는다. 각 상무사의 사기(社旗)에 해당하는 봉매기(奉枚旗)를 비롯하여 각 임소에서 행렬하여 가지고 오는 수십 개의 청사초롱(청사등롱 靑紗燈籠)을 식장 입구에 세우고 그 밖의 온갖 장식을 화려하게 한다. 총회의 개회시각은 각 상무사에 따라 일정하지 않다. 다만 동일한 상무사에서는 다년간의 관례로 개회시각이 고정되는 경향이 있다. 예컨대 저산팔구상무사(苧産八區商務社)의 좌사와 우사에서는 의례히 야간에 개회하고 철야로 의식을 거행한다. 동 우사(右社)에서는 음력 3월 13일 저녁식사가 끝난 후부터 총회를 개막한다. 그러므로 3월 13일 저녁때쯤 되면 사방의 각처에서 마치 장날 장터에 사람들이 모여들듯 줄을 지어 사원(社員)들이 각 처소(임소)별로 질서정연하게 밀려들어 온다. 대열의 선두에는 각 처소의 봉매기에 이어 청사등롱이 들리우고 뒤에는 각 처소에 소속하는 수백 명의 사원들이 줄을 지어 걸어온다.

청사등롱은 <청사초롱 청사롱>이라고도 불린다. 이는 푸른 사

(紗)로 몸체를 삼고 위와 아래에는 붉은 등을 달은 초롱이다. 원래 정2품이나 정3품의 고관(高官)이 밤에 출입할 때 들고 다니던 초롱이었는데 상무사의 행렬에도 오래 전부터 이 초롱을 앞세우기로 되어 있다. 본래의 의식대로 한다면 행렬의 맨 앞에서 노래를 인도하는 선창자가 흥겹게 노래를 시작하면 그 뒤를 이어 <에와 자아>를 춤추면서 지정된 숙소로 들어온다. 어느 임소에서 들어온다는 연락이 오면 장무원의 지휘 하에 미리 준비되어 있던 악대가 마중 나가서 삼현육각(三絃六角)을 울린다. 삼현육각은 거문고 가야고 당비파의 세 가지 현악기(絃樂器)와 북 장고 해금 피리 대평소(大平簫 : 날라리)의 각악기(角樂器)를 말한다. 각 임소의 행렬이 들어올 때마다 음악으로써 접대한다. 각 숙소마다 청사등롱이 환하게 달리어 있으므로 어느 임소의 사원들이 어느 집에서 유숙하고 있는지를 일목요연하게 알 수 있다.

각 숙소는 될 수 있는 대로 총회장소에서 거리가 가까운 집을 미리부터 지정하여 둔다. 이 때에는 총회장소 부근에 일반인의 숙소마련은 거의 불가능하다. 저녁식사가 끝나면 총회의 서곡(序曲)이 시작된다. 총회를 위한 예비회담이 개시되어 두령들은 두령회의를 열고 청소년들은 동몽청회의(童蒙廳會議)를 열며 일반 성인층은 필요에 따라 요중회의(僚中會議)를 열어서 몇 시간 후에 거행될 총회사항 중 특히 선거사항을 구수협의(鳩首協議)한다.

이어서 삼현육각의 음률이 고요한 밤하늘을 우렁차게 뒤흔든다. 이를 신호로 총회식장으로 입장하는 행렬이 출발한다. 임소별로 커다란 촛불을 켠 청사등롱이 두 깨씩 앞장을 선다. 식장은 이미 휘황찬란한 가운데 헌칠하게 정돈되어 있다. 거의 자정이 가까우면서 총회가 개회된다. 그러므로 관례에 의한 식순이 끝나게 되면 밤이 새는 것이다. 식순은 어느 상무사나 대개 비슷하다. 개식사를 시작으로 국기배례 애국가봉창 순국선열 묵념 제사 접장인사 경과보고 내빈축사 임원선거 신임접장인사 영위훈시 공문인계 만세삼창 폐회사 등으로 이어진다.

접장선출(接長選出)

부보상의 총회에서 가장 중요한 행사는 임원선거이다. 임원 가운데 가장 중요한 직책인 접장(接長 : 掌務員)의 선임은 임명이 아니고 민주방식인 선거에 의하여 이루어진다. 총회를 공사(公事)라고 하는데 공사에서 선거하는 투표를 권점(圈點)이라고 한다.

권점은 접장으로 천거된 입후보자의 명단이 돌려지면 그 가운데 자기가 원하는 사람의 성명 아래에 낙점을 찍음으로써 투표권을 행사하는 것이다. 권점제도는 본래 나라님이 관원을 선임할 때 자기가 뽑고자 하는 후보자의 이름 아래에 둥근 점을 찍던 방법인데 이것을 상무사에서 이용한 것이다. 이는 서로가 사심이 없고 치우침이 없었다는 것을 웅변하였으니 다소 원망이 있더라도 결과에 승복한다는 뜻이다. 그러나 모든 상무사에서 이 방법을 이용한 것이 아니고 무기명투표나 기명투표를 이용하는 경우가 있었다.

접장선거권은 모든 사원에게 일괄 부여되는 것이 아니고 선거권자의 자격과 투표수가 제한된다. 저산팔구상무사좌사(苧産八區商務社左社)의 경우 8구에 11표씩 배정되어 모두 88표이다. 동일구역의 11표는 두령(접장)이상의 임원에 5표가 배정되고 요중(僚中)의 일반성인 사원에 5표기 배정되며 비방(裨房)의 미혼청소녀에게 1표가 분배된다. 이 11표의 분배절차는 각 구역에서 선거권자 11명을 먼저 선임하고 이 11명이 전형위원이 된다.

각 구역 출신의 전형위원 88명이 나와서 권점하게 되는데 접장 입후보자 3명의 명단을 돌려 가면서 그 이름 아래에 각 전형위원이 먹물로 둥근 점을 찍어서 선거권을 행사한다. 그리고 3명의 후보자 가운데 최다득점자가 접장으로 선정된다. 권점의 개표위원은 원칙상 두령 요원(僚員) 비방(裨房)에서 각 1명씩 공평하게 선출되어 종사하게 된다.

이러한 권점방식은 저산팔구상무사좌사의 종래 선거방식이지만 동 우사(右社)에서는 1963년 총회장소에서 이러한 절차를 채택하지 않고 미리 의식 이전에 각 처소의 임원들이 집합하여 협정한 결과를 총회에 보고하는 형식을 채택하였다.

한편 원홍주등(元洪州等) 육군상무사(六郡商務社)와 홍성상무사(洪城商務社)의 투표절차는 다음과 같다. 선거권한의 분배는 각 임소와 선생안으로 나누어진다. 각 임소마다 3표를 부여받되 선생안으로는 상당수를 배정받는다. 1963년 총회의 경우 15개 임소에 각 3표씩 계산하여 모두 45표인데 그 중 본소인 운곡(雲谷)만은 1표를 증가하여 4표가 배정되었으므로 모두 46표가 각 임소에 배정되었다.

운곡은 접장이 있는 임소인 본소이므로 이를 우대한 것이다. 선생안은 접장 이상의 임원을 역임한 사람을 말하는데 그 수는 상당수에 달하지만 그 가운데 9표가 배정되어 육군상무사의 표수가 모두 55표이었다. 이 가운데 최다득표자가 당선된다. 입후보자는 부득이한 경우를 제외하고는 반드시 총회식장에 참석하여야 한다. 궐석하면 피선거권을 포기한 것으로 간주한다. 투표도 본인이 직접 참석하여 행사하는 것이 원칙이다.

예덕상무사(禮德商務社)의 선거사정은 명확한 규정이 없으나 그 방식이 무기명비밀투표인 것은 다른 상무사와 마찬가지이다. 그러나 선거권은 각 지부로부터 총회에 참석한 재무와 한산도공원(閑山都公員)이 이를 행사하도록 되어 있으나 투표수의 배정을 비롯한 기타의 제한은 정해져 있지 않다. 이러한 예덕상무사에서는 1945년부터 동몽(童蒙)의 집합체인 비방청(裨房廳)이 없어지고 두령들의 투표권 행사도 없었다. 각 지부의 임원인 재무와 한산도 공원들이 전체 사원을 대표하여 투표권을 행사하였다.

특히 총회인 공사에서의 선거절차는 시종일관 발언자유가 절대 보장되어 있다. 그러므로 평사원도 자기의 소신을 기탄없이 주장할 수 있다. 총회가 개회되기 전에 각 임원들이 회견할 때의 인상은 마치 고대국가의 극도계급사회(極度階級社會)와 같다. 예컨대 상하질서를 비롯한 명령과 복종이 지나칠 정도로 매우 엄격하므로 민주주의적 요소가 전혀 결여된 듯하다. 그러나 일단 총회가 열리면 모든 계급의 장벽이 사라지고 완전한 이상적 민주사회로 전환된다. 계급이 현격한 귀족사회로부터 평민적 민주사회로 순식간에 돌변한 것이 아니고 질서정연을 위한 추상같은 규율이 지배되면서도 그 내부에는 지극히 평민적인 형평이념이 기반을 형성하고 있다.

총회 사회자의 태도는 민주정신에 투철하다. 총회의 진행절차로부터 선거에 관한 모든 방식이 고도로 발달되었다. 충분한 의사표시가 남김없이 전개되므로 총회가 끝날 무렵에는 이미 면동이 튼다. 폐회가 되면 일단 각 처소로 돌아가서 쉬고 이튿날 하차(下差)를 놓는 대향연이 베풀어진다. 새 접장이 새로 임명되는 것을 <하차 놓는다>고 하는데 이는 상무사의 연중행사 가운데 가장 경축힐민힌 일이다.

접장과 반수는 선거의 결과에 따라 영위가 임명하고 차정장(差

定狀)을 큰 종이에 각각 써서 발급한다. 부접장 이하 모든 임원은 접장이 직접 임명하고 차정장을 발급한다. 이 날은 접장을 비롯하여 반수와 기타 모든 임원이 전부 교체되어 새롭게 시작하는 날이어서 상무사의 행정이 쇄신되는 날이다. 자연히 그 날의 잔치에는 거액이 소요된다. 전체 사원을 상대로 대규모의 잔치가 열리고 총회식장을 꾸미며 행렬이 벌어지는 등 접장으로서는 가장 큰 부담이다. 이것은 오로지 구접장이 신접장에게 임무를 넘겨주기 위한 행사이다. 접장으로서의 적격자이면서도 입후보를 하지 못하는 가장 큰 이유가 총회연의 비용부담이라고 한다. 그러나 접장을 지나지 못하면 훗날 반수(班首)로 추대된다고 하더라도 이른바 남향반수(南向班首)로서 격조가 상당히 떨어지는 대우를 받게 된다.

공문제(公文祭)

권점의 결과에는 불평이 있더라도 따르는 것이 부보상의 율법이다. 권점의 결말이 나면 하차(下差)잡았던 임소에서는 구접장의 공문제가 거행된다. 구접장이 1년 동안 모시고 있던 임소의 공문과 기물을 시재접장(時宰接長)으로 차정된 사람에게 전달하는 제사이다.

집사장(執事長)이 부보상 총회인 공사가 끝나면 공문궤를 지고 행렬의 선두에 선다. 나라님이 보위에 오를 때 도승지(都承旨)가 어보(御寶)를 주관하는 것을 본떠서 행사의 권위를 높이자는 뜻이다.

공문은 원래 관공서에서 접수 발송하는 문서이다. 청금록을 비롯한 선생안 완문 절목 등 부보상단의 공문과 인장은 접장이 초하루와 보름날에 제사를 올리면서 마치 신주(神主)처럼 모셔지고 있다.

특히 공문은 공문궤에 담고 인장은 인장궤에 담아 다시 다른 기물 등과 함께 보자기에 겹겹으로 싸서 따로 높은 곳에 마련한 제사상 위에 신성하게 모셔 놓고 절대로 외부인이 손을 못 대게 한다. 그 뿐만 아니라 보관자 자신도 초하루 보름의 삭망의 제사 때에만 흰 장갑을 끼고서 이 제사상을 내려놓고 제사지낼 따름이지 함부로 만지지 못하도록 되어 있다. 마치 신주를 모시듯이 경건한 마음을 유지한다.

기다리고 있던 악공들이 삼현육각(三絃六角)을 은은하게 울린다. 거문고 가야고 당비파가 앞으로 나와 앉고 북 장고 해금 피리 그리고 날라리 한 쌍이 그 뒤에 좌정한다. 마련된 제사상에는 공문궤 인궤 장척 물미장 등의 기물들이 올려져 있다. 제사상 앞에 부복하고 있던 영위가 초헌관이고 반수가 아헌관이며 접장이 종헌관으로서 차례로 술잔을 올리고 재배의 절차가 삼현육각의 자진가락이 울려 퍼지는 가운데 진행된다.

제사는 엄숙한 가운데 예식대로 끝난다. 도회청으로 나가서 시재접장에게 공공기물을 인도할 차례이다. 행렬의 선두에 청사초롱을 든 상대(商隊)의 비방(裨房)들이 늘어서고 봉매기에 이어 풍악을 연주하는 악공들이 뒤를 따른다. 그 다음으로는 걸빵에 공문궤를 싸서 짊어진 도집사와 시영위(時領位)가 뒤따른다. 그 뒤에 접장 집사 본방 명사장 공원 같은 임소의 상임들이 늘어서고 그 뒤로 요원과 비방들이 청사초롱을 들고 뒤따른다. 도회청에 당도한 공문궤는 똑같은 절차를 밟아서 시재접장에게 인도된다.

행사가 지루하게 진행되는 동안이지만 여러 읍의 상단들은 자리를 뜰 수 없고 잡담으로 소일하는 법도 없다. 병자일지라도 그

행사만은 지켜보아야 한다. 공사일의 하루해가 저물어 초어스름이 끼기 시작하면 상임들의 만수무강을 비는 주연이 벌어지게 된다.

부보상들은 영위 반수 접장 본방 공원 공사장 집사 서사 사속들을 매년 3월에 개최되는 공사일에 권점의 절차를 거쳐 뽑아 세운다. 영위는 접장과 반수를 거쳐 온 동무 중에서 차정하되 모든 부보상들의 추앙을 받을 만큼 식견과 의리가 투철한 사람으로서 종신직이다. 영위 중에서 최고령인 사람을 도영위로 모신다. 반수는 접장을 거친 사람 중에서 선임하되 이를 실함반수(實銜班首) 또는 시재반수(時宰班首)라 부르고 접장의 경력 없이 반수가 된 사람을 남향반수(南向班首)라고 한다.

그러나 같은 처소나 임방에서 반수와 접장을 동시에 낼 수 없다는 공평의 원칙이 엄연하다. 반수는 일정한 관직에 있던 사람 중에서 차정하는 것도 무방하나 접장만은 실임을 관장하는 지위의 임원이므로 관원이나 관리 부류의 출신은 적임으로 간주하지 않고 원상(原商 : 實商) 중에서 차정하는 것을 원칙으로 삼았다. 만약 접장으로 차정된 사람이 후일 범법하였을 때에는 그를 천거했던 사람에게도 중죄를 내렸으므로 인정에 끌려 함부로 천거할 수 없다. 접장에 천거된 사람은 반드시 공사장(公事場 : 總會場)에 참석해야 하고 만약 이를 기피하면 권점에서 제외된다.

본방은 접장이 천거하여 수하에 두는 것이 상례이다. 본방은 처소의 사정에 따라 본방공원 수본방 본방으로 불리우며 대체로 재무에 종사한다. 본방을 거친 사람이라야 접장차정(接長差定) 때 천거될 자격을 가진다. 명사장은 회계를 감사하고 도집사와 집사는 문서사무를 맡아 처리하고 특히 도집사는 공회(公會 : 總會) 때 임방의 공문궤를 모시는 일을 맡게 된다. 시재접장은 차기총회

때까지 1년의 임기를 가지며 총회의 제사와 잔치에 관련된 비용을 부담하는 출물꾼이 되어야 한다.

접장부인도 공문제사에 참석하는데 남자들이 재배하는데 비하여 여자는 사배(四拜)를 올린다. 제사가 진행되는 동안 음악은 3 2 2의 7박자를 그윽하게 계속한다.

공문제는 아침 일찍이 구접장 댁에서 지낸 것 이외에 다시 식장에서는 연회석이 벌어지기 전에 먼저 제사를 드린다. 술잔을 올리고 절하는 순서는 초헌 아헌 종헌의 삼단계로서 마찬가지이지만 전체 사원일동이 제사를 드리는 점이 약간 다르다. 임원들의 배례가 끝나면 전체 요원(僚員)들은 기립하여 배례를 올린다. 임원들과 일반요원들이 함께 재배하는 것이다.

공문제사가 전부 끝나면 전장식(傳掌式)이 거행된다. 신구 임원간의 사무인계가 이루어지고 공문 인장 기물 등 구임원이 보관했던 것을 신임원이 보관하게 된다. 인계인수가 끝나면 화기애애한 주연이 담소(談笑)와 함께 열린다.

신임원은 공문궤를 고이고이 앞세우고 마치 개선장군처럼 의기양양하게 대열을 지어 각자의 본소로 금의환향한다. 그리하여 이틀간에 걸친 공식행사인 총회는 막을 내리게 된다.

연회(宴會)

제사가 끝나면 공문서 등속은 일단 각 임소가 숙박하는 숙소로 전달되고 여기서 개회입장을 위한 행렬이 시작된다. 이제부터 향연을 위한 집회가 벌어진다. 선두에는 청사초롱이 즐비하게 쌍쌍이 서고 그 다음에는 악사들이 줄을 선다. 그 뒤로는 도집사가 공문궤를 흰 보자기에 싸서 멜빵으로 짊어지고 따라 간다. 좌사(左社 : 負商)에서는 도집사가 패랭이 양쪽에 솜방망이를 달고 있다. 이어서 접장(接長 : 掌務員)이 뒤를 따른다. 접장은 공문을 가지고 가마를 타며 두령들은 수십 필의 말을 타고 기세가 당당하다. 마치 옛날의 원님행차와 같다. 상무사의 기능이 왕성할 때에는 총회에 관한 상당액을 보조하여 구접장의 비용부담을 덜어 주었다. 그러나 상무사의 보조금이 전혀 없는 경우에는 비교적 생활의 여유가 있는 사원들이 개인적으로 부조하는 경우가 있다. 총회식장의 한쪽 벽 위에 부조한 사람의 성명과 금액이 나열되어 있는 것이다.

접장의 뒤에는 반수의 공문궤를 멘 집사와 시반수(時班首)가 따른다. 그 뒤에는 영위의 인궤 보따리를 멘 집사와 시영위(時領位)가 따른다. 그 뒤로는 부영위 전감영위(前鑑領位) 전감반수(前鑑班首)가 각각 서열에 따라 이어진다. 이어서 각 처소의 접장 부접장 부장무원 부반수 집사 본방 명사장(明查長) 재무원 서기 공원 경비원 등이 다수 따르고 맨 뒤에는 청사초롱 둘이 좌우 양쪽에 서서 따른다. 그 뒤로는 일반사원과 관객들이 줄을 잇는다. 이러한 행사에서는 임원의 계급을 표시하기 위한 표지를 사용하는 것이 관례로 되어 있다. 황색완장은 두령급이고 청색완장은 요원(僚員)이며 적색완장은 비방원(裨房員)을 표시한다.

또는 백색조화는 두령급이고 적색조화는 처소접장이며 황색조화는 본방이고 청색조화는 집사를 표시한다. 이러한 표시는 경우에 따라 달리한다. 저산팔구좌사(苧産八區左社)의 1963년도 연회 때 표지는 백색과 청색으로 간소화시켰다. 백색은 접장 이상의 두령급이고 청색은 처소접장 이하의 임원을 표시하였다. 육군상무사(六郡商務社)의 경우에는 더욱 간소화되어 접장 이상의 두령급인 선생에 제한하여 백색조화를 옷깃에 달게 하였다.

　연회 주변의 사방에는 대낮같이 횃불을 달고 목로에는 주효가 날라진다. 처음에는 버성기던 사람들이 삼현육각의 풍물을 잡기 시작하면 모두들 왁자지껄 죄어 앉기 시작한다. 풍악소리가 송파나루까지 울려 퍼지는 듯하였다. 그 동안 도회청에 범접하지 못하고 있던 각설이패와 걸궁패 그리고 들병이 퇴물들이 모여들어 대궁밥들을 빌었다. 주효가 푸짐하니 인색할 것이 없고 가경일(嘉慶日)이니 구태여 서로 악지를 부릴 것도 없다. 얼마 동안 뜨고 난 패거리가 여러 목로를 넘나들더니 걸궁패 하나가 문득 일어나 가녘으로 나아가 춤사위를 가다듬고 뒤축을 울려 신명을 돋우면서 건드렁타령 한소리를 매겨 나간다.

　악사들이 우렁차면서도 약간 느릿한 4박자로 음률을 울리면 이에 발맞추어 수천 명의 행렬이 천천히 행진한다. 맨 앞의 선창자가 흥겨운 목소리로 4박자의 음률에 맞추어 <계화 계화 계화자 좋소>를 연창한다. 가사는 사람에 따라서 구구하여 확실하지 않지만 부보상의 오래도록 빛난 전통을 자랑하고 임금의 은총을 받아 왔다는 취지의 내용이다.

　예컨대 <태조대왕 등극 후에 일당상(一堂上) 상무사(商務社) 좌우통령(左右統領) 분부받고 각 도 각 임방을 설치하고…>라고 하여 이성계 태조의 성은이 망극하였다는 것이 서두이다. 후렴인 <계화> <계화자>는 이성계(李成桂)태조의 계자(桂字)를 따서 칭송하기 위하여 <에헤와 에와자>의 흥겨운 말을 변용한 것이다.

　부보상의 행렬은 4열이나 6열로 벌려서 연회식장에 이르기까지 노래와 춤과 악대의 음률이 계속된다. 상무사의 최대 명절이다. 그 뿐만 아니라 <하차(下差) 놓는다> 하여 근방의 일대가 축연기분(祝宴氣分)에 들뜨게 된다. 이런 때일수록 주흥(酒興)으로 싸움이 벌어지는 경우가 있으므로 경비원들은 규율단속에 여념이 없다. 물론 총회식장으로 가서 정식의 연회가 벌어지기 전에는 음주나 방가(放歌)를 함부로 하지 못하도록 각 임소별 숙소마다 전날 저녁때부터 엄중하게 단속하고 있다. 만일 단원이 전날 밤에 음주한 끝에 불공스럽게 담화한 것은 처벌문제로 제기된다. 공개된 총연회 석상에서 사과를 시킨다. 아니면 재(灰)를 탄 물을 먹이고 멍석에 뉘어서 장척(長尺)으로 매질하는 경우도 있다. 이런 때의 멍석을 매방석이라 하고 숯을 넣은 물동이와 장척이 준비된다.

장문형(杖門刑)

부보상들이 부녀자를 추행하거나 도적질하거나 서로 싸웠을 때 가장 삼엄한 장문형의 자치율법으로 다스려진다. 부보상들 중에 물음란(勿淫亂)의 강령을 어긴 무거운 범죄가 발생하였을 때 도방(道房) 앞에는 장문이 설치된다. 장문은 용머리가 새겨진 부보상들의 촉삭대(물미작대기) 2개의 끝이 질긴 삼껍질 끈으로 마주 매어 마치 입구문처럼 괴어 놓여진다. 이쯤 되면 심상치 않은 상황이 벌어진다는 징조이다. 이러한 장문이 설치된 도방 앞에는 일절 잡인의 근접이 허용되지 않는다.

장문이 세워진 이상 아무리 지체 높은 양반이더라도 얼씬거릴 수 없다. 어쩌다가 지나가는 사람이 그 장문을 쓰러뜨리거나 뛰어넘어가는 경우가 있으면 부보상단에서 그를 잡아다가 사정없이 징치한다. 장문법이 시행될 때 무례한 짓을 저지르는 사람이 있으면 부보상들이 지체 없이 달려들어 패 죽여 버리기까지 했다. 그래서 부보상의 장문이 놓아진 것을 보면 당사자를 추쇄하던 형방의 나졸들도 장문의 징벌이 끝나기를 기다려야 했다.

도방의 앞마당에서는 임시 재판절차가 이루어진다. 부보상들이 잔뜩 모여 있다. 가장 연로한 부보상이 근엄한 재판관이 되고 사건의 전말을 검사처럼 추상같은 처벌을 주장하는 부보상도 나서 있다. 죄지은 부보상에게 항변할 기회도 주어진다. 순리대로 절차가 끝나면 이윽고 처벌이 시작된다. 무거운 죄를 저지른 부보상이 멍석으로 말려지고 물 한 동이가 부어진 다음 재판관의 명령에 따라 장정 부보상들이 달려들어 몰매를 친다. 이른바 <멍석말이>의 무시무시한 장문형벌이 시작되는 것이다.

매타작소리가 주변사람들의 몰골을 서늘하게 만든다. 멍석에 말린 사람의 비명소리가 공기를 갈라놓는다. 멍석말이의 난장질은 재판관의 중지명령이 있을 때까지 계속된다. 때로는 기왓장 위에 무릎을 꿇여서 하초를 결단내 버리기도 한다. 부보상으로서 돌이킬 수 없는 죄과가 있으면 장살(杖殺)까지 이루어졌다.

뭇매를 맞고 있는 사람이 창자가 끊어진다고 비명소리를 지르기도 한다. 치도곤을 먹임에는 한 치의 개평이 없고 사사로운 인정에 얽매이는 법이 도방 풍속에는 없다. 동료를 징치하는 일에 엄중하지 않으면 신의(信義)와 정의(情誼)가 임의로울 수 없다는 것이 그들의 사정이었다. 매치는 소리가 도회청에 그득하여 진력이 날 즈음에 반수의 그만 치라는 분부가 내려진다.

어느덧 매질은 멈추었으나 멍석에 싸인 죄인은 절단이 나버렸는지 인기척이 없다. 뭇매를 내리던 동무들이 제자리로 돌아간 뒤에 도접장이 나아가서 죄인을 풀어놓았으나 혹독한 곤장에 시달려 까무러쳤다가 다시 깨어났지만 비틀거릴 뿐이다. 그 형용은 가히 눈뜨고 볼 수 없다. 전신의 살피듬이 석화(石花)처럼 자빠지고 길목의 버선처럼 찢어진 죄인을 해당임방의 사람들이 구완할 곳으로 업어 간다.

이와 같은 장문법은 국법보다 무섭다. 죄지은 사람은 아무도 이를 회피할 수 없다. 하물며 시중의 무뢰배들이나 왈짜들이 선불리 장문을 흉내 내었다는 사실이 부보상의 임소에 알려지면 십중팔구 후미진 고샅이나 삼협길 속에서 싸늘한 시체로 발견된다. 심지어 남자의 양물을 잘라 내어 끝내 일신을 망쳐 놓고 말았다. 그러므로 경향 각지를 횡행하는 무뢰배들이 부보상을 모칭하면서 양민을 괴롭힐지라도 그 방법으로 장문만은 놓지 못한다. 왜냐하면 장문은 부보상들만이 유일하게 그들의 규율을 유지하는 마지막 수단이었기 때문이다. 따라서 장문을 당하는 죄인도 장문 앞에서는 허튼 변명이 통용되지 않았다. 설혹 반평생을 장사판에서 작반하던 동료라 할지라도 징벌에 참여케 함으로써 범죄예방의 교훈으로 삼았다.

특히 도부꾼(到付軍 到付商 負褓商)들 사이에는 여자상단을 겁간하려던 패악질은 사정없이 장문법으로 다스려졌다. 여기에는 그럴 만한 이유가 있다. 대개 도부꾼들은 집근처의 촌락을 돌며 닷새마다 집으로 돌아 와서 다시 물건과 화물을 사들여 가지고 떠나는 패가 있다. 정월에 집을 떠나서 사월 초파일이나 오월 단오 또는 팔월 추석에 맞추어 귀향하는 패도 있다. 반면에 때를 정하지 못하는 패도 있고 심지어 정월에 집을 떠나서 세밑에야 겨우 고향으로 돌아오는 패들이 있어 1년 내내 집에 있는 처자를 걱정하면서 살아야 하는 신세이었다. 그러는 동안에 때로는 못된 아전 나부랑이나 돈 많은 선달들에게 아내를 빼앗겨서 오쟁이를 지는 경우가 허다하였다. 따라서 타관객지 어디서든지 계집을 넘보는 놈이 있으면 열 일을 제쳐놓고 몰매를 내려야 속이 풀렸던 것이다.

이러한 장문법은 나라법에도 없는 부보상단에 한정된 자치적 특별형법(特別刑法)이었다. 왜냐하면 장문을 넘어가거나 쓰러뜨린 사람이면 일반인이라도 부보상단의 법권발동(法權發動)으로 잡아다가 엄중하게 징치하는 제재력이 부여되어 있었기 때문이다.

여기서 부보상의 장문법은 과연 법률인가? 조선초기의 법령은 주로 제왕의 칙령(勅令)이나 건의에 의한 재가(裁可)로 되어 있었다. 이에 따라 부보상의 장문법은 이태조가 부보상단의 제1세 영수인 백달원의 건의를 재가한 것으로서 당당한 특별법이었다. 더구나 역대의 제왕이 위급한 일을 당하거나 평화한 때에도 부보상단에게 경찰권을 부여한 일이 비일비재하였던 점에 비추어 보면 장문법은 이태조 시대에 부보상단에게 위임 부여된 특별법이다.

다만 이에 대한 이태조의 위임적 칙어(勅語)는 사료문증과 성문조례(成文條例)로서 전수되어 있지 않을 뿐이다. 본래부터 이태조의 칙어에는 문증(文證)과 장문법의 성문이 없었던 것이다. 그저 이태조가 포괄적으로 백달원에게 부보상 민초들의 죄과는 네가 장문법으로 다스리라고 윤허하였을 뿐이다. 백달원은 태조의 위임된 칙어를 받들고 부보상 대중들이 저지른 죄과의 경중을 적의공평하게 헤아려 징치하였던 것이다. 그리고 각 임방에서는 백달원이 위임받은 이태조의 칙어를 재차 위임받아 부보상들의 범과지역별로 죄과의 경중에 따라 공평하게 징치하였던 것이다. 징치결과는 총본부인 부보상청의 영수에게 보고하였을 것이다. 따라서 이 장문법은 조선왕조 반 천년간을 두고 부보상단에서 운용하던 특별형법이었다.

사발통문(沙鉢通文)

사발통문이란 사발 둘레에 먹물을 칠한 후 이를 흰 종이 위에 찍고 주모자가 드러나지 않도록 그 주위에 도임방 군임방 부보상의 이름을 뺑 돌려 가면서 쓴 격문이나 호소문이다. 부보상들에게 통문은 관문(關文)에 버금가는 것으로 전국팔도에 흩어진 동무들이 일시에 회집하여 국가기반을 보전하고 동무를 구완하는 것이다.

부보상단에서 무슨 화급한 일이나 중대한 일이 생기면 부보상단의 좌우사에서는 각기 도방(道房)을 지휘하고 도방에서는 각 도임방으로 통지한다. 도임방에서는 군임방으로 통지하고 군임방에서는 다시 각 소속 부보상에게 통지하게 된다. 또한 중앙기관에서 각 군지역의 부보상을 대상으로 화급하게 통지할 사항이 생기면 그 사이에 사발통문(沙鉢通文 : 鍮鉢通文 陶鉢通文)을 띄운다. 이러한 사발통문이 어찌나 빨랐던지 순식간에 전국팔도를 현대의 전신 전화와 같이 신속하게 통달되어 사발통문에 명시된 사실에 따라 지정된 장소로 전국의 부보상이 물밀듯이 모여들었다.

이와 같이 부보상들은 사발통문을 통하여 한 마디의 명령에 따라 펄펄 끓는 물 속이나 활활 타는 불 속에도 뛰어들 수 있는 단결력과 실천력을 항상 갖추고 있었다. 이 사발통문은 발통한 사람이 누구인지 모르도록 임방의 유사들이나 부보상의 성명을 사발 모양으로 윤서하였다. 부보상들은 통문이라는 소리만 들어도 밥 먹던 수저를 내려놓고 잠자던 이불을 걷어차며 난전판을 제쳐버린 채 천둥 우뢰와 같이 뛰어 팔방으로 통달시킬 것을 임무로 삼았다.

사발통문을 받은 사람은 주막집 막걸리 잔의 속이나 밖에 엽전을 놓아 이를 잘 받았다고 표시하면 전달하는 사람은 이 엽전을 가지고 다시 전달해 준 사람에게 전하여 소식이 순조롭게 전달되고 있음을 표시하였다. 이러한 방법은 군임방에서 사소한 소식을 전달하는 데 쓰이는 것이었고 큰 일이 발생하였을 때에는 4~5마장마다 달음질꾼을 배치시켜 날듯이 소식을 전하였다. 예컨대 동학당이 공주에서 봉기하였을 때 3백 리가 넘는 서울 조정과의 연락이 부보상을 통하여 수 시간밖에 걸리지 않았다는 역사적인 사실도 있다.

사발통문을 돌려서 부보상들을 모이게 하는 데에는 소요비용이 막대하였다. 이 때의 소요비용은 사발통문을 발통한 곳에서 부담하게 된다. 발통한 곳이 경사(京司)이면 부보청에서 부담하고 감영(監營)이면 도임방에서 부담하며 군청이면 군임방에서 부담하였다. 특히 소집장소가 명기된 통문을 발장시켰을 때에는 그로 인하여 전국 각처로부터 모여드는 부보상 동무들의 비용이 엄청난 규모이다. 그러므로 통문을 한 번 놓으려면 최소한 몇 천 냥이고 최대한 몇 만금에 이르렀으며 국가의 유사시에는 몇 십만 금의 거액이 소요되었다고 한다. 따라서 지위나 신분이 있는 큰 상인이나 공물을 대신 바치고 납부의무자로부터 갑절을 받아내던 사람 정도의 지체가 아니면 사발통문을 발통할 엄두조차 낼 수 없었다. 이런 점에서 사발통문이 발동될 수 있는 경우는 다음과 같다.

첫째 변란이나 국가공역과 같은 국가 유사시에 부보상을 사역시키기 위하여 긴급히 소집할 경우를 비롯하여 둘째 묘소관련 소송이 일어나 시비가 크게 벌어졌을 때와 셋째 부보상이 가솔을 잃었거나 가로채였을 때이다. 그리고 넷째 저자에서 부상과 보상이 상대하여 시비가 벌어졌거나 부보상과 일반대중 사이에 또는 부보상과 관아의 관계에서 시비가 벌어졌거나 혹은 부보상이 죄를 짓고 잠주해 버렸을 때이다.

특히 부보상들 사이에서 시비가 벌어졌을 때에는 가까운 지역에 소재한 다른 임방의 부보상들을 불러 집합하고 중재 결정하였다. 물론 그 소요 비용은 요청한 임방에서 전부 부담하였다. 그리고 사건이 일어나서 자치법대로 재판할 때에는 반드시 태조대왕이 내려준 여덟 글자인 <病則救療 死則埋葬> <爲上愛黨 病救死葬> <唯我負裸商之印章>의 공식문장과 장정책(章程冊)을 펴놓고서 진행하였다.

그런데 이러한 사발통문은 부보상 이외에 동학당들도 연락할 때에 사용한 일이 있었다. 그것은 주모자를 알 수 없도록 도모하기 위하여 활용한 것이다. 동학당들이 사용한 사발통문은 일반인에게 급히 알리는 격문이나 호소문을 쓴 다음에 그 주모자가 드러나지 않도록 관계자의 이름을 사발 모양으로 빙 돌려 기록한 통문이었다. 이는 흔히 비밀스럽게 돌리는 통고문에 쓰이는 것으로 특히 조선왕조의 고종 때에 이런 형식의 격문이나 호소문이 성행하였다. 그 예로 동학혁명 때 동학군이 돌린 사발통문은 유명하다. 그 중에서도 1969년 정읍군 송기태 씨의 집에서 발견된 사발통문은 1893(고종 30)년에 전봉준 장군 이하 20여명이 서명한 것이었다. 그 내용은 고부성을 점령하고 조병갑을 처형하며 무기고를 점령하고 탐관오리를 처단하는 것 등이었다. 특히 같은 해에 전북 고부군 백산면 황토현에서 동학도와 대항하기 위하여 사발통문으로 동원된 부상이 원도상을 비롯한 734명이었다는 기록이 있다. 이처럼 한꺼번에 수백 명의 부보상들이 동원된 것은 조직적 단결력을 실천에 옮기고자 했던 가히 전화보다 빠른 사발통문의 신속한 연락망에서 비롯되었다고 한다.

조선왕조시대의 통신방법으로는 봉수제(烽燧制)와 파발제(擺撥

制)가 있었다. 국가의 화급한 공문서와 군사급보를 전달하는 파발제에는 파발마를 이용하는 기발(騎撥)과 보행으로 전달되는 보발(步撥)이 있었다. 이 보발에는 일인직전식(一人直傳式)과 중간연락식이 있었다. 일인직전식은 출발지에서 목적지까지 1명이 곧장 달리는 방식이고 중간연락식은 출발지에서 30리씩 차례로 역졸이 여러 곳을 거쳐서 소식이나 편지를 전해 보내는 체전(遞傳)이 있다. 이와 같이 국가의 통신임무를 수행하는 보발에는 지리에 익숙한 건각이어야 하므로 일생동안 전국의 방방곡곡을 행상으로 누볐던 부보상들이 최적임자이었다.

비용조달(費用調達)

임방의 비용은 출처가 없으므로 부득이 춘수전과 추보전에서 공평하게 떨어 사용하였다. 추보전의 장부에는 별도수입부(別途收入部)가 있었으므로 이를 별수입(別收入)이라고 한다. 이는 춘수전과 추보전에 관계없는 임방의 접대비용이다. 접대원에는 항상 공원(公員)이 임명되었고 금전출납은 장무원(掌務員)이 전담 관리하였다. 예컨대 다른 임방의 동무를 비롯한 관청과 기타의 손님이 임방에 오면 술과 식사의 접대비로 별도 적립하여 사용하였다. 이 비용충당의 수입은 사기점(砂器店)과 옹기점(甕器店)에서 제품의 품질검사 때 임방에 제공하는 현물과 기타 잡수입으로 마련하였다.

이러한 사기와 옹기는 부보상의 전매품으로서 제조권의 일부도 담당하였으므로 임방의 임원들이 제조장에서 품질을 검사한 이후에 판매하도록 되어 있었다. 조선팔도의 사기점과 옹기점의 주인은 거의 부보상들이었다. 예외로 국가소관도 있었으나 국영사기 제조소에도 도감당상(都監堂上)을 제외한 감독 이하의 기술자와 사역자는 전부 부상맥락(負商脈絡)이었다. 각 사기점과 옹기점의 주인은 부상 중의 유력자인데 수 백 종과 수 천 종의 사기와 옹기를 제조할 때에는 남녀동무의 부상들이 와서 숙식만 하고 무보수로 열심 전력하여 사기와 옹기를 토막(土幕 : 움집)에 묻어 굽는 것을 도와주는 것이 의례의 법도이었다. 때로는 특별한 기술을 가진 부상이 도맡아 잘 구워 주기도 하였다.

이와 같이 구워 놓으면 주인 부상일지라도 마음대로 구운 사기와 옹기를 운반하지 못하고 자기가 소속된 임방에 통지하는 것이 정해진 규칙이었다. 임방에서는 통지를 접수하는 대로 장무원 공원(公員) 집사가 태조대왕이 수교(授敎)한 <병즉구료(病則救療) 사즉매장(死則埋葬)>의 공문장정(公文章程)의 등사본을 모시고 사기점막(砂器店幕)에 당도하여 봉칙상(奉勅床)에 붉은 보자기[紅褓]를 깔고 그 위에 칙교(勅敎)를 모셔 놓고 사기를 모두 정밀하게 조사 검사한 후에 가장 좋은 것을 한 개씩 선출하여 임방에 바치게 한다. 이것을 상당한 가격으로 판매한 대금은 추보전 장부의 별도수입으로 잡아 각처에서 오는 부보상 손님과 관청에서 오는 관리를 접대하는 비용으로 사용하였다.

만일 동일한 임방의 구역 내에 여러 곳의 사기점이 있으므로 선기(選器)로 받는 사기가 많은 경우에는 장무원 공원 집사들이 얼마씩 나누어 가지거나 출장하지 않은 임원들에게도 차례로 약간씩 분배하였다. 그리고 의례히 출장하면 사기점에서는 장무원 이하 임방직원에게 선기(選器)가 아닌 별사기(別砂器)(벌器)라고 하는 제2류의 사기 가운데 중품성기(中品成器)를 얼마간 제공하는 풍습이 있었다. 이것은 각기 소용되는 범위 내에서 얼마씩 가지고 가되

나머지는 부상들에게 판매품으로 헐가방매(歇價放賣)하여 술값과 담배 값으로 사용하였다.

또한 사기를 만들 때 무보수로 조력한 부상들에게는 사기점의 주인부상이 무기(無器)라고 불려지는 파기(破器)를 비롯하여 모양이 좀 불량한 것이나 무늬와 색채가 흐린 것을 최저염가로 주되 한 지게분량이 얼마이든지 간에 값은 1냥 5돈으로 고정되어 있고 현금판매가 아닌 외상판매이었다. 이들은 원근의 도시와 시골을 돌아다니면서 팔아 가지고 돌아와 1냥 5돈만 환급하도록 제도화되었다.

다음으로 주인 부상은 임방 임원으로부터 검정받은 좋은 선기(選器)의 상품사기(上品砂器)는 선척을 이용하여 서울과 기타 대도시로 수송하여 판매하였다. 그러므로 소규모 부상의 상품인 사기는 벌器인 파기(破器)로서 빈한계층에 판매하던 헐가상품(歇價商品)이었고 대규모 부상의 상품인 사기는 선품이나 갑번(甲燔)으로서 부귀계층에 판매하던 고가상품이었다. 조선사기 중에 진사(辰砂) 및 철사(鐵砂)로서 명성이 대단한 사기물품은 모두 부상들의 손을 거쳐 나온 것들이다.

고종시대인 1899(광무3)년에 수납된 춘수전과 추보전의 금액을 보면 대규모 부보상의 사기선(砂器船) 재수품(載手品) 재마품(載馬品)은 백동화와 기화(葉貨)의 교환용으로 30냥 내지 50냥을 납부하였고 소규모의 부보상은 5돈 내지 5냥을 납부하였다. 이처럼 봄철과 가을철에 각각 납부된 회비는 회원의 납부능력이 고려되어 있었던 것이다.

이와 같이 부상들은 단순히 장사로만 국민의 경제생활을 도와준 것이 아니고 공업과 예술의 차원에서 사기와 질그릇 따위를 구워 내어 만드는 번조(燔造)로써 국민생활에 커다한 혜택을 주었다. 물론 사기의 도안과 문자는 명화(名畵)나 명필(名筆)의 도움을 받았다. 이처럼 부상들은 경제와 기술의 측면에서 은혜를 많이 베푼 위대한 군상들이었다. 그러므로 상업과 도자기예술의 측면에서 부상들의 위대한 공로는 산림학자(山林學者) 명상(名相) 명장(名將)들 못지 않게 위대하고 진실할 뿐이다. 따라서 부상들의 공로를 위로하기 위하여 부보상제(負褓商祭)를 거행하여 감사를 기념하는 것이 온당하다고 본다. 왜냐하면 부상들의 손에서 산출되었던 유품(遺品)과 잔용(殘容)이 절대가격의 높은 명성으로 평가되고 애호되었기 때문이다.

한편 부보상들의 비용조달의 원천에는 벌금이 있다. 벌전은 소속임방에 따라 다르지만 대체로 총회 연회 장례식 등에 불참하거나 규율을 어겼을 때 부과하는 다음과 같은 벌금이다.

① 질병에 걸린 사람을 돌보아 주지 않으면 볼기 20대와 벌금 3전을 물린다.
② 잡기에 빠지면 볼기 30대와 벌금 1냥을 물린다.
③ 문상하지 않으면 볼기 15대와 벌금 5전을 물린다.
④ 연회석상에 참석하지 않으면 볼기 10대와 벌금 1냥을 물린다.
⑤ 부고를 받고도 응하지 않으면 볼기 10대와 부의금의 2배를 벌금으로 물린다.

그 밖에 부보상들은 계조직(契組織)을 통하여 단원의 납입금액을 모은 후 식리(殖利)로써 장사밑천을 삼았다. 누구든지 계에 들 때에는 15냥을 납부하고 5푼의 변놀이에 의하여 자금을 증식하였다. 다만 계돈이 갹출되면 한 두 해가 지나 이자증식이 이루어진 후에야 비로소 풀어 썼고 계원끼리는 의리이완을 예방하기 위하여 계돈을 나누어 이용하지 않았다. 돈 잃고 사람 잃는 과오를 예방하려는 지혜이다. 계의 사무를 담당하는 유사(有司)는 절목의 규정에 따라 각 구역마다 일정한 인원을 선정하여 구역 내의 사무를 관장시켰고 장부를 만들어 계장(契長)에게 보고하도록 조처하였다.

특히 곗날에는 틀림없이 봉납하여 계 운영에 지장이 없도록 계일 불참자를 엄격히 처벌하였다. 이탈계원에게는 이미 납부된 계본전(契本錢)을 환불하지 않았다. 그들은 계 조직을 지속시키기 위하여 계원 중에서 술주정으로 죄를 저지르면 반드시 처벌한 후 계 본전을 압수할 뿐더러 계 조직에서 제명하였다. 이렇게 제명을 당하면 다시는 장사할 수 없도록 되어 있었다. 반면에 죄질이 경미한 경우에는 일정한 태벌로써 징계하였다.

이러한 부보상들은 서로 사랑하는 도리로써 애경환난을 구제하되 더욱이 객지에서 질병에 걸린 사람에게는 후의로써 의약을 제공할 뿐더러 만일 사망할 정도의 병환이면 다소를 불구하고 장례치를 일을 강구하였다. 임방의 임원이 별세하면 부의금과 지촉범절을 배정하는 일에 힘쓰고 모두 슬퍼하는 마음을 가졌다. 부의금은 직위에 따라 2~35냥의 범위에서 시행되었다.

임원책무(任員責務)

부보상 단체는 신의와 성실로 결합된 윤리규범단체이다. 부보상들은 의지와 기개가 서로 통하면 사방팔방에 흩어져 있을지라도 마치 부모형제처럼 서로 소식을 주고받는 도리를 숭상하고 있었다. 부보상들은 자기를 기준으로 부모의 나이에 걸맞으면 친부모처럼 대우하고 아저씨와 같은 분의 자녀이면 조카라고 불렀으며 나이가 많으면 현님이라 부르고 나이가 적으면 동생이라고 불렀다. 그리고 흠앙자를 지도자로 삼아 기강을 바로 잡고 법도를 헤아리면서 인재를 골라 소관부처의 임무를 부여하였다. 반수와 접장을 아버지처럼 예우하고 공원과 집사를 어린 아들처럼 보호하였으며 도접장을 상임(上任)으로 불렀다. 도접장뿐만 아니라 부보상단의 임원은 단원들의 극진한 신뢰와 대우를 받았다. 그 대신 부보상단의 임원에게는 상응하는 책무가 주어졌다.

첫째 권한 남용을 금지하고 있다. 각 도지역의 접장에게는 부보상들의 신분과 권익을 보호하도록 커다란 직무와 권한이 부여되어 있다. 그러나 만일 접장을 비롯한 임원들이 방대한 권한을 남용하거나 세력을 내세워 단원에게 행패를 부리고 괴롭히면서 돈을 갈취하거나 못살게 구는 경우가 발생하게 되면 즉시 한성부에 연락하도록 되어 있다. 구체적인 사실을 보고 받은 한성부에서는 즉시 부보상단의 숭고한 정신에 위배되는 임원을 엄중한 규율에 따라 조처하였다. 또한 협잡배들이 부보상들의 이름을 빙자하여 폐단이 발생하는 경우가 있었다. 폐단의 원인은 대개 부보상단의 임원들이 산소싸움에 가담하면서 뇌물을 받거나 부보상의 신분인 명첩(名帖 : 信標)을 팔아먹거나 억지로 남의 빚을 받아내는 경우이다. 이러한 폐단을 막기 위하여 부보상단의 임원들에게는 권한남용이 철저하게 금지되어 있었다. 권한이 잘못 이용되면 해독이 되고 잘 이용되면 보약이 되는 법이다.

둘째 임무태만을 금지하고 있다. 부보상단의 임원은 부보상들을 보호하기 위하여 맡겨진 임무를 친절 신속하게 처리해야 한다. 그러나 본국인 상리국(商理局)에서 각 처소에 발령이 있음에도 불구하고 명령계통에 따라 차례대로 거행하지 않거나 지체하는 폐단이 있으면 당해 임소의 임원을 엄중하게 취조 처벌하였다. 아울러 임원을 감독해야 하는 해당 도지역의 최고책임자인 도접장도 제대로 관리하지 못한 책임을 물어 엄중한 단속을 받았다. 왜냐하면 임원의 직무태만이 부보상들의 행상활동에 미치는 지대한 영향을 감안할 때 관련임원들이 모두 직접 간접으로 책임을 지는 것이 당연하기 때문이다.

셋째 잡비징수를 금지하고 있다. 각 지역의 도접장을 비롯한 해당 임소의 접장은 공문을 가지고 오는 사람을 관례에 따라 정중하게 식사를 대접하였다. 중앙이나 지방의 중요한 문서를 전달하기 위하여 머나먼 길을 따라 당도한 사람의 노고를 위로하려는 것이다. 그러나 이러한 손님접대를 빌미로 삼아 잡부금을 거두는 일이 금지되어 있다. 그리고 무슨 일이라도 사사로이 총회에 소요되는 비용을 징수하는 것도 금지되어 있다. 만일 이를 어기면 해당지역의 최고책임자를 비롯한 해당 임소의 접장 및 임원은 엄중한 율법으로 처벌을 받아야 했다. 명분 없는 잡비를 징수하지 못하도록 규정되어 있었다. 중앙의 농상공부에서 인지용으로 푼돈이라도 거두어들이게 되면 해당군의 분사무장(分司務長)이 구체적인 사유를 해당 도의 분사장(分社長)에게 보고하여 통렬히 금지하였다. 이를 시정 준수하지 않으면 서울의 경사(京社)에 보고하여 별도로 징벌하도록 조처하였다. 그러므로 각 도읍의 입소에서는 마땅히 유치된 재산이 있은 연후에 응접하고 해당 임소의 수용비는 사용할 수 있는 재력을 모아 놓은 이후에 사용하였다. 따라서 반수나 접장에게는 각종의 손님접대에 잡다한 개인비용이 적지 않게 소요되었다. 반수와 접장의 부의관례가 20냥으로 책정되어 있을지라도 단비가 없으면 15냥으로 절감시킬 수 있다.

넷째 공금횡령을 금지하고 있다. 부보상단에서는 이자로 증식시키는 공금은 반수나 접장이라도 함부로 사용할 수 없다. 임원들이 아랫사람을 멸시하고 거리낌 없이 식리전(殖利錢)을 사용했을 경우에는 모든 부보상들이 관가에 제소하여 관청의 징벌 감독 지시를 받도록 되어 있다. 재정용도의 관계사항은 업무감독관이 소용에 따라 점검하여 살피고 부보상 총회를 의미하는 공사(公事)에 관한 사항은 장부책으로 만들어 두고 당상관은 장부책의 내용을 매월 초하루에 빠짐없이 점검하도록 되어 있다.

다섯째 신분증 남발을 금지하고 있다. 부보상들에게 신분증이 없으면 시장에서의 행상판매와 유숙도 금지되어 있으므로 부보상들의 소지품 가운데 가장 중요한 것이었다. 전국팔도의 임소에서 발급된 부보상의 신분증은 경우에 따라 험표(驗標) 신표(信標) 명표(名標) 명첩(名帖) 첩문(帖文) 첩지(帖紙) 채장 도서(圖書) 빙표(憑標) 통표(統票) 부첩(符牒) 등의 여러 가지 명칭으로 불리었다. 부보상의 신분증은 공식사무를 담당하는 당상관이 수첩으로 만들어 나누어주었다. 이는 소악패 걸립패 설레꾼 도적패 무뢰배 등의 부보상 사칭을 방지하려는 것이다. 이 신분증의 전면에는 부보상의 소속임소를 비롯한 주소 성명 생년월일 발급년월일 등이 상세하게 기재되어 있다. 후면에는 ① 망언을 하지 말라(勿妄言) ② 패륜행동을 하지 말라(勿悖行) ③ 음란한 짓을 하지 말라(勿淫亂) ④ 도적질을 하지 말라(勿盜賊)는 4계명이 기재되어 있다. 먹글씨를 사용하되 붉은 글씨를 사용하지 않는다. 매년 초봄에는 새로운 신분증으로 교환해 준다. 전국적 부보상들의 신분증 명부는 각 임방에 비치하고 경우에 따라 일목요연하게 대조하여 사실여부를 확인하였다. 부보청(負褓廳)에서는 채장의 발급비용을 3냥으로 책정하고 2냥은 부보상단에서 수납하고 1냥은 부보청으로 상납한다. 부보상단에서는 수납한 2냥 가운데 당해 도의 도반수에게 5전을 보내고 접장에게 용지값으로 4전을 보내며 해당 임소에는 용지값으로 1전을 보내도록 되어 있다. 그리고 나머지 1냥은 서울의 본국인 상리국(商理局)에 명첩을 보내는 소요비용으로 사용하였다. 이 때 만약 무뢰배에 대한 발급의 폐단이 있으면 수수자를 모두 적발하여 엄중한 율법으로 다스리고 이를 금지하지 못한 해당 지역의 최고책임자도 중벌을 받았다.

처신강령(處身綱領)

부보상들은 물망언 물패행 물음란 물도적의 4대 강령을 신분증인 채장의 뒷면에 새겨서 사람을 상대하는 처신강령(處身綱領 : 對人綱領 四勿綱領)으로 삼고 있었다. 부보상은 산을 넘고 냇물을 건너 이 장터와 저 장터를 돌아다니는 고달픈 행상으로서 생산자와 소비자의 중간지대에서 살아가야 하는데 양쪽의 신뢰를 얻지 못하면 거래질서를 유지할 수 없으므로 존재할 수 없는 처지이다. 그러므로 양쪽의 속마음을 헤아리면서 매매차익을 도모하기 위하여 그들은 4대 강령을 설정하여 대인관계의 생활신조로 삼아 실천하였던 것이다.

        물망언(勿妄言) : 헛된 말을 하지 말라
        물패행(勿悖行) : 패륜행동을 하지 말라
        물음란(勿淫亂) : 음란한 짓을 하지 말라
        물도적(勿盜賊) : 도적질을 하지 말라

우선 물망어은 말조심을 의미한다. 헛소리를 일삼으면 장사꾼이 될 수 없고 사기꾼이 된다. 혀 한 치로부터 사람의 신뢰성이

헝크러질 수 있다. 특히 부보상은 소비자의 신뢰성을 상실하면 물건 하나라도 팔 수 없음을 간파하고 있는 것이다. 부보상들이 소비자를 처음 대면했을 때 아무리 뜻이 깊고 아는 것이 많은 사람이라도 말(言)에 조리가 없고 말이 분명하지 못했을 경우 거래의 싹을 틔울 수 없기 때문이다. 석가도 보상이 중생을 제도할 때 취택해야 할 네 가지의 기본적 태도 가운데 언어행위(口業)를 가르쳤고 남에게 베풀 수 있는 일곱 가지 보시(布施) 가운데 언시(言施)를 중요시하면서 거짓말을 하지 말라(勿妄語)고 일깨웠다. 예수도 십계명에서 거짓말하지 말라(勿妄言)를 일깨웠다.

물패행은 행동조심을 의미한다. 윤리에 어긋나는 패륜적 행동을 삼가라는 것이다. 단군조선과 부여에서는 살인하면 즉시 사형시켰고 특히 단군조선에서는 사람을 상해하면 곡물로써 배상시켰다. 부자유친과 장유유서를 내포하고 있는 삼강오륜(三綱五倫)이 모두 여기에 속한다. 석가도 음주와 살생을 엄금하였고 예수도 십계명에서 어버이를 공경하고 살인을 하지 말라고 일깨웠다. 부보상들은 접장을 모욕하거나 언사가 공손하지 못하면 가차없이 처벌하였고 가난한 사람을 업신여기거나 자기가 강하다고 약한 사람을 침범하면 부보상단에서 제명시켰다. 제명되면 생업인 장사길이 막히게 된다. 부보상들의 물패행을 위한 주요 처신항목을 다음과 제시되어 있다.

- 부모에게 불효하고 형제간에 우애가 없으면 볼기 50대를 친다.
- 선생을 속이면 볼기 40대를 친다.
- 시장에서 억지로 판매하면 볼기 30대를 친다.
- 동료들에게 패악한 짓을 저지르면 볼기 30대를 친다.

- 술주정으로 난동을 부리면 볼기 20대를 친다.
- 정의롭지 못한 행사를 저지르면 볼기 30대를 친다.
- 언어가 공손하지 못하면 볼기 30대를 친다.
- 젊은 사람이 어른을 능멸하면 볼기 25대를 친다.
- 질병에 걸린 사람을 돌보아 주지 않으면 볼기 20대와 벌금 3전을 물린다.
- 투전 골패 잡기에 빠지면 볼기 30대와 벌금 1냥을 물린다.
- 문상하지 않으면 볼기 15대와 벌금 5전을 물린다.
- 연회에 결석하면 볼기 10대와 벌금 1냥을 물린다.
- 부고를 받고도 응하지 않으면 볼기 10대와 부전의 2배를 벌금으로 물린다.
- 공동회의에서 빈정대며 비웃거나 잡담하면 볼기 15대를 친다.

물음란은 사람이 가장 삼가야 할 남녀분별을 의미한다. 단군조선과 부여에서는 간음죄를 법으로 엄금했다. 특히 부여에서는 남녀가 간음하거나 부인이 질투하면 모두 사형시켰다. 석가도 음행하지 말라(勿邪淫)는 계율을 가르쳤고 예수도 십계명에서 간음하지 말라(勿姦淫)고 일깨웠다. 부보상들은 부녀자를 추행하면 가장 무서운 징벌인 장문형으로 다스려졌다. 만약 방탕한 사내들이 어지럽게 음란하였을 때에는 비록 단원이 아니더라도 마땅히 엄중한 자치법으로 다스리거나 관가에 알리어 형벌을 받고 귀양가도록 조치하였다. 특히 남자부상이 처자를 대동하게 되어 각 도 지역의 공동숙박소인 수방(首房)에서 내외 부상이 다른 부상들과 같은 방에서 서로 대나무발(bamboo blind)을 드리워 막고 잠을 잤다. 그럼에도 삼엄한 규율을 준수하였기에 혼륜의 불상사는 커녕

조금도 문란하지 않았다. 남성부상들은 댓돌 위에 놓여 있는 여성보상들의 짚신조차도 넘어가지 않았다. 그것은 부보상들이 동무부상(同務負商)의 부인인 여성보상을 형수 제수처럼 예우하였으므로 윤기(倫氣)가 정숙하게 엄수되었기 때문이다. 이처럼 부보상의 남녀관계가 자율적으로 순수결백하며 티없는 인간세계를 이룩하였다는 사실은 만고에 자랑할 만큼 고귀한 일이다.

물도적은 재물을 탐욕하지 말라는 의미이다. 재물은 뜬구름처럼 허황된 것이다. 단군조선에서는 남자가 도둑질하면 잡아들여서 사내종으로 삼았고 여자가 도둑질하면 계집종으로 삼았다. 부여에서는 남의 물건을 한 번 훔치면 12배로 배상시켰다. 석가도 훔치지 말라(勿偸盜)는 계율을 가르쳤고 예수도 십계명을 통하여 도적질하지 말라고 일깨웠다. 부보상이 장터에서 우매한 사람의 물건을 구매하였다가 도적의 문초에서 뒤늦게 장물인 것으로 드러나면 당장 되돌려주었다.

제6장 조선왕조의 주요 중상주의 인물

토정(土亭) 이지함(李之菡)

토정 이지함(1517~1578)은 몸소 장사에 종사한 한국최초의 양반상인이었다. 그는 목은 이색 선생의 6대손이고 청풍군수 이지번(李之蕃)의 동생으로서 명문 양반이었다. 목은 이색 선생은 포은 정몽주 선생 및 야은 길재 선생과 더불어 고려말 삼은(三隱)으로서 빼어난 성리학자이었다. 1358년에 간행된 목은집(牧隱集) 3권이 지금도 중국의 북경박물관에 전시 보관되어 있음을 필자가 1992년 8월 4일 현장에서 목격 확인하였다. 목은 선생이 중국의 학우에게 증정한 문집을 보관한 것이라는 설명서가 붙어 있었다.

토정은 율곡과 교류하면서 일세를 이끌만한 식견과 덕량을 갖춘 위대한 인물이었을 뿐만 아니라 경전과 백가에 달통한 세상구제의 석학이었다. 토정의 풍채는 당당하고 늠름하였다. 귀는 크고 몸은 건장하였으며 얼굴은 둥글고 발은 거의 한 자 크기이었다. 빛나는 눈빛은 사람을 움직이게 하였고 목소리는 웅장하고 맑되 말수가 적었다. 기개는 당당하여 청백하기 그지없었다.

뛰어난 자질을 가진 토정이 관계(官界)에 나아갈 뜻을 끊고 거짓으로 미친 척 하면서 세상을 도피하게 된 데에는 그럴만한 동기가 있었다. 그가 젊었을 때 절친한 친구이었던 안명세(安名世)가 전도유망한 사관(史官)이었음에도 을사사화의 진상을 직필하여 특정기(特政記)에 넣어둔 일이 있었다. 이것이 누설되어 미움을 받아 무고로 처형되었다. 이 원통한 죽음에 충격을 받은 토정은 세상의 허무를 깊이 느낀 나머지 명예와 이익을 초월한 인생길을 걷게 되었다.

토정은 바닷가 언덕에 위치한 선고의 묘소가 조수에 쓸릴 것이 염려되어 제방을 쌓는 공사를 벌이기로 하였다. 여기에는 막대한 경비가 소요될 것으로 추산되었다. 그는 이 경비를 조달하기 위하여 몸소 어물장사와 소금장사들의 틈에 끼어 함께 장사하였다. 때때로 그는 흉년을 당했을 때면 구호양곡을 마련하기 위하여 큰 장사를 벌이기도 하였다. 많은 이득을 얻으면 모두 굶주리고 있는 사람들에게 나누어주었다. 때로는 개간사업을 벌여 수 천 석의 곡식을 장만하였으면서도 모두 가난한 사람들에게 나누어주었다. 그러므로 토정 자신은 취득하는 것이 없어 항상 집안의 처자가 가난에 시달렸다.

당시 군자는 진리를 말할 뿐 재리(財理)를 말하지 않는다고 하던 시대상황 속에서 엉뚱할 정도로 토정은 장사판에 투신하여 능히 부자가 될 수 있었다. 그러나 그는 욕심이 없는 청빈한 생활을 유지하였기에 유례없이 돋보였다. 그의 장사목적은 조상을 섬기고 굶주리는 백성들을 구휼하는 데 있었다. 그의 천부적인 품성에서 가련한 사람들에 대한 뜨거운 동정심이 솟아난 것이다.

한편 토정은 산업에 대한 전래의 본말관(本末觀)을 극복하고 덕재견제관계론(德財牽制關係論)을 주장하여 새로운 경제사상의 선구자적 기수가 되었다. 여기서의 본말관이란 농사가 본업이고 상업을 비롯한 수공업이나 광업 등을 말업으로 보는 <農者 天下 之大本>의 경제 관점이었다. 이 견해는 농업과 그 밖에 재물이 발생하는 원천인 상업 공업 등의 산업을 적대관계로 보아 한 쪽이 번성하면 다른 한 쪽이 쇠퇴한다고 인식한 것이다. 따라서 조선왕조의 산업정책이 대체로 중본억말론(重本抑末論)의 범주를 벗어날 수 없었던 것이다.

중본억말의 산업정책에는 그럴만한 이유가 있었다. 상업을 비롯한 수공업이 대동법(大同法)의 시행과 화폐사용의 보급에 힘입어 장족의 성장을 이룩하였다. 대동법이란 조선왕조의 선조대왕 이후 공물(貢物)을 여러 지역의 특산물 대신에 미곡으로 통일하여 바치게 한 납세제도이다. 선조대왕 이전 조선시대의 납세제도 가운데 공물제도는 각 지방의 특산물을 바치게 한 것이다. 이 제도는 농민과 상인의 납세부담이 불공평하고 수송과 저장에 불편이 많았다. 또한 대납 공물배정 공물증가 등 관리들의 모리배행위로 인한 폐단이 농민의 부담을 증가시키는 동시에 국가의 징세수입을 감소시켰다. 이에 조광조 이이 유성룡 등이 공물의 세목을 쌀로 통일하여 납부하도록 주장하여 채택되었다. 그러므로 양곡위주의 농업이 숭상될 수밖에 없었다.

반면에 상업내용은 도매상의 매점매석(買占賣惜)을 비롯한 유통과정 조작에 의하여 상인만 폭리를 취득할 뿐 민생에는 도리어 피해를 주는 경우가 많았다. 또한 상업으로 축적된 자본이 농촌의 고리대금으로 이용되어 농촌경제를 파탄시키는 경우도 있었다. 그러므로 당시의 현실이 중본억말론(重本抑末論)에 근거할 수밖에 없었던 것이다.

그러나 이러한 상업의 폐단은 단속을 통하여 극복될 문제이다. 상업이 발달되고 분업이 발달되어야 사민(四民 : 士農工商)의 살림이 편리하고 넉넉해진다는 논리를 뒤엎을 수 없는 것이다. 이에 착안한 토정은 포천현감 재직 때인 1573년에 선조대왕에게 덕재견제관계론이라는 새로운 상업관을 상소하였다.

토정은 덕재견제관계론에서 농사가 본업이고 염철이 말업이라면 말업으로써 본업을 보충한 연후에야 백성의 재산이용이 넉넉하게 된다고 지적하였다. 이어서 그는 원래 덕업(德業)이 근본이고 재물이 말단이므로 근본으로써 말단을 견제하고 말단으로써 근본을 견제한 이후에야 인간의 생활이 물심양면으로 궁핍하지 않게 된다고 설명하였다. 이 덕재견계관계론은 전래의 본말관을 탈피한 새로운 경제사상이었다. 이는 상업의 중요성을 사농공과 동일한 반열에 올려놓고 균등하게 역설한 점에서 크게 주목된다.

토정은 이와 같은 산업철학의 기반 위에서 재용(財用)이 육지와 바다에서 나오는 것이므로 어염(漁鹽)을 비롯한 금지된 광산개발에 힘써서 육지와 바다의 모든 자원을 고루 개발해야 한다고 주장하였다. 아울러 그 이익을 백성들에게 고루 나누어주면 인간도리의 궁핍이 예방되고 화락을 누릴 수 있다고 설명하였다. 이러한 토정의 견해는 당시 산업에 대한 관심이 소홀했던 주자학의 세계에서 보기 드문 적극적 산업개발론이었다. 이러한 토정의 진보적 산업사상은 후일 이용후생학파인 박제가(朴齊家)의 해외통상론에 커다란 영향을 미치었다.

율곡(栗谷) 이이(李珥)

조선왕조의 선조대왕 시대에 동방의 대성현인 율곡 이이 (1536~1584) 선생이 좌판(坐販)을 벌이고 전국의 부보상을 성스럽게 교화 훈도하였다. 그는 상고(商賈 : 行商坐賈)의 진리를 영원히 파악 견지하고 몸소 대장간에서 풀무질로 쇠붙이 물건을 만들어 앉아서 팔았다. 허다한 쇳물로 농기구를 만들어 부보상의 상품으로 공급 행상판매하여 생산경제를 진흥하고 국가적 상도(商道)의 권위를 몸소 실천하였던 것이다.

율곡은 지위가 숭고하고 도덕문장이 빼어난 동방의 위대한 성현이다. 그는 만년(晩年)에 관직과 봉록을 버리고 황해도 해주의 석담(石潭)이라는 고을에 거주하면서 풀무를 일으켰다. 수많은 철물을 녹여서 낫 보습 가래 호미 등의 농기구를 만들어 팔아 가계(家計)를 구제하고 인도한 일이 있었다.

이와 같은 기야좌고(起冶坐賈)는 사대부들이 위대한 자존심을 망각하고 부귀아들이 하는 일도 없이 오만 방자하게 놀고먹는 짓을 계도하여 율곡이 스스로 지적한 것처럼 도덕이 멀어지고 저속해지는 세상을 바로 잡으려는 것이었다. 아울러 인간생활에서 의리가 법칙임을 솔선수범함으로서 부보상들로 하여금 정의와 정도(正道)에 입각한 생존권의 향유방법을 일깨우고 직업신성주의와 사업동등정신(四業同等精神)을 교훈한 것이다. 왜냐하면 만일 율곡이 단순한 생계에 골몰할 정도로 빈곤하였다면 부귀를 동시에 누릴 수 있는 관직을 사양하지 않았을 것이고 설령 관직을 버렸다손 치더라도 기야좌상(起冶坐商)이 아닌 고을의 학동교육만으로도 생계유지가 충분했을 것이라는 점이 자명하기 때문이다.

율곡은 의리와 도덕을 신봉하였으므로 의리 없는 재산과 부유를 얻기 위하여 조급하지 않았을 것이다. 부유는 원래 이득이고 이득은 원래 덕업이므로 덕업을 망각하고 이익만 챙기면 욕망과 허영이 폭염처럼 피어올라 덕업과 이익을 올바르게 선별하지 못한 채 한갓 이익만 바라보고 돌진하게 된다. 그러므로 유한한 재화로 무한한 덕업을 충족시킬 수 없는 것이다.

　유한의 재화가 한 쪽으로 기울게 되면 집중되는 빈약과 곤궁에 우는 대중이 존재하게 된다. 물리의 법칙은 한 쪽이 부유하게 되면 다른 쪽에는 분열을 발생시키기 때문이다. 그러므로 율곡은 좌고부상(坐賈負商)의 상도(商道)를 어느 정도 적당하게 몸소 실천함으로서 인간생활의 의로운 덕재견제 법칙을 확립하기 위하여 시범하였던 것이다.

　이는 부보상 대중의 상업정신을 혁명적으로 환기 전환시켰다. 왜냐하면 태조대왕 당시에 평민영웅 백토산달원(白兎山達元)이 관작의 부귀를 포기 사양하고 부보상단을 일으켜 세움으로서 인생생활의 정의로운 상도정신(商道精神)에서 탄생되었던 광음이 연산군의 학정 이후에는 상도정신이 소극적으로 침체 쇠퇴하여 상도기운(商道氣運)이 좌절 타락되었다. 그리고 선조시대에는 부보상의 정신기운이 사대부의 허공에 뜬 부패한 기풍 및 습속과 더불어 말로 표현할 수 없을 정도로 쇠락했기 때문이다.

　그런데 율곡이 사대부 및 향대부(鄕大夫)의 기풍과 부보상 대중의 정신을 진작 환기하기 위하여 몸소 좌고(坐賈)에 나섰던 것이다. 이는 사대부와 향대부의 탐관오리를 경계하고 부보상 대중의 이득 집착을 경계하면서 모두 공동구제정신으로 살아야 한다는 직업신성주의를 보이는 동시에 사업동등정신(四業同等精神)을 고조시켜서 음양으로 부보상을 쇄신 진흥한 것이다. 율곡의 몸소 실천은 사대부계급을 비롯하여 부보상단을 쇄신 진흥시키는데 위대한 잠재력을 일깨워서 침체하였던 부보상에게 다시 활발한 기운을 일으키고 농공상의 연대개념을 교훈한 것이다.

　한편 율곡은 총애를 받고 있던 선조대왕을 향하여 좌고행상(坐賈行商)인 상민들의 시장바닥의 의론일지라도 정치경제정책에 무늬살처럼 반영할 때 언로가 확충되어 명석한 임금이 될 수 있다고 충언하면서 상고정당설(商賈政黨說)을 주장하였다. 그리고 불시의 수요가 한꺼번에 시장으로 쏟아져 반출되고 있으면 상인들이 전부를 감당할 수 없으므로 껍데기까지 벗겨질 정도로 힘겨우니 부보상들에 대한 보호정책의 실시가 시급하다고 강조하였다.

또한 율곡은 옛날 월나라 임금인 구천(勾踐)이 5천명의 병졸을 데리고 회계(會稽)라는 지역에서 와신상담(臥薪嘗膽)하고 있을 때에는 매우 허약하였다. 그러나 10년을 농공상에 전력 교훈한 결과 부국강병하여 군센 적군을 섬멸하였는데 하물며 조선은 당당한 만승지국(萬乘之國)이므로 농공상의 도리를 극진하게 도모하면 충분히 국태민부(國泰民富)를 이룩할 수 있다고 설파하였다. 그러므로 임금은 나라에 의존하고 나라는 백성에 의존한다는 관점에서 율곡은 농공의 생산과 부보상단의 상업무역활동에 의한 재산을 모으고 백성의 농공상을 연대하여 권장하면 부유한 국가가 되고 부국이 되면 자연스럽게 강병이 될 수 있으므로 국태민부(國泰民富)를 도모할 수 있다고 갈파하였다.

이는 모든 학자와 정치가들이 천편일률적으로 농자천하지대본(農者天下之大本)의 농본입국설에 시종하는 것을 일축한 쾌거이고 농공상을 국시(國是)로 삼아야 한다는 조선경제의 거대한 대책을 깨끗이 닦아준 것이다. 따라서 이와 같이 백성의 생취활동이 강조된 것은 부보상 대중의 활동을 중요시한 견해이므로 조선왕조에서 내력으로 상업을 천시(賤視)하여 왔다고 볼 수 없다.

이와 같이 율곡이 최고의 이상을 정치적 견해로 발표하고 몸소 실천한 것은 성현의 교화적 훈도이므로 태조대왕 시대의 평민영웅 백달원이 영웅적 기세로 부보상단을 인솔 궐기한 것과 차원이 다르다. 백달원은 일세의 백만대업(百萬大業)을 옹호하여 일으킨 평민적 영웅인데 비하여 율곡은 성현으로서 만세의 억만대중의 직업신성주의(職業神聖主義)를 뿌리박아 심어준 것이다. 율곡의 직업신성풍(職業神聖風)은 당시 위축된 부보상들에게 활기를 찾아 주었다.

효자(孝子) 한순계(韓舜繼)

조선왕조의 선조대왕 때 하늘에서 배출한 효자 한순계가 송도(개성)에 살고 있었다. 그는 대장간 일과 등짐장수를 겸행하는 착한 결과로써 인륜생활의 최고환희인 효도를 몸소 실천하였다. 사대부 출신의 효자 한순계의 기야부상(起冶負商)은 율곡의 기야좌고(起冶坐賈)와 더불어 부보상들에게 동무의식을 일깨우고 활기를 불어주어 방황하던 진퇴를 소생시키었다.

한순계는 개성(開城)에 살고 있는 유학계층 가운데 효자부상(孝子負商)으로서 상업에 종사한 대표적인 인물이다. 그는 부친이 정5품 무관의 품계인 과의교위(果毅校尉)를 지냈고 조부가 정9품 무관인 효력부위(效力副尉)를 지낸 서반계통(西班系統)의 양반이었다. 그는 교하(交河)에서 태어나 송도로 이사하여 거주하면서 항상 감미로운 음식으로 모친(母親)을 받들어 봉양 효도하였다.

그러나 가정이 빈곤하므로 모친을 봉양하기 위하여 유기제조의 기술을 배워 구리그릇을 만들어 낮에는 등에 지고 저자에 나아가 팔아서 봉양하였고 밤에는 독서를 직업으로 삼았다. 그가 만든 그릇은 모두 품질이 우수하고 정밀하며 장사할 때에는 반드시 이가주의(二價主義)를 배척하였고 가격까지 저렴하여 구매자들이 그에게 몰려들어서 다른 공상(工商)들이 이득을 상실하는 경우가 적지 않았다.

심지어 한순계 한 사람에게 이익이 독점되어 다른 공장(工匠)이 타격을 입어 살아갈 수 없을 정도이었다. 그는 이를 상도(商道)의 정의가 파괴되며 인도(人道)의 정도가 허용하지 않는 일이라고 터득하고 다시는 저자에 나가지 아니하고 다른 공장(工匠)과 부상(負商)에게 사양하였다.

무릇 뜻밖의 재물은 횡재가 되어 사람의 마음을 탐욕하게 만들고 도덕을 파괴시키며 노력을 게을리하게 만들어 재앙을 스스로 불러들인다. 그러므로 사람에게는 재물의 모자람이 있어야 크게 성공할 수 있는 것이다. 덕업은 한 사람에게 편중되더라도 지도자가 되어 모든 사람을 이끌어 선도하지만 재물이 한 쪽에 편중될 때 덕업이 수반되지 않으면 다른 한쪽이 빈약 곤궁하게 된다. 올곧은 마음씨에는 한계가 없으나 재물에는 한계가 있으므로 덕업이 으뜸이고 재물이 그 다음이다.

어느 날 한순계가 구리그릇을 만들어 등짐장수(負商)로 판매하기 위하여 구리를 녹여 두들기다가 살펴보니 구리가 아니고 모두 황금이었다. 그는 구리재료를 공급한 사람이 황금인줄 몰랐던 점을 알아차린 직후 상도의 정의 및 정도에 배치되는 일이라면서 재료주인을 찾아가서 반품하였다.

이와 같이 한순계 선생은 공상(工商)을 생업으로 삼아 노모를 봉양하면서도 잉여재물이 많으면 일가친족에게 골고루 나누어주는 등 특이한 선행의 행적을 보일 뿐 재산을 쌓아놓지 않았다. 모친이 별세한 이후에는 쇠를 녹이는 화로와 모형본 등 구리그릇을 만드는데 소용되는 본틀과 기계를 모두 버리고 종신할 때까지 등짐장수로서 저자에 나가지 않았다. 한순계가 집에서 공장(工匠)을 경영하고 저자에서 부상 노릇한 것은 오직 모친을 봉양하기 위한 일이었다.

당시의 성현인 화담 서경덕을 비롯한 율곡 이이와 우계 성혼 등이 그를 세상을 피하여 시장 가운데 숨어사는 사람이라는 뜻의 시은(市隱)으로 칭송하였고 서로 효자부상(孝子負商)인 한순계 선생을 찾아 도의로써 사귀어 왕래하였다. 율곡과 한순계의 왕래는 만고의 성인좌상(聖人坐商)과 천추의 효자부상(孝子負商)이 벗으로 지낸 것이다.

불행하게도 나라안에 행복이 없는지 효자행상 한순계와 벗을 이룬 좌고(坐賈)의 대성인 율곡은 49세에 세상의 모든 사람을 버리고 별세하였다. 만약 율곡이 오래도록 살아서 상업입론(商業立論)을 힘써 실행하였다면 당시 조선의 농공상이 날로 발전하여 부국강병을 이룩하였을 것이고 아울러 부보상의 실력과 지위도 크게 향상 발달되었을 것이다. 그리고 율곡은 일대의 권위로써 조선의 부강한 경제구성에 대단히 크게 기여했을 것이다. 그렇게 되었다면 임진왜란의 참상과 병자호란의 굴욕도 전혀 다른 역사로 채색되었을 것이다.

그럼에도 한순계는 양반출신이었으면서도 향교나 서원에서 공부하여 과거에 응시하라는 개성유수의 권유를 물리쳤다. 또한 더욱 자세히 연구하고 사제나 벗들이 모여 학문을 강구하라는 당시 개성에서 유명한 학자인 서경덕 선생의 권유를 사양하였다. 내가 유기장으로 일하지 않으면 늙으신 어머니가 굶어 죽게 된다는 한 가지 이유로 유기의 제조 판매에 계속 종사하였던 것이다.

효자 한순계는 율곡처럼 우순(虞舜)을 본받는 학도이었다. 사대부가 모든 일을 할 수 있으므로 통하지 않는 곳이 없다는 성인의 법도를 영원히 솔선수범한 것이다. 이 두 분으로 말미암아 부보상들이 크게 느끼고 각성하여 물질과 감정의 양면에서 건전하게 두루 구제할 수 있게 되었다.

효성이 모든 덕행의 근본이므로 모든 가르침이 여기에서 발생한다(孝德之本 敎之所由生). 효도하는 마음은 깨끗한 마음이다. 효행은 수백 가지 착한 행실 중에 으뜸이고 근본이다(百善孝爲線 孝百行根本). 효행은 모든 바르고 깨끗한 마음을 일컫는 덕행의 근본이다.

우리의 선조들은 효성을 먼저 세우고 이어서 충성과 의리를 세웠다. 효성은 가정의 기틀로서 우리 대한민족의 가족사상이다. 순임금은 원래 우리 동이족으로서 중국 대륙에 건너가 우리의 가족사상을 가르쳤다. 역사연구가인 아놀드 토인비가 <동양 정신문화의 원류국인 한국의 가족제도가 소중히 보존되어야 한다>고 주장한 이유가 여기에 있다.

충숙공(忠肅公) 이용익(李容翊)

조선왕조에서 부보상으로 몸을 일으키고 가장 두드러진 인물은 이성계태조 시대의 백달원(白達元) 공과 고종황제 시대의 이용익공을 들 수 있다. 백달원은 이성계 태조의 후광으로 조선왕조 초기 벼슬이 아닌 부보상단체의 영수(領袖)가 되어 부보상 대중의 구세주인 평민영웅이다. 반면에 이용익은 조선왕조말기 부보상단체의 걸출한 인물로서 고종황제의 총애를 받아 궁내부의 내장원경을 비롯한 탁지부대신과 군부대신을 지냈다.

멸사봉공의 화신인 이용익은 1854(철종 5)년 1월 6일 조상 대대로 살아오던 함경북도 명천군 상가면 석현리에서 함경북도 고산현감인 이병효의 둘째 아들로 태어났다. 이용익의 아명은 체동

(體童)이고 본명 이외에 부르는 자는 공필(公弼)이며 아호는 석현 (石峴)이다. 그는 조선왕조 이성계 태조의 백형이며 환조대왕(李子春)의 장남으로서 고려의 요동정벌 때 편성된 팔도도통사의 조전원수를 지낸 이원계(李元桂 完豊大君) 공의 16대손이다.

1868년 15세 때의 소년 이용익은 군수를 재냈던 스승으로부터 한학을 배우고 있었다. 그는 공자의 논어까지 배우고 정치의 원리가 되는 맹자를 배울 참이었다. 그러나 소년 이용익은 어린 나이임에도 불구하고 학문의 노예가 되기 싫다고 판단하였다. 한학을 그처럼 널리 습득한 스승이 겨우 군수의 관직에 머물고 있는 사실을 알고서는 한학을 계속 공부할 마음이 사라졌던 것이다. 그래서 소년 이용익은 학문지속을 권유하는 스승의 뜻을 사양하고 도주(陶朱)의 적부(積富)를 입신의 방향으로 궁리하기에 이르렀다. 도주는 도주공(陶朱公)의 준말이고 도주공은 중국 월나라 임금인 구천(勾踐)의 신하인 범려(范蠡)의 대명사이다. 도주는 재화증식의 재능이 뛰어나므로 중국의 도주지역에서 세 번이나 수 천금을 모았다.

신흥하는 시대의 조류를 타고 세상물정의 이치와 전국의 지리를 익히는 데에는 팔도강산을 누비는 부보상에 투신하여 생활하는 것이 첩경이다. 이용익은 등짐장수(負商)가 되어 무거운 소금짐을 지고 두만강을 건너 중국의 연변까지 떠돌면서 장사를 다녔다. 나중에는 강을 건너 러시아로 건너가서 성냥을 떼어 받아 북청과 회령 일대에 팔기도 하였다. 그러면서 어린 청년 이용익은 등짐장수 중에 서로 배포가 통할 정도로 야심찬 사람들이 많이 있고 부보상 조직이 매우 단단하고 범위가 넓다는 사실을 알았다. 그처럼 등짐장수로 떠돈 지 3년의 세월이 흘러 어느새 이용익의 나이도 20살(1873년)이 꽉 차 버렸다.

1873년경 함경도 일대에는 금점장사(金店場事)의 바람이 불고 있었다. 1876년 강화도조약으로 인하여 원산항이 개항되고 정식으로 외국과의 무역이 시작되기 이전부터도 두만강 일대에는 러시아의 석유와 성냥과 광목이 흘러들어 오고 있었다. 러시아 사람들은 석유와 성냥과 광목 등을 공급하는 대신 쌀이나 쇠가죽과 짐승가죽 등을 사 갔지만 그들이 제일 눈독을 들이는 것은 항상 금(金)이었다. 그러므로 함경도 일대에서는 러시아 사람들에게 팔기 위하여 몰래 금을 캐는 잠채(潛採)가 늘어나고 있었다.

농민들은 여름 한 철 농사를 짓고 나서 가을걷이 추수가 끝나면 곧바로 산으로 들어가서 금을 캐는 일에 바빴다. 그리고 부보상들도 조금만 밑천이 잡히면 산으로 들어가서 금을 캐는 일이 다반사이었다. 청년 이용익도 소금장수로 몇 백 냥을 손에 쥐면 금점을 찾아 몇 달씩이나 떠돌아다닌 일이 있었다. 금은 분량이 적으면서도 값이 가장 높게 나가는 물건이었다. 금의 시세는 언제나 높은 가격으로 형성되었으므로 일단 금맥을 잡기만 하면 일확천금을 횡재하는 것이다. 청년 이용익에게는 금 캐는 일이 한없는 매력을 끌고 있었다.

1877년 가을 24세의 청년 이용익은 고불티 광산에서 죽을 힘을 다하여 캔 금덩이 2관 6돈중을 가지고 서울로 올라 왔다. 그는 고달픈 등짐장수 생활을 통하여 상품의 발자취를 좇아가면 소비자에게 도달한다는 이치를 터득한 일이 있다. 상품의 유통과정은 사람과 사람의 관계이다. 이에 착안한 이용익은 육의전 언저리를 맴돌다가 당대 세도명문가의 집과 그들이 좋아하는 물건을 파악하게 되었다. 물건보따리를 싸들고 명성황후의 친정 조카로서 위세 높은 도승지 민영익(閔泳翊) 대감의 집에 접근하여 단천의 고불티 광산에서 캐온 2관 6돈중의 금덩이를 바쳤다. 지하자원은 모두 나라님의 재화이므로 조정의 재용에 보태 쓰라고 선뜻 내놓았다.

민영익 대감은 이용익의 극구 사양을 뿌리치고 조정의 토목영선 업무를 수행하는 선공감(繕工監)의 종9품 역사감독관(役事監督官)에 임명하여 수하에 두었다. 이용익은 붙임성 있는 훤칠한 술사(術士)로서 눈짓 한 번으로 십리 밖의 일을 짐작하고 있었다. 당시 1881년에는 팔도에 흩어진 부상들을 규합하여 좌사(左社)로 하고 보상들을 규합하여 우사(右社)라고 재조직하였다. 도승지 민영익 대감은 좌사의 도존위(都尊位)가 되었고 무위대장인 이경하는 우사의 도존위가 되었다. 도존위 아래로는 부존위 좌통령 우통령 도반수 반수 도접장 유사 공원 집사 등의 품격질서가 조직되어 있었다. 좌우사는 부보상청(負褓商廳)을 말한다.

좌우사에서 팔각형으로 만든 도장에는 팔도임방도존위인(八道任房都尊位印)이라는 여덟 글자를 새기고 그 가운데 忠(충)의 글자가 새겨져 있다. 팔도의 선길장수(봇짐장수)들이 이 도장만 보게 되면 벌떼같이 일어나서 목숨을 아끼지 않았다. 이 때 이용익은 민영익대감이 좌사(左社 : 負商團)의 도존위 자리에 앉고부터 선공감의 종9품 벼슬인 감역이면서도 오히려 좌사의 접장으로 행세할 때가 더 많았다.

1882(고종 19)년 훈련도감의 구식군대가 개화파 신식군대인 별기군에 비하여 대우가 부실한 점을 들어 임오군란을 일으켰다. 이용익은 명성황후가 급히 피신하여 경기도 장호원으로 몸을 숨기는 과정에서 안전하게 호위하였고 고종황제와의 사이에 화급한 비밀문서를 비범한 속보로 전달하였다. 임오군란이 36일만에 평정되고 명성황후가 창덕궁으로 귀환했다. 그는 고종황제의 논공행상의 총애를 받아 함경남도 단천부사(端川府使)를 임명받은 후 부보상 출신으로서는 전례 없이 출세하였다.

그러나 1905년 11월 17일 을사보호조약이 체결되기 직전인 8월 14일 항일구국 망명길에 길에 올라 1907년 1월 12일 러시아의 블라디보스톡에서 구국의 한을 풀지 못한 채 순국하였고 4월 8일 고종황제는 충숙공(忠肅公)의 시호를 내렸다.

제2부

負褓商史料譯解

Ⅰ. 完文類

新刱設 漢城府¹⁾ 完文序²⁾ (1851년 7월)

嗚呼.³⁾凡 萬物之象 禽獸昆蟲 皆有定穴 亦有雄唱雌和之樂. 噫⁴⁾
彼吾等 無恒産 且 喪父母 無妻子 無衣食. 擔負資生⁵⁾ 以天地爲家
以逆旅⁶⁾爲妻孥.⁷⁾ 朝東暮西 自顧身勢 不覺寒心.⁸⁾ 凡 我諸人儕 以

---

1) ① 한성부(漢城府) ← 새우리말큰사전(하) 3638쪽
 - 삼법사(三法司:三司)의 하나.
 - 삼법사 ← 새우리말큰사전(상) 1740쪽
 - 삼법사는 조선조 때 법을 맡아 다스리던 세 관청인 형조(刑曹) 사헌부(司憲府) 한성부(漢城府)를 말함
 ② 한성부는 조선조 510여 년간 서울의 행정 사법을 맡아 보았음
 ③ 전 이름은 한양부(漢陽府)인데 1395(태조 3)년에 개성(開城)에서 지금의 서울로 옮기고 다음해인 1396년에 한성부로 고쳐서 1895(고종 32)년에 23 부(府)의 하나가 되었다가 1896년 구제로 회복되어 1910(순종 융희 4)년까지 존속하였음
2) 完文 ← 새우리말큰사전(하) 2463쪽
 ① 관청문서 官文 公文 關文 ② 조선조 때 부동산에 관한 관청의 증명서
3) 오호(嗚呼) : ① 슬픔이나 탄식을 나타낼 때 내는 소리 ② 어허! 아!
4) 희(噫) : ① 한숨쉴 희(噫 譆) ② 느낄 희
5) 자생(資生) : 어떤 직업으로 생계를 유지함 ← 새우리말큰사전(하) 2788쪽
6) ① 역려(逆旅) : 여관(旅館) ← 새우리말큰사전(하) 2788쪽
 ② 역려건곤(逆旅乾坤) : 여관과 같은 세상이라는 뜻으로 덧없고 허무한 세상을 비유하여 이르는 말
 ③ 역려과객(逆旅過客)
  - 지나가는 나그네와 같이 아무 관계가 없는 사람을 이르는 말
  - 세상은 마치 여관과 같고 인생은 이 여관에 잠시 머무는 나그네와 같다는 뜻
7) 처노(妻孥) : 처자(妻子)

行商賴生之徒. 長在道路 或病於旅店[9] 或死於道路. 隨聞隨助[10] 則是無兄弟 而有兄弟. 無妻子 豈不感哉 豈不義哉. 如是成約 凡我同㽵之 人顧名思義. 不可或忽於歃血之盟[11] 益勉故人[12] 敦篤之 誼 永世不忘. 懋哉懋哉.

咸豊元年[13] 辛亥 七月   日
[서울대학교 중앙도서관 소장]

새롭게 창설한 한성부 완문의 서문

어허라! 무릇 만물의 형상을 지닌 짐승과 곤충들조차 모두 움집이라도 정해 놓고 수컷이 소리내면 암컷이 화답하는 즐거움을 누리고 있다. 그러나 한탄스럽게도 우리 부보상들은 항상 재산이 없을 뿐더러 부모를 여의었고 처자도 없으며 입고 먹을 것도 없다. 등에 메고 지는 것을 직업으로 삼아 생계를 유지하고 천지(天地)로써 집을 삼으며 덧없이 잠시 머무는 여관(旅館 : 逆旅)이 처자(妻子 : 妻孥)인 셈이다. 아침밥은

---

8) 한심(寒心)하다 ← 동아국어사전 2366쪽
   ① 어떤 정도에 지나치게 모자라 가엾고 딱하다 ② 안타깝고 어이가 없다
9) 여점(旅店) : 객점(客店) ← 새우리말큰사전(상) 120쪽
   - 오가는 길손이 음식 술 등을 사먹거나 쉬기도 하는 집
10) ① 수문수조(隨聞隨助) : 듣는 대로 거침없이 돕는다
    ② 수문수답(隨問隨答) : 묻는 대로 거침없이 대답하다 ← 漢韓大辭典 1989쪽
11) 삽혈지맹(歃血之盟) ← 새우리말큰사전(상) 1756쪽
    - 맹세하여 굳게 언약할 때 그 표시로 짐승의 피를 서로 먹거나 입가에 바르던 일
12) 고인(故人) ← 새우리말큰사전(상) 254쪽
    ① 사귄 지 오래된 벗. 옛 친구. 고구(故舊) 고우(故友) ② 죽은 사람
13) 함풍(咸豊) : 청나라 연호 <함풍원년 1851년 : 哲宗 2년 辛亥>

동쪽에서 먹고 저녁잠은 서쪽에서 자야 하는 고단한 몸이기에 스스로의 신세(身勢)를 되돌아보면서 한심(寒心)함을 느낄 여념도 없다.

무릇 우리 부보상들은 행상(行商)으로써 생계를 유지하는 무리라고 비유된다. 도로(道路)에 오래도록 길게 늘어서 가다가 때로는 여점(旅店 : 客店)에서 병들어 누워 있거나 도로에서 객사(客死)하기도 한다. 부보상들은 이런 소문을 들으면 거침없이 도우니 비록 혈육을 나눈 형제가 없더라도 형제가 있는 것이로다. 이들도 처자가 없는 것에 어찌 느낌이 없으련만 형제처럼 병구사장(病救死葬)하니 어찌 의롭지 아니하랴.

이와 같은 병구사장(病救死葬)의 수문수조(隨聞隨助)를 계약으로 성립시켜 놓으니 무릇 우리 부보상은 사람들이 명예(名譽)를 돌보고 의리(義理)를 생각하도록 한결같이 성약(成約)을 감시(監視)해야 한다. 이에 부보상들은 혹시라도 삽혈동맹(歃血同盟)을 소홀히 할 수 없고 옛 친구를 힘써 도와서 돈독한 정의(情誼)가 영원히 잊혀지지 않도록 더욱 힘쓸지어다.

1851년 7월   일

備邊司[1]의 忠淸道 庇仁負商廳 完文[2]
<1879(光緖5)년 7월>

　右 完文成給事 夫 商賈[3]者 四民一也 商賈之中 有負商焉. 負商者 漏落於文武之場 生業於農桑之道 通其有無足 而涉灘以達其遠近. 跡若賤 而非賤. 類若雜 而非雜. 何以然也. 親疎相合 有兄弟之誼. 老少咸集 別長幼之序. 揖遜謙讓 稍放士君子之風. 患難同苦 可稱美男子之流. 以今視之 則此跡別無奉公之賦 但有濟私之利.
　然 而究闕所本 其於爲國奉公 不無所補 何者. 昔依 我[4]太祖大王時 負商有運糧 盡忠之事. 亦粤 我宣祖大王時 又有犒勞[5]蔞弱之誠. 今之負商 齊古之負商也 豈奉公爲國之心乎. 觀其所行 則羣僑和同 紀綱詳明 雜類之事 一無塵染. 爲先禁雜技 酗酒者. 都中爲有無依人 死亡者齊力鳩財[6] 以備喪葬. 或者 不良之人 誤托者 擯斥[7]

---

1) ① 비변사(備邊司) ← 새우리말큰사전(상) 1599쪽
   - 조선조 때 군국(軍國:國防)의 사무를 맡아보던 관청(官廳:官衙)
   - 제11대 중종 때 삼포왜란(三浦倭亂)의 대책으로 설치한 후 전시(戰時)에만 임시로 두었다가 1555(명종 10)년에 상설기관이 되고
   - 임진왜란 정유재란 이후로는 의정부를 대신하여 정치의 중추기관이 되었으며
   - 1865(고종 2)년에 폐지됨
   - 비국(備局) 주사(籌司)라고도 함
   ② 임진왜란 후 국정의 최고의결기관으로서 집권관료층의 집합체
   　　← 三省出版社, 韓國의 實學思想, 1981, 133쪽.
2) 이 완문은 비변사(備邊司)의 충청도(忠淸道) 도반수(都班首)가 비인부상청(庇仁負商廳)에 내려 보낸 공문서이다. ← 文化財管理局, 苧山八區商務右社遺品, 1980, 3쪽.
   - 비인(庇仁)은 부여(扶餘) 홍산(鴻山) 남포(藍浦) 서천(舒川) 한산(韓山) 임천(林川) 정산(定山)과 더불어 모시(苧) 생산으로 유명한 충청도 저산팔읍(苧山八邑 : 苧山八區) 중의 하나이다.
3) 상고(商賈) : 行商坐賈
4) 我 : ① 唯我獨尊 ② 위대한 ③ 훌륭한
5) 호로(犒勞) : 음식을 주어 수고를 위로함

莫敢與焉. 其中有班稍解者 輪回遞任 則各自循塗守轍 無敢移常易風 豈不美哉. 以此之意 爲完文給事.

光緒 五年 七月 (1879년 7월)
備邊司 道內都首班   朴時勳

비변사 완문

 이 완문을 만들어 주는 것은 무릇 상고(商賈 : 行商坐賈)가 사민(四民 : 士農工商) 중의 하나이고 상고의 가운데에는 부상(負商)이 있기 때문이다. 부상들은 비록 문무(文武)의 과거시험장(科擧試驗場)에서 누락되었을지라도 생업(生業)이 농상(農桑)[8]의 도리(道理)에 따라 유무상통(有無相通)으로 충족시켜 주고 냇물의 여울을 건너서 원근배달(遠近配達)을 수행한다. 그들의 발자취는 비천한 것 같으면서도 비천하지 않고 부류가 조잡한 것 같으면서도 조잡하지 않도다. 어째서 그럴까? 친소간(親疎間)[9]에 서로 융합하고 형제간에 정의(情誼)[10]가 있으며 노소(老少)가 골고루 모일 때에는 장유유서(長幼有序)가 특별하고 읍손겸양(揖遜謙讓)[11]이 점점 사군자(士君子)의 기풍(氣風)을 모방(模倣)하고 있다. 환란동고(患難同苦)는 의남자(義男子)의 부류(部類)로다. 지금에 와서 부상들의 행실을 살펴볼 때 발자취가 봉공(奉公)의 글귀(賦)로 별로 남아있지 않고 다만 개인의 이익을 구제(救濟)했을 뿐이다.

---

6) 鳩財(구재) : 재물을 거두어 모음 ← 새우리말큰사전(상) 383쪽
7) 빈척(擯斥:擯却) : 내쳐 물리침 ← 동아국어사전 1024쪽
8) 농상(農桑) : 농사일과 뽕나무를 가꾸어 누에치는 일
9) ① 친소간(親疎間) : 친하든지 친하지 못하든지 관계할 것 없이.
   ② 친소(親疎) : 친하여 가까움과 친하지 못하여 버성김 ← 동아국어사전 2196쪽
10) ① 정의(情誼) : 사귀어 친하여진 정 ← 동아국어사전 1935쪽
    ② 誼 : 親好 ← 실용대옥편 630쪽
11) 읍손겸양(揖遜謙讓 : 揖讓) : 예의로서 겸손한 태도를 가짐 ← 동아국어사전 1725쪽

그러나 빠트려진 근본(根本)을 연구해 보면 위국봉공(爲國奉公)을 보강(補强)한 일이 없지 않다. 어떤 것이 있던가? 옛날 위대한 태조대왕 시기에는 부상들이 양곡을 운반하여 충성을 다 바친 일이 있고 또 선조대왕 시기를 곰곰이 생각해 보면 누약지성(蔞弱之誠)12)으로 병사들에게 음식을 갖다 주어 노고를 위로하였다. 지금의 부상은 옛날의 부상을 가지런히 정제(整齊)한 것이다. 그러니 부상들에게 어찌 봉공위국(奉公爲國)의 마음이 없다고 할 수 있겠는가.

부상들의 소행을 보면 군제화동(群儕和同) 기강상명(紀綱詳明)하여 잡류(雜類)의 일로 오염된 것이 하나의 티끌(塵染 : 塵埃)만큼도 없다. 우선 잡기(雜技)와 주정(酒酊 : 酗酒)을 금지하였고 부상의 구성원 가운데 의탁할 사람이 없는 사망자에게는 협력을 가지런히 하고 재물을 모아 상장(喪葬)을 준비하였다. 간혹 불량한 사람이 잘못되어 의탁하면 내몰아 물리쳐서 감히 더불어 있지 못하게 하였다. 부상들 중에 양반으로서 조금이라도 이해하는 사람이 있으면 돌려가면서 관련임무를 맡김으로써 각자 순도수철(循塗守轍)13)하고 항상 풍속을 바꾸는 일이 없도록 하였다. 이 어찌 아름다운 일이 아니겠는가. 이러한 뜻으로 완문을 만들어 주노라.

1879(光緖 5)년 7월
비변사 도내도반수 박시훈

---

12) 누약지성(蔞弱之誠) : 나약한 쑥풀이 끈질지게 자라나는 정성스런 모양
13) 순도수철(循塗守轍) : 바른 길을 따라 전철(前轍)을 지키다

漢城府 完文　(1879년 9월)

右完文事 古昔 制民之産 爲之商 以通其有無故. 爲業抱是函末 而其資用之功 則大也. 貿遷百物 無遠不屆 蜀帛越錦 肆諸都市 周流閭里. 便利於國民者 爲何如哉.

然 非商之子爲商也. 或有孤子之人 貧妻之民 淪落於其中 爲袱爲匪或坐行. 代耕而食 代織而衣 得保殘生. 同儕相救 以疎爲親 以遠爲近 其情可惕 其他可恤. 而夫何卑之賤之乎.

且其行跡甚明 紀律亦備. 已有接長之任 統攝群儕 禁止浮浪. 場市店幕之間 皆知非無賴之類. 而孰不資 其遷易之物乎如何.

挽近之人 則疎落. 世態頗異 到處橫罹之厄 非一非再. 而營邑間官隷輩 以討食之計 無端侵漁. 或商於店幕之間 歸之於雜技. 無賴之類 擠之於明火. 強盜之中 奪其財裝 構訴營邑 輕則定配 重則減性.

去年冤於之山 今年厄於平山 公州 通川等地 以無辜之由 終得白放. 然 若此不已 則更無料生之計矣. 何不矜恻乎.

今自本府差出八道都接長 竝給圖書. 以爲行商之信迹 人人踏佩 憑考於行賣之場. 亦使無賴劇掠之類 無得冒入於其間 而更或有吏校輩侵掠之弊 則自官嚴飭禁斷. 使此行商之跡 分明於所致之地 是旀[1] 有事於營邑 則以此憑考之意 成完文以給爲去乎[2] 依此永久遵行宜當者.

---

1) 是旀[이며] : ~이며 ← 이두문
2) 爲去乎[ᄒ거온] : ① ~하므로 ~하기로 ~하기에 ②~하고서 ~하고는 ③~하오니

한성부 완문 (1879년 9월)

이 완문을 만든 것은 옛날부터 상업이 백성의 산업을 고루 마름질(制節)하여 유무(有無)를 상통(相通)시키기 때문이다. 상업은 유무(有無)를 품어 안고 말단(末端)을 너그럽게 감싸는 것이므로 장사(場事 : 資用 商品賣買)의 공로가 지대(至大)하다. 수많은 물품의 무역천이(貿易遷移)에는 원근(遠近)을 가리지 않고 촉국(蜀國)의 견직비단(帛)과 월국(越國)의 채색비단(錦)을 말등[馬背]에 싣고 모든 도시로 끌고 가며 고을과 동네를 두루 흘러 들어가니 국민의 편리가 자명하였다.

그러나 상인의 아들이라고 반드시 상인이 되지 않는다. 간혹 외로운 사람이나 가난한 백성이 상인 속으로 윤락(淪落)3)되어 보따리와 대나무상자를 짊어지고 좌고(坐賈) 행상(行商)한다. 이처럼 가련한 좌고행상들은 남의 농토를 대신 경작하여 주고 양식을 얻어먹거나 옷감을 대신 짜주고 옷을 얻어 입으면서 남은 생애를 보전한다. 그러면서도 동제상구(同儕相救)4)하고 이소위친(以疎爲親)5) 이원위근(以遠爲近)6)하는 정의(情誼)가 공경 받을 만하니 다른 것들은 충분히 구휼(救恤) 받을 만하다. 이를 어느 누구도 비천하다고 할 수 없다.

또한 부보상은 지나온 발자취[行跡]가 매우 분명하고 기율(紀律)이 정비(整備)되어 있다. 이를 이미 접장(接長)이 책임지고 무리[群儕]를 통섭(統攝)7)하여 부랑(浮浪)8)을 금지한 것이다. 그래서 시장(市場)과 점막(店幕)9) 사이에서는 부보상이 무뢰배(無賴輩)10)가 아닌 것으로 알

---

3) 윤락(淪落) : 몰락하여 타향으로 돌아다님 ← 동아국어사전 1707쪽
4) 동제상구(同儕相救) : 동료를 서로 구원(救援)함
5) 이소위친(以疎爲親) : 소원(疎遠)한 것을 친근(親近)하게 함
6) 이원위근(以遠爲近) : 소원(疎遠)한 것을 친근(親近)하게 함
7) 통섭(統攝) : 도맡아 다스림. 통치함 ← 東亞漢韓大辭典 1379쪽
8) 부랑(浮浪) : 하는 일 없이 이리 저리 떠돌아다님 ← 동아국어사전 949쪽
9) 점막(店幕) : 음식을 팔고 나그네를 묵게 히는 집 ← 동아국어사전 1915쪽
10) ① 무뢰배(無賴輩) : 직업 없이 불량한 짓을 하며 돌아다니는 무리
    ② 무뢰한(無賴漢) : 일정한 직업이 없이 돌아다니는 불량한 사람 ← 동아

려졌으니 부보상의 무천교역물(貿遷交易物 : 貿易物)을 취득하여 사용하지 않는 사람이 없다.

그런데 근래의 사람들을 끌어당겨 보면 소락(疎落)[11]하고 세태(世態)가 이상하게 비뚤어져서 도처(到處)에서 횡액(橫厄)[12]을 당하는 일이 한 두 번이 아니다. 예컨대 영읍(營邑)의 관노배(官奴輩)[13]는 토식(討食)[14]의 계책으로 무단히 침어(侵漁 : 侵奪)하고 간혹 점막(店幕)에서는 부보상이 잡기(雜技)에 빠지는 경우가 있다. 이러한 무뢰배는 밀치어 내쫓기는 것이 명약관화(明若觀火)하다. 강도(强盜)에게 재산과 장비를 빼앗기면 얽어서 영읍(營邑)에 제소한다. 영읍에서는 죄질이 가벼우면 정배(定配)[15]하고 죄질이 무거우면 감성(減性 : 性殺)[16]시킨다.

작년에는 원산(元山)에서 원통한 일이 생겼고 금년에는 평산(平山) 공주(公州) 통천(通川) 등지에서 횡액(橫厄)이 생겼지만 허물이 없어서 마침내 백방(白放)[17]되었다. 그러나 만약 이 정도로 그치지 않았다면 또다시 생계의 방도를 요량(料量)[18]할 수 없으니 매우 긍측(矜惻 : 矜憐)[19]한 일이로다.

이에 본부(本府 : 漢城府)로부터 차출된 팔도(八道)의 도접장(都接長)은 함께 발급된 도서(圖書)[20]를 행상의 신적(信迹)[21]으로 삼아 사람

국어사전 730쪽
11) 소락 소락 : 말이나 하는 짓이 매우 요량 없이 가벼운 모양 ← 동아국어사전 1241쪽
12) ① 횡리(橫罹) : 뜻밖의 재앙에 걸림 ← 동아국어사전 2474쪽
② 횡액(橫厄) : 橫來之厄
③ 횡래지액(橫來之厄) : 뜻밖에 닥쳐온 모질고 사나운 일. 횡액(橫厄)
13) 관노배(官奴輩) : 관가의 사내종들 ← 동아국어사전 228쪽
14) 토식(討食) : 음식을 강제로 청하여 먹음 ← 동아국어사전 2255쪽
15) 정배(定配) : 유배시킬 곳을 정하여 귀양 보냄 ← 동아국어사전 1928쪽
16) 감성(減性) : 성기(性器)를 무지러 죽이다
17) 백방(白放) : 죄 없음이 드러나서 놓아 줌 ← 동아국어사전 850쪽
18) 요량(料量) : 앞 일에 대하여 잘 생각함 ← 동아국어사전 1633쪽
19) 긍측(矜惻) : ① 긍련(矜憐) ② 불쌍하고 가엾음 ← 동아국어사전 340쪽
20) 도서(圖書) : ① 도장(圖章)과 서식(書式) ② 도장 찍힌 서식

마다 답습(踏襲)[22]패용(珮用)시키고 행상판매장(行商販賣場)에서 빙고(憑考)[23]하라. 그리고 무뢰약탈배(無賴掠奪輩 : 攘奪)[24]가 신적을 빼앗아 가지고 행상판매장에 몰래 들어오지 못하도록 하고 간혹 이교배(吏校輩)[25]가 침략(侵掠)하는 폐단이 있으면 관청에서 스스로 엄칙(嚴飭)[26]금단(禁斷)[27]하라. 이로써 행상들의 궤적(軌跡)이 도달하는 곳을 분명히 하며 만일 영읍에 사단(事端) 있으면 이를 빙고(憑考)하는 의미로 완문을 만들어 주노니 완문에 의거하여 영구토록 준행(遵行)하는 것이 마땅하다.

---

21) 신적(信迹) : ① 믿을만한 흔적 ② 증표
22) 답습(踏襲) : 도습(蹈襲). 옛 것을 좇아 그대로 함 ← 동아국어사전 547쪽
23) 빙고(憑考) ← 새우리말큰사전 (상) 1621쪽
　　① 사실의 정확성 여부를 여러 가지 근거에 비추어 상고(詳考)함 ② 증빙 상고(證憑詳考)
24) 약탈(掠奪) ← 새우리말 큰사전 (하) 2260쪽
　　① 폭력을 써서 남의 것을 억지로 빼앗음 ② 양탈(攘奪) 창탈(搶奪)
25) ① 이교(吏校) ← 새우리말큰사전 (하) 2656쪽
　　- 조선조 때 신분계급의 하나
　　- 일정한 직업 신역(身役) 등을 세습하며 관료계급과 평민계급의 중간을 차지하고 있었음
　　② 이교노령(吏校奴令) : 지방 관아에 딸린 아전(衙前) 장교(將校) 관노(官奴) 사령(使令) 등을 통틀어 일컬음
26) ① 엄칙(嚴飭) : 엄중히 신치(申飭)함 ← 동아국어사전 1499쪽
　　② 신칙(申飭) : 단단히 일러서 경계함 ← 새우리말큰사전 (상) 2105쪽
27) 금단(禁斷) : 엄격히 어떤 행동을 금함 ← 동아국어사전 331쪽

右捕盜廳¹⁾ 完文 (1879년 10월)

　　右完文爲成給事 關市之譏 昭在法典 而伊時 不無橫侵之端 則亦所不可不痛禁者也.

　　大抵 裸商 雖曰 有根無根着之類 渠等之公議 自在與他悖類不同者 已所稔知也. 不意 月前因微事 渾爲被捉 未幾日 特蒙恩宥. 自本廳 眷眷曉諭 於被捉時 所失物衆一一推給.

　　依舊商業 周流無碍是去乙²⁾ 卽聞近日 道聽途說³⁾ 以訛傳訛. 遠道商賈 風聲鶴唳 不敢接跡於場市之間 以之而資生無路. 且種種營邑校卒 以月前之被捉於本廳執 而成說 不無侵漁之弊云 聞甚非駭然汝矣. 所謂 接長班首輩 以此通諭於八路裸商等處 使之如前行商是遺.⁴⁾ 所致處 如有譏校之侵是去等⁵⁾ 持此完文 告于該官. 以爲安業之意 成完文 以給者.

　　　　　　　　　　　光緖 五年 乙卯(1879) 十月
　　　　　　　　　　　　　　右捕廳 手決

---

1) 捕盜廳 ← 새우리말 큰사전(하) 3546쪽
　① 조선조 중엽 이후 도둑이나 기타 일반 범죄자를 잡거나 다스리기 위하여 설치한 관청으로 좌우청(左右廳)의 둘이 있음 ② 포청(捕廳)
2) 是去乙(이거늘 이거늘) : ~이거늘 ← 이두문
3) 도청도설(道聽途說) : 길거리에 퍼져 돌아다니는 뜬소문을 이르는 말 ← 새우리말 큰사전(상) 888쪽
4) 是遣(이고) : ~이고 ← 이두문
5) 是去等(이거든) : ① ~이거든 ② ~이었는데 ← 이두문

우포도청 완문 (1879년 10월)

　이번에 완문을 만들어서 주는 것은 관시(關市)[6]의 기찰(譏察)[7]이 법전(法典)에 소상히 등재되어 있을 뿐더러 이 때 횡침(橫侵)[8]의 폐단이 없지 않아서 통렬하게 금지시키지 않을 수 없기 때문이다.
　대저 보상(褓商)이 비록 근본이 있으면서도 근본이 안착되지 않은 부류이지만 그들에 대한 공론(公論 : 公議)은 다른 패류(悖類)와 다르다는 것이 이미 오래 전부터 알려져 있는 일이다. 그러나 뜻밖에도 몇 달 전에 사소한 일로 말미암아 패류(悖類)에 섞이어 피착(被捉)[9]되었다가 며칠 만에 본청(本廳 : 捕盜廳)의 특별한 은유(恩宥)[10]로 풀려났다. 본 포도청에서는 보상이 잡혔을 때 거듭 거듭 보살펴서 효유(曉諭)[11]하고 잃어버린 물건을 일일이 추급(推給)[12]하였다.
　옛날부터 상업은 두로 통하여 막힘이 없는 것이거늘 근일 길거리에 퍼져 돌아다니는 뜬소문을 들으니 와전되고 있다. 먼 길의 상고(商賈 : 行商坐賈)는 바람소리와 학(鶴)의 울음소리를 들으면서도 감히 장시(場市)에 발자취를 들여놓을 수 없어 생계를 유지할 직업의 길이 막혀 있다. 또한 종종 영읍(營邑)의 교졸(校卒)[13]이 몇 달 전에 본청(本廳 : 右捕廳)에 잡혀 와서 상고(商賈)들이 침어(侵漁 : 侵奪)한 폐해가 없지 않다고 말을 만들었으니 그것을 듣고 우리가 그다지 놀라지 않았다.

---

6) 관시(關市) : 관문(關門)과 요새에 있는 시장(市場)
7) 기찰(譏察) ← 새우리말 큰사전(하) 535쪽
　① 행동 따위를 엄중히 살핌. 넌지시 탐사함 ② 범인을 체포하려고 수소문하고 염탐하여 행인을 임검함
8) 횡침(橫侵) : 무법하게 침노함 ← 동아국어사전 2475쪽
9) 피착(被捉) : ① 피체(被逮) ② 남에게 잡히다 ← 동아국어사전 2343쪽
10) 은유(恩宥) : ① 은혜를 베풀어 관대하게 다룸 ② 은사(恩赦) ← 새우리말 큰사전(하)2627쪽
11) 효유(曉諭) : 알아듣게 일러 줌 ← 동아국어사전 2476쪽
12) 추급(推給) : 찾아내어 줌 ← 동아국어사전 2168쪽
13) 교졸(校卒) : 군아(郡衙)에 딸렸던 장교와 나졸(羅卒)의 총칭 ← 동아국어사전 251쪽

이에 이른바 접장(接長)과 반수(班首)는 팔도(八道 : 八路)의 보상처(褓商處)에 유시(諭示)14)를 통달시켜서 예전처럼 행상(行商)하도록 조처한다. 그럼에도 만일 통달된 곳에서 기찰포교(譏察捕校)15)의 침어(侵漁)가 있거든 이 완문을 소지하고 해당 관청에 보고하라. 이에 안업(安業)의 뜻이 되도록 완문을 만들어 주노라.

1879(乙卯 光緖 5)년 10월
우포청 수결

---

14) 유시(諭示) : 관청 같은 데에서 구두나 서면으로 타일러 가르치는 문서 ← 동아국어사전 1693쪽
15) 기찰포교(譏察捕校) ← 새우리말 큰사전(상) 535쪽
① 조선조 때 죄인의 탐정수사에 종사하던 포도청의 한 벼슬 ② 기찰군관(譏察軍官)

負商廳 改設 序 (高宗18年 辛巳 1881년)

　惟我負商之設廳　所由來者久矣. 自我太祖　康獻大王之所設也. 其法也　俱結四寸之誼　而生則依托　病則求活　死則殮葬.[1] 此所謂 四海之內皆兄弟是也. 齒高呼兄　齒下謂弟之　義非耶. 玆以同事之 父母待之　以叔同事之子女　稱以姪者　固宜也.
　桃園之結誼　蘭亭之設稧　奚獨專義千古也哉. 噫　周文王之仁政 哀之惸獨. 漢文帝之惠治　恤之鰥孤　而我東聖後魏蕩之德　實難可以 枚擧矣.
　八域無依之民　只以商業資生[2] 而伏承先大王遺業之法網　尙今勿 失其守　而只期萬一之回報矣. 其後　壬辰倭亂　宜廟播遷南漢之時 輸米而付供　其勳勞不些故　旌之以職. 猗　聖德寧不嘉尙哉.
　嗟　我後生之人　守其一淸之操　以忠義持心　經界行事　則庶乎其 不忘列聖朝眷恤　商民之庶澤深思云爾.

　　　　　　　　　　　　　　　　　　　　　崇禎紀元後五[3]
　　　　　　　　　　　　　　　　　　　上之十八年　辛巳八月　日
　　　　　　　　　　　　　　　　　　　　　　改差[4]序
　　　　　　　　　　　　　　　　　　　[苧産八區　商務社　左社　所藏]

---

1) 염장(殮葬) : 시체를 염습하여 장사지냄 ← 동아국어사전 1555쪽
2) 자생(資生) : 어떤 직업으로 생계를 유지함 ← 새우리말큰사전(하) 2788쪽
3) ① 중국의 연호인 숭정기원(崇禎紀元)은 1628(戊辰)년이다. 이로부터 다섯 번째의 무진년은 1868년이다.
　② 그러므로 1881(辛巳 高宗 18)년은 다섯 번째의 무진년이 지난 이후가 된다.
4) 개차(改差) : 벼슬아치를 갈아 냄 ← 새우리말 큰사전(상) 115쪽

부상청개설 서문 (1881 辛巳 高宗18년)

　유아부상청(惟我負商廳)은 조선왕조의 태조인 강헌대왕(康獻大王)이 설치한 것이므로 유래가 매우 오래되었다. 부상청의 법도는 사촌(四寸)의 정의(情誼)를 맺고 살아서는 서로 의탁하며 병들면 구료하여 살리고 죽으면 염습하여 장사(葬事)지내 준다. 이것이 이른바 온 세상 사방의 사람들을 모두 형제처럼 만드는 것이다. 나이가 높으면 형님으로 부르고 나이가 낮으면 동생으로 부르는 것이 옳지 않겠는가. 이에 부모의 나이에 걸맞으면 부모처럼 대우(待遇)하고 아저씨와 같은 분의 자녀를 조카라고 부르는 것이 마땅하다.

　도원결의(桃園結義)[5]와 난정수계(蘭亭修稧)[6]가 어찌 유독 천고(千古)의 의리로만 전해질소냐. 어희라. 주문왕(周文王 : 昌)[7]은 어진 정치를 펴서 고독(孤獨)[8]을 애석하게 여겼고 한문제(漢文帝 : 恒)[9]는 은혜로운 정치로써 환고(鰥孤)[10]를 구휼(救恤)하였다. 우리 동방의 성현인

---

5) 도원결의(桃園結義) : 삼국시대에 촉나라의 유비 관우 장비가 도원(桃園)에서 의형제를 맺음
6) ① 난정(蘭亭) ← 새우리말 큰사전(상) 623쪽
　- 중국 절강성(浙江省) 소흥현(紹興縣) 남서에 위치하는 난저(蘭渚)에 있던 정자(亭子)
　- 고래로 남화가(南畫家)가 즐겨 그리는 제재(題材)의 하나임.
　② 난정수계(蘭亭修稧) ← 새우리말 큰사전(상) 623쪽
　- 중국 진(晋) 나라의 목제(穆帝) 때인 353년 3월 3일 왕희지(王羲之)를 비롯한
　- 사안(謝安) 손작(孫綽) 등 명사(名士) 41명이 난정(蘭亭)에 모여 곡수(曲水)에 술잔을 띄워
　- 마음을 가다 듬고 시(詩)를 읊던 일을 수계사(修稧事)라 했음
　- 왕희지가 이 시를 모아 직접 서문(序文)을 써서 난정집서(蘭亭集序)라 했음
7) 주문왕(周文王 : 昌) : 주나라 초대 임금
8) 고독(孤獨) : 부모 없는 어린이와 자녀 없는 늙은이
9) 한무제(漢文帝·恒) : ① 前漢의 제5대 임금 ② 恒
10) 환고(鰥孤) : 홀아비와 부모 없는 어린이

공자(孔子) 이후 위(魏) 나라의 탕덕(蕩德 : 大德)이 무척 많아서 실로 열거할 수 없을 정도이다.

팔도(八道 : 八域)의 의지할 곳 없는 백성은 단지 상업(商業)을 생계 유지의 직업으로 삼아 선대왕(先大王)의 유업(遺業)인 법강(法綱)을 공경 계승하여 잃지 않고 숭상 준수함으로써 만분의 하나라도 보답하려고 기약하였다. 그 후 임진왜란 때 선조대왕(宣祖大王)과 사당(祠堂 : 廟)이 남한산성으로 파천(播遷)[11]하였을 때 부상(負商)들이 쌀을 수송하여 공급하였으니 그 훈로(勳勞)가 적지 않았으므로 품직이 내려졌다. 아름답도다. 성상(聖上)이 은덕(恩德)과 안녕(安寧)을 어찌 가상(嘉尙)히 여기지 않으리오.

자! 우리 후인(後人)들은 한결같이 맑은 지조(志操)를 수호하고 충의(忠義)로써 마음을 견지(堅持)해야 한다. 그리고 경계(經界)[12]에서 행사하여 열성조(列聖朝)의 갖가지 권고(眷顧)[13]와 구휼(救恤)[14]을 망각하지 않고 오로지 상민(商民)의 여러 가지 은택(恩澤)을 깊이 생각해야 한다.

고종 18년 신사(1881)년 8월 일
관원을 교체하고 서문을 쓰다.
[저산팔구 상무사 좌사 소장]

---

11) 파천(播遷) : 임금이 서울을 떠나 난리를 피함 ← 동아국어사전 2286쪽
12) 경계(經界) : 옳고 그른 경위가 분간되는 한계 ← 새우리말 큰사전(상) 186쪽
13) 권고(眷顧) : 애정으로 돌보아 줌 ← 東亞漢韓大辭典 1225쪽
14) 구휼(救恤) : 빈민 이재민 등에게 금품 따위를 주어서 구제함 ← 동아국어사전 273쪽

通商衙門[1] 陳情書 ……<負商裌商>
(癸未 1883 高宗卽祚[2] 20年 4月)

八道負商等 右謹陳情由事段[3] 四海之內 至微至陋 生無益死無損者 上中下負商也.

然 而其所秉彝[4]者 忠義也. 故 列聖朝判下 魚鹽水鐵土器木物 五條屬之 負商以資生業. 設置任房於各道 各邑差出頭目 以率其衆矣.

不幸 去六月 軍亂之時 流言煽動 無辜橫死者 累十名也. 呼寃呼啾 倘復何如哉.

自顧情勢 朝東暮西 飄蓬狼狽[5] 指不勝縷 則安業無路 其何以聊生乎.

負商裌商之各安其業 惟在處分之如何 而方今商路廣開 兵技練習之時矣. 等期欲出死力爲國家 作有用之民 以兵以商 俱所樂赴.

願付之通商衙門 精實[6]抄錄 使心産有恒 則上有堂上 下有頭目 勸善懲惡 以御八域矣.

若堂有事之日 則尊卑貴賤 嚮上出義 爲國家 忘身者 出於彝性[7]

---

1) ① 統理衙門(1882년 11월 17일 설치) → 統理交涉通商事務衙門(1882년 12월 4일)
   → 議政府 이관(1885년 4월 25일) ☞ 國史大事典 1606~7쪽
   ② 惠商公局 설치 : 1883년 8월 19일 ☞ 國史大事典 2014쪽>
   ③ 統理內務衙門(1882년 11월 18일 설치) → 統理軍國事務衙門(1882년 12월 4일).
   → 惠商公局(1883년 8월 19일 설치) 관할 → 議政府 병합 (1884년 10월 21일) ☞ 國史大事典 1606~7쪽
2) 즉조(卽祚) : 즉위(卽位) ← 동아국어사전 2036쪽
3) 段(단) : ① ~은 ② ~는 ← 이두문
4) 병이지성(秉彝之性) : 타고난 천성 ← 동아국어사전 901쪽
5) 낭패(狼狽) : 일이 뜻대로 되지 않아 몹시 딱하게 됨 ← 동아국어사전 396쪽
6) 정실(精實) : 잡스럽지 않고 참됨 ← 동아국어사전 1933쪽

則赴湯蹈火 宜所不難. 當此之時 一人作頭 千人響應 豈非爲國家 長久之策哉.

伏乞[8] 參商[9] 敎是[10] 後特施衆人所望. 千萬伏祝[11] 通商衙門 堂上主 處分.

통상아문 진정서 (1883년 4월) : <負商褓商>

팔도의 부상(負商)들이 다음과 같이 진정(陳情)[12]을 올리는 사유(事由)는 온 세상에서 지극히 미약하고 비루하므로 살아도 이익이 없고 죽어도 손해가 없는 사람들이 상중하의 부상(負商)이기 때문이다.

부상들의 타고난 천성은 충의(忠義)이다. 그러므로 열성조(列聖朝)[13]에서 부상(負商)들이 어물 소금 무쇠 토기 목물의 다섯 가지 물건에 붙여 생계를 유지하는 직업으로 삼고 각 도(道)에 임방(任房)을 설치하며 각 읍(邑)마다 두목(頭目)을 차출하여 무리를 통솔하도록 판하(判下)[14]하였다.

---

7) 병이지성(秉彝之性) : 타고난 천성 ← 동아국어사전 901쪽
8) 복걸(伏乞) : 엎드리어 빎 ← 동아국어사전 921쪽
9) ① 참상(參商) ← 새우리말 큰사전(하) 3208쪽
  - 참성(參星)과 상성(商星).
  - 참성은 서쪽에 있고 삼성은 동쪽에 있으므로 서로 멀리 떨어져 있어 만날 수 없음을 이르는 말.
  ② 삼상지탄(蔘商之歎) ← 새우리말 큰사전(상) 1742쪽
  - 삼성(參星)과 상성(商星)이 멀리 떨어져 있는 것과 같이 두 사람이 서로 멀리 떨어져 있어
  - 만나기 어려움을 한탄하여 이르는 말
10) 敎是(교시) : ~께서 ← 이두문
11) 복축(伏祝) : 엎드려 축원함 ← 동아국어사전 929쪽
12) 진정(陳情) : 사정을 진술함 ← 동아국어사전 2078쪽
13) 열성조(列聖朝) : 같은 혈통으로 이어진 여러 대 임금의 왕조 ← 동아국어사전 1549쪽

불행하게도 지난 1882년 6월의 임오군란(壬午軍亂) 때 유언비어(流言蜚語)와 선동(煽動)으로 허물없이 수 십 명이 횡사(橫死)15)하였다. 그 원통함을 하소연하고 어이없음을 응얼거려 보아도 회복할 길이 없도다.

우리 부상들이 스스로의 정세(情勢)를 살펴볼 때 아침에는 동쪽에서 그리고 저녁에는 서쪽으로 회오리바람에 쑥봉 날리듯 낭패(狼狽)를 당하니 남루(襤褸)16)를 억누를 수 없고 안전한 직업의 길이 없으므로 평생을 의지하여 살아갈 힘이 막연하였다.

부상보상(負商褓商)의 안업(安業)은 오로지 통상아문(通商衙門)의 처분 여하에 달려 있다. 이제 상로(商路)가 크게 열리면 병사(兵士)의 기량을 연마 습득할 때이다. 우리 부상보상들은 국가를 위하여 사력(死力)을 다 바칠 것을 기약하고 쓸모 있는 백성이 되어 상병(商兵)으로서 기꺼이 달려나갈 것이다.

원컨대 우리 부상보상을 통상아문(通商衙門)에 부속시키고 정실(精實)17)을 뽑아서 항상 산업(産業)에 마음을 기울이도록 하면 위로는 당상(堂上)18)이 있고 아래로는 두목(頭目)이 있으니 권선징악(勸善懲惡)으로 팔도(八道 : 八域)를 거느릴 것이다.

만약 당상(堂上)에 무슨 일이 생기는 날에는 존비귀천(尊卑貴賤)이 모두 당상(堂上)을 향하여 의기(義氣)를 발휘할 것이고 국가를 위해서라면 아낌없이 한 몸을 바치는 천성(天性 : 彛性)이 우러나면 부탕도화

---

14) ① 판하(判下) : 판부(判付). 주안(奏案)을 임금이 허가하는 일 ← 새우리말 큰사전(하) 3505쪽
   ② 주안(奏案) : 임금에게 상주(上奏)하는 문안(文案) ← 새우리말 큰사전(하) 3060쪽
15) 횡사(橫死) : 뜻밖의 재화(災禍)로 인하여 죽음 ← 새우리말 큰사전(하) 3806쪽
16) 남루(襤褸) : ① 누더기 ② 옷 따위가 해져 지저분함 ← 동아국어사전 390쪽
17) 정실(精實) : 잡스럽지 않고 참됨 ← 동아국어사전 1933쪽
18) 당상(堂上) : 정3품 이상의 벼슬아치 ← 동아국어사전 495쪽

(赴湯蹈火)¹⁹⁾가 마땅하여 어렵지 않을 것이다. 이러한 때에는 한 사람의 두목이 작동하면 1천 명이 향응(響應)²⁰⁾할 것이다. 이 어찌 국가를 위하여 장구(長久)한 시책(施策)이 아니리오.

　참상(參商)께서 이후 중인(衆人)의 소망을 특별히 실시하기를 엎드려 빈다. 그리고 통상아문(通商衙門) 당상주(堂上主)의 처분을 천만 번 엎드려 축원한다.

---

19) 부탕도화(赴湯蹈火) ← 새우리말 큰사전(상) 1540쪽
　- 끓는 물이나 뜨거운 불도 헤아리지 않고 뛰어 든다 함이니
　- 목숨을 걸고 하는 아주 어렵고 힘든 고욕이나 수난을 이르는 말
20) 향응(響應) ← 새우리밀 근사진(하) 3687쪽
　① 소리에 따라서 마주쳐 그 소리와 같이 울림 ② 어떤 사람의 주창(主唱)에 따라 그와 같은 행동을 취함

通商衙門 題音內[1] (1883년 4월 20일) ……<負商裸商>

義旣可尙 情又可念. 自本衙門 發關行會[2]向事[3]. 李承鶴 辛乙甲 趙鍾健 李殷植 李聖根 金文俊 李益馨 李根完 朴聞皐 崔一成 任皓準 韓容三 康仁誠 元道常 李允成 徐秉斗 安守一 房在樹 朴準寅 云云矣. 等之前後之事狀 已悉於前狀 今不必疊床.

而去四月二十日到付 傳令內 負商裸商京都所屬之 三軍府會所 聞知是在果[4] 現今本衙門刱設以後 凡係 內外商務 莫不管轄是如乎[5]從玆以往移屬乎.

本衙門之意 奉承傳敎 玆以傳令爲去乎.[6] 京外各都所 所有判下節目 及 印信圖署文蹟 收聚來納于本衙門爲旀.[7]其所興業除弊之方 自有方便之道 亦敎是故[8]依令辭八道都所 印信及節目收聚 上納爲白去乎.[9]印信改鑄與五條物種節目 從速發關 行會於各道各邑 以爲興業資生[10]之地 伏俟處分爲白只爲.[11]

---

1) ① 題音內 : 題音 + 內
   ② 題音(톄김) : 관부에서 백성의 訴狀이나 願書에 기록하는 指令. 題辭 ← 이두문
   ③ 題辭 :
       - 관부에서 백성의 訴狀이나 願書에 대하여 적절한 처리를 내리던 글발
       - 책머리나 빗돌 위에 쓰는 말
   ④ 內(안 뇌 닉) : 안 내 읍 ← 이두문
2) 행회(行會) : 나라의 명령을 알리고 실행방법을 논의 결정하기 위한 모임 ← 새우리말큰사전(하) 3684쪽
3) 向事(안일) : ② ~할 일 ③ ~한 일 ④ ~할 것 ← 이두문
4) 是在果(이견과) : ~이거니와 ← 이두문
5) 是如乎(이다온) : ① ~이라니 ② ~이라는 ← 이두문
6) 爲去乎(ᄒᆞ거온) : ① ~하므로 ② ~하건대 ← 이두문
7) 爲旀(ᄒᆞ며) : ~하며 ← 이두문
8) 敎是故(이신고로) : 말씀하시었으므로 ← 이두문
9) 爲白去乎(ᄒᆞᄉᆞᆲ거온) : ① ~하오니 ② ~하옵기 때문에 ← 이두문
10) 자생(資生) : 어떠한 직업에 따라서 생활함

통상아문 대민행정처리문 (1883년 4월 20일) ……<負商褓商>

팔도의 부상(負商)들에게는 이미 의리(義理)가 옳게 숭상(崇尙)되고 정의(情誼)도 옳게 유념(留念)되었으니 당상주(堂上主)가 본 통상아문(通商衙門)의 관문(關文)[12]을 발통하여 회의를 소집해야 한다. 이승학 신을갑 조종건 이은식 이성근 김문준 이익형 이근완 박문고 최일성 임호준 한용삼 강인성 원도상 이윤성 서병두 안수일 방재수 박준인 등이 문제를 제기했기 때문이다. 이들의 전후 사정은 이미 올린 문서에서 다 알고 있으므로 이제 거듭 책상 위에 쌓아놓을 필요가 없다.

지난 4월 20일 도착된 전령(傳令)을 보면 부상보상(負商褓商)은 경도(京都 : 서울 都城)에 소속되어 있다는 것은 일찍이 삼군부(三軍府)[13]에서 흘러나온 소문으로 알고 있거니와 지금의 통상아문(通商衙門)이 창설된 이후 모든 관계된 내외의 상무(商務)를 관할하지 않는 것이 없다고 하니 모두 이속(移屬)되어 간 것이다.

본 통상아문의 뜻은 전교(傳敎)[14]를 받들어 계승되므로 전령(傳令)[15]으로 이루어진다. 그러므로 서울 이외의 각 도소(都所 : 任所)에서는 소유하고 있는 판하절목(判下節目)[16] 인신(印信)[17] 도서(圖署)[18]

---

11) 爲白只爲(ᄒᆞᆸ기암) : ~하옵도록 ← 이두문
12) 관문(關文) : 상급관청에서 하급관청으로 보내는 공문서 ← 동아국어사전 229쪽
13) 삼군부(三軍府) : 중요한 군무를 의논하는 관아 ← 동아국어사전 1106쪽
14) 전교(傳敎) : 임금의 명령 ← 동아국어사전 1883쪽
15) 전령(傳令) ← 동아국어사전 1889쪽
  - 군부대 사이에 명령을 전달하는 일 또는 병사
  - 명령을 전하거나 전하는 사람
  - 전하여 보내는 훈령이나 고시
16) 판하절목(判下節目) : 임금이 주안(奏案)을 허가한 절목
17) 인신(印信) : ① 도장이나 판인(官印) 따위를 통틀어 일컬음 ② 도서(圖書) ← 새우리말큰사전(하) 2722쪽
18) ① 도서(圖署) : 도서(圖書)에 찍는 도장 ← 동아국어사전 546쪽

문적(文蹟)19) 등을 거두어 모아서 본 통상아문에 납부해야 한다. 그리고 흥업(興業)과 폐단 제거의 방법에 대한 방편(方便)20)도 일러주었으므로 팔도의 도소(都所)에서는 내려진 명령에 의하여 인신(印信) 및 절목을 거두어 모아 상납해야 한다. 이에 각 도소(都所)에서는 관문(關文)을 통하여 인신개주(印信改鑄)와 다섯 가지 물종절목(物種節目)을 각 도읍(道邑)으로 신속하게 발통해야 한다. 그리고 각 도읍에서 회의를 소집하여 흥업(興業)과 생계유지의 직업이 되도록 처분하기를 엎드려 기대한다.

---

② 도서(圖書) : 글씨 그림 책 등의 총칭
19) ① 문적(文蹟) : 문부(文簿) ← 동아국어사전 747쪽
② 문부(文簿) : 뒷날에 상고할 글발과 장부. 문안(文案) ← 동아국어사전 745쪽
20) 방편(方便) : 경우에 따라 일을 쉽고 편리하게 치를 수 있는 수단과 방법 ← 동아국어사전 832쪽

通商衙門 題音 (1883년 6월 16일) … <負商褓商>

印信與節目 捧上[1]是在果[2]五條節目行會[3]等 節當處分向事.[4] 六月十六日 李承鶴 辛乙甲 趙鍾健 李殷植 李聖根 金文俊 李益馨 李根完 朴聞皐 崔一成 任皓準 韓容三 康仁誠 元道常 李允成 徐秉斗 安守一 房在樹 朴準寅 云云矣. 等亦聖世化育中一物也.

背負生業 雖極卑微 亦是彛性[5]故 往在壬辰 丙子 丙寅之難矣 等出力赴陣 寔爲愚衷[6]所發 安敢[7]以切自衒. 至若昨年之變 尙忍言哉.

欲作護衛之計 反陷亂類之科 含寃積菀 跼蹐[8]未伸是白加尼[9]. 何幸 聖明洞燭寃狀 特下歸屬之分付矣. 等懽欣踏舞擧懷 少須臾毋死之心矣.

顧今宇內諸國 皆有商業 如商局 商社 商會 等事 無非護國家 通商邃之道 而自成一規 則獨於吾東方無矣. 等之句管[10] 皆非當世之欠事乎.

且 或一二亂類籍 托負商褓商 往往有鄕谷間 斂錢作梗之弊. 薰

---

1) ① 봉상(捧上) : 봉납(捧納) ← 동아국어사전 940쪽
   ② 봉납(捧納) : 물건을 바치는 일. 봉입(捧入)
2) 是在果(이견과) : ~이거니와 ← 이두문
3) 행회(行會) : 나라의 명령을 알리고 실행방법을 논의 결정하기 위한 모임 ← 새우리말 큰사전(하) 3684쪽
4) 向事(안일) : ①~할 일 ②~할 것 ← 이두문
5) 이성(彛性) : ① 병이지성(秉彛之性) ② 타고난 천성 ← 동아국어사전 901쪽
6) 우충(愚衷) : 자기의 마음 속 (낮춤말) ← 동아국어사전 1653쪽
7) 安敢(안감) : 어찌 감히 ~하랴
8) 국척(跼蹐) : ① 마음에 황송하여 몸을 굽힘 ② 국축(跼縮) 국천척지(跼天蹐地) ← 새우리말큰사전(상) 414쪽
9) 是白加尼(이솗더니) : ~이옵더니 ← 이두문
10) 구관(句管) : 맡아서 다스림 ← 새우리말 큰사전(상) 363쪽

蕕[11]莫卞 玉石俱焚矣. 等不勝忿恨 相告相戒 冒濫仰訴爲白去乎.[12]

特軫矣 等之情勢深察 施措之便宜使矣. 等之名特立商局 一體管檢是白遣[13] 至於外邑無賴輩 蔑視侵侮之弊. 行會於八道四都 嚴飭禁斷是白遣[14] 使此羈旅[15]之踪 以好爲護國奉公 永賴涵養之德 千萬伏祝

통상아문 대민행정처리문 (1883년 6월 16일) ··· <負商褓商>

인신(印信 : 官印)과 절목(節目 : 條目)은 통상아문(通商衙門)의 당상(堂上)에 바쳤으니 오조물종(五條物種)에 관한 절목과 행회(行會)[16] 등은 절차에 따라 마땅히 처분할 것이다. 6월 16일 이승학 신을갑 조종건 이은식 이성근 김문준 이익형 이근완 박문고 최일성 임호준 한용삼 강인성 원도상 이윤성 서병두 안수일 방재수 박준인 등이 문제를 제기했기 때문이다. 이들도 역시 성스러운 세상에서 교화육성(敎化育成)하는 하나의 인물이다.

등짐 지는 생업이 비루(卑陋 鄙陋)[17]하고 미천(微賤)할지라도 성품(性品)만은 떳떳하였다. 그러므로 지난 임진(壬辰 1592) 병자(丙子

---

11) 훈유(薰蕕) ← 동아국어사전 2483쪽
 - 향기를 풍기는 풀과 못된 냄새를 풍기는 풀이라는 뜻으로
 - 착한 사람과 모진 사람의 언행을 비유하여 하는 말
12) 爲白去乎(하솗거온) : ~하오니 ~하옵기 때문에 ← 이두문
13) 是白遣(이솗고) : ~이옵고 ← 이두문
14) 是白遣(이솗고) : ~이옵고 ← 이두문
15) 기려(羈旅) : 객지에 머물러 있는 나그네 ← 동아국어사전 348쪽
16) 행회(行會) : 나라의 명령을 알리고 실행방법을 논의 결정하기 위한 모임
 ← 새우리말 큰사전(하) 3684쪽
17) 비루(卑陋 鄙陋) : 행동이나 성질이 고상하지 못함 ← 동아국어사전 1008쪽

1637) 병인년(丙寅年 1866)의 난리를 당하여 이들이 힘을 내어 군진(軍陣)으로 달려간 것은 속마음에서 피어오른 것이니 어찌 감히 자랑하지 않을소냐. 만약 작년의 변고(變故 : 壬午軍亂 1882)에 대한 설명은 오히려 참아두는 것이로다.

호위하는 계략을 펼치려던 부보상들의 충정이 반대로 난류(亂類)[18]의 죄과(罪科)[19]에 빠져들었으니 원통함과 답답함이 마음에 쌓여 발끝을 구부리고 펴지 못하고 있었다. 다행스럽게도 임금님께서 원통한 사정을 통촉(洞燭 : 諒察)하시어 밝혀 주시고 특히 통상아문(通商衙門)에 귀속시키도록 분부(分付)를 내려 주셨다. 부보상들은 기쁨에 넘쳐 춤을 추고 회한(悔恨)을 날려 보내어 조금도 죽고 싶은 마음이 없게 되었다.

지금 세계의 여러 나라를 살펴보면 대개 상업이 있는데 상국(商局) 상사(商社) 상회(商會) 등을 두고 국가에서 통상(通商)의 깊은 방도(方道)를 보호하지 않는 나라가 없고 스스로 한결같은 법규(法規)를 만들어 놓고 있는데 유독 우리나라에만은 없다. 그러므로 부보상들이 맡아서 다스리는 것은 당세(當世)에 어찌 흠결(欠缺)이 아니랴.

또한 간혹 한 두 패거리의 난류(亂類)가 부상보상(負商褓商)과 결탁하여 가끔 시골마을에서 돈을 거두므로 경색(梗塞)된 폐단이 일어나고 있다. 이는 훈유(薰蕕)[20]가 법을 막아서 옥석(玉石)이 함께 불타고 있는 셈이다. 부보상들이 원한(怨恨)스러운 생각을 억누를 수 없으므로 서로 충고(忠告)하고 서로 경계(警戒)하도록 외람됨을 무릅쓰고 우러러 호소한다.

그러하오니 특별한 진념(軫念)[21]으로 부보상들의 정세(情勢)를 깊이

---

18) 난류(亂類) : ① 질서를 문란케 하는 무리 ② 불법한 짓을 마구 하는 무리
   ← 새우리말 큰사전(상) 620쪽
19) 죄과(罪科) : ① 죄와 허물 ② 법률에 비추어 처벌함 ← 동아국어사전 1993쪽
20) 훈유(薰蕕) ← 동아국어사전 2483쪽
   · 향기를 풍기는 풀과 못된 냄새를 풍기는 풀이라는 뜻으로
   · 착한 사람과 모진 사람의 언행을 비유하여 하는 말
21) 진념(軫念) : 백성을 염려하는 임금의 마음 ← 東亞漢韓大辭典 1813쪽

살피고 편의를 제공하는 조치를 실시하라. 부보상들의 이름으로 특별히 상국(商局)을 설립하여 외읍(外邑)의 무뢰배(無賴輩)가 멸시(蔑視) 침모(侵侮)하는 폐단까지 모든 것을 관리 검색할 것이다. 이를 팔도(八道) 사도(四都)의 행회(行會)에서 엄중히 훈계 금지 단속하여 부보상들의 발자취가 기꺼운 마음으로 호국봉공(護國奉公)을 함양(涵養)의 덕목으로 삼아 영원히 신뢰받기를 천만 번 엎드려 축원한다.

軍國衙門¹⁾題音²⁾　(1883년 8월 19일) … <負商裸商>

　汝矣等 旣屬衙門 自可管檢 依商局例施行 而無賴輩 凌侮勒斂 與籍托斂錢 大關民隱 並一切痛禁之意 當關勅³⁾各道向事. 八月十六日 李承鶴 辛乙甲 趙鍾健 李殷植 李聖根 金文俊 李益馨 李根完 朴聞阜 崔一成 任皓準 韓容三 康仁誠 元道常 李允成 徐秉斗 安守一 房在樹 朴準寅 云云矣.

　統理軍國事務衙門⁴⁾ 爲相考事節 啓下敎. 今八月十九日 總理大臣 入侍⁵⁾時 左議政 金炳國所啓 負商裸商 付之軍國衙門 牽制之方 從長措處事 纔有成命矣.

　現今宇內⁶⁾諸國 皆有商局 商社 商會 等事. 負商裸商 另立一局 稱以惠商公局 以爲管檢之道. 而若其外邑 無賴輩之蔑視陵侮也 籍

---

1) 아문(衙門) : 급이 높은 관청을 통틀어 이르던 말 ← 새우리말 큰사전(하) 2171쪽
2) ① 題音(데김 제사) : 題辭 ← 이두문
　　소송장 고소문 진정서 등에 대한 判決文 ← 이두사전 120쪽
　② 제사(題詞 題辭) ← 새우리말 큰사전(하) 2982쪽
　- 관부(官府)에서 백성이 낸 소장(訴狀)이나 원서(願書) 같은 데에 기록하는 관부의 판결(判決)이나 지령(指令). 제지(題旨)
　- 책의 첫 머리에 책을 내게 된 취지나 출판을 찬동 격려하는 뜻을 적은 글 또는 화폭(畫幅) 같은 것의 위에 적는 글
3) 관칙(關勅) : ① 상급관아에서 하급관아에 보내던 공문 ② 訓令 甘結 禮飭 ← 새우리말 큰사전(상) 330쪽
4) ① 統理內務衙門(1882년 11월 18일 설치) → 統理軍國事務衙門(1882년 12월 4일) → 惠商公局(1883년 8월 19일 설치) 관할 → 議政府 병합 (1884년 10월 21일) ☞ 國史大事典 1606쪽
　② 統理衙門(1882년 11월 17일 설치) → 統理交涉通商事務衙門(1882년 12월 4일) → 議政府 이관(1885년 4월 25일) ☞ 國史大事典 1606쪽
　③ 惠商公局 설치 : 1883년 8월 19일 ☞ 國史大事典 2014쪽
5) 입시(入侍) : 대궐에 들어가 임금을 알현하던 일 ← 동아국어사전 1789쪽
6) 우내(宇內) : ① 온 세상 ② 하늘 아래 ③ 天下 海內 四海 ← 東亞漢韓大辭典 478쪽

托收斂也 假稱混襟也 各項爲弊 一切痛禁. 然後 可以杜奸僞 而安
業分付 該道這這探察 各別嚴懲. 亦自本局 成標烙印出給 俾爲徵
驗之資. 而如是之後 負商褓商 苟或一毫侵逼於民間 則各該營邑
隨現重繩之意. 一體關飭何如. 上曰 依爲之事 傳敎敎是置[7].

군국아문 행정처리문 (1883년 8월 19일) …… <負商褓商>

 그대 부보상들이 이미 1883년 7월 5일 군국아문(軍國衙門)에 소속되어[8] 있으므로 스스로 관리 검색할 수 있으나 상국(商局 : 惠商公局)[9]의 사례(事例)에 의거하여 시행한다. 그리고 무뢰배가 능멸(凌蔑) 침모(侵侮)하면서 억지로 추렴(出斂)하고 의탁(依託)을 빙자(憑藉)하여 금품을 거두는 것은 백성의 괴로움에 크게 관련되는 것이므로 일절 통렬하게 금지하는 뜻으로 마땅히 각도(各道)에 관칙(關飭 : 公文)을 보낼 것이다. 8월 16일 이승학 신을갑 조종건 이은식 이성근 김문준 이익형 이근완 박문고 최일성 임호준 한용삼 강인성 원도상 이윤성 서병두 안수일 방재수 박준인 등이 문제를 제기했기 때문이다.
 통리군국사무아문(統理軍國事務衙門)의 사무절차를 살펴보면 임금에게 상계(上啓)[10]하여 하교(下敎)[11]를 받는다. 이번 8월 19일 총리대신이 대궐에 들어가 임금님을 알현할 때 좌의정 김병국(金炳國)이 아뢰었다. 부상보상(負商褓商)을 군국아문에 귀속시키고 견제의 방도는 책임자에게 종속시키도록 조처할 것이라면서 겨우 하명(下命)을 받았다.

---

7) 敎是置(이신두) : 말씀하셨다 ← 아두문
8) 惠商公局 關文謄書冊
9) 혜상공국은 1883년 8월 19일 설치됨 ← 혜상공국 관문등서책
10) 상계(上啓) : 조정이나 웃사람에게 아룀 ← 동아국어사전 1125쪽
11) ① 하교(下敎) : 傳敎. 웃사람이 아랫사람에게 가르치어 보임 ← 동아국어사전 2347쪽
 ② 전교(傳敎) : 임금의 명령. 下敎 ← 동아국어사전 1883쪽

지금 세계의 여러 나라에서는 대개 상국(商局) 상사(商社) 상회(商會) 등을 두고 있다. 우리도 부상보상을 별도의 일국(一局)으로 설립하여 혜상공국(惠商公局)이라 부르고 관리 검색의 방도(方道)로 삼았다. 그러므로 만약 외읍에서 무뢰배의 멸시나 능멸 모욕이 있거나 의탁을 빙자하여 거둬들이거나 가칭 혼잡하거든 각각의 폐단을 일절 통렬하게 금지한다. 그런 연후에 간교한 허위(虛僞)를 두절시킴으로써 안업(安業)을 분부(分付)[12]한다. 이에 해당 도(道)에서는 여러 가지를 탐색 관찰하여 각별히 엄중하게 징벌한다. 또한 본국(本局 : 惠商公局)으로부터 험표(驗標)와 낙인(烙印)을 지급받아 징험(徵驗)의 자료로 삼아야 한다. 그리고 이와 같이 한 후에 부상보상이 만일 털끝만큼도 민간을 침탈 핍박하였다면 각 해당 영읍(營邑)에서는 나타나는 대로 엄중하게 다스린다는 뜻으로 일체(一體)의 관칙(關飭 : 공문)[13]을 하달하는 것이 어떠하오리까. 임금이 그렇게 하라는 전교(傳敎)[14]를 내리라고 말씀하셨다.

---

12) 분부(分付 吩咐) : ① 아랫사람에게 명을 내림 ② 명령 ← 동아국어사전 973쪽
13) 관칙(關飭) ← 새우리말 큰사전(상) 330쪽
   ① 상급 관아('官衙)에서 하급 관아에 보내던 공문 ② 훈령(訓令) 감결(甘結) 예칙(禮飭)
14) 전교(傳敎) : 임금이 내린 명령. 하교(下敎) ← 새우리말 큰사전(하) 2894쪽

惠商公局[1] **關文謄書册**[2] (1883년 8월 23일)......... <負商褓商>

七月初五日
大殿下敎 曰 三軍府革罷後 負商褓商 尙無歸屬 付之軍國衙門 牽制之方 從長措處.

八月十九日
總理大臣 入侍[3]時 左議政 金炳國所啓 負商褓商 付之軍國衙門 牽制之方 從長措處事 纔有成命矣. 現今宇內[4]諸國 皆有商局 商社 商會 等事. 負商褓商 另立一局 稱以惠商公局 以爲管檢之道. 而若 其外邑 無賴輩之蔑視陵侮也 籍托收斂也 假稱混襍也 各項爲弊 一切痛禁. 然後 可以杜奸僞 而安業分付 該道這這探察 各別嚴懲. 亦自本局 成標烙印出給 俾爲徵驗之地資. 而如是之後 負商褓商 苟或一毫侵逼於民間 則各該營邑 隨現重繩之意 一體關飭何如. 上曰 依爲之事.

八月二十三日
統理軍國事務衙門[5] 爲相考事 所啓下敎令. 八月十九日 總理大

---

1) 혜상공국은 1883년 8월 19일 창설되어 군국아문에서 관할하였다.
2) ① 관문(關文) : 상급 관청에서 하급 관청으로 보내는 공문서 ← 동아국어사전 229쪽
   ② 등서책(謄書册) : 등사(謄寫)된 책.
3) 입시(入侍) : 대궐에 들어가 임금을 알현하던 일 ← 동아국어사전 1789쪽
4) 우내(宇內) : ① 온 세상 ② 하늘 아래 ③ 天下 海內 四海 ← 東亞漢韓大辭典 478쪽
5) ① 統理內務衙門(1882년 11월 18일 설치) → 統理軍國事務衙門(1882년 12월 4일) → 惠商公局(1883년 8월 19일 설치) 관할 → 議政府 병합 (1884년 10월 21일) ☞ 國史大事典 1606쪽
   ② 統理衙門(1882년 11월 17일 설치) → 統理交涉通商事務衙門(1882년 12월 4일) → 議政府 이관(1885년 4월 25일) ☞ 國史大事典 16067쪽

臣 入侍⁶⁾時 左議政 金炳國所啓 負商裸商 付之軍國衙門 牽制之方 從長措處事 纔有成命矣. 現今宇內⁷⁾諸國 皆有商局 商社 商會等事. 負商裸商 另立一局 稱以惠商公局 以爲管檢之道. 而若其外邑 無賴輩之蔑視陵侮也 籍托收斂也 假稱混襍也 各項爲弊 一切痛禁. 然後 可以杜奸僞 而安業分付 該道這這探察 各別嚴懲. 亦自本局 成標烙印出給 俾爲徵驗之地資. 而如是之後 負商裸商 苟或一毫侵逼於民間 則各該營邑 隨現重繩之意 一體關飭何如. 上曰 依爲之事 傳教散是置.

惠商公局 掌上
民台鎬(左贊成 勾管)　　　韓圭稷(御營大將 勾管)　　　民泳翊(權知交涉通商事務摠辦)
尹泰駿(協辦軍國事務摠辦)　閔應植(協辦軍國事務辦)　　李祖淵(協辦交涉通商事務摠辦)

監務官分掌記
前縣監 吳仁杓 全羅道　　前僉使 白殷圭 咸鏡道　　前僉使 金信默 京畿道
前五衛將 劉熙昇 江原道　　前五衛將 金潤龍 慶尙道
前判官 鄭兌奎 平安道　　前判官 尹永基 黃海道　　前判官 吳宖默 忠淸道

八道都接長
京畿道 劉承祚(居畿內竹洞)　　忠淸道 朴有鎭(牙山屯浦)
全羅道 金永桓(全州)　　　　　慶尙道 田世坤(居寧海)
江原道 李士彦(居安城)　　　　黃海道 崔隣善(居海州)
平安道 邊泰衡(居畿內倉洞)　　咸鏡道 吳昌業(居元山)

---

③ 惠商公局 설치 : 1883년 8월 19일 ⇦ 國史大事典 2014쪽
6) 입시(入侍) : 내궐에 들어가 임금을 알현하던 일 ⇦ 동이국어시전 1789쪽
7) 우내(字內) : ① 온 세상 ② 하늘 아래 ③ 天下 海內 四海 ⇦ 東亞漢韓大辭典 478쪽

韓山接長 白學洙   本房 金國弼

혜상공국 관문등서책 (1883년 8월 23일)… <負商褓商>

7월 초 5일
　대전(大殿:大闕)에서 삼군부(三軍府)[8]를 혁파(革罷)[9]한 후 부상과 보상을 일찍이 귀속시킬 곳이 없었던 것을 군국아문에 예속시키고 견제의 방도는 관장(官長)의 조처에 따르도록 하교(下敎)하였다.

7월 19일
　총리대신이 대궐에 들어가 임금님을 알현할 때 좌의정 김병국(金炳國)이 아뢰었다. 부상보상(負商褓商)을 군국아문에 귀속시키고 견제의 방도는 책임자에게 종속시키도록 조처할 것이라면서 겨우 하명(下命)을 받았다.
　지금 세계의 여러 나라에서는 대개 상국(商局) 상사(商社) 상회(商會) 등을 두고 있다. 우리도 부상보상을 별도의 일국(一局)으로 설립하여 혜상공국(惠商公局)이라 부르고 관리 검색의 방도(方道)로 삼았다. 그러므로 만약 외읍에서 무뢰배의 멸시나 능멸 모욕이 있거나 의탁을 빙자하여 거둬들이거나 가칭 혼잡하거든 각각의 폐단을 일절 통렬하게 금지한다. 그런 연후에 간교한 허위(虛僞)를 두절시킴으로써 안업(安業)을 분부(分付)[10]한다. 이에 해당 도(道)에서는 여러 가지를 탐색 관찰하여 각별히 엄중하게 징벌한다. 또한 본국(本局:惠商公局)으로부터 험표(驗標)와 낙인(烙印)을 지급받아 징험(徵驗)의 자료로 삼아야

---

8) 삼군부(三軍府) : 중요한 軍務를 의논하는 官衙 ← 동아국어사전 1106쪽
9) 혁파(革罷) : 기구 제도 법령 따위에서 낡아 못쓰게 된 것을 버림 ← 동아국어사전 2412쪽
10) 분부(分付 吩咐) : ① 아랫사람에게 명을 내림 ② 명령 ← 동아국어사전 973쪽

한다. 그리고 이와 같이 처리한 후에 부상보상이 만일 털끝만큼이라도 민간을 침탈 핍박하였다면 각 해당 영읍(營邑)에서는 나타나는 대로 엄중하게 다스린다는 뜻으로 일체(一體)의 관칙(關飭·공문)[11]을 하달하는 것이 어떠하오리까. 임금이 그렇게 하라고 말씀하셨다.

8월 23일

통리군국사무아문(統理軍國事務衙門)의 사무절차를 살펴보면 임금에게 상계(上啓)[12]하여 하교(下敎)[13]를 받는다. 8월 19일 총리대신이 대궐에 들어가 임금님을 알현할 때 좌의정 김병국(金炳國)이 아뢰었다. 부상보상(負商褓商)을 군국아문에 귀속시키고 견제의 방도는 책임자에게 종속시키도록 조처할 것이라면서 겨우 하명(下命)을 받았다.

지금 세계의 여러 나라에서는 대개 상국(商局) 상사(商社) 상회(商會) 등을 두고 있다. 우리도 부상보상을 별도의 일국(一局)으로 설립하여 혜상공국(惠商公局)이라 부르고 관리 검색의 방도(方道)로 삼았다. 그러므로 만약 외읍에서 무뢰배의 멸시나 능멸 모욕이 있거나 의탁을 빙자하여 거둬들이거나 가칭 혼잡하거든 각각의 폐단을 일절 통렬하게 금지한다. 그런 연후에 간교한 허위(虛僞)를 두절시킴으로써 안업(安業)을 분부(分付)[14]한다. 이에 해당 도(道)에서는 여러 가지를 탐색 관찰하여 각별히 엄중하게 징벌한다. 또한 본국(本局:惠商公局)으로부터 험표(驗標)와 낙인(烙印)을 지급받아 징험(徵驗)의 자료로 삼아야 한다. 그리고 이와 같이 처리한 후에 부상보상이 만일 털끝만큼도 민간을 침탈 핍박하였다면 각 해당 영읍(營邑)에서는 나타나는 대로 엄중하

---

11) 관칙(關飭) ← 새우리말 큰사전(상) 330쪽
① 상급 관아(官衙)에서 하급 관아에 보내던 공문 ② 훈령(訓令) ③ 감결(甘結) ④ 예칙(禮飭)
12) 상계(上啓) : 조정이나 웃사람에게 아룀 ← 동아국어사전 1125쪽
13) ① 하교(下敎) : 傳敎 웃사람이 아랫사람에게 가르치어 보임 ← 동아국어사전 2347쪽
② 전교(傳敎) : 임금의 명령. 下敎 ← 동아국어사전 1883쪽
14) 분부(分付 吩咐) : 아랫사람에게 명을 내림. 명령 ← 동아국어사전 973쪽

게 다스린다는 뜻으로 일체(一體)의 관칙(關飭 : 공문)[15]을 하달하는 것이 어떠하오리까. 임금이 그렇게 하라는 전교(傳敎)[16]를 내리라고 말씀하셨다.

혜상공국 장상

---

15) 관칙(關飭) ← 새우리말 큰사전(상) 330쪽
① 상급 관아(官衙)에서 하급 관아에 보내던 공문 ② 훈령(訓令) ③ 감결(甘結) ④ 예칙(禮飭)
16) 전교(傳敎) : 임금이 내린 명령. 하교(下敎) ← 새우리말 큰사전(하) 2894쪽

惠商公局 甘結[1] (1883년 11월 4일) … <負褓兩社>

惠商公局 爲相考事 本局 今旣刱設 新造關防[2] 自今行用是在果.[3]

蓋此負褓兩社 以八道萍蓬[4]之踪風 霧雨 宿草 行露處. 顧其情則慽矣.

而壬亂運餉 丙子赴陣 亦推赤心.[5]

而挽近中外 無賴之輩 冒稱[6]此商 自作亂類之事 聽聞狼藉[7] 羣情怫鬱 揆以事理萬痛駭. 各道各任房 良中別成 名標以給爲去乎[8] 從玆以往 憑此施行是矣.

各邑奴令[9]輩之 或稱分錢責 懲商隊者 及商隊之設 以收稅 索錢 於私卜者 一切痛飭 卑爲安業資生[10]之地.

而詞訟[11]等事視 若平民 從理聽決 無或偏比之嫌 而凡事之有無 直報本局. 以爲憑處之意 並只謄關[12]各邑 俾各知悉是遣[13] 關到日時報來向事.[14] 十月初七日.

---

1) 감결(甘結) : 상급 관청에서 하급 관청에 보내는 공문
2) 관방(關防) ← 東亞漢韓大辭典 1963쪽
   ① 관방인(關防印) ② 공문서의 위조를 막기 위하여 찍는 長方形의 契印
3) 是在果(이견과) : ~이거니와 ← 이두문
4) 평봉(萍蓬) : 쑥이 흩날리다
5) 적심(赤心) : 조금도 거짓이 없는 참된 마음 ← 동아국어사전 1878쪽
6) 모칭(冒稱) : 거짓 성명을 꾸며 댐 ← 동아국어사전 711쪽
7) 낭자(狼藉) : 여기 저기 마구 흩어져 어지러움 ← 동아국어사전 396쪽
8) 爲去乎(ᄒ거온) : ~하므로 ~하건대 ← 이두문
9) 노령(奴令) : 지방 관아의 官奴와 使令 ← 새우리말 큰사전(상) 687쪽
10) 자생(資生) : 어떠한 직업에 따라서 생활함
11) 사송(詞訟) : 민사에 관한 소송
12) 등관(謄關) : 등시한 關文
13) 是遣(이고) : ~이고 ← 이두문
14) 向事(안일) : ~할 일 ~할 것 ← 이두문

本局之設 特爲八道商民 祛弊安業之意 而頒給名標 以爲憑準是
遣. 揭付水陸交易諸處 卑爲洞悉 無遺之地是去乙.15)
　各該地方官 不卽擧行 涉令聖代 不能下究 言念及此 萬萬痛駭.
故 玆以更許爲去乎16)到嚴飭. 各該邑星火擧行爲旀17) 形止18)各其
馳報向事. 十一月初四日.

　　　　혜상공국 감결 (1883년 11월 4일) …… <負褓兩社>

　혜상공국의 사무를 살펴보니 본국(本局)은 1883년 8월 19일에 이미
창설되었으므로 직인(職印 : 關防)을 새로 만들어서 지금부터 사용하고
자 한다.
　대체로 부보양사(負褓兩社)는 팔도를 쑥솜처럼 흩날리는 바람의 발
자취로 빗속의 나그네처럼 수풀 속에서 잠을 자며 이슬을 밟으면서 다
니는 처지(處地)이다. 그 정황을 살펴보면 슬픈 일이로다.
　그러나 부보상들이 1592년 임진왜란 때 군량음식을 운반하고 1637
년 병자호란 때 군진(軍陣)으로 달려간 것은 참된 마음을 밀어 올린 것
이다.
　그런데 근래에는 무뢰배들이 부보상을 모칭(冒稱)하면서 어지러운
짓을 저질렀다는 낭자(狼藉)한 소문을 들으면 사람들의 심정(心情)이
어그러져서 답답하다. 사리를 헤아려 보면 몹시 통탄(痛歎)스럽고 해괴
(駭怪)한 일이다. 각 도의 임방(任房)에서는 선량한 사람들을 별도로 구
성하여 명표(名標)를 지급하고 이에 따라 증빙(證憑)한다.
　각 읍의 관노(官奴)와 사령(使令)들이 간혹 푼돈의 책임을 자칭하면

---

15) 是去乙(이거늘) : ~이거늘 ← 이두문
16) 爲去乎(ᄒ거온) : ~하므로 ~하건대 ← 이두문
17) 爲旀(ᄒ며) : ~하며 ← 이두문
18) 형지(形止) : ① 사실의 전말 ② 일이 되어 가는 형편 ← 동아국어사전
　　2425쪽

서 상대(商隊)로부터 금품을 징수하거나 상대(商隊)를 설치한다면서 세금을 징수하거나 개인의 짐바리에서 금전을 토색질하는 것은 안전한 직업으로 생계를 유지할 수 있는 지반(地盤)이 되도록 일절 통렬하게 훈계한다.

민사소송 등의 사건이 보이면 평민처럼 순리에 따라 들은 대로 판결하고 혹시라도 편중된 혐의가 없도록 모든 사실의 유무를 직접 본국(本局 : 惠商公局)에 보고한다. 이를 증빙하는 처사(處事)의 뜻이 되도록 관문(關文 : 公文)을 등사하여 각 읍에 보내고 공문의 도착일시를 보고해야 한다. 10월 7일.

본 혜상공국을 설치하는 것은 특히 팔도의 상민(商民)에게 안업(安業)의 폐단을 제거하기 위한 의도(意圖)로 명표(名標)를 지급 반포(頒布)[19]하여 증빙의 기준으로 삼으려는 것이다. 이 명표를 수륙교역(水陸交易)의 모든 처소에 게시하여 모두 통찰(洞察)하고 빠뜨린 지역이 없도록 한다.

그럼에도 각 해당 지방의 관청에서 즉시 거행하지 않아 명령을 지나치고 성스러운 임금이 궁구(窮究)할 수 없으니 말과 생각이 이에 미치면 몹시 통탄스럽고 해괴하다. 그러므로 다시 공문을 보내니 도착하는 대로 엄중히 훈계해야 한다. 각 해당 읍에서는 성화(星火)처럼 거행하고 사실의 전말과 형편을 각기 전달 보고해야 한다. 11월 4일.

---

19) 반포(頒布) : 세상에 펴서 널리 퍼트림 ← 동아국어사전 804쪽

惠商公局[1] 序　(癸未 1883年 11月)　…<李太祖의 設廳立法>

　　夫 負商之說 考於歷代 未知設於何代. 然 涉獵[2]古史 則箕聖時 略載之其文 使負商植柳木 使民變强爲柔. 新羅時 其記曰 使負商 運石 治石以補城頹. 至于麗朝 寂然無聞 抵恭讓王時 使負商運鹽 寧丁浦. 其說不記於靑簡[3] 微著於江月亭擔翁日記中 可歎.

　　天道循環 無往不復. 至國初 惟我太祖康獻大王 憫其負商之泯然 微弱 設廳立法 至今爲五百載. 熙熙皥皥[4] 億萬背負人生 涵泳[5]化 毓[6]中矣. 夫 負商者 專主忠義 刻晷[7]不倦者也. 是故 壬辰亂 權 都元帥 粮絶未戰 掘鼠羅雀 三軍飢臥堂此時也. 負商數千 自山谷 負避危亂 粮食赴陣炊飯. 自作先陣 大破賊軍 連戰三日 計將死而 後已 故 俱爲節死.[8]

　　丙子亂 南漢入於月暈中 而彼建柵外域 莫可外通 糧道永絶. 馬 嚙其鬣 人咋其臂 于斯時也. 負商暗鑿土穴 晝則乞糧 夜則運粮 以

---

1) ① 1883년 7월 5일 부상보상의 군국아문 귀속 ← 혜상공국 관문등서책
　② 1883년 8월 19일 혜상공국 창설. 군국아문 관할 ← 국사대사전 2014쪽
2) 섭렵(涉獵) : 온갖 책을 많이 읽음 ← 동아국어사전 1211쪽
3) 청간(靑簡:靑蘭) ← 東亞漢韓大辭典 2022쪽
　- 옛날 종이가 없을 때 종이 대신으로 푸른 대쪽을 불에 쬐어 기름기를 빼고
　- 글씨를 쓴 데에서 서적(書籍)을 이르는 말
4) 희희호호(熙熙皥皥:熙皥) : 백성의 생활이 몹시 즐겁고 화평함 ← 새우리말 큰사전(하) 3844쪽
5) ① 함영(涵泳) : 무자맥질 ← 새우리말 큰사전(하) 3649쪽
　② 무자맥질 ← 새우리말 큰사전(상) 1228쪽
　　- 물 속에 들어가서 팔다리를 놀리며 떴다 잠겼다 하는 짓 - 자맥질
　③ 유영(遊泳) : 물 속에서 헤엄침
6) 화육(化毓) : 敎化毓養 敎化養育
7) 각구(刻晷) : 구각(晷刻) 시각(時刻) 때 광음(光陰) ← 東亞漢韓大辭典 811쪽
8) 절사(節死) : 절개를 지켜서 죽음 ← 동아국어사전 1911쪽

救一城. 平亂後 自上招集諸人 欲爲仕 則負商等不願仕. 只願許給 五條物件 以爲同僚之生涯 特蒙命下之典 至今相傳者 良以是也. 五條者 魚 鹽 木 土器 水鐵也.

華城之役時 愼齋孫 金郭山令監 爲三南都接長 招來負商. 一時 赴役[9] 工匠具備 一邊運石治石 裁材鍊鐵 完築長安門. 丙寅擾 赴陣江都. 景福宮重建時 遠近赴役 歌謳喧塡矣.

聖化[10]造及於此時 建營建所賜科賜祿 八域浹洽[11] 欲盡塵世. 三生之命 未報國家一日之恩也.

且堂上大監 以棟梁軍國之任 使此幾死之賤命 致此有生之樂 華澤及遐邇.[12]欲報其恩 珠草猶淺 山海還輕.

嗟 我同僚莫意於小利 紬盆傳主忠義. 難堂就難 死當就死 德堂仰祝 恩堂力報. 念念在玆 刻曷不忘. 然後 可謂 負商億萬年大. 先生至治 至嚴規模 顚沛[13]之中 常念此法 戰戰兢兢.[14] 勿怠其常彛之性[15]報國報恩 以是終命焉.

癸未 十一月 日
忠淸南道 班首 李根完 丹山謹序
[芋産八區 商務社 左社 所藏]

---

9) 부역(赴役) : 부역(賦役)을 치르러 나감 ← 동아국어사전 956쪽
10) 성화(聖化) : ① 성인 임금의 덕화(德化) ② 성스럽게 됨 ← 동아국어사전 1223쪽
11) 협흡(浹洽) : ① 물이 물건을 적시듯이 널리 고루 전해짐 ② 화목하게 사귐 ← 새우리말 큰사전(하) 3719쪽
12) 하이(遐邇) : 원근(遠近)
13) 전패(顚沛) : 엎어지고 자빠짐 ← 동아국어사전 1905쪽
14) 전전긍긍(戰戰兢兢) : 매우 두려워서 조심함 ← 동아국어사전 1901쪽
15) 병이지성(秉彛之性) : 떳떳하게 타고난 천성 ← 동아국어사전 901쪽

혜상공국 서문 (1883년 11월) … <李太祖의 設廳立法>

무릇 부상(負商)의 이야기는 역대(歷代)를 살펴 볼 때 어느 시대에 설치되었는지 알 수 없다. 그러나 고사(古史)를 섭렵(涉獵)해 보면 기성시대(箕聖時代:後期古朝鮮)16)에 백성의 강한 성격을 부드럽게 변화시키기 위하여 부상을 동원하여 버드나무를 심었다는 글이 간략히 실려 있다. 신라시대의 기록에는 부상을 동원하여 돌을 운반 다듬어서 무너진 성곽을 보수(補修)하였다고 되어 있다. 고려왕조에서는 부상 이야기가 고요하여 들리지 않더니 공양왕 때에 이르러 부상을 동원하여 황해도 영정포(寧丁浦)에서 소금을 운반하였다는 이야기가 있는데 그 내용이 서적(書籍:靑簡)으로 자세히 기록되어 있지 않고 강월정(江月亭) 담옹일기(澹翁日記)에 미약하게 저술되어 있으니 한탄스러운 일이다.

그러나 천도(天道)는 순환(循環)되어 가는 것도 없고 되돌아오는 것도 아니다. 마침내 조선왕조 초기에 유일한 우주(宇宙:我)와 같은 태조(太祖:康獻大王)가 부상의 몰락하여 미약한 처지를 민망(憫憫)하게 여긴 나머지 부상청(負商廳)을 설립하고 법을 만들어서 지금까지 500년의 세월이 흘렀다. 그 동안 백성의 생활은 몹시 즐겁고 화평하였다. 수많은 부상(負商:背負人生)들이 세상의 파도 물 속에서 자유롭게 헤엄치면서 교화(敎化) 양육(養育:毓養)되고 있다. 이러한 부상들은 충의(忠

---

16) 기성시대(箕聖時代 : 後期古朝鮮 箕子朝鮮) ← 韓國傳統經營史論 15쪽 18쪽 94쪽
  - 기성시대는 왕검조선(王儉朝鮮:前朝鮮 古朝鮮 檀君朝鮮 BC 2333~1123)의 뒤를 이은 기자조선(箕子朝鮮:奇子朝鮮 儉子朝鮮 後朝鮮 扶餘朝鮮 BC 1123~194)의 시대를 말한다.
  - 여기서의 箕子(箕伯子孫 : 奇子)는 중국 殷 나라 말기의 箕子가 아니고 검자(儉子 : 王儉子孫)의 한자번역이다. 이는 은나라의 기자가 조선에 와서 임금이 되었다는 허구성(虛構性)을 배격하는 것이다.
  - 箕子는 箕伯(箕氏 風伯 風師 釋提羅 입법관 총리)의 子孫이다. 풍사는 우사(雨師 : 王錦營 행정관) 운사(雲師 : 陸若飛 사법관)와 더불어 환웅왕조(桓雄王朝)의 개국을 보좌한 사람이다.

義)를 전념(專念) 주도(主導)하니 잠시라도 권태(倦怠)롭지 않았다.

1592년 임진왜란 때 권율(權慄) 도원수(都元帥)가 군량미의 두절로 인하여 전투를 수행하지 못한 채 땅굴을 파서 들쥐를 잡고 그물을 쳐서 참새를 잡아먹을 정도로 삼군(三軍 : 前中後軍)이 기아(飢餓)와 와병(臥病)으로 곤란을 겪고 있었다. 이 때 수천 명의 부상들이 산골짜기로부터 위란(危亂)을 회피해 가면서 식량을 군진(軍陣)으로 날라다가 밥을 지어 주었다. 선봉진영(先鋒陣營)이 스스로 일어나서 적군을 대파(大破)시키면서 거의 죽을 계략으로 3일 동안 연달아 전투를 벌였으나 후원군이 정지(靜止)되었으므로 부상들도 아군과 함께 동반(同伴) 절사(節死)하였다.

1637년 병자호란 때 인조대왕이 피난한 남한산성(南漢山城)이 달무리 가운데에 들어간 듯 완전히 포위되고 적군들이 세운 책외성(柵外城)17)으로 인하여 외부와 소통할 수 없고 식량의 보급길이 완전히 두절되었다. 말(馬)들은 제 몸의 갈기를 뜯어 먹고 사람들은 제 팔뚝을 씹어 먹는 절박한 상황이었다. 그 때 부상들이 어둠을 타서 토굴을 애써 뚫어 놓고 낮에는 식량을 모으고 밤에는 식량을 운반하여 성곽 하나를 구출했다. 난리가 평정된 후에 임금이 부상들을 불러 모아 벼슬을 주고자 하였으나 사양하였다. 다만 부상들은 동료들의 생애를 도모하기 위하여 옛날처럼 다섯 가지 물건의 전매권을 허용해 주기를 소원하여 특별한 하명(下命)의 은전(恩典)을 입어 지금까지 전해져 오는 것은 선량한 것이로다. 다섯 가지 물건은 어물(魚物) 소금(鹽) 목기(木器) 토기(土器) 무쇠그릇(水鐵)이다.

화성(華城 : 水原城)의 토목 건축공사가 있었을 때 신재손(愼齋孫) 김곽산(金郭山) 영감이 삼남(三南)의 도접장(都接長)이 되어 부상을 불러 들여 일시에 부역(賦役)18)을 치르러 나갔다. 그리고 기술자(技術者 : 工匠)가 구비되는 대로 한편으로 돌을 운반하여 다듬고 자재(資材)를

---

17) 책외성(柵外城) : 울다리 성곽
18) 부역(賦役) : 국가나 공공단체가 국민에게 의무적으로 책임지우는 노역(勞役) ← 동아국어사전 956쪽

마름질하며 철재(鐵材)를 제련하여 장안문(長安門)을 완축(完築)하였다. 병인양요(丙寅洋擾) 때에는 강화도읍(江華都邑)의 진지(陣地)로 달려갔다. 경복궁을 중건할 때에는 원근을 가리지 않고 부역하면서 노래도 부르고 떠들썩하게 북도 두들겼다.

임금님의 덕화(德化)가 뻗어 나갈 때에는 본영(本營)[19]을 세우고 임소(任所)도 세우며 과거(科擧)도 시행하고 봉록(俸祿)도 하사(下賜)하는 것을 팔도에 골고루 적시어 먼지 낀 세상을 없애고자 하였다. 전생 현생 후생의 삼생(三生)의 천명을 받은 백성들은 국가에서 베푼 하루의 은혜에도 보답하지 못하였다.

또한 당상(堂上)[20]의 대감(大監)들은 군국(軍國)의 임무를 맡은 대들보[棟梁]로서 거의 죽어가는 미천한 생명들에게 생약(生藥)을 주었으니 화려한 은택(恩澤)이 원근(遠近 : 遐邇)에 미치었다. 그 은혜에 보답하고자 하지만 진주 같은 풀이 오히려 천박(淺薄)하고 산과 바다가 도리어 가벼울 뿐이다.

자! 이제 우리 부상 동료들은 작은 이익에 뜻을 두지 말고 충의(忠義)를 받들고 주도하는 것을 이익의 실마리로 삼아야 한다. 어려움을 당하면 어려움에 나가고 죽음을 당하면 죽음에 나가며 은덕을 입으면 우러러 축하하고 은혜를 입으면 힘써 보답하는 것을 염두(念頭)에 두면서 잠시라도 망각하지 말아야 한다. 그런 다음에야 부상들이 억만년 장대(長大)할 것이라고 말할 수 있다. 먼저 지극한 다스림을 살려내서 규모를 지엄하게 하여 엎어지고 자빠질 경우에도 항상 이 법을 생각하고 매우 두렵게 조심해야 한다. 그리고 항상 떳떳하게 타고난 천성을 태만(怠慢)하지 말고 국가에 보답하며 은혜에 보답하는 것으로 한 목숨을 마감해야 한다.

1883(癸未)년 10월 일
충청남도 반수 이근완 단산 근서
[저산팔구 상무사 좌사 소장]

---

19) 본영(本營) : ① 총지휘관이 있는 軍營 ② 本陣 ← 동아국어사전 934쪽
20) 당상(堂上) : 정3품 이상의 벼슬아치

判下¹⁾商理局 序文 (乙酉5年 8月)…<負商袱商 負袱商 負褓商>

夫 商者四民之一也. 地球廣博 物産各異 不以有無相通 民無以資生. 交易者 實天理人情之常 故 自昔 聖王之制 政亦敎化於此.
而我列聖朝 慈惠之政 矜盡曲邃.²⁾ 故 惟我商民之前後 爲國事效忠 舊義一心 赴蹈者³⁾ 良以是也.
盖其生業散在東西 其法專立信義. 故 慶弔而相問 患難而相濟 統而論之. 誼若父子兄弟 同心合力矣. 有事 則一令齊會 違法 則擧以論罰 可謂有其法 而守其義.
然 此皆其身至賤 其利至微 四窮中無告之一氓也. 流散道路 孑孑無依 受凌侮 見侵漁之弊 種種有之. 而旣無勾管⁴⁾ 依庇無路.
何辛 天日照臨⁵⁾無微不燭. 軫念⁶⁾商民 愁楚之情狀 賜以料米 設置商局 勾管商民 使以路之商 咸得歸之有所可見. 跛躄⁷⁾癃疾⁸⁾

---

1) ① 판하(判下) : 판부(判付) ← 새우리말 큰사전 (하) 3507쪽
   ② 판하정식(判下定式) : 임금의 재가를 맡은 정식(定式).
   ③ 판부(判付) : 주안(奏案)을 임금이 허가하는 일. 판하(判下) ← 새우리말 큰사전 (하) 3505쪽
2) 곡진(曲盡) : ① 마음과 정성이 지극함 ② 자세하고 간곡함
3) 부도(赴蹈) : 부탕도화(赴湯蹈火) ← 동아국어사전 964쪽
   - 끓는 물이나 뜨거운 불도 헤아리지 않고 뛰어든다는 뜻으로
   - 목숨을 걸고 하는 힘든 곤욕이나 수난을 이르는 말
4) 구관(勾管 : 句管) : 맡아서 다스림 ← 새우리말 큰사전(상) 363쪽
5) * 천일(天日) . ← 새우리말 큰사전(하) 3238쪽
   ① 임금 ② 하늘과 해 ③ 하늘에 떠 있는 해(햇볕) ④ 천도교의 창건을 기념하는 날
   ⑤ 崔濟愚가 覺道한 날(4월 5일)
   * 조림(照臨) ← <새우리말 큰사전(하) 3002쪽
   ① 임금이 백성을 굽어 보살펴 다스림 ② 해나 달이 위에서 내리비침
   ③ 신불(神佛)이 세상을 굽어 봄
   ④ 貴人이 訪問 臨場하는 것을 높이어 이르는 말
6) 진념(軫念) : 임금이 백성을 염려하는 마음 ← 東亞漢韓大辭典 1813쪽
7) 파벽(跛躄) : 절뚝발이 ← 東亞漢韓大辭典 1787쪽

咸樂於大化之中. 而噫 彼不良之徒 假托商民之名 恣行閭里京外騷擾 有所入聞 而至有公局改號之處分 豈不惶悚也哉.

然 而非原商之犯科 乃是假託9)者之行悖也. 故 聖恩天大. 特垂顧恤之政 還設商理局 使之行令 除祛無賴 顧恤實商. 而特下內帑錢一萬兩 立木取殖 以爲本局經用之資 雨露均被之澤 在於日月光照之明矣. 其所感頌 惶蹙之忱 倘復如何哉. 商民 雖是四民之末 豈無圖報萬一之誠 而有毫髮差誤之失乎. 禁防條約 審愼相戒 得免當律 資活昇平之世 豈不美哉.

乙酉 八月 初十日

傳曰 惠商公局之設 亶爲護制商民. 而近聞浮襍10)無賴之輩 動輒投託11)滋弊多端 以至京外騷擾 誠極駭歎. 向因廟奏有所處分 而此不可因循12)任置13). 該公局屬之內務府 稱之以商理局. 閑散14)冒錄15)之弊 一切痛革. 原商顧恤之方 另加商確 令該局 成節目 以入.

---

8) 융질(癃疾) : 곱사등이 꼽추 ← 東亞漢韓大辭典 1191쪽
9) 가탁(假託) : ① 다른 사실로써 핑계함 ② 거짓핑계 ← 동아국어사전 31쪽
10) 부잡(浮襍 : 浮雜) ← 새우리말 큰사전(상) 1533쪽
  - 사람됨이 성실하지 못하여 경솔하고 허풍이 많으며 추잡스러움
11) 투탁(投託) ← 동아국어사전 2270쪽
  ① 남의 세력에 의지함
  ② 조상이 확실치 않은 사람이 이름 있는 남의 조상을 자기의 조상이라고 함
12) 인순(因循) ← 새우리말 큰사전(하) 2721쪽
  ① 내키지 않아 머뭇거림 ② 낡은 습관 인습을 지키어 적극적 진보적이 아님
13) 임치(任置) : 남에게 유가증권이나 금품을 맡기어 둠 ← 새우리말 큰사전(하) 2756쪽
14) ① 한산(閑散) ← 새우리말 큰사전(3637쪽)
  - 일없이 한가하고 적적함 - 한적하고 쓸쓸함 - 직업이 없음
  ② 한산인(閑散人) : 놈팡이 게으름뱅이 한산꾼
15) 모록(冒錄) : 사실이 아닌 것을 사실인 것처럼 기록함 또는 그 기록 ← 새

九月 十一日

傳曰 協辦 內務府事 閔應植 閔泳翊 李鍾健 竝商理局摠辦 差下.16) 判下17)節目.

九月十五日

本局 啓曰 謹依下敎 節目書入事命下矣. 負商袱商 商民之至窮困者也. 傴僂跋涉18) 朝東暮西 冀倖嬴利19) 救死之尙不瞻 有何恣橫之暇 有何作弊之力乎.

今之言民弊者 動輒指目 皆曰 有田沓之訟 則負袱商奪之 民不保其食土. 有墓地之訟 則負裸商掘之 民不保其先壟. 有錢財之訟 則負袱商捧之 民不保. 其盖藏平日睚眦之怨.20)群起而報之 則法令無所施.

鄕居簪纓21)之族 縛打而辱之 則名分不可正 聽聞浪籍始疑. 其然豈然訴牒相續 果有可驚可愕.

自京司22)屢回廉採 撫其裏許23)則是皆閑散之所爲 本非原商之所

우리말 큰사전(상) 1172쪽
16) 차하(差下) : 벼슬을 시킴 ← 새우리말 큰사전(하) 3198쪽
17) 판하(判下) : 판부(判付). 주안(奏案)을 임금이 허가하는 일 ← 새우리말 큰사전(하) 3505쪽
18) 발섭(跋涉) : 산을 넘고 물을 건너서 길을 감 ← 새우리말 큰사전(상) 1352쪽
19) 영리(嬴利) : 남긴 이득(利得) ← 새우리말 큰사전(하) 2389쪽
20) ① 애자지원(睚眦之怨) : 아주 작은 원망 ← 동아국어사전 1443쪽
　　② 애자(睚眦) : 흘겨보는 눈초리 ← 우리말 큰사전(하) 2241쪽
21) 잠영(簪纓) ← 새우리말 큰사전(하) 2822쪽
　　① 높은 벼슬아치(관원)가 쓰는 관의 꾸밈이라는 뜻으로 높은 지위를 이르던 말
　　② 잠신(簪紳)
22) ① 경사(京司) : 경각사(京各司) ← 동아국어사전 147쪽

知. 原商窮民也. 閑散悖類也. 悖類冒窮民之名.

閭里有不保之憂 而使此無辜之 原商橫被叵測之惡名. 稂莠[24]害稼薰蕕同器. 此原商之所共羞憤際.

下聖敎 若是嚴重 階前萬里 無微不燭. 誠不勝欽仰之至. 閑散冒錄之 一切痛革 卽顧恤原商之處分. 從此玉石自當卞別 閭里自當息鬧. 豈不誠萬幸也哉. 壚出一一條件于左爲白齊[25].

- 各邑 所在原負褓商 精實修成冊報巡營. 自巡營報本局 成案入錄之地是白遺. 如有移居另故者隨卽修報. 以爲本局件中 改付標爲乎旀[26]無則以無乎報來. 若各邑該邑 冒稱以名 錢紙價 有所討索於兩商 摘發刑配爲白齊.
- 負者肩挑也 褓者包裹也. 此外冒托兩商之名者 一併勿施. 犯者刑配爲白事.[27]
- 新剙稅錢一一革罷. 綿布商 鍮油商 馬牛商 各邑並皆勿施爲白事.
- 辛巳以後 公文節目 及 所謂各帖 自官府無遺收聚 送于巡營 自巡營 並上木局是白遺.[28] 印新關防圖書 本始不爲憑驗之美規 而行之未幾 閑散之籍. 此討索者 不一其端. 京外騷擾至此極. 今不可一日任置 亦則這這收聚上送. 自本局 啓○○○○頌之地爲乎旀 另鑄商理局印信一顆. 只自本局行用爲白齊.
- 兩商所用標套. 只許墨標 切禁用朱爲白事.

② 경각사(京各司) : 서울에 있던 관아의 총칭 ← 동아국어사전 142쪽
23) ① 이허(裏許) : 裏面 속내평 ← 새우리말 큰사전(하) 2703쪽
② 속내평 : 겉으로 드러나지 않는 사실 ← 동아국어사전 1255쪽
24) 낭유(稂莠) : 강아지풀 ← 새우리말 큰사전(상) 646쪽
25) 爲白齊(ᄒᆞ숩졔) : ① 하십시오 하옵소서 ② 하옵 하옵심 ③ 하옵니다 하옵십니다 ← 이두문
26) 爲乎旀(ᄒᆞ오며 하오며) : ~하오며 ~하며 ← 이두문
27) 爲白事(ᄒᆞ숩일 하습안일 하사온) : ~하온 일 ~하옵신 일 ← 이두문
28) 是白遺(이숩고 이습고) : ~이사옵고 ~이옵고 ← 이두문

- 商爲四民之一 而民不知官 是謂法外兩商之. 有所訴者 不聽本官 裁斷 或有越訴29)之弊 斷當嚴治爲白齊.
- 本局堂上一員 專管事務. 凡 係顧恤兩商之方 到底30)講究. 大則 啓稟 小則自斷 而外他訟理推治等事 一委該道營邑 聽斷爲白齊.
- 癸未 頒下錢二萬兩之出. 付左右社及各道者 其間殖利之幾何. 散在於何處 昭詳査報 以爲均排區劃之地爲白齊
- 未盡條件 追後 磨練爲白齊

　　九月 十九日　　以司謁口31) 傳下敎 商理局印信 令該曹造成以給事 分付.
　　丁亥 二月 二十七日　　傳曰 協辨內務府事 韓圭禼 閔泳煥 竝商理局摠辨 差下.

판하 상리국 서문 (1885년 8월)… <負商袱商 負袱商 負褓商>

무릇 상민(商民)은 사민(四民：士農工商) 중의 하나이다. 지구가 광활하고 물산(物產)이 각기 다르므로 유무상통(有無相通)이 아니면 백성에게 생계의 직업이 있을 수 없다. 이에 유무상통의 교역이 실제로 천리(天理)와 인정(人情)의 상도(常道：常軌)32)이므로 옛부터 성왕(聖王)

---

29) 월소(越訴)：송사(訟事)를 하급관청에 묻지 않고 직접 상급관청에 제소함
　　← 새우리말 큰사전(하) 2558쪽
30) 도저(到底)하다 ← 동아국어사전 549쪽
　　① 철저한 정도에 가깝다. 정도가 아주 깊다 ② 행동 생각이 빗나가지 않고 곧다
31) 사알구(司謁口)：조선조 때 임금의 명령을 전달하는 일을 맡아 보던 정6품의 雜織
32) ① 상도(常道) ← 東亞漢韓大辭典 567쪽
　　- 不變不易의 道 常軌

의 제도(制度)는 정치와 교육을 교역(交易 : 有無相通)에서 이루었던 것이다.

따라서 우주(宇宙 : 我)처럼 위대한 열성조(列聖朝)[33]의 자애롭고 은혜로운 정치는 긍련(矜憐)[34]을 다하여 곡진(曲盡)[35]하게 수행(遂行)하였다. 이에 유일한 우주(宇宙 : 惟我)처럼 위대한 상민(商民)들이 전후대(前後代)에 걸쳐서 국사(國事)를 위하여 충성(忠誠)을 드리고 의롭게 분발한 한 가지 마음으로 부탕도화(赴湯蹈火)하는 것은 진실로 이 때문이다.

대개 상민(商民)의 생업(生業)은 동서(東西)에 산재(散在)되어 있을지라도 그 법도(法度)가 오로지 신의(信義)를 위주로 세워졌다. 그러므로 경조사(慶弔事)에는 서로 방문(訪問)하고 환란(患難)을 당하면 서로 구제(救濟)하며 이를 계통을 밟아 논의한다. 그리고 부자형제와 같은 정의(情誼)로써 동심합력(同心合力)한다. 사단(事端)이 생기면 한 마디의 명령에 따라 일제히 모이고 법을 위반했을 때에는 논벌(論罰)을 거행하니 그 법은 의리(義理)를 수호하는 것이로다.

그러나 상민들은 대부분 신분이 미천하고 이익이 미약하여 사궁(四窮 : 鰥寡孤獨)에도 들지 못하는 하나의 가엾은 백성이다. 이들은 도로에 흩어져 흘러 다니면서 혈혈단신으로 의탁할 곳도 없고 능멸과 모욕을 받으며 침어(侵漁 : 侵奪)의 폐단을 바라만 보아야 하는 일이 종종 있다. 이미 맡아서 다스리는 곳이 없고 비호(庇護) 받을 길이 없기 때문이다.

다행히 임금님이 굽어 살피시어 밝지 않은 곳이 조금도 없다. 임금이

- 때와 곳에 따라 변하지 않는 사람이 지켜야 할 도리
- 보통의 방법. 흔히 쓰는 방법
② 상궤(常軌) : 항상 지켜야 할 바른 길
33) 열성조(列聖朝) : 여러 대 임금의 시대
34) 긍련(矜憐) : 불쌍하고 가엾음 ← 동아국어사전 340쪽
35) 곡진(曲盡) : ① 마음과 정성이 지극함 ② 자세하고 간곡함 ← 동아국어사전 191쪽

들길 산길에 줄지어 가는 상민(商民)의 쓸쓸한 정상(情狀)을 염려하시고 요미(料米)36)를 하사(下賜)하시며 상국(商國 : 惠商公局)을 설치하시어 상민을 맡아 다스려 주시니 노상(路上)의 상민들이 모두 임소(任所)로 돌아오고 있음을 볼 수 있다. 절뚝발이(파별 : 破蹩)와 곱사등이(융질 : 癃疾)들도 임금의 위대한 덕화(德化) 속에서 골고루 즐거움(和樂)을 누리고 있다. 그러나 한심스럽게도 저 불량한 무리들이 상민의 이름을 가짜로 의탁(依托)37)하여 시골마을(여리 : 閭里)38)과 경외(京外 : 京鄕)39)에서 소요(騷擾)를 자행(恣行)40)하고 있다는 소문이 들리고 있다. 이에 공국(公局 : 惠商公國)의 명칭을 새롭게 고치도록 처분(處分)41)하니 어찌 황송(惶悚)하지 않으랴.

그런데 원래는 상민(商民)이 저지른 범죄와 죄과(罪過)가 아니고 상민의 이름을 가짜로 의탁(依托)한 사람들의 행패(行悖)이었다. 그러므로 임금의 은혜가 하늘처럼 위대한 것이다. 특히 임금이 돌보고 불쌍히 여기는 정치를 드리울 뿐더러 상리국(商理局)을 설치하며 행정명령을 내려서 무뢰배를 제거하고 실제의 상민을 돌보고 동정(同情)하였다. 또한 특별히 내탕전(內帑錢)42) 1만냥을 내리시고 이를 자본으로 이식(利

---

36) 요미(料米) ← 새우리말 큰사전(하) 2493쪽
  ① 관가의 하급 구실아치에게 급료(給料)로 내어주던 쌀 ② 봉미(俸米)
37) 의탁(依托) : ① 남에게 의존함 ② 남에게 의존하여 부탁함 ← 동아국어사전 1733쪽
38) ① 여리(閭里) : 여염(閻閻) 여항(閻巷). 보통 사람들의 집이 모여 있는 마을 ← 동아국어사전 1518쪽
  ② 여염집(閻閻家) : 장사를 하지 않는 예사의 살림집. 보통 사람들의 살림집
39) 경외(京外) ← 새우리말 큰사전(상) 200쪽>.
  ① 서울과 外方 ② 서울과 지방 ③ 경향(京鄕) ④ 서울의 밖 ⑤ 수도 이외의 지방
40) 자행(恣行) : ① 방자하게 행동함 ② 함부로 유행함 ← 새우리말 큰사전(하) 2806쪽
41) 처분(處分) : 명령을 내리거나 또는 명령을 받아 일을 처리함 ← 동아국어사전 2116쪽
42) 내탕전(內帑錢) ← 새우리말 큰사전(상) 662쪽

殖)⁴³⁾하여 본국(本局 : 商理局)의 자본으로 삼게 하니 비와 이슬을 골고루 받는 혜택이 해와 달 속에 있는 광택처럼 밝게 비추이고 있다. 그 소감을 칭송(稱頌)하면 황공하여 정성껏 굽힌 허리를 어찌 바로 펼 것이냐. 상민(商民)이 비록 사민(四民 : 士農工商)의 말단(末端)이지만 어찌 만 분의 일만큼의 정성이라도 도모(圖謀) 보답(報答)하지 않을 수 없고 털끝만큼의 착오라도 실수할 수 없다. 따라서 금지하고 예방하는 조약을 살피고 삼가 서로 경계하여 형률(刑律)을 당하는 일이 없으면 태평세계(太平世界 : 昇平世界)⁴⁴⁾에서 자생(資生)이 활발(活潑)할 것이니 이 어찌 아름다운 일이 아니랴.

1885년 8월 7일

전교(傳敎)에는 혜상공국의 설치가 진실로 상민(商民)을 보호(保護) 제도(濟度)하려는 것이다. 최근 부잡(浮雜)한 무뢰배(無賴輩)가 난동(亂動)을 부리고 번번이 투탁(投托)⁴⁵⁾하는 폐단(弊端)이 많다는 단서(端緒)로 말미암아 경외(京外)의 소요(騷擾)가 있는 것으로 소문이 들리니 지극히 놀랍고도 한탄스럽다. 저번에 묘각(廟閣 : 朝廷)에서 주안(奏案)⁴⁶⁾을 처분(處分)⁴⁷⁾하였으나 낡은 인습을 그대로 둘 수 없으므로 해당 공국(公局 : 惠商公局)을 내무부(內務府)에 예속시키고 상리국(商理局)이라고 이름지었다. 이에 놈팡이(閑散)들의 거짓 기록

---

① 내탕금(內帑金) ② 탕전(帑錢) ③ 임금이 사사로이 쓰는 돈 ④ 판공비(辦公費)

43) 이식(利殖) : 이자가 이자를 낳아 재물이 점점 늘어 감 ← 동아국어사전 1747쪽
44) 승평세계(昇平世界) : 태평스러운 세상 ← 새우리말 큰사전(하) 2050쪽
45) 투탁(投託) ← 새우리말 큰사전(하) 3471쪽
  ① 남의 세력에 의지함. ② 조상이 분명치 않은 사람이 명문인 남의 조상을 자기 조상으로 하는 일
46) 주안(奏案) : 임금에게 상주(上奏)하는 문안(文案) ← 새우리말 큰사전(하) 3060쪽
47) 처분(處分) ← 새우리말 큰사전(하) 3224쪽
  ① 법규에 따른 처리 ② 일정하게 처리하도록 하는 지시나 결정

에 따른 폐단을 일절 통렬히 혁파(革罷)한다. 그리고 원래의 상민(商民)을 돌보고 어여삐 여기는 방법을 특별히 첨가하여 상도(商道)를 확립하도록 해당 상리국(商理局)에 명령하여 절목(節目)을 만들어 삽입시킨다.

1885년 9월 11일
전교(傳敎)에 의하면 협판 내무부사(內務府事) 민응식 민영익 이종건에게 상리국(商理局)의 총판(總辦)으로 벼슬을 내리고 절목을 허가하였다.

1885년 9월 15일
본국(本局 : 商理局)의 계고(啓告:아룀)에 의하면 삼가 임금의 하교(下敎)를 받들어 절목에 적어 넣을 사항을 하명(下命)한 것이다. 부상보상(負商褓商)은 상민(商民)으로서 지극히 곤궁(困窮)한 사람이다. 이들은 구부린 등으로 산을 넘고 물을 건너 길을 가고 아침에는 동쪽에 있다가 저녁에는 서쪽에 있게 된다. 요행스러운 이득을 바라지만 죽음을 구출할 정도일 뿐 넉넉하지 못하다. 그런데 어찌 방자하게 횡포(橫暴)할 여가(餘暇)가 있으며 작폐(作弊)할 힘이 있겠는가. 여기서 민폐(民弊)라고 번번이 지목되는 것을 들추어 보면 대략 다음과 같다. 전답에 관한 소송사건이 벌어지면 부보상(負褓商)이 탈취하여 백성들이 먹고 살아갈 농토를 보유할 수 없다고 한다. 묘지에 관한 송사가 있으면 부보상(負褓商)이 채굴하여 선대의 무덤을 보전할 수 없다고 한다. 금전과 재물에 관한 송사가 있으면 부보상(負褓商)이 움켜쥐어서 백성들이 보전하지 못한다고 한다. 이는 거의 평소에 잠겨져 있던 아주 작은 원망들에 대하여 무리지어 일어나서 보복하는 것이라면 법령이 실시되어 있지 않은 것이다.
시골에 살고 있는 벼슬아치의 족속들이 부보상을 결박(結縛) 구타(毆打) 모욕(侮辱)한다면 명분은 정덕(正德)에 옳지 않으나 소문이 낭자(狼藉)하여 의심(疑心)을 품기 시작하였다. 그러나 소첩(訴牒:

訴狀)이 상속되어지니 과연 경악(驚愕)스러운 일이로다.

그런데 서울의 관아(官衙)에서 여러 번 염탐(廉探) 채근(採根)하여 이면(裏面 : 裏許)을 들추어 보면 대개 한산(閑散:놈팡이)들의 소행이므로 본디 원래의 상민(商民)들은 알지 못하는 일이다. 원상(原商)은 궁핍한 백성이고 한산(閑散)들은 패륜부류로서 궁핍한 백성의 이름을 속인 것이다.

시골동네(閭里)에서 보전할 수 없는 근심은 무고(無辜)한 원상(原商)들이 옳지 않게 추측된 악명(惡名)으로 횡포(橫暴)를 입는 것이다. 강아지풀이 향기로운 풀과 악취 나는 풀과 함께 같은 그릇에 해롭게 심어져 있는 것이로다. 이에 원상(原商)의 임소(任所)에서 함께 수치(羞恥)스러워서 분개(憤慨)하고 있었다.

이 때 임금님의 교서(敎書)가 내려졌다. 이 교서가 매우 엄중하여 만리 앞길까지 밝혀지지 않는 곳이 조금도 없다. 이에 지극한 정성으로 흠앙(欽仰)을 억누를 수가 없다. 한산(閑散 : 놈팡이)들의 거짓 기록을 일절 통렬히 혁파하고 원상들을 돌보고 동정하는 처분을 내린다. 이에 따라 옥석(玉石)이 당연히 가려질 것이고 시골동네(閭里)에서는 스스로 시끄러움이 종식될 것이니 이 어찌 천만 다행한 일이 아니겠는가. 다음에 각각의 조건을 순서대로 늘어놓는다.

- 각 읍(邑)은 소재하고 있는 원래의 부보상(負褓商)들을 잡스럽지 않고 참되게 책으로 엮어서 순영(巡營 : 監營)48)에 보고한다. 감영에서는 성안(成案) 기록한 것을 다시 본 상리국(商理局)에 보고한다. 다만 이거자(移居者)는 특별하므로 수시로 엮어서 보고하되 본 상리국의 문건 중에 부표(付標)를 바꾸어 달고 없으면 보고하지 않는다. 만약 각 읍과 해당 읍에서는 종이값을 모칭(冒稱)하면서 부상(負商) 보상(褓商)으로부터 토색질하는 사람이 적발되면 형배(刑配)49)한다.

---

48) 순영(巡營·監營) ← 새우리말 큰사전(상) 74쪽
   ① 조선조 때 팔도의 감사(監司)가 직무를 보던 관청 ② 상영(上營)
49) 형배(刑配) : 죄인을 때려서 귀양 보냄 ← 새우리말 큰사전(하) 3720쪽

- 부상(負商)은 어깨에 메는 것이고 보상(褓商)은 보자기 속에 싸서 머리에 이고 다니는 것이다. 이 밖에 부상보상(負商褓商)의 명칭을 몰래 의탁(依托)하는 것을 일절 시행하지 말고 이를 어기는 죄인은 매를 때려서 귀양 보낸다.
- 면포상(綿布商) 유유상(鍮油商) 마우상(馬牛商)에게 부과하도록 새로 창설된 세금은 일일이 혁파하고 각 읍에서는 징세를 시행하지 말라.
- 신사년(辛巳 1881) 이후의 모든 공문 절목 명첩(名帖)은 관부(官府)로부터 유실(遺失)되지 않도록 거두어서 순영(巡營:監營)에 송부하고 순영에서는 상리국(商理局)으로 올려 보낸다. 인신(印信:官印)과 국경방비의 도서(圖署:銅印)50)는 본래 증빙(證憑) 증험(證驗)하는 아름다운 규약으로 시작된 것이 아니고 시행된 지도 얼마 안 된다. 한산(閑散:놈팡이)들이 낭자(狼藉)하게 토색(討索)질하는 것은 하나의 단서(端緒)도 못되고 경향(京鄕:京外)의 소요(騷擾)가 극에 달하였다. 이에 하루라도 방치해 둘 수 없으니 이것들을 수취(收聚)하여 상부(上部)에 송부하면 상리국으로부터 <啓***頒>의 바탕이 되며 특별히 상리국에서 주조한 인신(印信:官印) 하나만을 시행 사용한다.
- 부상과 보상에서 사용되는 표준 봉투에는 검은 색으로 기록할 뿐 붉은 글씨는 일절 금지한다.
- 상민(商民)은 사민(四民) 중의 하나인데 백성으로서 관원(官員)을 모르고 지낸다는 것은 법 밖의 양상(兩商:負商褓商) 뿐이다. 그러나 소송이 있을 때 본관(本官)이 재단(裁斷)하는 것을 듣지 않고 직접 상급관청에 제소하는 폐단(弊端)은 단연코 마땅히 엄격하게 다스려야

---

50) 도서(圖署:銅印) ← 새우리말 큰사전(상) 881쪽
  - 조선조 때 왜인(倭人) 야인(野人)의 유력자(有力者)에게 내려 준 동인(銅印)
  - 내조(來朝)하던 사신이 지정된 항구에 배를 대고 들어오면 변장(邊將)은 서계(書契) 노인(路引)과 함께 이 동인을 자세히 검사하고 매년 입국하는 정원을 확인한 후 서울로 보냄
  - 서계(書契)에 찍어 증거로 삼음. 인신(印信)
  - 하도낙서(河圖洛書)에서 나온 말로서 그림 글씨를 통틀어 일컬음

한다.
- 본 상리국에는 당상관 1명이 사무를 전담 관리한다. 부상보상을 동정하여 돌보는 방법이 철저히 강구되고 있다. 큰 일이면 품의(稟議)를 올리고 작은 일이면 스스로 결단한다. 그 밖에 여타 송사(訟事)의 이유와 미루어 다스리는 일은 해당 도(道)의 영읍(營邑)에 일체를 위임하여 청문 결단한다.
- 계미(癸未 1883)년 조정에서 내려준 돈 2만냥의 지출은 좌우사(左右社:負商褓商)와 각 도(道)에 건네주었는데 그 동안의 이식(利殖)은 얼마이고 어느 곳에 산재(散在)되어 있는지를 소상하게 조사 보고하여 균등하게 배열(排列) 구획(區劃)해야 한다.
- 기타 미진한 조건들은 추후에 마련한다.

1885년 9월 19일
사알(司謁)51)의 입으로 전달된 임금의 하교(下敎)는 상리국의 인신(印信:官印)을 해당 조(曹)에서 만들어 지급하도록 명령 분부(分付)하였다.

1887년 2월 27일
전교에 의하면 협판 내무부사(內務府事) 한규설 민영익을 상리국 총판(摠辦)에 임명하였다.

---

51) 사알(司謁) ← 새우리말 큰사전(상) 1675쪽
  - 조선조 때 임금의 명령을 전달하는 일을 맡아보던 정6품의 잡직(雜織)
  - 액정서(掖庭署)에 딸렸으며 승급이 되지 않았음

甕岩裌商所 完文 (丁亥 十一月 十五日)

右完文爲成給事 卽者 本府 甕岩[1])居 裌商所任 趙德仲呈狀. 內以爲 爲業裌商賤 年齡爲七十餘 而居在浦路要市 而每見裌商中. 他道孤踪 情狀無依. 客商之所 患者 則不無憾悵之心 是如乎[2]). 矣身[3])買實 本府紀 桃源海幕後 山麓一廘[4])果田一石落[5]) 沓一斗落 捐付裌商所. 或有此商中 死亡之患 則使之收埋 此山. 亦使田畓作人 除草之爲當 便宜行向.

乙仍于[6]) 差下[7])呈[8])官. 完文付諸裌商所 以後 有子孫族屬中 雜談者 特爲結題完文 成給宜爲事.

---

1) 옹암(甕岩)
   - 충청남도 홍성군(洪城郡) 광천읍(廣川邑) 옹암리(甕岩里).
   - 이 곳은 元洪州等六郡商務社 본부가 위치했던 곳이다. ← naver.com 원홍주상무사.
   - 洪城郡 = 洪州郡 + 結城郡
   - 廣川의 甕岩浦口는 한 때 고깃배들이 몰려드는 서해안의 水産物 集散地이다. 지금도 포구는 쇠락했지만 광천토굴의 새우젓은 유명하다. 국내젓갈 생산량의 50% 가 이곳에서 나온다. 부안과 태안 부근에 위치하므로 싱싱하다.
   - 광천의 牛市場은 유명했다.
   - 甕岩은 바위모양이 마치 항아리처럼 생겨서 독바위(甕岩)라고 했다.
2) 是如乎(이다온) ← 이두문
   ① ~이라고 하더니 ~이더니 ② ~이라고 하는 ~이다 하는 ③ ~이라고 하므로 ~이라고 하기에
3) 矣身(의몸) : 저 (자칭 대명사) ← 이두문
4) 廘(곳) : 곳
5) ① 石 : 섬, 석(10斗)   ② 落 : 논마지기 락   ③ 斗落 : 마지기 (200~300평)
6) 乙仍于(을지즈로) : ~을 따라 ~을 말미암아 ~을 탓으로 ← 이두문
7) 差下(차하) : 벼슬을 내림 ← 동아국어사전 2097쪽
8) 呈(정) : 관리가 상급기관에 내는 보고서나 백성이 관청에 내는 청원서 ← 東亞漢韓大辭典 323쪽

盖此商民 四民中一民 而褓商 最爲至窮. 担挑傴僂9) 經涉嶮危10) 辛苦萬狀 羸利幾何. 或居無室盧 而寄跡於萍蓬. 或家無妻孥之樂 赤身於風塵. 往往罹病死亡 相續於道路. 其情狀艱楚 其生也可憐.

而此趙德仲之俾存相愛 自己山麓與田畓之捐 結褓商所. 彼之情理 周護誠意 嘉尙故 特爲成完文以給 勿替守護 使人神無憾幽明11) 交慰宜當者

右下 褓商所 所任等 準
丁亥(1887年) 十一月 十五日
爲始 曾經先生
領位 趙在壽

接長　姜箕柱　　　　　[洪州等六部商務社右社 所藏]

옹암보상소 완문 (1887년 11월 15일)

완문을 만들어 지급하는 것은 바로 옹암보상사무소(甕岩褓商事務所)의 책임자인 조덕중(趙德仲)이 본부(本府:漢城府)에 장계(狀啓)를 올렸기 때문이다. 그 내용은 이러했다. 비천한 보상(褓商)을 직업으로 삼아 나이 70여세가 되도록 포구(浦口)의 도로와 주요 시장(市場)에서 매일 보상들의 중심을 바라보았다. 그들의 길은 고독한 종적(蹤迹)이었고 정상(情狀)은 의탁(依託)할 곳이 없었다. 객상(客商)의 숙소에 누워 있는 환자에게는 한스럽고 슬픈 마음이 없을 수 없다고 하더이다. 이에

---

9) 担挑傴僂(담조구루) : 등짐을 메고 허리를 구부리고 가는 모습
10) ① 經涉(경섭) ← 새우리말큰사전(상) 196쪽
　　　- 산을 넘고 물을 건넘 - 여러 곳을 두루 유력(遊歷)하는 일
　② 經涉嶮危(경섭험위) : 가파른 산과 위험한 곳을 두루 다님
11) 幽明(유명) : ① 이 세상과 저 세상　② 어둠과 밝음 ← 동아국어사전 1689쪽

제가 본부의 터(紀:基) 몫으로 매입하여 두었던 도원(桃源) 해막(海幕) 뒤의 산기슭 한 곳에 있는 과일밭 한 섬지기(2000~3000평)와 논 한 두락(200~300평)을 출연(出捐)하여 보상소(褓商所)에 기부(寄附)하였다. 간혹 객상(客商) 중에 사망의 환난을 당하면 거두어서 이 산에 매장하고 전답의 경작인으로 하여금 마땅히 벌초(伐草)하는 편의를 수행하여 나아가도록 시켰다.

이것으로 말미암아 조덕중(趙德仲)에게 벼슬을 내리도록 관청에 청원했다. 완문을 보상사무소에 송부(送付)한 이후 자손이나 친족 중에 잡담하는 사람이 있으면 특별한 제목으로 완문을 만들어 보내는 것이 마땅하다.

대개 이러한 상민(商民)은 사민(四民:士農工商) 가운데 하나로서 보상(褓商)이 가장 빈궁했다. 등짐을 지고 허리를 구부리어 가파른 산과 위험한 곳을 다니는 고생과 박약한 이문(利文:利錢)을 이루 다 말로 표현할 수 없다. 간혹 거처(居處)할 집도 없고 술청도 없으므로 빌붙어 사는 발자취가 개구리밥풀과 쑥솜 같았다. 간혹 어떤 집에서는 처자(妻子)와 함께 사는 즐거움도 없고 알몸으로 풍진(風塵)에 노출되어 있었다. 가끔 질병을 만나서 사망하면 도로에 이어 늘어져 있었다. 그 정상(情狀)은 간난(艱難) 고초(苦楚)이므로 생활은 가련(可憐)하였다.

이에 조덕중(趙德仲)이 서로 사랑하는 마음으로 자기의 산기슭과 전답을 출연(出捐)하여 보상소(褓商所)를 결속시켰다. 그의 정리(情理)와 두루 보호하는 성의(誠意)가 가상(嘉尙)하였다. 그러므로 특별히 완문을 만들어 주는 것이니 어김없이 수호(守護)하고 사람과 신령들은 유감(遺憾)없이 유명(幽明)에서 마땅히 서로 위로(慰勞)해야 한다.

아래의 보상소 소임 등이 준비함.
1887(丁亥)년 11월 15일
증경(曾經) 선생을 비롯한
영위 조재수
접장 깅기주
(홍주 등 육부 상무사우사 소장)

親軍經理行陣所 完文 (開國 五百三年 十二月) … <負商廳>

爲完文成給事 夫 士農工商 其民一也. 鰥寡孤獨 其窮也 而惟獨 負商者 四民中一 最窮者也.

本本以浮萍之踪 蟻虱之質 靡室無家 東食西奇 病無救療之道 死無掩尸之路 或至於轉壑. 而忠義二字 常作佩身之符 有事則進忠 無事則趨義 極爲嘉尙可勝言哉.

往往在太祖大王 倡率義旅[1] 負米扈駕 及 有於壬辰 宣祖廟 播遷西州之日 輸糧扈從. 丙子 仁祖廟 幸行[2] 南漢之時 負米守城聖上. 丙寅 運糧於江華 亦爲付陣於湖南 匪類之作亂地 付陣戰亡者 亦爲夥. 然而輸糧付陣 終始一如 可勝欽哉. 自上營錢文五百兩 大牛一隻 賞勞以給.

往古以今 負商之忠肝義膽 可謂 不愧於天 不怍於人. 故 太祖廟 特念省憂 刱設負商任房 魚 鹽 與水鐵 土器 木物 五條物種 屬之於負商廳. 以渙散轉壑之民 以爲病救死葬之資 特下完文與節目.

其後 宣祖廟 仁祖廟 特憐負商之困窮 判下完文與節目. 曁于聖上 從以愛護 刱設商理局 特下錢文幾萬兩 以爲負商 病救死葬之資. 國家之前後恩澤 與天無極.

負商之今古忠獻 並日孔昭矣. 其所以 趨義者 雖吳南楚北之人 逢着於穢草[3] 汚池中 酬以百拜之禮 結以桃園之誼 病則救之 死則葬之.

班首 接長 待之如父 公員 執事 護之如赤子. 爲上 愛黨 病救 死葬之四法 猗然成規矣. 官官관未知其所由來者也 而今年適因國家有事 所謂 東學之徒 猖獗於兩湖 戕害吏民 將成尾大之患 救命如

---

1) 의려(義旅): ① 의로운 군대 ② 의병대(義兵隊) ← 동아국어사전 1729쪽
2) 행행(行幸): 임금이 궁궐 밖으로 거둥함 ← 동아국어사전 2397쪽
3) 예초(穢草): 잡초(雜草) ← 東亞漢韓大辭典 1296쪽

不及擇住.

　富城郡 平夷匪類 以安邦民 豫領兵至湖西 討滅匪徒 濟民塗炭[4] 是其時也. 負商 嚴順榮 宋鶴憲 金明求 崔海昇 等 率其同僚 百餘人 迎接地境 輔翼[5]軍兵 步跋營縣 通悉賊情 不嫌凍餒 不避水火.

　噫 古所謂 疾風[6]知勁草 板蕩[7]識誠臣之者 一負商亦有之矣. 且前後 判下 完文與節目 昭詳載在 極護負商 是無乃列聖朝遺澤 負商之忠義者歟.

　自前已往 營邑亦從斗護[8] 無得侵漁 以安商業. 魚 鹽 水鐵 土器 木物 五條物種 依前例付屬 而其前後功蹟 亦從有分揀 褒揚之日矣. 奉公之忠 趁義之節 一遵前例 無敢違越宜當者. 右帖下負商.

　　時任班首 嚴順榮　　　舊任 金昌億 禹秉五　　　接長 宋鶴憲
　　公員 崔海昇 李瑾求　　　書記 金明求　　　　　執事 李今哲
　　　　　　開國 五百三年 十二月 日　　親軍經理行陣所
　　　　　　　　　[苧産八區 商務社右社 所藏]

---

4) 도탄(塗炭) : ① 몹시 곤궁함 ② 말할 수 없이 비참한 경우 ← 동아국어사전 550쪽
5) 보익(輔翼) : ① 보도(輔導) ② 도와서 좋은 데로 인도함 ← 동아국어사전 908쪽
6) ① 질풍(疾風) ← 동아국어사전 2084쪽
　- 빠르고 센 바람 - 맹풍 - 잎이 우거진 나무가 흔들리며 바다수면이 거의 흰 물결을 이루는 정도의 바람
　② 질풍경초(疾風勁草) : 어떤 곤란에도 마음이 흔들리지 않는 사람의 비유
　③ 경초(勁草) ← 동아국어사전 155쪽
　- 억센 풀이라는 뜻으로 간고한 환경에서도 뜻을 굽히지 않는 억센 기개를 가진 사람을 이르는 말
7) 판탕(板蕩) : ① 정치가 문란하여짐 ② 재산을 탕진함 ← 동아국어사전 2290쪽
8) 두호(斗護) : 두둔하고 돌보아 줌 ← 동아국어사전 583쪽

친군경리행진소 완문 (1894년 12월)

완문을 만들어 지급하는 것은 사농공상(士農工商)이 백성으로서 동일(同一)하기 때문이다. 환과고독(鰥寡孤獨)이 곤궁(困窮)한 것이지만 유독 부상(負商)만이 사민(四民) 중에서 가장 곤궁하다.

본래 부상(負商)들은 부평초(浮萍草)처럼 정처(定處)없이 떠다니고 개미와 이(虱)처럼 조그만 방(室)도 없고 집(家)도 없이 동쪽에서 아침밥을 먹고 저녁에는 서쪽에서 잠을 자면서 질병에 걸렸어도 구료(救療)할 방도가 없고 죽은 시신(屍身)도 거둘 길이 없으니 간혹 구렁텅이에 굴러 나뒹굴고 있다. 그러나 충의(忠義) 두 글자만은 항상 부표(符標)를 만들어 몸에 패용(佩用)하고 다니다가 나라에 사건이 있으면 나아가 충성(忠誠)하고 사건이 없으면 의리(義理)로 나아가니 지극히 가상하다고 크게 칭찬할 만하다.

지나간 태조대왕 때에는 부상(負商)들이 의병대(義兵隊)를 창의(倡義)9)하여 인솔(引率)하고 쌀을 지고 어가(御駕)를 뒤따랐으며 1592년 임진왜란 때 선조대왕이 서주(西州:義州)로 파천(播遷)10)할 때에도 양곡을 운반하면서 뒤따랐다. 1637년 병자호란 때 인조대왕이 남한산성(南漢山城)으로 거둥할 때에는 쌀을 지고 성곽과 임금을 수호(守護)하였다. 1866년 병인양요(丙寅洋擾) 때에는 강화도(江華島)로 군량미를 운반하였고 호남에서 악랄한 무리들이 난동(亂動)을 일으켰을 때에는 진지(陣地)에 참전(參戰)하여 전사자(戰死者)가 많았다. 그럼에도 진지(陣地)로 양곡을 운반하는 것이 시종(始終) 한결 같았으므로 대단히 흠앙(欽仰)할 일이다. 이에 상부관영(上部官營)에서 돈 500냥과 큰 소 1마리를 노고(勞苦)의 포상(褒賞)으로 내려 주었다.

옛부터 지금까지 부상(負商)의 충간의담(忠肝義膽)은 하늘을 우러러 부끄럽지 않고 사람을 굽어 부끄럽지 않았다. 그러므로 태조대왕이 특

---

9) 창의(倡義) : 국란(國亂)을 당하여 의병을 일으킴 ← 동아국어사전 2109쪽
10) 파천(播遷) : 임금이 서울을 떠나 난리를 피함 ← 동아국어사전 2286쪽

별히 염려 성찰 우려하여 부상임방(負商任房)을 창설하고 어물 소금 수철(水鐵) 토기 목물(木物)의 5가지 종류의 물건을 부상청(負商廳)에 예속시켰다. 그리고 흩어져 구렁텅이에 빠진 상민(商民)에게 병구사장(病救死葬)하는 바탕이 되는 완문과 절목을 특별히 내려 주었다.

그 후 선조대왕과 인조대왕은 부상의 곤궁한 상황을 특별히 가련하게 여기고 완문과 절목의 주안(奏案)을 허락하였다. 임금이 굳건하게 애호하여 상리국(商理局)을 창설하고 특별히 몇 만 냥의 돈을 하사(下賜)하여 부상(負商)을 병구사장(病救死葬)하는 자금으로 삼았다. 이처럼 국가의 전후은택(前後恩澤)은 하늘과 더불어 무극(無極)하였다.

부상의 고금(古今)에 걸친 충헌(忠獻)은 해(日)와 아울러 매우 밝았다. 그래서 의리(義理)로 달리는 사람은 비록 오(吳) 나라의 남쪽 사람과 초(楚) 나라의 북쪽 사람이 잡초 우거진 더러운 연못 가운데에서 봉착하더라도 백배(百拜)의 예의(禮儀)로써 보답하고 도원결의(桃園結義)를 맺는 것처럼 질병에 걸리면 구료해 주고 죽으면 매장해 주었다.

그래서 반수와 접장은 부모처럼 모시고 공원과 집사는 어린 아들처럼 보호하도록 위상(爲上) 애당(愛黨) 병구(病救) 사장(死葬)의 4가지 법을 부드럽게 규약으로 만들었다. 그러나 관청에서도 그 유래를 알지 못하다가 금년에 마침 국가의 사건으로 인하여 동학도가 호남의 양쪽에서 창궐(猖獗)하여 관리와 백성을 죽이고 장차 환란(患亂)의 끝이 크게 벌어지므로 목숨은 건졌으나 주거(住居)의 선택에는 미치지 못하였다.

부성군(富城郡)에서 오랑캐의 약탈도둑 무리를 평정하여 나라의 백성을 안정시킨 후 예비로 병력을 이끌고 호서(湖西)에 다다라 약탈도둑의 무리를 토벌 섬멸함으로써 도탄(塗炭)에 빠진 백성을 구제하는 시기이었다. 이 때 부상(負商)인 엄순영 송학헌 김명구 최해승 등이 동료 100여명을 인솔하여 지역의 경계에 나아가 군병을 영접하여 도와서 좋은 데로 인도하고 영현(營縣)으로 달려가서 모든 도적의 사정을 알려주며 춥고 굶주림을 싫어하지 않고 물불을 회피하지 않았다.

과연 그렇도다. 옛말에 이르기를 질풍(疾風)은 기개가 억센 풀을 알

수 있고 정치가 문란해질 때 성실한 신하를 인식한다는 것은 부상(負商)에서도 한결같다. 또한 이를 전후하여 임금이 완문과 절목을 허가하여 내려주신 것이 소상히 등재(登載)되어 부상을 지극히 보호한 것은 부상의 충의(忠義)에 대하여 옛 열성조(列聖朝)가 남겨준 혜택이 아닌가 싶다.

이전부터 이왕의 영읍(營邑)도 이에 따라 부상을 두둔 보호하고 침탈(侵奪 : 侵漁)을 당하지 않도록 하여 상업을 안전하게 해주었다. 건어물 소금 무쇠그릇 토기 목기의 5가지 물건 종류는 전례(前例)에 따라 부상에게 부속시키고 또한 전후의 공로(功勞)와 행적(行蹟)에 따라 포상(褒賞) 선양(宣揚)의 날을 분간하였다. 봉공(奉公)의 충성(忠誠)과 추의(趨義)의 절조(節操)는 한결같이 전례(前例)를 준수하여 감히 어긋나거나 넘침이 없는 것이 마땅하다. 이 문서를 부상(負商)에게 내린다.

시임반수 엄순영　　구임 김창억 우병오　　접장 송학헌
공원 최해승 이근구　　서기 김명구　　집사 이금철
　　　　　1894년 12월 일　　친군경리행진소(親軍經理行陣所)
　　　　　　　　　　　　[저산팔구 상무사우사 소장]

忠淸道廳 完議 (辛丑 五月 十九日)

　右完議事1) 八郡2)苧稅 一是綏慶園3)香炭4)之需 一是弊郡補弊之資也. 該稅額 請付貴社. 以完上納之意 以言以通. 非止一再是加乎5).

　凡 謀事在人 成事在運. 此稅之成否 惟在於弊間 隨機變通之中. 故 同稅額件 無議二同 永付貴社. 數件條約 臚刊于後 依此常目永久遵行事. 右恩鴻山右社6) 掌內準此

　　　　　　　　　　辛丑 (1901年) 五月 十九日
　　　　　　　　忠淸道廳 首席　　申德才　梁季勳
　　　　　　　　　　　　　　　　公員　　金駿濟
　　　　　　　　　　　　　　　　掌議7) 李鳳奎 林命濟

- 韓山 舒川 庇仁 藍浦 林川 鴻山 扶餘 保寧 等 八郡. 苧布廛收稅 永付貴社事.

---

1) ① 完義(완의) ← 새우리말큰사전(하) 2464쪽
　- 司憲府나 司諫院의 官員들이 모여서 국가의 重大事를 의논할 때 둥글게 가까이 둘러앉아서 비밀리에 의논하던 일. 圓議
　② 完議席 : 圓議席
　③ 完議席 : 司憲府에서 官員들이 빙 둘러앉아서 의논하는 자리 ← 漢韓大辭典 481쪽
2) 八郡 : 韓山 舒川 庇仁 藍浦 林川 鴻山 扶餘 保寧
3) 綏慶園(수경원) ← 동아원색세계대백과사전(제18권) 22쪽
　- 장조(莊祖 : 思悼世子)의 어머니인 영빈이씨(暎嬪李氏)의 묘소
　- 1899(광무 3)년 고종황제가 영빈(暎嬪)의 시호(諡號)를 내리고 묘소를 추봉하여 원(園)이라고 함
4) 香炭(향탄) : 능원이나 묘소에서 쓰는 향나무와 숯 ← 새우리말큰사전(하) 3687쪽
5) 是加乎(이러니) · ~이러니 ← 이두문
6) 恩鴻山右社 : 恩津鴻山右社 (恩津鴻山裸商)
7) 掌議(장의) : 성균관 향교의 재임(齋任)의 으뜸자리 ← 동아국어사전 1852쪽

- 稅金 一如一年 三千五百五十兩 所定爲去等[8]. 一千七百七十五兩 六月三十日. 一千七百七十五兩 十月三十日. 勿替輸送事.
- 右稅金 若過當限 不送則 自弊廳費與各項浮費[9] 自貴社擔當爲㫆[10]. 軫以過日字 卽訃推來日字 右稅金 以市邊依例 懲送事.
- 此稅 本出於貴掌握之中則 若或有革罷之令飭 自貴社依例收稅 以特更設 是加可如. 或有入廉生頉之境則 自弊廳擔當周旋 以免貽憂事.
- 右 各 條約 一是施行是㫆[11]矣[12]. 迫不是約於永掌則 先納稅金 計朔還出給事.

충청도청 완의 (1901년 5월 19일)

위와 같이 둘러앉아서 의논한 일은 8군의 모시 거래세(去來稅) 중 일부는 수경원(綏慶園)의 향탄수용비(香炭需用費)로 사용하고 일부는 저산팔군(苧山八郡)의 폐단을 보충하는 자금으로 사용한다는 것이다. 모든 세액을 은홍산우사(恩鴻山右社)에 청탁(請託)하여 완전하게 상납하는 뜻을 말로 통하는 것이 한 두 번이 아니었다.

무릇 일을 도모하는 것은 사람에 달려 있고 일이 성공하는 것은 운명에 달려 있는 것이다. 이 세금의 사용이 성공하는지의 여부는 오로지 저산팔군과 은홍산우사 사이의 임기응변(臨機應變)하는 가운데 달려 있다. 그러므로 이 세금액에 관한 안건은 이의(異議) 없이 두 가지가 동일하기에 은홍산우사에 영구히 부탁한다. 여러 건수의 조약은 책자로

---

8) 爲去等(ᄒ거든 하거든) : ① ~하거든 ~한다면 ② ~하거든 ~한데 ~하였는데 ← 이두문
9) 浮費(부비) : 入費(需用費 所要費)
10) 爲㫆(ᄒ며 하며) : ~하며 ← 이두문
11) 是㫆(이며) : ~이며 ← 이두문
12) 矣(되) : ~되 (뒤집는 이음씨) ← 이두문 289쪽

간행하여 배포한 후에 항상 이 항목에 의거하여 영구히 준행한다. 위의 은홍산우사가 내용을 관장하고 이를 준용(準用)한다.

1901(辛丑)년 5월 19일
충청도청 수석 신덕재 양계훈
공원 김준제
장의 이봉규 임명제

- 한산 서천 비인 남포 임천 홍산 부여 보령 등 8군은 저포전(苧布廛)에서 거둔 세금을 영구히 은홍산우사(恩鴻山右社)에 부탁한다.
- 세금은 한결같이 1년에 3550냥으로 결정하였거늘 1775냥은 6월 30일 송금하고 나머지 1775냥은 10월 30일에 어김없이 납급(納金)한다.
- 위의 세금이 과당하다고 송금하지 않으면 충청도청 비용과 각 항의 수용비를 은홍산우사(恩鴻山右社)에서 담당하며 날짜가 지났으면 기일(幾日)을 추계(推計)하여 위 세금을 시변(市邊)의 사례(事例)에 따라 징수 송금하도록 통고한다.
- 이 세금은 본래 은홍산우사(恩鴻山右社)에서 장악하고 있는 것인데 혹시라도 혁파(革罷)하라는 칙령(勅令)이 내려지면 은홍산우사가 전례(前例)에 따라 세금을 거두되 특별히 다시 설정하여 추가하는 것이 옳다. 간혹 염탐(廉探)하여 탈이 생기게 되면 충청도청에서 담당 주선함으로서 걱정을 끼치지 않도록 한다.
- 위의 각 조약은 한 번 옳게 시행하되 급박하게 이 조약을 영구히 장악할 것이 아니라면 미리 납부한 세금은 초하루를 기준으로 계산하여 되돌려 주어야 한다.

Ⅱ. 節目類

禮山任房 立儀節目 (咸豊 元年 辛亥 七月 十五日 1851)

爲爲爲永久遵行事 語曰 四海之內皆爲兄弟 況一邦之內乎. 有曰 兎死狐悲 物傷其類禽獸猶然 況於人乎.

惟我行商 素是各處之人 朝東暮西 蹤跡無定. 或有客逝而塡壑者 或有沈病而無救者 悖逆而肆行者 持彊而行惡者 原非一二. 如不以 紀律. 而操束1)施恩. 而撫恤2)

契中諸人 或有從容3)相逢 慨其悖戾4)之習 矜其無依之狀者 歲已 久矣. 今此同色5)數十諸人 悶其狀. 而刱此立議 以成一規. 使病者 救之 死者葬之 爲惡者懲之 頑悖6)者罪之. 或有不孝於父 不友於昆 季7)自色中 先治其罪 後呈官司8)以爲懲礪.9)或有不遵紀律 謾於先 生 及 頑於同類者 一切告官 懲治大重律 使此無賴之類 毋有墮犯 罪課之意.

呈于忠淸道 監營 與該各司 又呈漢城府 以成立旨完文. 然 不可 無立儀座目 故 茲成立旨 而諸件事條列于左.

　　　　罰 目

---

1) 조속(操束) : 단단히 잡아서 단속함 ← 동아국어사전 1966쪽
2) 무휼(撫恤) : 불쌍히 여겨 물질을 주어 구제함 ← 동아국어사전 741쪽
3) 종용(從容) : 조용하다 ← 동아국어사전 1987쪽
4) 패려(悖戾) : ① 패악한 허물 ② 성질이 참되지 못하고 비꼬임 ← 동아국어 사전 2296쪽
5) 동색(同色) : ① 같은 빛깔 ② 같은 파벌 ← 동아국어사전 569쪽
6) 완패(頑悖) : 성질이 흉악하고 도리에 어긋남 ← 동아국어사전 1614쪽
7) 곤계(昆季) : 형제(兄弟)
8) 관사(官司) : 관청(官廳) 관아(官衙) ← 東亞漢韓大辭典 482쪽
9) 징려(懲礪) : 징계(懲戒) ← 새우리말 큰사전(하) 3174쪽

一. 不孝不悌者 笞 五十度
二. 謾於先生者 笞 四十度
三. 市中抑賣者 笞 三十度
四. 頑悖同類者 笞 三十度
五. 酗酒作亂者 笞 二十度
六. 不義行事者 笞 三十度
七. 言語不恭者 笞 三十度
八. 以少凌長者 笞 二十五度
九. 不顧沈病者 笞 二十度 罰錢三錢
十. 雜技者 笞 二十度 罰錢壹兩
十一. 不問喪者 笞 十五度 罰錢伍錢
十二. 宴席不參者 笞 十度 罰錢壹兩
十三. 訃通時 不肯應者 笞 十度 罰錢倍訃
十四. 共會時 嚬笑10)雜談者 笞 十五度

　　　新舊接長 交遞規式
接長 交遞時 自僚中閑散 此五望打點 差出 永久遵行事.

　　　初喪時 賻儀錢 磨鍊記
班首 二拾伍兩　　接長 二拾五兩
　本房公員 拾兩　都首公員 拾兩　公事公員 拾兩　文書公員 拾兩　首公員 拾兩
　本所公員 柒兩伍錢　　別公員 柒兩伍錢
　副公員 陸兩伍錢　申飭公員 陸兩伍錢　處所公員 陸兩伍錢
　無任公員 陸兩
　都執事 伍兩伍錢　申飭執事 伍兩伍錢　發執事 伍兩伍錢　訃文

---

10) 빈소(嚬笑) : 인상을 찡그리면서 시죽 시죽 웃는 모습

執事 伍兩伍錢
　掌務執事 伍兩
　本房別有司 伍兩伍錢
　別有司 伍兩
　閑散 貳兩伍錢

　　　　俾房廳 計錢記
　兒大房 肆兩　　兒公員 參兩伍錢　　兒執事 參兩　　兒閑散 壹兩伍錢

　　　　咸豊 元年 辛亥(1851) 七月 十五日
　　　　　　　　　　　　　　[禮德商務社 所藏]

예산임방 입의절목 (함풍 원년 신해 7월 15일 1851)

　영원히 오래도록 준행(遵行)할 일을 말하면 온 세상 안이 모두 형제인데 하물며 한 나라 안에서야 말할 것도 없다. 토끼가 죽을 때에는 여우가 비통하게 운다고 한다. 만물이 사상(死傷)되었을 때 그 부류와 짐승도 그러한데 하물며 사람에서야 말할 것도 없다.
　유독(惟獨) 위대(偉大 : 我)한 행상(行商)은 근본이 각처의 사람으로서 아침에는 동쪽에 있다가 저녁에는 서쪽에 가 있으므로 발자취(蹤跡)에 정처(定處)가 없다. 간혹 객지에서 죽어 구렁텅이에 떨어져 있거나 심한 질병에 걸렸어도 구료(救療)되지 못한다. 또한 패역(悖逆)[11]한 짓을 저지르며 세찬 활을 가지고 포악한 행동을 하는 사람이 원래 한 두 명이 아니므로 마치 기강(紀綱)과 율법(律法)이 없는 것과 같다. 이에

---

11) 패역(悖逆: 詩逆) : 人倫에 어긋나고 不順함 ← 동아국어사전 2297쪽

단단히 잡아서 은혜를 베풀고 불쌍히 여겨서 구휼(救恤)하면 마침내 큰 허물이 벗겨지니 더불어 외부난류(外部亂類)들을 교화시키는 것과 다를 바 없다.

계원(契員)들이 간혹 조용히 상봉(相逢)하여 패악한 허물의 습성을 개탄하면서 의탁할 곳 없는 참상을 불쌍하게 여긴지 이미 오랜 세월이 흘렀다. 이제서야 동료 수 십여 명이 참상을 고민한 끝에 임의(立議)를 창설하고 하나의 규약(規約)으로 성사(成事)시켰다. 병든 사람은 구료(救療)하고 죽은 사람은 장사(葬事) 치러주며 패악(悖惡)[12]한 사람은 징치(懲治)[13]하고 성질이 흉악한 사람은 죄를 묻는다. 간혹 부모에게 불효하고 형제간에 우애가 없으면 동료들이 자체적으로 먼저 죄를 다스리고 나중에 관청에 알려서 징계하도록 한다. 간혹 기율을 준수하지 않고 임방의 웃사람을 속이거나 동료들에게 완악(頑惡)한 사람은 모두 관청에 보고하여 엄중한 규율로 징계 다스려서 무뢰배들이 범죄를 저지르려는 의도에 타락하지 않도록 한다.

이를 충청도 감영(監營)과 해당 관아(官衙)에 보내고 한성부(漢城府)에도 근정(謹呈)하여 요지(要旨)를 완문(完文)으로 성립시킨다. 그렇게 되려면 입의좌목(立儀座目)이 없을 수 없으므로 이에 요지(要旨)를 만들어 모든 사건과 조목을 다음과 같이 열거(列擧)한다.

벌 목

1. 부모에게 효도하지 않고 형제간에 우애 없는 사람에게는 볼기 50번을 친다.
2. 임방의 웃 분을 속인 사람에게는 볼기 40번을 친다.
3. 장시(場市)에서 억지로 판매한 사람에게는 볼기 30번을 친다.
4. 동료 부보상들에게 흉악하고 도리에 어긋난 사람에게는 볼기 30번

---

12) 패악(悖惡) : 이치에 어긋나며 흉측함 ← 동아국어사전 2297쪽
13) 징치(懲治) : 징계하여 다스림 ← 동아국어사전 2091쪽

을 친다.
5. 술주정으로 난동을 부린 사람에게는 볼기 20번을 친다.
6. 의롭지 못한 짓을 저지른 사람에게는 볼기 30번을 친다.
7. 언어가 공손하지 못한 사람에게는 볼기 30번을 친다.
8. 젊은이가 연장자(年長者)를 능멸한 사람에게는 볼기 25번을 친다.
9. 병든 이를 돌보지 않은 사람에게는 볼기 20번을 치고 벌금 3전을 물린다.
10. 잡기(雜技)한 사람에게는 볼기 20번을 치고 벌금 1냥을 물린다.
11. 문상(問喪)하지 않은 사람에게는 볼기 15번을 치고 벌금 5전을 물린다.
12. 연회석(宴會席)에 참석하지 않은 사람에게는 볼기 10번을 치고 벌금 1냥을 물린다.
13. 부고(訃告)를 통지 받고도 불응한 사람에게는 볼기 10번을 치고 벌금으로 부전(訃錢)의 두 배를 물린다.
14. 공동회의 때 시죽 시죽 웃으면서 잡담하는 사람에게는 볼기 15번을 친다.

신구접장 교체규식

접장을 교체(交替 : 交遞)할 때에는 요중한산(僚中閑散 : 同僚閑散)으로부터 5명의 희망자에게 점을 찍게 하여 차출(差出)하는 방식을 영구적으로 준수 거행한다.

초상시 부의전 마련기

반수 25냥   접장 25냥
본방공원 10냥 도수공원 10냥 공사공원 10냥 문서공원 10냥 수공원 10냥
본소공원 7냥 5전 별공원 7냥 5전
부공원 6냥 5전 신칙공원 6냥 5전 처소공원 6냥 5전
무임공원 6냥

도집사 5냥 5전　신칙집사 5냥 5전　발집사 5냥 5전　부문집사 5냥 5전
　장무집사 5냥
　본방별유사 5냥 5전
　별유사 5냥
　한산 2냥 5전

비방청 부전기

　아대방 4냥　아공원 3냥 5전　아집사 3냥　아한산 1냥 5전

함풍 원년 신해(1851) 7월 15일
[예덕상무사 소장]

行商廳 節目 (1870년 4월)

序文

　古人有言曰 四海之內 皆兄弟. 苟有志氣之相合 所事之同轍 則雖散在四方 聲息相通 吉凶互救 豈不可謂之兄弟也哉.

　凡 我行商 雖有班常之分 毋論遠近 所尙同道 所志相合者也. 死生相顧 吉凶相助 則向所謂皆兄弟者顧不信歟.

　左有所欽仰者 際此不古之世[1] 爲頭目者 乃能執綱絜矩[2] 分差各僚 隨材授任 所關諸處 董督警飭. 使病者蘇之 死者種之 罪者掩之 勞者賞之 視遠猶近 引疎爲親 能令東西南北之人 歡若同胞 則짂是天道循環 聖敎復明 下效之功 至於此 行商而極矣.

　豈有不爲 餘澤流行之一端也耶. 衆議合一 緣由呈營呈邑 轉報禮曹矣. 特蒙數行之勅敎 永爲百年之定規.

　今此頭目之任 雖係閑散 顧不重難乎. 接末人 魯識蔑猥 忝此任置身無地 逃避無路 極知無狀而末由也. 略敍顚末 以弁[3] 此券 伏願諸任房 蓋亦勉施乎哉.

　　　　　　　　　庚午 四月 下澣 新差接長　　崔永吉 識

節目

- 同僚中 若有恃富蔑貧 恃强凌弱者 ――廉察 嚴考拔去[4] 同僚事.

---

1) 불고(不古) : ① 인심이 야박함 ② 옛날의 순박함이 없다는 뜻 ← 東亞漢韓大辭典 34쪽
2) ① 혈구(絜矩) : 자로 잼. 혈(絜:재다) 구(矩:자). ← 絜矩之道
   ② 혈구지도(絜矩之道) ← 東亞漢韓大辭典 1380쪽
   　- 자기의 마음을 미루어 남의 마음을 헤아리는 도덕상의 법도 즉 동정(同情)을 이름
3) 변언(弁言) :① 머리말 ② 책머리에 쓰는 말 ③ 서언(序言) ← 東亞漢韓大辭典 598쪽
4) 발거(拔去) : 빼내어 뽑아 버림 ← 동아국어사전 807쪽

- 行商之終難興業 全由於雜技 使酒⁵⁾之故耳 一切禁斷 以杜後弊事.
- 同僚中 或有無罪 橫罹⁶⁾於捕校輩 都會雪恥事.
- 同僚中 或有蔑法悖戾⁷⁾不遵節目 會議揭罰事.
- 任長 或客死於他處 同任中 收合賻助錢 齊會安葬事.
- 裨房領首 或死於他所 同裨房 收合賻助錢 齊會安葬事.
- 同僚中 或有所懷⁸⁾者 毋論遠近 齊會問意事.
- 同僚中 或有不參會席者 及 無難雜談者 齊議重罰事.
- 同僚中 喪葬時 有不賻助者 齊會揭罰事.
- 同僚中 或有物件賣買時 言語不恭者 及 無故是非者 先告任中處決 鱗次⁹⁾告官事.
- 人之最愼者 男女之別也. 行商所接處 無論親疎 皆待嫂叔之誼比. 他事百倍操心 無或淆雜 嚴加戒飭. 若有蕩子雜類 奸犯於其間者 則非徒自僚中 痛加嚴治斷 當聞官刑配矣. 另加惕念事.
- 同僚中 無論老少 雖逢某處 相對敬謹 無或謇錯事.
- 班首 賻儀舊例 雖以二十兩 稧物無幾 雜冗許多故 以十五兩式定事.
- 接長 賻儀 依前例 十兩 次下事.
- 諸公員 諸執事 賻儀 五兩式 次下事.
- 閑散 賻儀 三兩式 次下事.
- 大房 賻儀 五兩式 次下事.
- 裨房 賻儀 二兩式 次下事.

---

5) 사주(使酒) : 술의 힘을 빌어 제 멋대로 굶 ← 東亞漢韓大辭典 119쪽
6) 횡리(橫罹) : 뜻밖의 재앙에 걸림 ← 동아국어사전 2474쪽
7) 패려(悖戾) : 성질이 참되지 못하고 비꼬임 ← 동아국어사전 2296쪽
8) 소회(所懷) : ① 품고 있는 회포 ② 마음에 품은 생각 ← 동아국어사전 1254쪽
9) 인차(鱗次) : 비늘처럼 차례로 잇닿음 ← 동아국어사전 1769쪽

庚午 四月
任房所屬 牙山 平澤 溫陽 新昌
행상청 절목 (1870년 4월)

서 문

　옛 사람이 이르기를 온 세상의 사람들이 모두 형제라고 말했다. 진실로 의지와 기백이 서로 합쳐서 하는 일이 같은 발길을 걷고 있다면 비록 사방에 흩어져 있을지라도 숨소리가 서로 통하고 길흉(吉凶)을 서로 구원(救援)하니 어찌 형제(兄弟)라고 아니할 수 있겠는가.

　무릇 위대한 행상들은 비록 반상(班常:兩班常民)이 구분되어 있지 않을지라도 원근(遠近)을 가리지 않고 같은 도리를 숭상하고 뜻을 서로 합치는 사람이다. 생사(生死)를 서로 돌보고 길흉(吉凶)을 서로 도우면 모두 형제라고 말하는 것에 대하여 도리어 믿지 않을 수 있겠는가.

　이제 인심이 야박한 세상을 만났으니 임소(任所)를 좌우할 수 있는 흠앙자(欽仰者)가 두목이 되어 기강(紀綱)과 법도(法度:絜矩)를 집행하고 각 요원(僚員)을 분류 차출하여 인재(人材)에 따라 임무(任務)를 부여하며 관련된 모든 곳을 감독 훈계해야 한다. 병든 사람은 소생시키고 죽은 사람은 땅에 심어주며 죄지은 사람은 가려내고 노력한 사람에게는 포상을 준다. 그리고 먼 것을 가깝게 바라보고 소원한 것을 친근하게 하도록 동서남북 사방의 사람들에게 명령을 내려서 동포처럼 환대하면 하물며 천도(天道)라도 순환되어 임금님의 교훈이 되살아 밝아지고 아랫사람들이 본을 받는 공로가 이루어지니 행상(行商)들이 극성(極盛)할 것이다.

　그런데 어찌 하는 일이 없으면 국가의 여택(餘澤)이 흐르는 한 가지 단서(端緒)조차 있을소냐. 여러 사람의 의논이 하나로 모아진 연유(緣由)를 영읍(營邑)에 올리면 예조(禮曹)로 전달 보고된다. 특히 여러 줄의 칙교(勅敎)를 받아서 백년의 규정(規程)으로 정해야 한다.

　이제 두목의 임무가 비록 한산(閑散)[10]에 관계되더라도 도리어 무겁고 어려운 일이 아니겠는가. 본인이 말석(末席)의 사람으로서 식견(識見)이 어리석어서 멸시(蔑視)를 받을 정도이고 외람(猥濫)되게도 임무를 더럽힐 것 같아 몸 둘 곳이 없고 도피할 길도 없으니 문서(文書)도 없는 말석(末席)임을 지극히 잘 안다. 이에 전말(顚末)을 간략히 서술하여 이 책의 머리말로 삼으면서 모든 임방(任房)에서 열심히 시행하여 주기를 엎드려 바란다.

      1870년 4월 사순 새로 뽑힌 접장 최영길 씀

 절 목
- 동료 중에서 만일 부자(富者)를 의지하고 빈자(貧者)를 멸시하며 강자(强者)를 의지하고 약자(弱者)를 능멸하는 사람은 낱낱이 염탐 관찰하여 엄중히 고려한 후 동료에서 뽑아 버려야 한다.
- 행상이 끝내 흥업(興業)하기 어려운 것은 전적으로 잡기(雜技)와 술(酒)의 힘을 빌어 제멋대로 하는 데 연유(緣由)될 뿐이므로 모두 금지 단절시키어 훗날의 폐단(弊端)을 두절(杜絶)시켜야 한다.
- 동료 가운데 간혹 무죄임에도 뜻밖에 포교배(捕校輩)의 재앙에 걸리면 총회를 열어 설욕(雪辱 : 雪恥)해 주어야 한다.
- 동료 가운데 간혹 법을 멸시하고 성질이 비꼬여서 절목을 준수하지 않으면 회의에 부쳐 처벌한다.
- 임소장(任所長)이 타처(他處)에서 객사(客死)하였으면 동료 임소장이 부조금을 거두어 일제(一齊)히 모여 안장(安葬)한다.
- 비방청(裨房廳 : 童蒙廳)[11]의 영수(領首)가 간혹 다른 임소에서 죽으면 동급의 비방(裨房)이 부조금을 거두어 한결같이 모여 편안하게 장례를 치른다.
- 동료 가운데 마음에 회포(懷抱)를 품고 있으면 원근(遠近)을 가리지 말고 일제히 모여서 그 뜻을 물어 보아야 한다.

10) 한산(閑散) : 부보상단(負褓商團)의 하급 실무직책
11) 비방청(裨房廳 : 童蒙廳) : 미혼총각 부상(負商)의 집합체 ← 한국전통경영사론 303쪽

- 동료 가운데 간혹 회의석상에 불참하거나 어려움 없이 잡담하는 사람이 있으면 일제히 회의를 열어서 엄중하게 처벌한다.
- 동료 가운데 상장(喪葬)을 당했을 때 부조금을 내지 않는 사람이 있으면 일제히 회의에 부쳐 처벌한다.
- 동료 가운데 간혹 물건을 매매할 때 언어가 공손하지 못하거나 까닭 없이 시비하는 사람이 있으면 먼저 임소(任所)에 보고하여 처결한 후 이어서 관청에 고발한다.
- 사람이 가장 신중해야 하는 것은 남녀의 분별이다. 행상들이 접촉하는 곳에서는 친소를 따질 것 없이 모두 형수나 아저씨의 정의(情誼)에 견주어 모신다. 다른 일도 백 번 조심하여 혹시라도 잡스러운 일이 섞이지 않도록 더욱 엄중히 경계하고 타이른다. 만약 방탕한 잡류배들이 그 동안에 간교한 범죄를 저지르면 자기의 동료(同僚 : 僚中)가 아니더라도 더욱 통렬하게 엄격히 다스리고 단절시키도록 당연히 관청에 알려서 형배(刑配)[12]해야 한다. 특별히 두렵게 생각해야 한다.
- 동료 가운데 노소(老少)를 따질 것 없이 비록 어떤 곳에서 만나더라도 공경으로 상대하고 혹시라도 떠듬거리면서 착각하지 말아야 한다.
- 반수(班首)의 부의(賻儀)는 구례(舊例)에 따라 비록 20냥이지만 계물(稧物)이 없고 요긴하지 않은 잡비(雜費)가 허다하므로 15냥으로 결정한다.
- 접장의 부의(賻儀)는 전례(前例)에 의하여 15냥으로 내려준다.
- 모든 공원(公員)과 집사(執事)들의 부의(賻儀)는 5냥씩으로 내려준다.
- 한산(閑散)의 부의(賻儀)는 3냥씩으로 내려준다.
- 대방(大房)의 부의(賻儀)는 5냥씩으로 내려준다.
- 비방(裨房)의 부의(賻儀)는 2냥씩으로 내려준다.

1870년 4월
임방소속 아산 평택 온양 신창

---

[12] 형배(刑配) : 죄인을 처벌하여 귀양을 보냄 ← 동아국어사전 2423쪽

庇仁官 節目[1] (1879년 5월)

爲節目成給事 負商 或以謂浮浪之類 聚而爲黨 散而行悖 餘亦認之 以是及宰.
嶺湖三邑 益保其聚 謂眞義氣男子. 紀律豫爲規模 有成教師長 而唯令是聽禮也. 和儕流 而與其患難義也. 欺人取物病 治惡習廉也. 蹤跡殊常付去 不接恥也.
而聚合相接之際 周旋拜揖濟濟[2] 可觀鬱然[3]. 古人之風 具禮義廉恥且兼威信. 如此輩類可與共濟[4]國事 餘嘗留意未就者 久矣.
適任濱海[5]之邑 凡務多端[6]. 若或有奉公之事 捨其風餐露宿[7] 赴湯蹈火[8]之流. 與維共事 玆以 指出五十金 付負商都中[9] 以爲殖利

---

1) ① 비인관 절목은 기묘(1879)년 5월 하순 비변사(備邊司)의 충청도(忠淸道) 비인관(庇仁官)인 도반수(都班首)를 비롯하여 公員(曺錫明) 書記(朴燦翼) 別公員(尹容默) 등이 참석한 가운데 縣監 洪用周가 광제헌(廣濟軒)에서 기록하여 여러 사람에게 부탁한 것이다. ← 文化財管理局, 芋山八區商務右社遺品, 1980, 3쪽.
② 비인(庇仁)은 부여(扶餘) 홍산(鴻山) 남포(藍浦) 서천(舒川) 한산(韓山) 임천(林川) 정산(定山)과 더불어 모시(芋) 생산으로 유명한 충청도 저산팔읍(苧山八邑:芋山八區) 중의 하나이다.
2) 濟濟(제제) : ① 엄숙하고 신중함 ② 훌륭함 ③ 많고 성대함 ← 동아국어사전 1953쪽
3) 鬱然(울연) : ① 초목이 무성한 모양 ② 사물이 왕성한 모양 ← 東亞漢韓大辭典 2132쪽
4) 共濟(공제) : ① 힘을 합하여 같이 일함 ② 서로 힘을 합하여 도움 ← 동아국어사전 215쪽
5) 濱海(빈해) : ① 瀕海 ② 지형이 바다에 가까이 닿아 있음 ← 새우리말큰사전(상) 1619쪽
6) 多端(다단) : ① 일이 흐트러져 가닥이 많음 ② 사건이 많음 ③ 일이 바쁨 ← 동아국어사전 454쪽
7) 風餐露宿(풍찬노숙) ← 동아국어사전 2334쪽
① 한데에서 바람과 이슬을 피하지 아니하고 고생하면서 먹고 자고 함
② 의지할 곳 없는 몹시 쓰라린 고생

補奬. 如有爲國家 出力之擧 則齊心同力 彈竭[10]奉行.

如如我太祖大王時 運糧之事 則於國家事 盖不大幸 亦不有光. 於昔時 浮商之效 忠哉. 玆成節目 開錄于左. 咸各知憲 守而勿失 永久遵行者.

光緖 五年 五月 (己卯 1879년 5월)　　　　庇仁官

비인관 절목 (1879년 5월)

절목을 만들어 주는 것은 부상(負商)들이 간혹 부랑배(浮浪輩)로 몰리고 또한 모이면 붕당(朋黨)을 이루고 흩어지면 행패(行悖)를 부린다고 인식되어 관가(官家)에 알려졌기 때문이다.

그러나 영남과 호남의 3읍에서는 부상들의 모임을 더욱 보호하고 진실한 의기남자(義氣男子)라고 일렀다. 기율(紀律)이 미리 규모를 이루어서 사장(師長)을 본받았고 오직 명령에 따라 예의(禮義)만을 귀 기울였다. 화합한 동료(同僚 : 儕流)들은 더불어 재난(災難)을 근심하는 의리(義理)가 있었다. 또한 사람을 사기(詐欺)쳐서 물건을 취득하는 병폐(病弊)를 악습으로 다스리고 살폈다. 종적이 수상하여 떠날 것을 부탁해도 수치(羞恥)스럽게 받아들이지 않았다.

부상들이 모여서 서로 면접(面接)할 때에는 돌아가면서 배읍(拜揖)하는 모습이 매우 성대하여 활기 넘치는 왕성한 모습을 볼 수 있다. 마치 옛 사람들의 기풍(氣風)처럼 예의(禮義) 염치(廉恥) 위신(威信)을 갖추고 있었다. 이와 같은 부류(部類)들과 더불어 힘을 합하여 국사(國事)를 도울만하여 나머지 시험(試驗)을 유의(留意)하지 않는지 오래 되

---

8) 赴湯蹈火(부탕도화) ← 동아국어사전 964쪽
  ① 끓는 물이나 뜨거운 불에도 서슴지 않고 뛰어든다는 뜻
  ② 목숨을 걸고 하는 힘든 곤욕이나 수난을 이르는 말
9) 都中(도중) : 계원전체(契員全體) 또는 그 가운데 ← 동아국어사전 550쪽
10) 殫竭(탄갈) : 남김없이 다함 ← 동아국어사전 2234쪽

었다.

　해변에 닿아 있는 고을의 적임자에게는 업무가 무척 많은 법이다. 간혹 공무(公務)에 봉사할 일이 생기면 풍찬노숙(風餐露宿)도 제쳐놓고 부탕도화(赴湯蹈火)하는 부류이다. 그들과 더불어 공동의 사업을 유지하기 위하여 이에 50금을 지출하도록 지시하였으니 부상계원(負商契員) 전체에게 부탁하여 증식된 이자로써 보충 장려한다. 그러다가 만약 국가를 위하여 힘을 발휘해야 할 일이 나타나면 마음을 가지런히 하고 힘을 하나로 뭉쳐서 남김없이 받들어 시행한다.

　이와 같이 우리의 태조대왕 때 부보상들이 양식을 운반했던 일은 국가를 위하여 매우 다행한 일인 동시에 또한 무척 영광스러운 일이다. 그 옛날 우쩍 일어난 부상의 본보기는 충의(忠義)이다. 이에 절목을 만들어 아래에 공개적으로 기록한다. 모두 다 골고루 각각 법을 알아서 지키고 상실하지 말며 영구히 존중하여 시행한다.

1879(광서 5)년 5월　비인관(庇仁官)

- 若無官長統率 則奉行國事 恐有疎忽. 故 考班首推上 庇仁官家 始爲完成. 其前班首 以副班首施行. 餘他所任 依前 從都中11)公議 盡出擧行是齊.12) 一官家難爲都班首 除非公事 凡幹私事一切 而備都中所任. 處置難便之事 依可告 只治其罪 而已13)是齊. 一 吏校14)奴15)令無敬 宥何都中事 而以命擧措 謂之付勵 如有侵凌 之弊. 稟告官家後 座上諸人 無時通衢16)撻楚17)以懲. 負商中 有

---

11) 都中(도중) : 계원전체　← 동아국어사전 550쪽
12) 是齊(이제) : ① ~이다 ② ~임　← 이두문
13) 而已(이이) : ① 것 뿐 ② 그 뿐임　← 東亞漢韓大辭典 1140쪽
14) 吏校(이교)　← 東亞漢韓大辭典 313쪽
　- 조선조 때 신분계급의 하나
　- 일정한 직업 신역(身役) 등을 세습하며 관료와 평민계급의 중간을 차지하고 있었다
15) 奴(노) : ① 자신의 낮춤말 ② 놈 ③ 종　← 東亞漢韓大辭典 447쪽
16) 通衢(통구) : 사방으로 통하는 큰 길　← 동아국어사전 2259쪽

行悖者 當加懲治是齊.
- 出付錢五十兩 付之本所 取殖補用是齊.
- 哀慶喪葬 依前例 各別加護是齊.
- 取殖錢 頭目不得犯用 而所謂頭目者 蔑視其手下 無難犯用 則諸負商 齊訴官家 官懲督捧是齊.
- 七邑[18]掌內 負商之數 不得指數矣. 籍[19]悖同伴衆多 肆惡[20]閭里[21]者 自任所官家 治逐出是齊.
- 凡幹規式 從舊俗是齊
- 今此定規 專爲國家. 如有效力之時 本所掌內之人 一齊來赴 無或疎虞[22]. 若不從令當者 報營刑配 頭目自官治是矣[23] 公事 以各別而務行是齊.
- 遐邇[24]相應 大小竝力 爲國家效忠義 其在當者 蕩然底道理. 雖非七邑掌內 轉掌勸起 一齊携赴是齊.
- 未盡條件 追後磨鍊是齊.

---

17) 撻楚(달초): 회초리로 볼기나 종아리를 때리는 일. 초달(楚撻) ← 동아국어사전 486쪽
18) ① 저산팔읍(苧山八邑: 苧山八區)에서 비인(庇仁)을 제외하면 7읍이 된다.
② 비인은 부여(扶餘) 홍산(鴻山) 남포(藍浦) 서천(舒川) 한산(韓山) 임천(林川) 정산(定山)과 더불어
③ 모시(苧) 생산으로 유명한 충청도 저산팔읍(苧山八邑: 苧山八區) 중의 하나이다.
← 文化財管理局, 苧山八區商務右社遺品, 1980, 3쪽.
19) 藉藉(자자): ① 소문 따위가 여러 사람의 입에 오르내리어 떠들썩하다 ② 짜하다 ← 동아국어사전 1818쪽
20) 肆惡(사악): 악한 성정을 함부로 부림 ← 동아국어사전 1057쪽
21) 閭里(여리): ① 閭閻(여염) 閭巷(여항) ② 보통 사람의 집이 모여 있는 곳 ← 동아국어사전 1518쪽
22) 疎虞(소우): ①실수 과실 ② 소홀히 하여 일을 그르침 ← 東亞漢韓大辭典 1177쪽
23) 是矣(이의 이되): ~이의 ~이되 ← 이두문
24) 遐邇(하이): 원근(遠近) ← 새우리말큰사전 3621쪽

歲在 屠維單閼[25] 端陽下澣[26].
縣監 洪用周 記于廣濟軒 以付僉員
　　座目[27]
　　　　都班首　庾仁官
　　　　公　員　曺錫明
　　　　書　記　朴燦翼
　　　　別公員　尹容默
庚午年 九月　副接長 崔榮炤　　依舊本謄書

- 만약 관장(官長)이 통솔하지 않는다면 국사(國事)를 봉행(奉行)할 때 소홀함이 있을까 두렵다. 그러므로 반수(班首)가 추상(推上)한 것을 고려하여 비인관가(庾仁官家)에서 처음으로 완성했다. 이 절목은 그 전의 반수가 부반수(副班首)로 있을 때 시행하였다. 그 밖의 맡은 임무는 전례(前例)에 의거하되 계원 전체의 공공의론(公共議論)에 따라 진력(盡力)을 다하여 거행한다.

만약 하나의 관가(官家)가 도반수(都班首)로 될 수 없으면 공사(公事)를 배제하지 말고 모든 사사(私事) 일체를 주간(主幹)하여 계원전체의 소임으로 비치한다. 처치하기 쉽지 않은 일은 보고에 의거하여 그 죄를 다스릴 뿐이다. 일 개 이교(吏校)의 주제에 명령을 받들지 않으면 계원 전체의 일을 도울 수 없으므로 명령으로써 조치하는 것은 마치 침탈 능멸의 폐단을 부채질하는 것이다. 이럴 때에는 관가(官家)에 품의 보고한 후 모든 윗사람들이 언제든지 네거리의 큰 길

---

25) ① 屠維(도유) : 고갑자(古甲子) 십간(十干)의 여섯째로서 기(己)와 같다 ← 새우리말큰사전 885쪽
　② 單閼(단알) : 고갑자(古甲子) 십이지(十二支)의 넷째로서 묘(卯)와 같다 ← 새우리말큰사전 775쪽
26) ① 端陽(단양) : 端午(단오) ← 새우리말큰사전(상) 776쪽
　② 下澣(하한) : 下旬(하순) ← 새우리말큰사전(하) 3615쪽
27) 座目(좌목) : 자리차례를 적은 목록 ← 동아국어사전 1991쪽

에서 회초리로 볼기나 종아리를 쳐서 징벌한다. 또한 부상(負商) 중에서도 행패(行悖)를 부린 사람이 있으면 마땅히 징벌로 다스려야 한다.
- 50냥씩을 갹출하여 본소(本所)에 부탁(付託)하고 이식(利殖)으로써 용처에 보충한다.
- 애경상장(哀慶喪葬)은 전례(前例)에 의거 각별히 가호(加護)한다.
- 이식금(利殖金)을 두목이 어쩔 수 없이 범용(犯用)했거나 또는 두목이라는 사람이 아랫사람을 멸시(蔑視)하고 어려움 없이 범용했다면 모든 부상(負商)들이 관가(官家)에 제소하여 관가의 징벌 감독을 받들어야 한다.
- 비인(庇仁) 이외의 7읍에서 관장하고 있는 부상(負商)의 수효는 헤아릴 수 없이 많다. 수많은 동반자들에게 행패를 부렸다는 소문이 떠들썩하고 동네에서 못된 성질을 함부로 부린 자는 임소(任所)와 관가(官家)에서 징치(懲治)하여 축출(逐出)한다.
- 모든 근간이 되는 규율과 의식은 옛 풍속에 따른다.
- 지금 이러한 규약을 결정하는 것은 오로지 국가를 위하는 일이다. 만약 효력이 있을 때에는 본소에서 관장하는 사람들이 일제히 나서서 조금도 소홀함이 없어야 한다. 만약 명령을 따르지 않은 당사자는 관영(官營)에 보고하여 유배(流配)로 형벌하고 두목이면 관가(官家)에서 징치하되 공사(公事)는 각별히 힘써 시행한다.
- 원근이 서로 응접하고 크고 작은 힘들을 아우르는 것은 나라를 위하여 충의(忠義)를 드리는 것으로서 당사자는 넓고 깊은 도리(道理)이다. 비록 7읍에서 관장하지 않을지라도 관장을 이전하여 일으키도록 권고하고 일제히 휴대하고 나아간다.
- 미진한 조건들은 추후에 마련한다.

기묘(1879)년 5월 하순

현감 홍용주가 광제헌(廣濟軒)에서 기록하여 여러 사람에게 부탁하다.

　　참석한 사람들:

도반수 비인관
공 원 조석명
서 기 박찬익
별공원 윤용묵
경오(1930)년 9월 부접장 최영소가 옛 책을 베껴 쓰다.

漢城府 節目　(1879년 9월)

- 八道都接長　自本府差出　竝給圖書　以爲立綱事.
- 都接長　統攝八道行商　使有紀律嚴立科條事.
- 八道行商坐商　皆聽都接長　知委施行事.
- 八道行商　人人踏佩. 都接長圖書　以爲名牌事.
- 以此圖書　爲行商之標　名之曰　驗標　以爲憑攷事.
- 驗標書之　同右照驗事. 某商某姓名　居某道某邑　人錄某地任所　各道各邑所行處　以爲憑考以成給事. 照驗施行　須至帖者　踏圖書　以防奸僞事.
- 場市　行賣之場　店幕　投留之地. 互相憑考　無驗標者　不得行賣　不得同留. 是等同僑中慣識面目　的知其行止根抵者. 暫相容貸　使指都接長　以踏佩驗標　無至騷擾事.
- 各道各邑　皆設任所處所　有事會議事.
- 患難相救　疾病相問　死亡相助　慶會相參　以爲敦風厚誼事.
- 同僑中　如有好雜技　好鬪悍　持身不恭　行抑於場市店幕之間者　當罰黜類事.
- 若浮浪之輩　托跡於行商　持心不正　行色殊當者　這這糾察　不得混入　俾杜後弊事.
- 或有負商之袱　無商之標者　非商也　乃賊也. 敬而遠之　勿爲親近事.
- 如有疾病於道路　雖累日遲滯　用藥救療　又死亡於店市之間　則自該邑任所　治喪還葬於故鄕事.
- 如有無罪橫罹於營邑者　馳告于都接長　報于本府處決事.
- 如有官隷輩橫捉之弊　則以其驗標憑攷於官司　俾得蒙放事.
- 失利見敗　財貨不贍者　則自同僑中　相借貸　以給貨本事.
- 如有爭利忘誼　欺人害物稱頉於都會之地　思避於急難之中者　當用罰黜類事.

- 八道各置 接長 是等 以本道人 知事能文可堪之人 指姓名報于都接長 成帖以給事.
- 各道 任所 亦有接長 而其下各邑任所接長 報于該道接長 以爲差出事.
- 各道各邑 行商姓名居住 修成冊 送納于都接長所 一以知行商員數 以考驗標事.
- 都接長所 各該任長 持公文 相通周行八路 則所到任所 行財支供 依例擧行事.
- 各道 各邑所 任所中 有大事 馳告于都接長所 則遞傳于所經任所 日夜走通 無至遲滯違期事.
- 八道接長 有事於同儕中 不可任斷者 則皆稟于都接長 以決事
- 各道接長 皆修本道內 各邑任所 接長以下 任長姓名 成冊 上送事.
- 或有凌慢上任 語言不遜者 卽地用罰事.
- 在京客主 亦許爲上任事. 客主 卽行商之主人也. 物價高下隨時任斷 則興成之時 若以面目親疎有所厚薄 大關利害 則當發通 論罰事.
- 病臥於客主家 則用藥救療 無至黜外添症 是等不然 則論罰事.
- 客主家 亂接雜技 所留行商等 與外人相雜 乾沒貨本 而不爲禁止 則是豈主客 相恃之道乎. 刻別嚴禁 無至失業宜當事.
- 場市坐廛之人 皆買得於行商 而放賣者也. 其於一物通行之地 亦非行商之類乎. 坐者行者商 則一也 亦當受驗標然後 可以行賣事.
- 坐廛行商 同是觀市之地 豈有優劣乎. 若有表裡異同 卽用罰事.
- 坐廛之人 稱以他邑 不受行商驗標者 行商物貨 勿爲移賣於其人 而使自買得於京客主家事.
- 非但 京客主去來之商也. 其於西至灣市 北至關市 南至萊市 無

非行商交易之處也. 亦依此節目 一例擧行事.
- 各道 各邑 各任所 當有留財然後 可以接應. 需用 則自該任所 用力鳩財 以爲後用事.
- 各道 各邑 行商中 若逢不意之變 至於生梗 則自該邑該別查覈[1] 無至來訴本府事.
- 如是定式[2]之後 若有無賴犯過者 當該邑指姓名馳報事.
- 都接長 稱以上任 非理生弊 則自本府照律按配事.

己卯九月 (1879년 9월)
漢城府 手決   [苧山八區 商務社 右社 所藏]

한성부 절목 (1879년 9월)

- 팔도의 도접장은 한성부(漢城府)로부터 차출되었으니 함께 발급된 도서(圖書)에 따라 기강을 세워야 한다.
- 도접장은 팔도의 행상을 통섭하되 기율의 조목을 엄격히 세워야 한다.
- 팔도의 행상과 좌상은 모두 도접장의 통지를 듣고 위임사항을 시행한다.
- 팔도의 행상이 사람마다 패용한 것은 도접장이 도서에 따라 만든 명패이다.
- 도서에 따른 행상의 표지(標識)를 험표(驗標)라고 이름하는데 이를 증빙으로 삼는다.
- 험표에 쓰여진 내용을 조회하면 부보상의 취급품을 비롯한 성명 거주 도읍 인명록 임소지 도읍행처 등이 증빙될 수 있도록 발급되어 있다. 험표의 조회 시행은 반드시 수첩으로 만들고 도서(도장)를 찍어 둠으

---

1) 사핵(查覈) : 사실을 조사하여 밝혀냄 ← 동아국어사전 1074쪽
2) 정식(定式) : 일정한 규칙과 격식 또는 의식 ← 동아국어사전 1932쪽

로써 간사한 허위(虛僞)를 예방한다.
- 장시(場市)는 행매(行賣)의 장소이고 점막(店幕)은 투유숙(投留宿)의 곳이니 서로 증빙하고 살펴서 험표가 없으면 행매할 수 없고 함께 유숙할 수도 없다. 그러나 이러한 사람들 중에 면식이 익숙하고 행동거지와 근본을 적실하게 알 수 있는 사람에게는 잠시 관용을 베풀어 도접장으로부터 험표를 발급받아 패용하게 함으로써 소란스럽지 않게 한다.
- 각 도읍에서는 모두 임소(任所)와 처소(處所)를 마련하고 일이 있으면 회의한다.
- 환난상구(患難相救) 질병상문(疾病相問) 사망상조(死亡相助) 경회상참(慶會相參)은 돈독한 풍속(風俗)과 후덕한 정의(情誼)가 된다.
- 동료 중에서 잡기(雜技)와 투한(鬪悍)3)을 좋아하고 몸가짐이 공손하지 못하며 장시와 점막에서 억지 행동을 부리는 사람은 마땅히 벌을 주고 동류(同類)를 축출한다.
- 만약 부랑배(浮浪輩)가 행상에 발을 붙여서 부정한 마음을 가지고 행색이 수상하면 갖가지를 규찰(糾察)하여 혼입시키지 말고 후일의 폐단을 두절시켜야 한다.
- 간혹 부상(負商)의 보따리에 상인의 표지(標識)인 험표(驗標)가 없으면 상인이 아니고 도적(盜賊)이므로 겉으로는 공경하되 멀리하고 친근(親近)하지 말라.
- 만약 부보상이 도로에서 질병으로 신음하는 경우를 보면 비록 여러 날을 지체하더라도 약을 써서 구료하고 점막(店幕)과 장시(場市)에서 사망한 경우를 보면 해당 읍의 임소(任所)에서는 치상(治喪)4)한 후 고향으로 돌려보내서 매장(埋葬)한다.
- 만약 영읍에서 죄없이 횡리(橫罹)5)를 당하면 도접장에게 달려가서 보고하고 도접장은 본부(本府 : 漢城府)에 보고한 후 처결한다.

---

3) 투힌(鬪悍) : 모진 싸움
4) 치상(治喪) : 초상을 치러 냄 ← 동아국어사전 2193쪽
5) 횡리(橫罹) : 뜻밖의 재앙에 걸림 ← 동아국어사전 2474쪽

- 만약 관예배(官隸輩)가 함부로 포착(捕捉)하는 폐단이 있으면 관사(官司)에서 험표(驗標)를 증빙으로 살핀 후 몽방(蒙放)[6]한다.
- 이득을 잃고 장사에 실패를 보아 재화(財貨 : 資本)가 넉넉하지 못한 사람이 있으면 동료들 중에서 서로 대차(貸借)하여 장사밑천(자본)을 공급한다.
- 만약 이득만을 다투고 정의(情誼)를 망각한 채 사람을 속이고 해로운 물건이라고 도회지(都會地)[7]에서 탈을 잡으며 어려운 상황을 회피하려고 생각하는 사람은 마땅히 벌(罰)을 주고 동류(同類)를 축출한다.
- 팔도에 각각 배치된 접장(接長)들은 해당 도(道)의 사람으로서 사리(事理)를 잘 알고 문장(文章)에 능통하여 업무를 감당할 수 있는 사람의 성명을 지참하여 도접장(都接長)에게 보고하고 수첩으로 만들어 발급한다.
- 각 도임소(道任所)에는 접장이 있는데 예하 각 읍임소(邑任所)의 접장은 해당 도접장(道接長)에게 보고함으로써 차출된다.
- 각 도와 읍에서는 행상의 성명 거주지를 책으로 꾸며서 도접장(都接長)의 사무소에 보내드리고 이 한 가지로 행상의 인원수를 알아서 험표(驗標)를 상고(詳考)한다.
- 도접장(都接長)의 사무소에서 각 해당 임소장(任所長)이 공문을 지참하고 팔로(八路 : 八道)를 상통주행(相通周行)하면 도착된 임소에서는 노자(路資)와 음식(飮食)의 제공은 선례(先例)에 따라 거행한다.
- 각 도와 읍의 임소에서 생긴 큰 일이 도접장(都接長)의 사무소에 달려가 보고되면 번갈아 전달하여 임소(任所)를 경유하고 밤낮으로 주통(走通)하는데 지체하여 기한을 위반하는 일이 없게 한다.
- 팔도의 접장은 임의결단(任意決斷)이 불가능한 일이 동료 중에서 생

---

6) 몽방(蒙放) : ① 죄인이 석방됨 ② 놓임을 받음 ③ 몽유(蒙宥) ← 새우리말 큰사전(상) 1201쪽
7) ① 도회지(都會地) : 부보상들의 총회장소
  ② 도회(都會) : 계회(契會) 종회(宗會) 유림총회(儒林總會) ← 동아국어사전 552쪽

기면 도접장(都接長)에게 품의(稟議)하여 처결한다.
- 각 도접장(道接長)은 도내 각읍 임소의 접장 이하 임소장(任所長)의 성명을 책으로 만들어 상부(上部)에 올려 보내야 한다.
- 간혹 상임(上任)을 능멸하고 오만하며 언어가 불손한 사람은 즉시 그 자리에서 벌칙을 적용한다.
- 재경(在京)의 객주(客主)는 상임(上任)이 될 수 있도록 허용(許容)된다.
- 객주(客主)는 행상의 주인(主人)이다. 객주가 물가고하(物價高下)를 수시로 임의결단(任意決斷)하면 흥성할 때이다. 만약 면목(面目)의 친소(親疎)에 따른 후박(厚薄)이 이해(利害)에 크게 관련되면 마땅히 통문(通文)을 발동하여 논벌(論罰)한다.
- 객주가(客主家)에서 와병(臥病)이면 약을 써서 구료(救療)하고 외부로 축출하여 질병이 첨가되지 않도록 한다. 이렇게 하지 않으면 논벌(論罰)한다.
- 객주가에서 잡기(雜技)가 난접(亂接)하여 머무르는 행상들과 외부인들이 서로 잡기에 빠져서 장사밑천을 날리는 것을 금지하지 못하면 이는 주객(主客)이 서로 의지하는 도리가 아니므로 각별히 엄금(嚴禁)하여 실업(失業)에 이르지 않도록 하는 것이 마땅하다.
- 장시(場市)의 좌전인(坐廛人)[8]은 모두 행상(行商)으로부터 물건을 매입하여 방매(放賣)한다. 그러므로 한 가지의 물건이 통행하는 것만으로는 행상의 부류가 아니다. 좌상(坐商)이나 행상(行商)이나 상인으로서는 한 가지이므로 마땅히 험표(驗標)를 받은 연후에 행매(行賣)할 수 있다.
- 좌전과 행상이 함께 시장을 보는 곳에서는 우열(優劣)이 있을 수 없다. 만약 표리(表裏)에 이동(異同)이 있다면 즉시 벌칙을 적용한다.
- 좌전인이 타읍(他邑)에서 행상험표(行商驗表)를 받지 않았다면 행상

---

8) ① 좌전(坐廛) : 좌시(坐市) ← 새우리말 큰사전(하) 3044~3045쪽
② 좌시(坐市) : 가게를 내어 물건을 벌려 놓고 파는 곳

이 물화(物貨)를 그 사람에게 이매(移賣)하지 않고 스스로 경객주가 (京客主家)에서 매입하도록 한다.
- 다만 경객주(京客主)는 거래상(去來商)이 아니다. 서쪽의 만시(灣市: 의주시장)를 비롯한 북쪽의 관시(關市:관문시장)와 남쪽의 내시(萊市:동래시장)에 행상의 교역처(交易處)가 없지 않으니 역시 절목(節目)에 의거하여 거행한다.
- 각 도와 읍에서는 재산을 유치한 후에 응접할 수 있다. 그리고 수용비 (需用費)는 해당 임소에서 힘써 재화를 모은 후에 사용한다.
- 각 도와 읍의 행상 중에 불의의 봉변(逢變)을 당하여 생업이 막히는 지경에 이르면 해당 임소에서는 각별히 조사 처결하여 본부(本府: 漢城府)에 제소하는 일이 없도록 한다.
- 이와 같이 일정한 격식을 정한 후에도 만약 무뢰범과자(無賴犯過者) 가 있으면 해당 읍에서는 성명을 지적하여 신속히 보고한다.
- 도접장(都接長)은 상임(上任)이라고 부르는데 비리의 폐단이 생기면 본부(本府 : 漢城府)에서 규율에 비추어 안배(按配)[9]한다.

1879(己卯)년 9월
한성부 수결   [저산팔구 상무사 우사 소장]

---

9) 안배(按配:按排 安排)
   - 제 차례나 제자리에 알맞게 몫몫이 갈라 붙이거나 벌여 놓음
   - 몫 나누기 ← 새우리말 큰사전(하) 2204쪽

右捕盜廳 節目 (1879년 10월)

- 八道行商 皆有接長 信標套書 以爲相準 無使亂類不得冒入事.
- 各鎭校卒 有所捕捉 而若云行商 則或其信標有無問其所任 明飭其行跡 勿侵事.
- 邦禁之物 不得擅自賣買事.
- 行商買物於場市 素昧[1]之人者 其後出於賊招 如人買贓 則其物貨之徵出[2] 理所當然 而不知爲買者 有何罪乎. 玆行以後 只徵其物而勿侵援引[3]事.
- 行商或有懸疾之人 行色近於殊常者 檢察行裝[4]中 有信標 勿侵事.
- 場市店村[5]之間 或逢無賴之輩 行裝似有商賈 而無信標 一一跟捕[6]事.
- 各鎭校卒 無端侵漁者 自該鎭 別般[7]懲勵[8] 不得如前踵習事.
- 無辜橫捉者 抑買物裝者 上來具由本廳 則別般措處事.

---

1) 소매(素昧) : 견문이 좁고 사리에 어두움 ← 동아국어사전 1242쪽
2) 징출(徵出) ← 동아국어사전 2091쪽
    - 금전상의 의무를 이행하지 않을 때 그 겨레붙이나 관계자에게 물어내게 함
3) 원인(援引) : 끌어당김 ← 동아국어사전 1669쪽
4) 행장(行裝) : 여행할 때 지니거나 차리는 제구. 행구(行具) 행리(行李) ← 새우리말 큰사전(하) 3681쪽
5) ① 점촌(店村) : 店幕村 ← 새우리말 큰사전(하) 2935쪽
    ② 점막(店幕) : 음식을 팔기도 하고 나그네를 묵게 하는 것으로 업을 삼는 집
6) 근포(跟捕)
    - 죄인을 찾아 쫓아가 잡음. 근착(跟捉) ← 새우리말 큰사전(상) 479쪽
    - 미행(尾行)하여 체포함. 적포(跡捕) ← 東亞漢韓大辭典 1788쪽
7) 별반(別般) : ① 그다지 특별하게 ② 별단(別段) ③ 별양(別樣) ④ 별달리 ← 동아국어사전 895쪽
8) 징려(懲勵) : 징계(懲戒) ← 새우리말 큰사전(하) 3175쪽

[苧山八區 商務社 右社 所藏]

우포도청 절목 (1879년 10월)

- 팔도의 행상은 모두 접장이 발급한 신표(信標)의 겉봉투 글씨를 서로 보여주어 난류(亂類)9)가 몰래 들어오는 일이 없도록 하라.
- 각 진영(鎭營)10)의 교졸(校卒)11)이 포착하였더니 행상이라고 말하거든 신표(信標)의 유무를 이상하게 여기고 소임(所任)을 물어 행적(行跡)을 분명히 훈계하되 침탈하지 말라.
- 나라에서 금지하는 물건은 제 마음대로 매매할 수 없다.
- 행상이 장시(場市)에서 소박하고 우매한 사람의 물건을 매입하였는데 그 후 도적을 문초(問招)하는 과정에서 장물(贓物)12)을 매입한 것으로 드러나면 그 물화를 징출(徵出)하는 것이 당연한 도리이지만 장물인 줄 모르고 매입한 것은 죄가 될 수 없다. 이런 일이 일어난 이후에는 그 물건만을 징구(徵求)13)하되 사단(事端)을 끌어당기어 침어(侵漁)하지 말라.
- 행상이 간혹 질병에 걸려서 행색이 수상하여 행장(行裝)을 검찰하던 중 신표(信標)가 있으면 침어(侵漁 : 侵奪)하지 말라.
- 장시(場市)와 점막촌(店幕村)에서 간혹 무뢰배(無賴輩)를 만나거든

---

9) 난류(亂類) : ① 질서를 문란하게 하는 무리 ② 불법한 짓을 마구하는 무리 ← 새우리말 큰사전(상) 620쪽
10) 진영(鎭營) ← 동아국어사전 2076쪽. 2067쪽
  - 조선 초부터 지방대(地方隊)의 주둔영으로 각 수영 병영 밑에 두었던 직소(直所)
11) 교졸(校卒) : 군아(郡衙)에 딸렸던 장교와 나졸(羅卒)의 총칭 ← 동아국어사전 251쪽
12) 장물(贓物) : 범죄 행위로 부당하게 얻은 타인 소유의 물건 ← 동아국어사전 1848쪽
13) 징구(徵求) : ① 돈 곡식 따위를 달라고 요구함 ② 책징(責徵) ← 동아국어사전 2090쪽

행장(行裝)이 상고(商賈)와 비슷하더라도 신표(信標)가 없으면 낱낱이 체포하라.
- 각 진영(鎭營)의 교졸(校卒)이 무단히 침어(侵漁 : 侵奪)하거든 해당 진영에서 특별히 징계하여 부득이 예전과 같은 잘못된 버릇의 습관을 밟지 않도록 하라.
- 허물없이 함부로 포착(捕捉)되거나 억지로 물건과 장신구(裝身具)를 매입한 사람이 본청(本廳 : 右捕廳)으로 달려와서 구비(具備)된 사유(事由)를 올리면 특별히 조처하라.

[저산팔구 상무사 우사 소장]

判下定式[1]節目 (1881년 윤7월)

領下印信[2]四顆 一則八道任房都尊位 一則八道任房副尊位 一則八道任房三尊位 一則八道任房都接長也. 辦設都任房 瓦家四十一間 於中部洞 而價文二千三百二十六兩.

自武衛所[3] 劃下差任[4] 則內以文書公員八人 本房公員七人 執事八人 外以八道都班首八人. 而並自分等料 及 春秋等用[5] 下錢六百兩.

---

1) ① 判下(판하) : 判付(판부) ← 새우리말큰사전(하) 3507쪽
   ② 判付(판부) : 주안(奏案)을 임금이 허가하는 일 ← 새우리말큰사전(하) 3505쪽
   ③ 定式(정식) : 일정하게 정해 놓은 격식이나 방식 ← 새우리말큰사전(하) 2957쪽
   ④ 判下定式節目 : 임금이 允許한 格式의 節目
2) 印信(인신) : 도장 官印 ← 동아국어사전 1766쪽
3) ① 武衛所(무위소) ← 새우리말큰사전(상) 1226쪽
   - 조선왕조 말에 대궐의 수비를 맡아보던 관청
   - 1874(고종11)년 훈련도감에 통합되면서부터 무위영(武衛營)에 합침
   ② 武衛營(무위영) ← 새우리말큰사전(상) 1226쪽
     - 조선왕조 말의 관청
     - 1881(고종18)년 무위소와 훈련도감을 합쳐 만든 관청으로 대궐의 수비를 담당
     - 1882(고종 19)년 대원군에 의하여 폐지됨
4) ① 劃下(획하) : 劃給(획급) ← 새우리말큰사전(하) 3196쪽
     - 주어야 할 것을 다 주지 않고 그어 줌
     - 갈라서 나누어 줌
   ② 差任(차임) : 하리(下吏·下級官吏)를 임명함 ← 새우리말큰사전(하) 3196쪽
5) 春秋等用 : 春秋費用
   - 부보상단원으로부터 봄 가을에 거두는 회비로서 春收錢과 秋補錢을 말한다.
   - 춘수전은 치료비용을 마련하기 위해 봄철에 거두는 비용이고
   - 추보전은 사망비용을 마련하기 위해 가을철에 거두는 비용이다.

自武衛所劃下 各道都班首處 印信八顆. 亦爲領下都所及各道公事. 堂上以副尊位點下 本房各所任6) 三十一人 信標印7)給事. 五條物種8) 都買亂賣者 永革復舊於負商事. 議政府 卽呈狀收置事.

(서울대학교 中央圖書館 所藏)

판하정식 절목

명령이 하달된 관인(官印) 4개는 팔도 임방의 도존위(都尊位) 부존위(副尊位) 삼존위(三尊位) 도접장(都接長)이 사용하는 것이다. 중부동(中部洞)에 기와집 41간의 도임방(都任房)을 창설하였는데 가격이 2326냥이었다.

무위소(武衛所)에서 하급관리를 나누어 임명했는데 내부에는 문서공원 8명을 비롯하여 본방공원 7명과 집사 8명을 임명했고 외부에는 팔도 도반수 8명을 임명했다. 아울러 직분별 차등급료와 춘추비용으로 600냥을 내려 보냈다.

무위소에서 각 도의 도반수 처소에 직인 8개를 내려 주었다. 또한 명령이 하달되는 도소(都所)와 각 도의 공사(公事)를 위하여 당상(堂上)을 부존위(副尊位)로 낙점하고 본방의 각 소임(所任 : 任員) 31명에게 신표인(信標印)을 공급했다. 목기 토기 수철 소금 건어물의 다섯 가지 물건을 도매(都買)하거나 난매(亂賣)하는 것을 영속적으로 개혁하여 부상(負商)에게 복구시켜 준다. 그리고 의정부(議政府)에 장계(狀啓)를 올리고 수령하여 비치해 두어야 한다.

---

6) 所任(소임) ← 새우리말큰사전(상) 1923쪽
   ① 마을이나 작은 단체의 아래 등급 임원 ② 색장(色掌) ③ 맡은 바 직책
7) 信標(신표) ← 새우리말큰사전(상) 2106쪽
   ① 뒷날에 보고 표적이 되게 하기 위하여 서로 주고받는 물건 ② 신물(信物)
8) 五條物種 : 부보상들에게 특허된 다섯 가지의 목기 토기 수철 소금 건어물을 말한다.

惠商公局 節目 (1883년 11월) … 負裸恤保 左右商 負裸兩商

今此惠商公局之設 特以負裸恤保之地 則其所感祝果何如哉. 知此二萬兩錢頒下 左右分半 經用八道 均霑以爲萬世之澤. 惟我商民 仰體聖意. 六千兩付之左右商隊廳. 一萬兩分屬各道. 存本取殖 爲左右商隊 羈旅[1]拯救之方.

혜상공국 절목

이번 1883년 8월 19일에 혜상공국을 설치한 것이 특별히 부보상(負裸商)을 어여삐 보호하는 바탕이 되었는데 어찌 감축(感祝)하지 않겠는가. 하물며 돈 2만 냥을 내려 주고 좌상(左商:負商)과 우상(右商 : 裸商)으로 반씩 나누어 팔도의 경비로 쓰게 하여 만세(萬世)의 은택(恩澤)이 골고루 스며들게 하였다. 오직 위대(偉大:我)한 상민은 임금의 높은 뜻을 우러러 본받을 것이다. 6천 냥은 좌우상대청(左右商隊廳)에 건네주고 1만 4천 냥은 각 도(道)에 나누어 예속시켰다. 이를 자본으로 존속시키고 얻어진 이식(利殖)은 좌우상대(左右商隊)와 객지의 나그네(羈旅)를 건져내는 방도(方途)가 되었다.

---

1) 기려(羈旅) : 객지에 머물러 있는 나그네 ← 새우리말 큰사전(상) 515쪽

永　誦[1] ⋯⋯ 負襁兩商

天恩各其頭目檢察事
- 自京以至八道 凡 係商業者 並稱商隊 成給帖文. 而揆以本意 寔 出防奸 則非但姓名慈保其所. 犯科者 各其頭目 依奸行諸條 別般[2]重繩事.
- 名帖刊板堅鎖傳掌 而間年頒給事.
- 凡 係財用使監務官 檢察隨其所用 每爲成貼於公事 堂上每朔都會[3]計事.
- 凡 係訟理訴告 于各該官長 以待公決. 而如有不義行事者 各道 各邑 無碍推捉[4] 如法嚴繩. 或被構捏[5]橫罹者[6] 各別辨白[7]事.
- 土豪無賴輩之渾襁作梗[8] 不可不念. 凡於給帖 各別嚴明 切勿擧論事.
- 商民都會 雖云古規 亦不可一任商隊. 道內頭目外 一切禁斷. 所謂 坐起[9]亦勿擧論事.

---

1) 영송(永誦) : 영원히 외우다
2) 별반(別般) ← 새우리말 큰사전(상) 1455쪽
　① 일반적인 것과 달리하여 따로 함　② 별단(別段)　③ 따로 달리 별로. 별양(別樣)
3) 도회(都會) : 계회(契會) 종회(宗會) 유림회(儒林會) 등의 전체모임 ← 동아국어사전 552쪽
4) 추착(推捉) : 범죄자를 수색하여 붙잡아 옴 ← 새우리말 큰사전(하) 3298쪽
5) 구날(構捏) : 구허날무(構虛捏無). 터무니(근거)없는 말을 만들어 냄 ← 새우리말 큰사전(상) 390쪽
6) 횡리(橫罹) : ① 뜻밖의 재앙에 걸림 ② 의외의 횡액에 걸림 ← 새우리말 큰사전(하) 3806쪽
7) 변백(辨白) : 변명(辨明)
8) 자경(作梗) : 못된 행신을 부림 ← 새우리말 큰사전(하) 2807쪽
9) 좌기(坐起) : 관청의 으뜸 벼슬에 있는 이가 출근하여 일을 잡아 함 ← 새우리말 큰사전(하) 3042쪽

- 惠商公局 旣設堂上 則本局不可無幇辨. 且 京外各道各邑 商民 之羈縻10)者 亦其疏略11) 必以八道 秩高12)守令成以梱帥13)另托 可合之幇辨. 差下 以爲兼管三南西北 則每道各二員 京畿 江原 黃海道 各一員 差出 以中外一體拘檢14)事.
- 左右商之統領以下 七十二員 每人九斗 合米四十三石十三斗 特 以商利所時例以爲分 番長留爲檢飭之方. 而其中書記八人 執筆 墨價 每朔各人 各五兩 合四十兩. 並自別庫 每朔初一一上下事.
- 公局 以惠民署爲之事.
- 左右商之昔日效力旣多 世稱有心之民. 輓近15)無賴挾雜類 冒稱 負褓兩商之名 許多作弊 大關民隱.16)此盖由於各該頭目輩 或因 賄賂17)或因威脅 不計末流18)之弊. 賣帖狼藉 誘人爭山 橫斂19)微 債等事 都會惹鬧 致撓中外 而各邑禁默 任渠所爲.20)盖由於民憚 其所關處而然也. 此商輩亦是土民21) 則爲其官長 寧有不得擅

10) 기미(羈縻) : 기반(羈絆) ← 새우리말 큰사전(상) 519쪽 520쪽
    ① 굴레 ② 굴레를 씌우는 것과 같은 행동의 억압이나 자유의 구속
11) 소략(疏略) : ① 무슨 일에 꼼꼼하지 못하고 간략함 ② 엉성하고 간략. ← 새우리말 큰사전(상) 1913쪽
12) 질고(秩高) : 관직(官職) 녹봉(祿俸)이 높음 ← 새우리말 큰사전(하) 3163쪽
13) 곤수(梱帥) : 병사(兵使)나 수사(水使)의 딴 이름 ← 東亞漢韓大辭典 868쪽
14) 구검(拘檢) : 언행을 마구 하지 못하게 단속함 ← 새우리말 큰사전(상) 362쪽
15) 만근(輓近) : ① 근래(近來) ② 몇 해 전부터 지금까지 ← 새우리말 큰사전(상) 1087쪽
16) 민은(民隱) : 백성이 생활하는 데의 괴로움 ← 새우리말 큰사전(상) 1290쪽
17) 회뢰(賄賂) : ① 뇌물 ② 사리(私利)를 꾀하여 몰래 보내는 재물 ← 東亞漢韓大辭典 1761쪽
18) 말류(末流) : 말세(末世) 하류(下流) ← 새우리말 큰사전(상) 1101쪽
19) 횡렴(橫斂) : 무법하게 조세를 마구 징수함 ← 새우리말 큰사전(하) 3806쪽
20) 소위(所爲) : ① 한 일 ② 하는 일 ③ 所行 ← 동아국어사전 1249쪽
21) 토민(土民) : 일정한 곳에서 대를 거듭하여 붙박이로 사는 백성 ← 새우리 말 큰사전(하) 3447쪽

便$^{22)}$者乎. 從玆以往各邑 視此兩商 如同平民 勿以前事介意 從公聽理 俾存懷保之義. 而分錢革罷之後 各邑以奴令輩$^{23)}$或逞憾$^{24)}$於此 無端侵漁 則恐有羈旅 難保之慮. 亦如前採探 如有此等之弊 則別般鋤治事.

- 各邑奴令輩 初無可據 而謂以分錢 逢輒討索 無依萍踪$^{25)}$之於難保之境. 傴僂山路 糊口不得 究其情 則慽矣. 所謂分錢一款 一切痛革事.

- 都內都班首 三南 則以曾經吏戶 首校$^{26)}$之人. 西北 則以曾經座首$^{27)}$首校之人. 都接長 以實商中 可堪之人. 幫辦各別擇定 望報于本局. 以爲啓下.$^{28)}$其爲各邑班首 亦自該接長公薦擇定. 而接長亦自該班首擇定. 其外 各所任 該接長擇定是矣. 如有作奸犯科者薦主$^{29)}$ 亦與犯者同罪 挨次$^{30)}$定規事.

- 從玆以往 京內京外 左右商 並給名帖 帖本各一張送各道. 各邑以爲憑準 而無使亂類如前 冒稱之弊事.

---

22) 천편(擅便) : 천단(擅斷). 혼자서 일을 제멋대로 처리함 ← 東亞漢韓大辭典 746쪽
23) 노령(奴令) : 지방 관아의 관노(官奴)와 사령(使令) ← 새우리말 큰사전(상) 687쪽
24) 영감(逞憾) : 원한을 마음껏 갚음 ← 東亞漢韓大辭典 1845쪽
25) 평종(萍踪:萍蹤) ← 東亞漢韓大辭典 1544쪽
   ① 부평초의 자취 ② 이곳저곳 헤매고 일정한 주거가 없음을 비유함
26) 수교(首校) : 각 고을 장교의 우두머리 ← 새우리말 큰사전(상) 1970쪽
27) 좌수(座首) ← 새우리말 큰사전(하) 3043쪽
   - 조선조 때 지방의 州 府 郡 縣에 두었던 鄕廳의 우두머리
   - 六房 중의 吏房 兵房을 맡아 보았음
   - 1895(고종 32)년에 향장(鄕長)으로 고쳤음
   - 亞官 首鄕 鄕所 鄕職
28) 계하(啓下) : 임금의 재가를 받음 ← 새우리말 큰사전(상) 224쪽
29) 천주(薦主) : 추천하여 주는 사람 ← 동아국어사전 2128쪽
30) 애차(挨次) : 순서대로. 차례대로 ← 東亞漢韓大辭典 715쪽

영원히 외울 일

임금의 은덕을 각 두목들은 검찰하라.
- 서울에서부터 팔도에 이르기까지 모든 상업 관계자와 상대(商隊)에게 신분증을 만들어 준다. 이의 본 뜻을 헤아려 보면 간교함을 예방하려는 것이므로 성명을 신분증에 두어서 보호하려는 것뿐만 아니다. 각 두목이 모든 조항에 의거하여 범과자(犯科者)의 간사한 행동을 따로 엄중하게 다스리라는 것이다.
- 명첩(名帖 : 名銜)을 간행한 판각(板刻)은 쇠사슬로 단단히 묶어서 후임 장무원(掌務員)에게 전달하고 1년 걸러서 반급(頒給)31)한다.
- 모든 관련되는 재용(財用)은 감무관(監務官)이 소용에 따라 수시로 검찰하고 공사(公事 : 總會) 때마다 수첩으로 만들어서 당상(堂上)이 매달 초하루 총회에서 계산한다.
- 모든 송사이유(訟事理由)에 관련되어 각 해당 관장(官長)에게 고소된 것은 공정한 처결을 기다린다. 그리고 만약 불의(不義)를 행사(行事)한 일이 있으면 각 도와 읍에서 장애(障碍)없이 붙잡아서 법에 따라 엄중히 다스린다. 간혹 허구한 날조로 인하여 뜻밖의 재앙을 입은 사람에게는 각별히 변명해 주어야 한다.
- 토호 무뢰배가 뒤섞여 못된 행실을 부리는 것을 생각하지 않을 수 없다. 명첩(名帖 : 身分證)을 발급할 때에는 각별히 엄격하고 명백하게 하여 일절 거론되지 않게 한다.
- 상민총회에서 비록 옛 법규를 들어서 상대(商隊)에게 일임하는 것은 옳지 않다. 도내의 두목 이외에는 일절 금단(禁斷)하고 이른바 관장(官長)이 업무를 다잡아 처리하는 것도 거론하지 않는다.
- 혜상공국에는 이미 당상(堂上)을 두고 있으므로 본국(本局 : 惠商公局)에서 돕고 변명하지 않을 수 없다. 또한 경향(京鄕 : 京外)의 각

---

31) 반급(頒給) : 임금이 봉록이나 물건 따위를 아랫사람에게 나누어 줌 ← 새 우리말 큰사전(상) 1331쪽

도와 읍에서 상민(商民)을 억압하는 사람을 소홀하게 다룬다면 반드시 팔도(八道)에서 높은 관직의 수령(守令)이 병사(兵使)나 수사(水使)가 되어 별도로 합당한 도움과 판단을 맡겨야 한다. 삼남(三南)과 서북(西北)에 겸직 관리(管理)의 벼슬을 내린다면 각 도에서 2명씩을 뽑고 경기 강원 황해도에서는 각 1명을 차출하여 내외의 모든 언행을 단속해야 한다.
- 좌우상(左右商 : 負褓商)의 통령(統領) 이하 72명이 각각 9말(斗)씩 거둔 총 43석 13말을 특별히 상리소(商利所)의 시세(時勢)에 따라 처분하되 번장(番長)32)이 점검하고 타이르는 방법을 유념한다. 그리고 서기 8명에게는 집필묵(執筆墨) 값으로 매월 초하루에 각각 5냥씩 총 40냥을 지급하고 아울러 매월 초하루에는 별도의 창고에서 처음부터 하나하나씩 헤아려 입출(入出)을 점검한다.
- 혜상공국은 혜민서(惠民署)33)에서 하던 일을 거두어 거느린다.
- 옛날 좌우상(左右商 : 負褓商)의 효력이 대단하였으므로 세상에서는 심지(心地)가 있는 백성이라고 불렀다. 근래 무뢰한(無賴漢)과 협잡류(挾雜類)들이 부보양상(負褓兩商)의 이름을 모칭(冒稱)하여 저지른 폐단이 허다(許多)하여 대관절(大關節) 백성이 생활하는 데 괴로움이 매우 컸다. 이것은 대개 각 해당 두목들이 간혹 뇌물이나 위협을 받아 말세(末世 : 末流)의 폐단을 헤아리지 못한 것에 연유(緣由)된다. 명첩(名帖 : 身分證)을 팔아 어지럽히고 사람들을 유인(誘引)하여 산송(山訟)을 일으키며 미미한 채무를 무법으로 거두어들였다. 그러므로 총회(總會 : 都會)가 온통 시끄럽고 내외가 소란하였으나 각 읍에

---

32) 번장(番長) : 차례로 돌려가면서 책임을 맡는 사람.
33) 혜민서(惠民署) ← 새우리말 큰사전(하) 3724쪽
  - 조선조 때 가난한 백성에게 무료로 병을 치료하고 약을 주며 침술을 가르치던 관아
  - 1392(태조 1)년 베풀었던 혜민국(惠民局)을 1466(세조 12)년 서(署)로 올렸고 1882(고종 19)년에 폐지했음
  - 이에 惠商公局의 명칭은 惠民局(惠民署)에서 착상 유래된 것으로 보임

서는 침묵(沈默)을 깨지 않고 그 소행(所行 : 所爲)을 방임(放任)해 두었다. 대개 백성이 꺼리는 데에는 소관부처에서 그렇게 하였기 때문이다. 이 상인배(商人輩)가 토착민(土着民)이었더라면 관장(官長)들이 제멋대로 할 수 없었을 것이다. 이에 따라 각 읍에서 부보양상(負褓兩商)을 평민(平民)과 똑같이 바라보았더라면 이전의 사건들은 개의치 않더라도 공론(公論)을 듣는 이치에 따라 품고 보호하는 의리를 존속시켰을 것이다. 그리고 푼돈(分錢)을 혁파한 후에 각 읍의 노령배(奴令輩 : 官奴使令輩)가 원한(怨恨)을 풀고자 무단히 침어(侵漁 : 侵奪)한다면 길나그네(羈旅 : 負褓商)들의 난관(難關)을 보호하려는 염려가 공포스럽다. 또한 이전과 같이 탐방하는데 이러한 폐단이 있다면 별도로 제거하여 다스려야 한다.

- 각 읍의 관노(官奴)와 사령(使令)들이 처음에는 아무런 근거도 없이 푼돈(分錢)이라고 말하면서 만나기만 하면 번번이 토색질하니 의지할 곳 없는 부평초(浮萍草) 인생의 발자취가 보호되기 어려운 지경이다. 등허리 구부린 채 산길(山路)을 가고 입벌이도 어려운데 그 정상(情狀)을 궁구(窮究)하면 슬픈 일이로다. 이른 바 푼돈(分錢)이라고 하는 하나의 조목이라도 일절 통렬하게 혁파해야 한다.

- 도성(都城) 안의 도반수(都班首)가 삼남지방(三南地方)의 도반수가 되려면 일찍이 이방(吏房)과 호방(戶房)이나 지방의 수장교(首將校)를 지낸 사람이어야 하고 서북지방(西北地方)의 도반수가 되려면 향장(鄕長)이나 지방의 수장교(首將校)를 지낸 사람이어야 한다. 도접장(都接長)은 실제 상인 중에서 감당할 수 있는 사람이어야 한다. 패거리를 분별하고 각별히 선택 결정하여 본국(本局 : 惠商公局)에 보고하기 바란다. 임금의 재가(裁可)를 받게 된다. 각 읍의 반수(班首)는 해당 접장(接長)의 공천을 받아 선택 결정되고 접장은 해당 반수로부터 택정(擇定)된다. 그 밖에 각 소임(所任)들은 해당 접장이 택정한다. 만약 간교한 범과자(犯科者)와 작당하여 추천한 사람이 있으면 범과자와 똑같은 죄를 물어 순서에 따라 규약을 정한다.

- 이에 따라 서울 안팎의 좌우상(左右商 : 負褓商)에게 명첩(名帖)을 지

급하고 명첩의 원본 1장은 각 도에 송부한다. 각 읍은 이를 증빙의 기준으로 삼아 난류배(亂類輩)가 이전처럼 모칭(冒稱)하는 폐단을 없애야 한다.

元洪州等六郡[1] 商務社 賻儀節目
(光緒 10年 甲申 1884년 윤5월)

惟我同商之人 盖其生散在東西 其法大抵出於人義 慶弔相問 患難相救. 統以論之 則誼若父子兄弟 同心合力爲主也.

天日照臨 無微不燭. 軫念商民[2] 愁楚情狀 設此都任. 使我八海商民 感得依歸之有所[3] 豈不欽仰耶.

同儕中 其爲相愛之道 相濟哀慶患難 至於客地疾病 尤用厚誼 檢明醫藥爲除良[4]. 如有死亡之患 則多少不顧 悉自此掩葬. 所任中 或有別世是去等[5] 賻儀錢果[6] 紙燭凡節[7] 排定爲去乎.[8] 是事相勉 其各惕念云爾.[9]

領位令監 賻儀錢 參拾伍兩 紙燭段[10]各處所 所任隨時擧行是齊.[11]

---

1) 元洪州等六郡 : 洪城 廣川 結城 保寧 靑陽 大興
   - 원홍주육군 6군 상무사 본부는 충남 홍성군 광천읍 옹암리에 위치하고 있었다.
   - 남쪽에는 苧産八區가 위치하고 동북부에는 禮德山商務社가 위치하고 있었다. ← www.naver.com.
2) 軫念(진념) ← 동아국어사전 2072쪽
   ① 임금이 마음을 써서 근심함 ② 웃사람이 아랫사람의 형편을 헤아려 줌
3) 感得(감득) ← 동아국어사전 54쪽
   ① 깊이 느끼어 얻음 ② 영감(靈感)으로 깨달음 ③ 믿는 마음이 신불(神佛)에 통하여 바라는 것을 얻음
4) 爲除良(샌더러) : 分叱除良(샌더러) ~뿐더러 ← 이두문
5) 是去等(이거든) : ~이거든 ~이었는데 ← 이두문
6) 果(과) : ~과 ~와 ← 이두문
7) 紙燭凡節(지촉범절) : 상가(喪家)에 부의(賻儀)로 보내는 종이와 초
8) 爲去乎(ᄒ거온) : ~하고는 ~하고서 ← 이두문
9) 惕念(척념) : 두려워하는 마음 ← 東亞漢韓大辭典 654쪽
10) 段(쫀 짠) : ~은 ~는 ~인즉 ~딴은 ← 이두문

班首令監 贈儀錢 參拾兩 紙燭段各處所 所任隨時擧行是齊.
接長令監 贈儀錢 拾伍兩 紙燭段各處所 所任隨時擧行是齊.
五邑都公員令監 贈儀錢 拾兩 紙燭段各處所 所任隨時擧行是齊.
本房公員令監 贈儀錢 拾兩 紙燭段各處所 所任隨時擧行是齊.
書記公員令監 贈儀錢 伍兩 紙燭段各處所 所任隨時擧行是齊.
各所別公員 令監 贈儀錢 伍兩 紙燭段各處所 所任隨時擧行是齊.
各處所間商 贈儀錢 參兩 紙燭段各處所 所任隨時擧行是齊.

罰 目
1. 不孝不悌者 笞伍拾度
2. 慢於先生者 笞肆拾度
3. 市中抑賣者 笞參拾度
4. 頑悖同類者 笞參拾度
5. 酗酒雜技者 笞貳拾伍度 罰錢一兩
6. 不義行事者 笞參拾度
7. 言語不恭者 笞參拾度
8. 以少凌長者 笞貳拾伍度
9. 同儕疾病中 不恭者 笞貳拾度 罰錢參錢
10. 流浪之徒 或者作亂之獎 則笞貳拾度
11. 不爲問喪者 笞拾伍度 罰錢伍錢式
12. 宴席不參者 笞拾度 罰錢壹兩式
13. 贈儀錢不納者 笞拾度 罰錢依舊之事
14. 公會時 雜談者 笞拾伍度

光緖十年(1884) 甲申 閏五月

---

11) 是齊(이제) : ~이다 ~임 ← 이두문

원홍주등 6군 상무사 부의절목

　오로지 한결같이 위대한 상인들은 대개 동서(東西)에 흩어져 살면서도 대저 그 법도(法道)는 사람의 의리(義理)에서 나오는 경조상문(慶弔相問) 환난상구(患難相救)이다. 의론이 통일되면 마치 부자형제(父子兄弟)처럼 동심합력(同心合力)을 위주로 삼는다.
　임금님(天日)이 비추어 내리시니 희미(微:不明)한 곳도 없고 촛불이 없는 곳도 없다. 임금님이 상민(商民)을 근심하고 상민의 정상(情狀)을 수심(愁心) 시름겹게 가슴 쓰려하므로 이 도임(都任:都任房)을 설치하였다. 팔도(八道:八海)의 위대한 상인들이 감동을 얻어 귀의(歸依)할 곳이다. 어찌 흠앙(欽仰)하지 않을 수 있겠는가.
　동료 중에 서로 사랑하는 도리를 위하여 애경환난을 서로 구제해 주고 객지에서 질병을 얻게 되면 점검 명쾌한 의약을 더욱 후의(厚誼)로써 사용해야 한다. 그 뿐더러 만약 사망하게 되면 다소(多少)를 살피지 말고 스스로 거두어 장례 치를 것을 궁리해야 한다. 하급임원 중 혹시 별세하거든 부의전(賻儀錢)과 지촉범절(紙燭凡節)을 배정(排定)한다. 그리고 이런 일을 서로 권면(勸勉)하는 것은 각기 두려워하는 마음이라고 일컫는다.

　영위영감에게는 부의금 35냥을 보내고 지촉(紙燭)을 각 처소의 하급임원이 수시로 거행한다.
　반수영감에게는 부의금 30냥을 보내고 지촉(紙燭)을 각 처소의 하급임원이 수시로 거행한다.
　접장영감에게는 부의금 15냥을 보내고 지촉(紙燭)을 각 처소의 하급임원이 수시로 거행한다.
　5읍 도공원영감에게는 부의금 10냥을 보내고 지촉(紙燭)을 각 처소의 하급임원이 수시로 거행한다.
　본방공원영감에게는 부의금 10냥을 보내고 지촉(紙燭)을 각 처소의 하급임원이 수시로 거행한다.

  서기공원영감에게는 부의금 5냥을 보내고 지촉(紙燭)을 각 처소의 하급임원이 수시로 거행한다.

  각소 별공원영감에게는 부의금 5냥을 보내고 지촉(紙燭)을 각 처소의 하급임원이 수시로 거행한다.

  각 처소의 상인에게는 부의금 3냥을 보내고 지촉(紙燭)을 각 처소의 하급임원이 수시로 거행한다.

        벌 목

1. 부모에게 불효하고 형제간에 부드럽지 않은 사람에게는 태장 50대를 친다.
2. 선생에게 방자한 사람에게는 태장 40대를 친다.
3. 시장에서 억지로 매매한 사람에게는 태장 30대를 친다.
4. 동료에게 완악 패륜한 사람에게는 태장 30대를 친다.
5. 술주정과 잡기를 한 사람에게는 태장 25대를 치고 벌금 1냥을 물린다.
6. 의롭지 못한 일을 저지른 사람에게는 태장 30대를 친다.
7. 언어가 공손하지 못한 사람에게는 태장 30대를 친다.
8. 젊은 사람이 어른을 능멸하면 태장 25대를 친다.
9. 동료의 질병에 공손하지 않은 사람에게는 태장 20대를 치고 벌금 3전을 물린다.
10. 유랑의 무리와 작란의 작폐를 벌인 사람에게는 태장 20대를 친다.
11. 문상하지 않은 사람에게는 태장 15대를 치고 벌금 5전을 물린다.
12. 연회에 참석하지 않으면 태장 10대를 치고 벌금 1냥을 물린다.
13. 부의금을 납부하지 않으면 태장 10대를 치고 벌금은 구례(舊例)에 의거한다.
14. 공회(公會)에서 잡담하면 태장 15대를 친다.

                1884(광서10 고종21 갑신)년 윤 5월

溫陽 禆商廳稧 節目 (乙酉 1885년 5월 5일)
(溫陽商務社所管　延世大學校 圖書館 所藏)

序

古聖王 制民産[1] 有四. 商其一 是與士之讀 農之耕 工之藝 相爲表裏 不可一日闕者也. 上而邦國 下而州閭 無是.

凡 所貿遷周行之物 泥於一 而不得變動. 故 管鮑之才[2] 資是利 而謀其身. 計范之術[3] 用是法 而成其覇. 則商業之所成就者 亘古

---

1) ① 산업은 맹자(孟子)가 이르는 제민산(制民産)이다. ← 韓國傳統經營論 187쪽
   ② 제민산(制民産)은 백성의 생산을 재단하고 다스린다는 의미이다.(裁治百姓之生産) ← 心性錄 8쪽
   ③ 산업은 백성의 생산을 마름질하고 백성의 산물을 제어하며 백성의 산출(産出)을 통제하는 것으로 풀이될 수 있다.
   ④ 制는 <味+刂>로서 과실이 잘 익어 맛이 든 것을 칼(刂)로써 쪼개어 먹는다는 뜻에서 <마르다>의 뜻을 나타낸다. ← 東亞漢韓大辭典 231쪽
2) ① 管鮑(관포) : 管中(관중)과 포숙(鮑叔) ← 새우리말큰사전(상) 330쪽
   ② 管鮑之交 : 옛날 중국의 관중과 포숙이 신분이 미천했을 때부터 부귀해진 뒤까지 우정이 퍽 두터웠다는 고사에서 친한 친구 사이의 사귐을 말한다.
3) ① 范蠡(범려)
   - 중국 춘추시대 말기인 기원전 5세기의 월왕(越王) 구천(勾踐)의 충신
   - 楚 나라 사람으로서 字는 소백(小伯)
   - 월왕 구천을 도와 오왕(吳王)인 부차(夫差)를 죽여 회계(會稽)의 치욕을 씻게 했음
   - 그 후 齊 나라에서 크게 致富하여 도주공(陶朱公·范蠡)의 재부(財富)를 쌓음
   ② 도주(陶朱) ← 새우리말큰사전(상) 1423쪽
   - 越 나라의 재상(宰相)인 범려(范蠡)를 달리 이르는 말
   - 벼슬을 그만두고 陶의 땅에서 살아 주공(朱公)이라 일컬은 데에서 나온 말임
   ③ 구천(勾踐) ← 새우리말큰사전(상) 1423쪽

迄今 豈其少哉.
　旣以行販爲業 則不能家食⁴⁾ 周遊四境⁵⁾朝齊而暮越⁶⁾ 經年而閱歲⁷⁾ 荒店風箱 長塗寒暑⁸⁾ 臥漳之憂⁹⁾ 褒原之憾¹⁰⁾所在 種種不能免矣.
　至若親老北堂¹¹⁾ 稱慶飾喜之擧¹²⁾ 身就名衢釋褐¹³⁾ 通籍之榮¹⁴⁾

- 중국 춘추시대 말기 越 나라의 임금
- 오왕(吳王)인 부차(夫差)에게 패퇴하여 회계산(會稽山)에서 항복했다
- 그 후 명신(名臣)인 범려(范蠡)와 와신상담(臥薪嘗膽)하기 20년 만에 마침내 부차를 죽여 회계에서의 치욕을 씻어 패자(覇者)가 되었다 → 臥薪嘗膽 會稽之恥

4) 家食(가식) : 일하지 않고 놀고먹음 ← 東亞漢韓大辭典 491쪽
5) 四境(사경) : ① 동서남북 사방의 경계 ② 사수(四陲) ← 새우리말큰사전(상) 1646쪽
6) 朝齊而暮越(조제이모월) : 朝東暮西(조동모서)
7) ① 經年(경년) : 해를 지냄 ← 새우리말큰사전(상) 189쪽
　② 經年閱歲(경년열세) : 여러 해를 지냄
8) 長途(장도) : ① 긴 여행 ② 먼 길 ← 새우리말큰사전(하) 2835쪽
9) ① 漳(장) : 山西省에서 發源하여 河南省 河北省을 거쳐 運河로 흘러들어 가는 江 ← 동아한한대사전 1037쪽
　② 漳江(장강) : 福建省에서 발원하여 동남쪽으로 雲霄縣을 거쳐 바다로 흘러드는 江
　③ 漳河(장하) : 산서성에서 발원하여 하남성으로 흐르는 강
10) 褒(포) : 襃(포) ← 東亞漢韓大辭典 1660쪽
　① (나라이름) 하우(夏禹)의 제후국 ② 지금의 섬서성(陝西省) 포성현(襃城縣)
11) ① 老親(노친) : 나이 많은 어버이 ← 동아국어사전 424쪽
　② 北堂(북당) ← 동아국어사전 966쪽
　　- 어머니를 이르는 말. · 남의 어머니를 높여 이르는 말. 慈堂(자당)
　　- 主婦(주부)가 거처하는 방
12) ① 稱慶(칭경) : 경사를 기뻐함. 경사를 치름 ← 새우리말큰사전(하) 3339쪽
　② 飾喜(식희) : 부모의 경사에 잔치를 베풂 ← 새우리말큰사전(상) 2085쪽
13) 釋褐(석갈) : 문과에 급제히여 처음으로 벼슬한 ← 동아국어사전 1184쪽
14) 通籍(통적) ← 새우리말큰사전(하) 3462쪽
　① 門籍에 이름을 얹으면 宮門의 출입을 금하지 아니하던 법

稼女娶婦之節 是亦家家所當有者也. 苟不顧 恤之幇 扶之誼 安從
生難亦誰急.

惟我商員 姓異而有兄弟之懿 距遠而同死生之義 則遭患遘難 不
可無麥舟之助矣.15) 榮問慶賀16) 亦豈無栢悅之情. 然而旣富方敎
箕聖之垂訓 利用厚生 夏模之叙功 則知禮節盡人事之道 莫財乎若
也.17)

---

② 高官大爵 또는 宗親의 宮門出入을 자유롭게 하던 제도
15) 맥주(麥舟) : ← www.naver.com. 송사(宋詞) 범중엄전
- 맥주(麥舟)는 보리배라는 뜻인데 물품을 주어 상(喪)을 도와주는 것을 뜻
한다.
- 북송의 재상 범중엄은 두 살 때 아버지를 여의고 어머니는 개가한 가정
환경에서 성장하였지만 학문에 각고의 노력을 기울였다. 그리고 자녀와
백성들에게는 엄격하면서도 인자한 아버지이고 관리이었다.
- 범중엄에게는 요부라는 아들이 있었는데 그의 고향인 고소에서 보리 500
섬을 가져오도록 했다. 요부는 보리를 싣고 오던 배가 단양에 정박하였을
때 친구인 석만경을 만나게 되었다. 만경은 침통한 표정으로 요부에게 말
했다.
"부모님과 집사람이 죽어서 장례를 치르려고 하는데 도움을 받을 만한
사람이 없다네."
- 요부는 그 말을 듣는 즉시 싣고 오던 보리배(麥舟)를 그에게 넘겨주고 집
으로 돌아왔다. 돌아온 아들에게 범중엄은 물었다.
"동오에서 친구들을 만났느냐 ?"
- 요부가 대답하였다.
"만경이 양친과 아내를 잃고도 장례를 치르지 못한 채 단양에 있었습니
다."
- 범중엄이 말했다.
"그러면 보리배를 건네주지 그랬느냐 ?"
- 요부가 말했다.
"그렇지 않아도 보리배를 모두 주고 왔습니다."
- 요즈음도 사람이 죽으면 부조금을 받는다. 조금씩 내어 큰 일을 원만히
치르게 하려는 의미가 담겨져 있다.
16) ① 榮問 : 새로 과거에 급제한 사람을 찾아가서 축하함 ← 새우리말큰사전
(하) 2390쪽
② 慶賀 : 경사로운 일에 대하여 기쁜 뜻을 표함 ← 동아국어사전 155쪽

今此設稧 而鳩財求殖 而贍用者 仰以副. 聖辟[18]) 濟民之澤也.
俯以保僉員 同胞之誼也. 凡 此結稧成目之後 齊心迸邊 永世不渝
而勿爲所笑於士農工之家也夫.

乙酉 五月 初五日

後

　　　設稧接長　方沃鉉
　　　本　　房　黃憲模
　　　書　　記　李容化

온양 보상청계 절목

　옛날 성왕(聖王)이 백성의 생산을 재단하고 다스리는 데에는 네 가지가 있다. 그 중 하나인 상업(商業)은 선비의 독서를 비롯한 농부의 경작과 공인(工人)의 기예(技藝)와 더불어 서로 표리관계(表裏關係)를 이루면서 하루라도 없으면 안 된다. 위로는 연방 국가로부터 아래로는 고을 동네에 이르기까지 올바른 상업이 없다.
　무릇 무천주행(貿遷周行 : 商業)이라고 하는 것은 한 군데에만 정체(停滯)되어도 변동할 수 없다. 그러므로 관중과 포숙의 재능은 이익을 자본으로 삼아 처신을 도모하였고 계량된 범려의 술책은 법을 이용하여 패자가 되었다. 그렇다면 상업을 성취한 사람은 옛날부터 지금에 이르기까지 적지 않았다.

---

17) ① 莫(막) : 부정사로서 최상급을 나타낸다
　　② 莫見乎隱 : 마음 속 깊은 곳보다 더 드러나는 곳은 없고
　　③ 莫顯乎微 : 미세한 일보다 더 뚜렷해지는 것은 없다
　　　　← 鄭愚相 金容傑 共著, 漢文文型新講, 誠信女大出版部 1983,
　　　　　267쪽.
18) 聖辟(성벽) : 임금

2. 節目類 | 273

이미 행판(行販 : 行商)을 직업으로 삼았으니 집안에서 놀고먹을 수가 없다. 동서남북 사방을 돌아다니면서 아침밥은 제(齊) 나라에서 먹고 저녁잠은 월 나라에서 자면서 여러 해의 세월을 보낸다. 그리고 황폐한 점막의 풍상(風霜)과 머나먼 길의 한서(寒暑)를 겪으면서 장강(漳江)의 뚝방에 누워 근심하던 일과 포국(褒國)의 언덕에서 슬퍼하던 일을 어느 곳에서든지 종종 모면할 수 없다.

부모의 경사를 맞이하여 기쁘게 잔치를 거행하고 스스로 이름난 문과벼슬에 나아가 문적(門籍)에 이름을 얹고 궁문출입(宮門出入)이 자유로운 영예를 얻으며 출가(出嫁)한 여인과 장가든 사람의 범절(凡節)은 역시 집집마다 마땅히 있는 일이다. 만약 불쌍한 형편을 도와주는 일과 부조(扶助)의 정의(情誼)를 보살펴 주지 않는다면 편안하게 살아가는 것이 어려울 뿐더러 누구나 군색할 것이다.

오직 위대한 상원(商員 : 褓商會員)은 성씨가 다르더라고 형제의 아름다움이 있고 거리가 멀리 떨어져 있더라도 함께 죽고 함께 사는 의리가 있으므로 환난을 당하면 맥주(麥舟)의 부조(扶助)가 없을 수 없다. 영광스러운 과거에 급제한 사람을 찾아가서 축하하고 경사스러운 일에 기쁜 뜻을 표하는 것도 역시 크나큰 희열(喜悅)의 정감(情感)이다. 그런 다음에 부자가 되는 방책의 본보기는 은나라 기자성현(箕子聖賢)이 솔선수범한 교훈이고 이용후생(利用厚生)은 하(夏) 나라의 모범적 품계의 공로(功勞)이다. 그러므로 예절을 알고 사람이 할 일을 다하는 도리 그것보다 더 큰 재물은 없다.

이제 보상청계(褓商廳稧)를 마련하고 재전(財錢)을 모아 식리(殖利)를 구하였다. 이를 넉넉하게 이용하는 사람은 부차적으로 임금님이 백성을 구제(救濟)한 은택(恩澤)을 숭앙해야 한다. 여러 계원을 굽어 보호하는 것은 동포의 정의(情誼)이다. 그러므로 이처럼 계(稧)를 결성하고 절목을 만든 이후에는 모두 마음을 가지런히 하고 각자의 곳으로 흩어져 달아나더라도 준행(遵行 : 遵守遂行)하여 영원토록 변색하지 말아야 한다. 그리하여 사농공(士農工)의 집에서 웃음거리가 되지 말라.

1885(을유 고종 22)년 5월 초5일

계속기록(後錄)
　　　　　　　설계접장　방옥현
　　　　　　　본　　방　황헌모
　　　　　　　서　　기　이용화

- 今此僉員　同心結稧　專爲於哀慶患難　相救之誼　實非任房所關. 若有任房中有事　則切勿擧論於稧錢事.
- 哀慶而相助　患難而相救　無論大小事　切勿謀避事.
- 各 拾伍兩錢 入稧事.
- 今明兩年　殖利後　折用事.
- 稧日段[19]　每年　以宴樂翌日[20]　完定事.[21]
- 殖利前　若有哀慶患難　則各爲收斂事.
- 稧錢段　以五分邊　殖利事.
- 稧錢段　稧員中　勿爲分給事.
- 有司段　溫陽二員　牙山四員　新昌二員式　差出. 各掌其境內事　而 稧錢逢換分給後　修成冊納于稧長　修稧日無遺捧納事.
- 稧日　若有無故　不參者　則當施罰事.
- 稧員中　若有自願出稧者　則不給本稧錢　出送事.
- 稧員中　若有酗酒作拏　至有犯罪者　則大者　別段施罰後　不給本錢 而逐出　小者嚴杖懲勵事.
- 稧長段　前案令監　新差令監　差出事.
- 稧員中　財錢段　列錄於左　以此遵行事.

19) 段(똔 ~짠)：~은 ~는 -인즉 -만은 ← 이두문
20) 宴樂(연락)：잔치를 베풀고 즐김 ← 동아국어사전 1533쪽
21) 完定(완정)：완전히 작정함 ← 동아국어사전 1614쪽

- 親喪時 則賻儀錢 拾伍兩式 劃下事.[22]
- 親葬時 錢文 拾兩式 劃下事.
- 小大喪時 白米參斗 粘米貳斗 北魚貳夬 正肉參拾斤 黃燭貳雙式 扶助事.
- 壽宴時 麯伍兩 正肉參拾斤 北魚貳夬式 扶助事.
- 科慶時 錢文貳拾兩 麯伍兩 正肉貳拾斤式 劃下事.
- 稧員 則初喪時 錢文伍拾兩 葬禮時 錢文拾兩 小大喪時 白米參斗 粘米貳斗 北魚貳夬 黃燭 貳雙 正肉參拾斤式 劃下事.
- 妻喪時 錢文貳拾伍兩 酒壹盆 北魚貳夬式 劃下事.
- 子女孫婚慶時 麯伍兩 正肉貳拾斤 北魚貳夬式 扶助事.
- 子女孫婚慶 及 科學慶 壽宴段 各 一次式 劃下是矣. 一次外 勿 爲擧論事.
- 俾房中 若無依無托 而定婚 則財錢伍拾兩 劃下事.
- 稧員中 若無兩堂 則財錢段 以生財 劃下是矣.[23] 七年以後 每年 五員式 輪回劃下事.
- 稧員中 若有祖父母 而無父母 則此是承重喪[24] 一依親喪例施行事.
- 稧員中 祖父母 及 兄弟喪故 則初喪時 白紙二束 黃燭壹雙 北魚 貳夬式 扶助事.
- 設稧前 在喪 而若當小大朞 則正肉貳拾斤 北魚壹夬 黃燭一雙式 扶助事.
- 稧員中 雖生養家 兩次財給外 勿爲擧論事.

---

22) 劃下(획하) : 劃給(획급) ← 동아국어사전 2473쪽
　　① 주어야 할 것을 갈라 줌 ② 그어 줌 ③ 나누어 줌
23) 是矣(이의 이되) : ~이의　~이되 ← 이두문
24) ① 승중(承重) : 長孫으로 아버지 할아버지를 대신하여 조상의 제사를 받듦
　　② 승중상(承重喪) : 아버지를 일찍이 여읜 맏아들이 할아버지나 할머니가 돌아가셔서 당한 初喪

- 童蒙中 無父母之人 則財錢伍拾兩 婚禮時 劃下. 後一次 則以生財 輪回出給事.
- 未盡條件 追後 隨宜磨鍊事.

追後磨鍊條
- 稧員中 雖有父母 兩親之喪 及 喪妻 一次外 賻儀錢 切勿擧論. 而伊後 親喪時 頓無扶助 則又非設稧相救之義也. 紙燭與米豆酒肴 等物 不可無賻助之事故. 物種代錢 無給時 直高下定 成于後事.
- 稧員中 無論父母己妻四喪 一次式 賻儀錢施行 而一次外 則必以 小大祥時 扶助例施行事.
- 小大祥時 卽十兩式 扶助事.

稧員座目　溫陽 65名

- 지금 여러 계원이 한결같은 마음으로 계(稧)를 결성하고 오로지 애경환난(哀慶患難)을 당하여 서로 구원(救援)하는 정의(情誼)를 기울이는 것은 실제로 임방(任房)의 소관 사항이 아니다. 그러므로 만약 임방에 어떤 일이 생기더라도 일절 계전(稧錢)을 거론하지 말라.
- 애경상조(哀慶相助)와 환난상구(患難相救)에서는 대소사(大小事)를 가리지 말고 일절 회피할 것을 도모하지 말라.
- 각자는 15냥을 계전(稧錢)으로 납입한다.
- 금년과 내년 2년 동안 이자를 증식시킨 후에 잘라서 사용한다.
- 계일(稧日)은 매년 잔치를 베풀고 즐긴 다음 날로 완전히 작정한다.
- 이자가 증식되기 이전에 만약 애경환난이 발생하면 각자 얼마씩 돈을 거둔다.
- 계전은 5%의 대부율로 이자를 증식한다.
- 계전은 계원 중에서 나누어 시급하지 않는다.
- 유사(有司)는 온양 2명을 비롯한 아산 4명과 신창 2명씩 차출하여 각

기 관할 지역 내의 일을 관장한다. 계전을 나누어 받은 후 장부책(帳簿冊)으로 엮어서 계장(稧長)에게 납부하고 계일(稧日)에는 남김없이 봉납(捧納 : 提出)한다.
- 계일에 연고(緣故) 없이 참석하지 않은 사람에게는 마땅히 처벌한다.
- 계원 중에 스스로 탈퇴하려는 사람에게는 납부했던 계전(稧錢)을 내주지 않고 퇴출시킨다.
- 계원 중 술주정을 부려서 범죄를 저질렀을 경우 큰 범죄이면 별도 처벌한 후 본전을 지급하지 않고 축출하며 작은 범죄이면 엄중한 장징(杖懲)으로 다잡는다.
- 계장은 이전영감이나 신임영감 중에서 차출한다.
- 계원 중에서 모아진 계돈(契錢 : 財錢)은 아래와 같이 열거 기록해 놓고 준수 수행한다.
- 친상을 당했을 때에는 부의금을 15냥씩 획일적으로 하사(下賜)한다.
- 부모 장례 때에는 돈 10냥을 나누어 준다.
- 소상과 대상 때에는 백미 3말, 찹쌀 2말, 북어 2떼, 정육 30근, 황초 2쌍씩을 부조한다.
- 수연(장수잔치) 때에는 누룩 5냥, 정육 30근, 북어 2떼씩을 부조한다.
- 과거시험에 합격한 경사 때에는 돈 20냥, 누룩 5냥, 정육 20근씩 나누어 준다.
- 계원의 초상 때에는 돈 50냥, 장례 때에는 돈 10냥을 나누어주고 소대상 때에는 백미 3말, 찹쌀 2말, 북어 2떼, 황촉 2쌍, 정육 30근씩 나누어준다.
- 부인상(婦人喪) 때에는 돈 15냥, 술 한 동이, 북어 2떼씩 나누어준다.
- 자녀 손자 결혼의 경사에는 누룩 5냥, 정육 20근, 북어 2떼씩 나누어 준다.
- 자녀 손자 결혼 및 과거합격 경사와 수연 때에는 각 1차에 한정하여 나누어주고 그 외에는 거론하지 않는다.
- 보상청의 직원 중 의탁할 곳이 전혀 없는 사람이 결혼하게 되면 계돈(契錢 : 財錢)에서 50냥을 나누어준다.

- 계원 중에 양친이 모두 안 계시면 계돈은 원금 이외의 이식재원(利殖財源)으로 나누어주되 7년 이후에는 매년 5명씩 돌려가면서 나누어 준다.
- 계원 중에 조부모만 있고 부모가 없는 경우 조부모가 돌아가시면 친상(親喪)의 전례(前例)에 의거하여 시행한다.
- 계원 중에 조부모와 형제의 상고(喪故 : 喪事)인 경우 초상 때에는 백지 2권, 황촉 1쌍, 북어 2떼씩을 부조한다.
- 계가 설립되기 전에 상(喪)을 당하여 소기(小朞 : 小祥)나 대기(大朞 : 大祥)를 당한 경우 정육 20근, 북어 1떼, 황촉 1쌍씩 부조한다.
- 계원 중 비록 생가와 양가일지라도 합쳐서 2번 계돈을 받았으면 거론하지 않는다.
- 보상청의 미혼직원 중 부모가 없는 사람에게는 계전(稧錢 : 財錢) 50냥을 혼례 때 나누어주고 그 후 1차는 이식재원(利殖財源)으로 돌려가면서 지급한다.
- 미진한 조건들은 추후에 형편에 따라 마련한다.

추후 마련한 조건
- 계원 중 비록 부모가 있더라도 양친상(兩親喪)과 처상(妻喪)의 1차 이외 부의금은 일절 거론하지 않는다. 이후 친상(親喪) 때 정지되고 없는 것은 계를 설립하여 서로 구제하는 뜻이 아니다. 그러나 종이 초 쌀 콩 술안주 등 부조의 일이 없을 수 없다. 그러므로 물건값을 지급하지 않을 때에는 직접 고하(高下)의 결정은 훗날 할 일이다.
- 계원 중 부모 본인 부인 4명의 상사(喪事)에 대한 부의금 시행은 말할 것도 없이 1차뿐이다. 그 이외의 소상(小祥) 대상(大祥) 때의 부조는 관례에 따라 시행한다.
- 소상 대상 때에는 10냥씩 부조한다.

계원 좌석목록   온양 65명

商理局左社 陽智任房 新設節目 (1886년 10월)
聖上卽位 24年 丙戌(1886)年 10月 新成節目

　右公文爲成給事 卽倒商理局關據. 巡營[1])門 甘結[2])內 問以無賴輩之滋弊多端 已有所發關禁飭是在果[3])浮浪無賴之類 旣爲痛革 則原商 顧恤之方 不可不念故. 今自本局 抄定任所 新成節目.
　使之行令乙仍于[4]) 玆又發關爲去乎[5]) 依後錄廢甘 于各該邑 使之卽建擧行 無至聖化未究之弊 問事關是置有亦[6]) 關內辭緣 及 後錄相考施行宜當問事.

　　　　　　　　　　　　　　　　　　　　　　丙戌 10月　日

상리국좌사 양지임방 신설절목 (1886년 10월)
성상즉위 24년 병술(1886)년 10월 신성절목

　다음과 같이 공문을 만들어 주는 것은 곧 상리국에 도착된 관련사항

---

1) ① 巡營(순영) : 監營(감영) ← 새우리말큰사전(상) 74쪽〉.
　② 監營(감영) : 조선조 때 팔도의 각 監司가 직무를 보던 관청. 上營 巡營
2) 甘結(감결) : 조선조 때 상급관아에서 하급관아에 내리던 公文 ← 새우리말큰사전(상) 67쪽
3) ① 發關(발관) : 상관이 하관에게 보내는 공문을 내어 보냄 ← 동아국어사전 807쪽
　② 禁飭(금칙) : 하지 못하게 타이름
　③ 是在果(이견과) : ~이거니와　~인 것과 ← 이두문
4) 乙仍于(을지즈로) : ~으로 말미암아　~을 따라　~을 탓으로 ← 이두문
5) 爲去乎(ᄒ거온) : ~하오니　~하고서　~에 하기에 ← 이두문
6) 是置有亦(이두이신이여) ← 이두문
　① ~라고 하였으므로　~라고 하였기에　~이기도 하였으므로
　② ~이기도 하였기에　~이라고 하였어요　~이기도 하였어요

에 의거한 것이다. 중앙의 상리국은 순영(巡營 : 八道監營)앞으로 내려 보낸 감결(甘結 : 公文)을 통하여 무뢰배(無賴輩)의 폐단이 자심(滋甚) 함을 문책하고 이미 금지하고 계칙(戒飭)할 것을 공문으로 하달하였거 니와 부랑무뢰(浮浪無賴)의 부류를 이미 통렬하게 혁파하였다. 이에 원 상(原商 : 負褓商)을 보살피고 구휼할 방책을 생각하지 않을 수 없다. 그러므로 이제 상리국으로부터 임소를 가려 선정하고 새롭게 절목을 만든다.

이러한 절목의 명령을 수행하도록 이에 공문을 하달하오니 뒤에 기 록된 절목에 의거하여 각 해당 읍에서는 감결을 폐지할 수 있도록 즉시 절목을 세워 거행한다. 그리하여 임금님의 덕화(德化)가 미치지 않는 폐단이 없도록 사리의 관계를 질문하라고 하였기에 관련되는 사연(辭 緣)과 후록(後錄:절목)을 살펴 시행하되 마땅히 질문해 보아야 한다.

後

- 擇定任 管轄八路 則商民爲名者 不可無憑準之標 而亦不可如前 淆雜[7] 故 特自本局成給商帖 以爲憑檢之資 永久遵行事.
- 特設本局管轄 商民之內 禁防條約 不翅申嚴.[8] 而藉弊多端者 都 是授托者之作俑[9] 實非原商之犯科. 從今以後 浮浪無賴之類 切 勿許錄 無至抵罪事.
- 營下邑底 無論謀商謀民爲名者 若或携貳之端 而不遵令飭者[10] 自各該邑別段[11]申飭[12] 所爲歸正事.[13]

---

7) 淆雜(효잡) : 混雜(혼잡) ← 새우리말큰사전(하) 3808쪽
8) 申嚴(신엄) : ① 거듭 타이름 ② 더욱 더 엄중하게 함 ← 새우리말큰사전 (상) 2099쪽
9) 作俑(작용) : 좋지 않은 전례를 지어내다 ← 새우리말큰사전(하) 2811쪽
10) ① 勅令(칙령) : 勅命(칙명) ← 동아국어사전 2195쪽
② 칙명 : 임금의 명령. 大命 主命 勅旨
11) 別段(별단) : ① 別般(별반) ② 특별하게 ③ 그다지 ④ 別樣(별양) ← 동아

- 如是釐正[14]之後 原商外 或有假托作弊者之有所入廉 則非但犯科漢之照法嚴繩. 該都接長與該任所接長 亦難免座[15]勘事.
- 各道 都接長與任所中 或有藉勢[16]行悖於村閭 及 討索商民之弊 及 於入聞 則該道頭目與 各該任所 別般嚴處事.
- 商民中 若有抑冤[17]之弊 則該頭目告于本道營邑 以爲從公決處是矣.[18] 營邑有難聽斷者 報于本局 以待措處爲. 若有不遵令飭[19]私自都會之弊 則此是亂類也. 該道頭領與任所接長 及 所任 並極施重律事.
- 商民爲名者 稱以所掌之物 收稅於村民者 各別禁斷爲旀[20] 各邑吏校輩之侵漁[21]商民者 亦一切嚴禁事.
- 商民中 或有暗買賊物 而的知眞贓 則物件推給[22]理所當然 而近來人心凶測 各邑 校屬輩 稱以賊漢口招 侵虐[23]商民之弊 無所

국어사전 895쪽
12) 申飭(신칙) : 단단히 타일러서 경계함 ← 새우리말큰사전(상) 2105쪽
13) 歸正(귀정) : 잘못 되어 가던 일이 바르게 되어짐 ← 동아국어사전 307쪽
14) 이정(釐正 理正) : 문서나 글을 다시 정리하여 바로 잡아 고침 ← 새우리말큰사전(하) 2694쪽
15) 坐罪(座罪) : 죄를 받음 ← 동아국어사전 1993쪽
16) 藉勢(자세) : 자기나 남의 세력을 빙자하고 의지함 ← 동아국어사전 1809쪽
17) ① 抑冤(억원) : 冤屈(원굴) ← 새우리말큰사전(하) 2297쪽
　　② 冤屈(원굴) : 원통하게 누명을 써서 마음이 맺히고 억울함. 冤抑(원억) 冤枉(원왕).
18) 是矣(이의 이되) : ~이의(의는 가짐토), ~이되 ← 이두문
19) ① 令飭(영칙) : 명령을 내려 계칙(戒飭)함 ← 동아국어사전 1569쪽
　　② 戒飭(계칙) : 경계하고 타이름 ← 동아국어사전 164쪽
20) 爲旀(ᄒᆞ며 하며) : ~하며 ← 이두문
21) ① 吏校(이교) ← 새우리말큰사전(하) 2656쪽
　　- 선조 때 신분계급의 하나
　　- 일정한 직업 신역(身役) 등을 세습하며 관료계급과 평민계급의 중간을 차지하고 있었음
　　② 侵漁(침어) : 侵奪(침탈). 침범하여 빼앗음
22) 推給(추급) : 찾아서 내어 줌 ← 동아국어사전 2168쪽

不至. 如有此等之事 自各該營邑 各別辨白 無至商民含寃之弊事.
- 本局刱始之後 以其商民袪弊 安業之事 前後筵敎[24] 不啻 申複[25] 爲今日字牧[26]之地. 豈無欽仰 盛意之萬一乎. 此意申明[27] 知委[28]於各該邑 期有實效 俾爲安業事.
- 未盡條件 追後磨鍊事. 各邑境內店處之 自該任所專管施行 理固當然是去乙.[29] 近日 雖在他官 輒稱字內[30]越管他邑者 實非公議. 自今以後 各其境內 所設之店 自各其邑任所 專管措處 俾無更相紛紜[31]之弊是矣.[32] 如是別飭之後 不遵節目 後踵前習 則自該任所決正 而頑如或拒 卽報本局 以爲嚴處事.

　　　　　　　　　　　　　商理局 分辨[33] 手決
　　　　　　　　　　　　　(國會圖書館 所藏)

23) 侵虐(침학) : ① 침노하여 포학하게 행동함 ② 능학(陵虐) ③ 침포(侵暴) ← 새우리말큰사전(하) 3338쪽
24) 筵敎(연교) : 임금이 연석(筵席)에서 내리는 명령 ← 새우리말큰사전(하) 2352쪽
25) 申複(신복) : 같은 사실을 거듭 자세히 말함 ← 동아국어사전 1359쪽
26) 字牧(자목) : 옛날 고을의 수령(守令)이 백성을 사랑으로써 다스림 ← 동아국어사전 1805쪽
27) 申明(신명) : 거듭 밝혀 사리를 분명하게 함 ← 동아국어사전 1358쪽
28) 知委(지위) : 명령을 내려 알려 줌 ← 동아국어사전 2057쪽
29) 是去乙(이거늘 이거늘) : ~이거늘 ← 이두문
30) 字內(자내) : 서울 안을 각 감영(監營)에서 나누어 맡아서 경호하던 구역 안 ← 새우리말큰사전(하)
31) 紛紜(분운 紛云) ← 새우리말 큰사전(상) 1555쪽
① 여러 사람의 의논이 일치하지 아니하고 이러니 저러니 하여 시끄럽고 떠들썩함
② 세상이 떠들썩하여 복잡하고 어지러움
32) 是矣(이의 이되) : ~이의(의는 가짐토) ~이되 ← 이두문
33) 分辨(분판) : 分所 分室

후록(後錄)

- 임방을 선택 결정하여 팔로(八路)를 관할하면 상민(商民)의 이름이 증빙 기준될 표지(標識)가 있어야 한다. 그러므로 특히 본 상리국에서는 상첩(商帖)을 발급하여 증빙 검색의 자료로 삼게 하니 영구히 준수 수행해야 한다.
- 특별히 설립된 본 상리국은 상민(商民)들이 금지 예방할 조약을 관할할 뿐만 아니라 더욱 엄중하게 타이른다. 그리고 폐단이 자자하게 많은 것은 모두 위탁한 사람들이 지어낸 좋지 않은 전례이지 실제로는 원상(原商 : 負褓商)들의 범과(犯科 : 犯法)가 아니다. 지금부터 이후에는 부랑부뢰(浮浪無賴) 부류들의 등록을 일절 허락하지 말고 죄목(罪目)에 저촉(抵觸)되지 않도록 한다.
- 감영(監營) 아래의 읍(邑) 속에서는 상인과 민간인의 이름을 거론할 것도 없이 간혹 이단(貳端 : 두 마음)을 지니고 칙령(勅令)을 준수하지 않는다면 각 해당 읍에서는 특별히 타이르고 경계하여 바로 잡아 놓아야 한다.
- 이와 같이 문서나 글을 다시 정리하여 바로 잡아 고친 후에도 원상(原商 : 負褓商) 이외에 간혹 가탁작폐자(假托作弊者)가 있다고 염찰(廉察)되면 비단 범과한(犯科漢 : 犯法者)일지라도 법에 비추어 엄중하게 다스린다. 해당 도접장과 해당 임소의 접장도 역시 처벌을 면치 못할 것을 감안해야 한다.
- 각 도의 도접장과 임소 중 간혹 세력을 빙자하여 촌락과 여항(閭巷)에서 행패를 부리고 상민(商民)을 토색질하는 폐단이 들려오면 해당 도의 두목과 각 해당 임소를 특별히 엄중하게 처리한다.
- 상민 중에서 원통하게 누명을 써서 마음이 맺히고 억울한 폐단이 있으면 해당 두목은 본도의 영읍(營邑 : 監營內邑)에 보고하고 공결(公決)에 따라 처리하되 영읍에서 듣고 판단하기 어려운 것이 있으면 본 상리국에 보고하고 조처를 기다려야 한다. 만약 영칙(令飭)을 준수하지 않고 사사로이 도회(都會 : 總會)를 개최하는 경우가 있으면 이것

은 어지럽히는 부류이다. 이런 난류(亂類)가 발생할 경우 해당 도의 두목과 임소의 접장 및 임원들은 아울러 매우 엄중한 규율로 다스려질 것이다.
- 상민이라고 이름하는 사람이 자기가 소장한 물건이라고 주장하면서 촌민(村民)으로부터 세금을 거두는 경우 각별히 엄금 단속한다. 그리고 각 읍의 교리배(校吏輩)가 상민을 침탈하면 역시 일절 엄중하게 금지한다.
- 상민(商民 : 商人) 중 간혹 도적의 물건을 몰래 매입하여 진실로 장물(臟物)이라는 사실이 적실(的實)하게 알게 되면 물건을 찾아서 내어 주는 것이 당연한 도리이다. 근래에 인심이 흉측하여 각 읍의 교속배(校屬輩 : 校吏輩)들이 상민을 적한(賊漢:도둑놈)으로 몰아서 침학(侵虐)하는 폐단이 이르지 않는 곳이 없다. 이와 같은 일들이 있을 때에는 각기 해당 읍에서 각별히 변백(辨白 : 辨明)하여 상민들이 원통한 일을 당하는 폐단이 없도록 해야 한다.
- 본 상리국이 창시된 이후 상민들에게 폐단을 없애고 생업의 안전을 도모할 수 있도록 임금님이 연석(筵席)에서 명령을 내렸다. 그 뿐만 아니라 이 같은 사실을 거듭 자세히 말함으로서 고을의 수령이 백성을 사랑으로 다스리는 바탕이 되었다. 임금님이 베푼 성대한 뜻의 만분의 하나라도 흠모 숭앙하지 않을 수 없다. 이러한 임금님의 뜻을 거듭 밝혀 사리를 분명히 세우고 각 해당 읍에 명령을 내려 알려주어 상민들이 실효를 기대하면서 안전한 직업에 종사하도록 해야 한다.
- 미진한 조건은 추후에 마련한다. 각 읍의 경내(境內)에 있는 점포를 처리함에 있어서 해당 임소(任所 : 任房事務所)가 스스로 전담 관리 시행하는 것이 이치상 확고하고 당연하다. 그렇거늘 근일 비록 다른 관청에서 번번이 그들이 맡아 경호하던 구역이라고 우기면서 타읍(他邑)을 월권으로 관리하는 일이 있는데 이것은 실제로 공의(公議)가 아니다. 지금부터 이후 각기 경내에 설치되어 있는 점포는 읍의 임소에서 스스로 전담 관할 조처하고 오로지 서로간에 시끄러운 폐단이 다시는 없어야 한다. 이와 같은 특별한 칙령이 있은 이후에도

절목을 준수하지 아니하고 이전의 관습을 밟는다면 해당 임소에서 스스로 올바르게 처결함에도 간혹 완강하게 거부하거든 즉시 본 상리국에 보고하고 엄중하게 처벌해야 한다.

상리국 분변 수결

判下[1]**商理局 節目** (丁亥 1887년 2월 27일) … 左右社

- 判下商理局後 左右社通合句管 敦睦一款尤倍前日. 而統領 一人 都班首 一人 都接長 一人 公事長 一人 明査長 一人 都公員 一人 書記公員 四人 本房公員 二人 執事 十人 使令 五名 房直 二名 特爲付料 自親軍營上下事.
- 忠孝乃是人道之紀網 而況我商民之偏 被洪恩者乎. 如有爲國之事 雖赴湯蹈火 一令齊到 期圖 萬一之報是矣. 如或有當時 謀避者 先施重律 後報本局事.
- 特設本局管轄 商民不啻 申復[2]而滋弊多端. 京外騷擾者 都是各置名目之致也. 從今以後 兩商通同[3]句檢[4]是矣. 浮浪無賴之類 切勿許錄 無至抵罪事.
- 商民爲名者 不可無憑準之標. 而給帖之節 亦可如前淆雜 故 商民信標段[5]公事堂上成帖頒給矣. 若有自下成給之弊 非但與受者之摘發重律 不能禁飭之該頭目之難免 重繩事.
- 如是釐正[6]之後 假托作弊者 該道頭目與該任所接長 這這[7]摘發

---

1) ① 판하(判下) : 판부(判付) ← 새우리말 큰사전 (하) 3507쪽
   ② 판하정식(判下定式) : 임금의 재가를 맡은 정식(定式).
   ③ 판부(判付) : 주안(奏案)을 임금이 허가하는 일. 판하(判下) ← 새우리말 큰사전 (하) 3505쪽
2) 신복(申復) : 이유를 알리고 이전 상태로 돌이킴 ← 새우리말 큰사전(상) 2094쪽
3) 통동(通同) ← 새우리말 큰사전(하) 3458쪽
   ① 사물 전체의 수효나 분량을 모두 한목에 쳐서 ② 온통 ③ 통째로 (예: 통돼지)
4) 구검(句檢) : ① 맡아서 다스리고 검사함 ② 벼슬아치의 직무상태를 검열함 ← 새우리말 큰사전(상) 362쪽
5) 段(똔 딴) : -온 · 는 -인즉 ~딴은 ← 이두
6) 이정(釐正 理正) : 문서나 글을 다시 정리하여 바로 잡아 고침 ← 새우리말 큰사전(하) 2694쪽

別般嚴處事.

- 近來黨賊一大變怪也. 京外 及 該任所 譏訕竊發[8] 非但商路之便宜 亦是爲國除害之大關也. 各該頭目 別般團束 跟捕[9] 是矣. 如有捉賊之擧大 則啓稟施賞 小則自本局重賞矣. 以此曉諭[10] 期有實效事.

- 各道 都班首 都接長 則以兩商中可堪之人 自本局各別擇差[11] 以爲差定[12] 是遺.[13] 各該任房接長 則該道接長 以捧公薦 各別擇定. 而其餘各所任 則該接長 擇定是矣.[14] 其中如有犯科者 輕重施罰 挨次定規事.

- 營下邑底[15] 勿論某商 各隨其機 安業資生是矣. 以其所掌之物 或有携貳之端 則隨現重繩矣. 各該頭目 另加措束 俾無抵罪事.

- 各道接長 與 所任中 或有籍勢 行悖於村間是去乃[16] 討索商民之弊 有所入聞 則該道頭目 與 該任所接長 別般嚴處事.

7) ① 저저(這這) : 저저이 ← 새우리말 큰사전(하) 2878쪽
 ② 저저이 : 있는 사실 그대로 낱낱이. 모두
8) 절발(竊發) : ① 강도나 절도가 생김 ② 몰래 출발함 ← 東亞漢韓大辭典 1309쪽
9) 근포(跟捕) : ① 죄인을 찾아 쫓아가서 잡음 ② 근착(跟捉) ← 새우리말 큰사전(상) 479쪽
10) 효유(曉諭·曉喩) : 타이름. 깨우쳐 일러 줌 ← 東亞漢韓大辭典 818쪽
11) 택차(擇差) : 쓸만한 인재를 골라서 벼슬시킴 ← 새우리말 큰사전(하) 3432쪽
12) 차정(差定) ← 새우리말 큰사전(하) 3196쪽
 ① 사무를 맡김. 사무를 담당시킴 ② 불교의 법회 때 의식의 차례를 써 놓은 것
 ③ 불교의 선종(禪宗)에서 사람을 가려 소임을 정하는 일
13) 是遺(이고) : ~이고 ← 이두문
14) 是矣(이의 이되) : 이의 ~이되 ← 이두문
15) ① 영하읍(營下邑) : 감영(監營)이나 병영(兵營)이 있는 고을 ← 새우리말 큰사전(상) 2399쪽
 ② 읍저(邑底) : 읍내(邑內) ← 새우리말 큰사전(상) 2640쪽
16) 是去乃(이거나) : ~이거나 (아무거나 가리지 않는다는 뜻) ← 이두문

- 自本局 如有發令於各處 則該任所 鱗次[17]擧行是矣.[18]如有遲滯
  之弊 非但 該任所接長之重勘.[19]該道頭目 亦難免 不飭之罪 別
  般嚴束事.
- 毋論某事 私自都會也 徵出[20]浮費[21]此是亂類.[22] 該頭目 及 該
  任所 接長 所任等 極施重律事.
- 商民之哀慶相助 流來之厚誼也. 各該任房 盡心救護 勿失信義事.
- 公幹往來者 京鄉間 並以公文憑準 供饋[23]朝夕叱 而討索之弊 一
  切禁斷事.
- 商民中 或有暗買賊物 而的知眞臟 則物件推給理所當然. 近來
  人心叵測 各邑校吏輩 惟意作奸稱以賊漢 口招侵虐商民 不無其
  弊. 如有此等之事 自官明白措處 毋至商民向隅[24]事.
- 土豪 無賴之混雜作梗[25]與 各邑奴令輩之初無可據 而謂以分錢
  逢輒討索. 使其無依萍蹤 以至難保之境. 傴僂山路 糊口不得 究
  其情境 亦所可矜. 所謂分錢一款 一切革罷事.
- 本局額員 與各都班首 都接長 倂以堂上 傳令差定[26]事.

---

17) 인차(鱗次) : ① 인비(鱗比) ② 비늘처럼 정연히 늘어 섬 ← 東亞漢韓大辭
    典 2151쪽
18) 是矣(이의 이되) : 이의 ~이되 ← 이두문
19) 감죄(勘罪) : 죄인을 취조하여 처단함 ← 東亞漢韓大辭典 250쪽
20) 징출(徵出) . ← 새우리말 큰사전(하) 3176쪽
    조세나 빚 따위를 갚지 않을 때에 친척이나 관계자에게 물어내게 함
21) 부비(浮費) : ① 입비(入費) ② 어떤 일에 드는 비용(씀씀이) ← 새우리말
    큰사전(상하) 1524쪽 2760쪽
22) 난류(亂類) : ① 질서를 문란하게 하는 무리 ② 불법한 짓을 마구하는 무리
    ← 새우리말 큰사전(상) 620쪽
23) 공궤(供饋) : 웃사람에게 음식을 드림 ← 새우리말 큰사전(상) 284쪽
24) 향우지탄(向隅之歎) : 좋은 때를 만나지 못한 한탄 ← 새우리말 큰사전(하)
    3687쪽
25) 작경(作梗) : 못된 행실을 부림 ← 새우리말 큰사전(하) 2807쪽
26) 차정(差定) : 사무를 맡김 ← 동아국어사전 2096쪽

- 統領以下 八道都班首 都接長 各任房 班首 接長 圖署 自本局刻
給事.
- 各道營下 設置都所 句管 該道商民事.
- 各道 都班首 都接長 瓜限27)二十四朔 各該任所 則一年交遞. 而
若有不善擧行 作弊閭里者 從重勘罪28) 雖未準朔29) 改差30)事.
- 信標頒給後 每張 二兩式捧上. 一兩納上本局 五錢該道都班首
接長紙價四錢 該任所紙價一錢. 一兩京納駄價. 而此分 如或一
分濫捧31)該道頭目 與該任所頭目 施以重律事.

　　　　　　　　　　　　　　　　　　　當上(手決)

　　京都廳 座目
　　右統領：安永浩　　左統領：李聖根
　　都班首：金時期　　都接長：金慶淑
　　公事長：黃漢柱　　明査長：朴斗鎭 安鍾祐
　　都公員：金大泓　　本房公員：朴昌淵 陣錫範
　　書記公員：朴鎭五 李敬錫 柳鵬九 洪大鏞
　　都執事：宋成雲 裴景植 金泰植 尹泰旭 金昌鉉 李春明 李
　　　　　　花中 金在鉉 朴景淳 張宜植

---

27) 과한(瓜限)：과기(瓜期) 과만(瓜滿). 벼슬의 기한 ← 새우리말 큰사전(상)
　　316쪽 <東亞漢韓大辭典 1152쪽>
28) 감죄(勘罪)：죄인을 심의하여 처분함 ← 새우리말 큰사전(상) 77쪽
29) 준삭(準朔)：일정한 달수가 참 ← 새우리말 큰사전(하) 3075쪽
30) 개차(改差)：벼슬아치를 갈아냄 ← 새우리말 큰사전(상) 115쪽
31) 남봉(濫捧)：수량을 규정에서 벗어나게 함부로 더 받음 ← 새우리말 큰사
　　전(상) 633쪽

판하 상리국 절목 (1887년 2월 27일) ······ <左右社>

- 임금님이 상리국(商理局)을 윤허한 후 좌우사(左右社 : 負褓商)가 통합 관리되어 돈목(敦睦)의 한 가지 조항이 전날보다 갑절이나 좋아졌다. 통령(1명) 도반수(1명) 도접장(1명) 공사장(1명) 명사장(1명) 도공원(1명) 서기공원(4명) 본방공원(2명) 집사(10명) 사령(5명) 방직(1명)에게 특별히 급료를 주되 친군영(親軍營)에서 출납(出納)한다.
- 충효는 인륜도리의 기강(紀綱)이다. 그런데 하물며 위대(偉大 : 我)한 상민(商民)의 무리가 크나큰 은혜를 입었는데 국가에 사건이 있다면 비록 물불을 가리지 않고 뛰어들지라도 하나의 명령에 따라 일제히 기약(期約) 도모(圖謀)하여 만 분의 일이라도 보답해야 한다. 만약 이런 일을 당했을 때 혹시라도 도피하려는 사람이 있다면 먼저 엄중한 규율로 다스린 후 본국(本局 : 商理局)에 보고해야 한다.
- 특별히 설치된 본국(本局 : 商理局)에서 관할하는 상민뿐만 아니라 이유를 알리고 모든 것을 이전상태로 회복시켜 놓으려고 하니 폐단이 대단하다. 경향의 소요자(騷擾者)는 모두 각각의 명목으로 처치(處置)되어야 한다. 오늘 이후부터 부보양상(負褓兩商)은 통째로 함께 다스리고 검열된다. 부랑배(浮浪輩)와 무뢰배(無賴輩)는 일절 등록을 허락하지 않으니 죄를 짓지 않도록 해야 한다.
- 상민(商民)이라고 이름 붙여 있는 사람은 증빙의 표준(標準)이 없을 수 없다. 그런데 명첩(名帖)의 발급절차가 이전처럼 혼잡하므로 상민(商民)의 신표(信標)는 총회(總會 : 公事)의 당상(堂上)이 명첩을 만들어 반포 지급한다. 만약 아랫사람이 만들어 발급하는 폐단이 있으면 비단 주고받은 사람이라도 적발하여 엄중한 규율로 다스리고 금칙(禁飭)하지 못한 해당 두목도 책임을 면할 수 없어 엄중히 다스려야 한다.
- 이와 같이 바로 잡은 후에도 가짜로 의탁(依托)하는 폐단이 있으면 해당 도(道)의 두목과 해당 임소(任所)의 접장(接長)이 낱낱이 적발하

여 별도로 엄중히 처벌한다.
- 근래의 도적떼는 하나의 커다란 변괴(變怪)이다. 경향(京鄕 : 京外)과 해당 임소에서 강도 절도를 크게 꾸짖는 소리는 상로(商路)의 편의(便宜)만이 아니고 국가를 위하여 해로운 것을 제거하려는 데 크게 관련된다. 그러므로 해당 두목들이 별도로 단속하고 쫓아가서 잡아내는 것이다. 만일 잡은 도적이 큰 일이면 임금님께 품신(稟申)하여 시상(施賞)하고 작은 일이면 본국(本局:商理局)에서 귀중하게 포상(褒賞)한다. 이를 깨우쳐 일러주어서 실효(實效)를 기약해야 한다.
- 각 도(道)의 도반수(都班首) 도접장(都接長)은 부보양상(負褓兩商) 가운데 감당할 수 있는 사람으로서 본국(本局: 商理局)에서 각별히 선택 임명하여 사무를 맡긴 것이다. 각 해당 임방(任房)의 접장은 해당 도(道)의 접장이 공천을 받들어 선택 결정한다. 기타의 각 소임(所任)은 해당 접장이 선택 결정한다. 이 가운데 범과자(犯科者)가 있으면 경중(輕重)을 가려 처벌하고 차례대로 규약을 결정한다.
- 감영(監營)이나 병영(兵營)이 있는 고을에서는 어떤 상민(商民)인지를 거론하지 말고 각각 기회에 따라 편안한 직업으로 생계를 삼는다. 그러나 소장하고 있는 물건에 간혹 두 마음을 지닌 단서가 있다면 현실에 따라 엄중하게 다스린다. 이에 해당 두목은 별도로 조처 단속하여 죄를 저지르지 않도록 해야 한다.
- 각 도(道)의 접장과 소임(所任) 중에서 간혹 낭자(狼藉)한 세력으로 촌락(村落)과 여리(閭里 : 시골마을)에서 행패를 부리거나 상민(商民)에게 토색(討索)하는 폐단이 있다는 소문이 들리면 해당 임소의 접장은 별도로 엄중히 처벌해야 한다.
- 본 상리국(商理局)이 각 처소에 발령을 내리면 해당 임소(任所)에서는 물고기의 비늘처럼 정연하게 거행한다. 만일 지체하는 폐단이 있으면 비단 해당 임소의 접장일지라도 엄중하게 취조(取調)된다. 해당 도(道)의 두목들도 타이르지 않은 죄를 모면하기 어려우니 별도로 엄격히 단속해야 한다.
- 무슨 일이라고 분명히 말하지 않고 사사롭게 총회로부터 소용되는 비

용이라면서 친척이나 관계자에게 물어내게 하는 것은 난류(亂類)들이 하는 짓이다. 이에 해당 두목과 임소의 접장 및 임원들일지라도 극히 엄중한 율법으로 다스려져야 한다.
- 상민(商民)의 애경상조(哀慶相助)는 흘러 내려온 후의(厚誼)이다. 이에 각 해당 임방(任房)에서는 구호하는데 온 마음을 다 쓰고 신의(信義)를 잃지 말아야 한다.
- 공무상으로 간부가 경향(京鄕)을 왕래하는 것은 공문을 가지고 증빙 준거(準據)하여 아침저녁으로 음식을 제공할 뿐 토색(討索)하는 폐단은 일절 금지 처단(處斷)한다.
- 상민(商民) 가운데 간혹 도적의 물건을 몰래 구입하였다가 정말 장물(臟物)임을 확실하게 알게 되었다면 물건을 되돌려 주는 것이 이치에 당연하다. 근래 인심이 측량할 수 없으므로 각 읍(邑)의 교리배(校吏輩 : 軍營官吏)들이 오직 간교하게 적한(賊漢)이라고 칭하면서 입으로 불러 상민을 침노 학대하는 폐단이 없지 않았다. 만약 이러한 일들이 있으면 관청에서 명백하게 조처하여 상민이 시절(時節)의 잘 못 만남을 한탄하지 않도록 해야 한다.
- 지방의 토호(土豪)가 무뢰배(無賴輩)와 섞여서 못된 행실을 부리고 각 읍의 노령배(奴令輩 : 官奴 使令)들이 처음에는 아무런 근거도 없이 푼돈(分錢)이라고 조르면서 만나기만 하면 번번이 토색질한다. 이에 의지할 곳 없는 부평초(浮萍草) 인생의 발자취가 보호되기 어려운 지경이다. 등허리 구부려 산길을 걷고 입벌이도 어려우니 그 정황과 환경을 궁구해 보면 불쌍한 노릇이다. 따라서 이른바 푼돈이라는 하나의 조건을 모두 혁파한다.
- 상리국의 정원(定員)을 비롯한 도반수(都班首)와 도접장(都接長)이 당상(堂上)으로서 전령(傳令 : 訓令)의 사무를 맡는다.
- 통령(統領) 이하 팔도의 도반수 도접장과 각 임방의 반수 접장의 도서(圖署 : 職印)는 본 상리국(商理局)에서 새겨 지급한다.
- 각 도(道)의 감영(監營) 병영(兵營) 아래 설치된 도임소(都任所)는 해당 도(道)의 상민(商民)을 다스리고 관리한다.

- 각 도(道)의 도반수(都班首) 도접장(都接長)의 임기는 24개월이고 각 해당 임소(任所)32)는 1년마다 교체된다. 그런데 만약 착하지 못한 일이 거행되어 시골마을에 폐단을 일으킨 사람이 있으면 엄중하게 심의 처분하고 비록 일정한 달수(月數)가 미달하더라도 갈아치운다.
- 신표(信標)가 반포 지급되면 매장 2냥씩 상납한다. 1냥이 본 상리국(商理局)에 상납되면 해당 도(道)의 도반수(都班首)에게는 5전을 지급하고 접장에게는 사무용지 값으로 4전이 지급되며 해당 임소에는 사무용지 값으로 1전이 지급된다. 나머지 1냥은 서울 가는 태가(馱價)33)이다. 이와 같이 나누는데 만약 혹시 1푼이라도 더 받으면 해당 도(道)의 두목과 해당 임소의 두목은 엄중한 규율로 시행된다.

당상(堂上) 수결(手決)

---

32) 임소(任所) : 지방 관원이 근무하는 곳 ← 새우리말 큰사전(하) 2754쪽
33) 태가(馱價) : 물건을 실어 날라 준 품삯 ← 새우리말 큰사전(하) 3423쪽

大川市場 居間人 節目 (1896년 6월)

商賈者 參諸四業.[1] 困困一髣[2] 往來於場市 貿賣其物件 或多不謝 應急攸難 乃有居間寅[3] 是擇人自來. 商販之道 約備於世.
大川市 處在海港 與 販浩繁. 故 居間人 爲任所中 所依而經歲. 條例列錄于後. 居間人酬勞[4] 元有其資是如乎.[5] 各邑 玆以左開 永遵無違是遣[6] 亦同場市 毋相紛難宜當者.

　　　　　　　　　丙申 六月 (1896年 6月) 孝公員 崔元榮
　　　官準此 節目 丁酉八月(1897.8)　己巳二月(1929.2)
　　　　　　　　　　　　　接　　長 姜箕柱
　　　　　　　　　　　　　本房公員 金千日
　　　　　　　　　　　　　公事公員 郭文賢
　　　　　　　　　　　　　書記公員 金充化
　　　　　　　　　(洪州等六郡商務社 所藏)

---

1) ① 參諸(참예): 신이나 부처에게 나아가 뵘 ← 동아국어사전 2105쪽
　　② 四業 : 士農工商.
2) 困困(곤곤) : ① 몹시 빈곤함 ② 퍽 곤란함 ← 새우리말큰사전(상) 268쪽
3) 寅(인) : 동료 또래 同寅 ← 東亞漢韓大辭典 498쪽
4) 酬勞(수로) : 수고나 공로에 대한 보수 ← 동아국어사전 1279쪽
5) 是如乎(이라온) ← 이두문
　　① ~이라고 하는, ~이다 하는　② ~이라고 하므로, ~이라고 하기에
　　③ ~이라고 하더니, ~이러니
6) 是遣(이고) : ~이고 ← 이두문

대천시장 거간인 절목 (1896년 6월)

　상고(商賈 : 行商坐賈)는 사농공상의 4개 업종에 참여하고 있다. 몹시도 빈곤한 구레나룻만이 장시를 왕래하면서 물건을 무역 판매한다. 상고에게는 간혹 사례(謝禮)하지 못하는 일이 많으므로 응급한 일이 위태롭거나 지난(至難)하다. 이에 거간동료(居間同僚)들이 사람을 올바르게 선정하여 스스로 오게 한다. 상업판매의 도리는 세상에 약속 준비되어 있다.
　대천시장은 바닷가 항구에 위치하고 있으므로 판매가 활발하게 번성했다. 그러므로 거간인들이 임소에 의존한지도 세월이 지났다. 조례는 다음에 열거 기록한다. 거간인의 수고나 공로에 대한 보수는 원래 그들의 물자(物資)에 포함되어 있다고 한다. 그러므로 각 읍에서는 공개하여 영원히 준수하고 위반하는 일이 없어야 한다. 그리고 동일한 시장에서 서로 분란(紛難)을 없애는 것이 마땅하다.

　　　　　　1896(병신)년 6월　계대를 이은 공원 최원영
관청에서도 이 절목을 준용했다. 1897(정유) 8월 및 1929(기사)년 2월
　　　　　　　　　　　접　장　강기주
　　　　　　　　　　본방공원　김천일
　　　　　　　　　　공사공원　곽문현
　　　　　　　　　　서기공원　김충화
　　　　　　　　　(홍주등6군상무사 소장)

商務社右社 合任房 序文及節目 (1926년 2월)

　　地方社會之合而分과 分而複合은 卽 時勢形便之依也라. 惟我任房之刱設이 已爲數百年之久ᄒᆞ고 域之劃付가 至爲五六郡之廣하야 商族焉互相愛護ᄒᆞ고 規模焉各自遵守러니 一自甲午更張 以後로 郡界가 變易ᄒᆞ고 業務가 墜墮ᄒᆞ야 流來風綱이 因以斁廢인바 尙無 依賴之望ᄒᆞ니 焉有保安之方가 每念及此에 甚切傷感이라.

　　頃自京城으로 光復商會ᄒᆞ고 波及地方ᄒᆞ야 稍稍施設이나 所謂 原定區域이 意爲彼此分裂ᄒᆞ야 物情이 未齊ᄒᆞ고 會議가 分岐ᄒᆞ야 以吾曾昔 同室之眷으로 視若今日地方之客ᄒᆞ야 紛競이 漸生에 和氣가 隨頹ᄒᆞ니 苟如是也ᆯ딘 復社設會之意가 安在며 共愛相護之意가 又安在哉아.

　　今五諸人이 慨前規之弛廢ᄒᆞ고 願後事之圓滿ᄒᆞ야 通議乎南北ᄒᆞ고 受諾乎老少ᄒᆞ야 使已分之區域으로 得心更合ᄒᆞ고 使已散之商旅로 依舊更聚ᄒᆞ야 舊例新規를 竝確組織ᄒᆞ고 履行諸件을 列書于左ᄒᆞ노니 凡我僉僚는 恪遵無違ᄒᆞ야 共贊傾居之更支ᄒᆞ며 聚圖欹器之復整을 千萬爲要爲要.[1]

　　　　　大正 拾五年　　　陰丙寅(1926) 二月 日

　　履行條件

一. 本社는 先生을 敬尊ᄒᆞ고 同務를 愛護ᄒᆞ야 病救死葬으로 목적홈
二. 本社를 今旣倂合ᄒᆞ니 區域은 元洪州六郡으로 定홈
三. 區域組織後에 一般商民의 愛護는 不須更論이여니와 無依同僚의 病救死葬은 各其當該處所로 擔着ᄒᆞ되 其費用은 計報時 使時任掌務員으로 從長措劃케 홈
四. 商民操束[2]은 責任頭領ᄒᆞ니 掌務員은 必以有風力公正人으로

---

1) 爲要(ᄒᆞ랴고 하랴고) : ~하려고 ← 이두문

從衆議 受圈點選任홈

五. 公事員은 已行掌務員中 從肩次3)選任ᄒ되 每年 依例文承홈
六. 領位는 必以 生存先生案首로 定望ᄒ야 使之行公ᄒ되 死後交承홈
七. 處所를 旣設ᄒ고 任員을 選置 則費用은 不可無者也니 各自 該處所로 鳩財4)殖利
八. 任中 畓土賣渡代金를 旣用於手續費ᄒ고 殘額이 今爲七拾五圓인 바 此物은 決不可消耗者也니 特令 任役으로 專管興利ᄒ야 以圖 後日代土홈
九. 紅桃源 所在 家屋與田土눈 揆其信實人ᄒ야 使之守護케ᄒ되 其田賭收入物은 每年 寒食에 撙節排用ᄒ며 其餘剩은 留置于 時任掌務 而取殖ᄒ야 以補 無依者 病葬之費홈
十. 商民中 恣悖黨勢ᄒ고 市上行悖者와 物貨勒買者를 到底嚴禁ᄒ되 若曉諭不悛者ᄂ 當交涉警官ᄒ야 隨所犯 懲礪케홈

洪城任所 李鳳壽	廣川任所 鄭道善	龍湖任所 趙昇浩
保寧任所 柳炳來	大川任所 韓炳秀	靑陽任所 全聖祚
合川任所 嚴益世	北河雲谷任所 陳春根	光時任所 卜箕斗

(國會圖書館 所藏)

---

2) 操束(조속) : 단단히 잡아서 단속함 ← 동아국어사전 1966쪽
3) 肩次(견차) : 어깨 차례 ← 새우리말큰사전(상) 174쪽>
4) 鳩財(구재) : 재물을 거두어 모음 ← 새우리말큰사전(상) 383쪽

Ⅲ. 章程類

商務會議所 規例 改正件 (勅令案　勅令 第十九號 1899년 5월)

第一條 商務會議所는 以商務社로 改稱ᄒ야 全商務을 統轄議定훌 事
第二條 商務本社는 皇城에 設置훌 事
第三條 本社에 幹務人員은 左와 如훌 事
　　　　社長 一員　勾管[1])社長 一員　副社長 一員　司務長[2]) 一員　副司務 三員
第四條 社長以下 諸員이 訂期ᄒ야 本社에 會集ᄒ야 商務의 慣熟[3]) ᄒ고 商業에 願赴ᄒᄂ 者를 社長니 認可ᄒ야 社員으로 定ᄒ되 隨 其材品ᄒ야 公事員 掌務員 明査員 財務員을 分任훌 事
第五條 社長以下와 諸社員이 各出分等股金ᄒ야 商務의 資本을 合을 事
第六條 本社에 會議事務權限은 左와 如훌 事
　- 商務의 旺盛ᄒᄂ 方法과 衰退흠을 救ᄒᄂ 方案을 議決훌 事
　- 商務에 利害得失에 關ᄒ 意見을 政府와 農商工部에 具申훌 事
　- 商業에 關ᄒ 事件을 政府와 農商工部 諮問에 答申훌 事
第七條 本社 會議時에 雖非社員이나 學術技藝 或 商業에 經驗이 有ᄒ 者는 特別會員으로 臨時議席에 請人ᄒ야 參列케 흠은 得 훌 事

---

1) ① 勾管(구관) : 맡아서 다스림. 有司 ← 새우리말큰사전(상) 363쪽
　② 有司(유사) : 어떠한 단체의 사무를 맡아보는 직무 ← 동아국어사전 1691쪽
2) 司務長(사무장) : 有司業務長　事務處長
3) 慣熟(관숙) : ① 손에 익음 ② 눈에 익음 ③ 가장 친밀함 ← 동아국어사전 231쪽

第八條 商民保護ᄒᆞᄂᆞᆫ 方은 左와 如ᄒᆞᆯ 事
  - 農商工部 印紙稅則外에 無名雜稅ᄂᆞᆫ 痛禁ᄒᆞᆯ 事
  - 商民中 靡室無依와 街路得病은 另設方略ᄒᆞ야 賙恤4)救療ᄒᆞᆯ 事
  - 商民中 羈旅5)死亡ᄒᆞᆫ 者ᄂᆞᆫ 另設條規ᄒᆞ야 以爲掩瘞ᄒᆞᆯ 事

第九條 商民은 成給憑標ᄒᆞ야 以防奸僞ᄒᆞᆯ 事

第十條 商務學校를 設立ᄒᆞ야 人民中 年少聰俊者를 抄擇ᄒᆞ야 商務를 學習케 ᄒᆞᆯ 事

第十一條 本社에 新聞을 設ᄒᆞ야 國內國外 物價輸贏을 詳探廣告ᄒᆞ야 以便貿遷케 ᄒᆞᆯ 事

第十二條 地方商民은 各道 觀察使로 分社長을 例兼ᄒᆞ고 牧使 府尹 郡守로 分司務長을 例兼ᄒᆞ야 該管內 商民을 管轄處理ᄒᆞᆯ 事

第十三條 商民의 私設都會와 藉衆行悖ᄂᆞᆫ 一切 痛禁ᄒᆞ야 以防弊源ᄒᆞᆯ 事

附 則

第十四條 商務社細則은 農工商部 大臣과 本社 社長이 商議安定ᄒᆞᆯ 事

第十五條 開國 五百四(1895)年 十一月 十日 法律 第十七號 商務會議所 規例ᄂᆞᆫ 廢止ᄒᆞᆯ 事

第十六條 本令은 頒布日로부터 施行ᄒᆞᆯ 事

光武三(1899)年 五月 十二日
御押6) 御璽7) 奉勅8) 議政府參政 申箕善

---

4) ① 賙恤(주휼) : 賙窮恤貧(주궁휼빈) ← 새우리말큰사전(하) 3069쪽
   ② 賙窮恤貧(주궁휼빈) : 몹시 가난한 사람을 구하여 도와 줌 ← 새우리말큰사전(하) 3050쪽
5) 羈旅(기려) : ① 객지에 머물러 있는 나그네 ② 나그네 ← 새우리말큰사전(상) 515쪽
6) 御押(어압) : ① 임금의 수결(手決)을 새긴 도장 ② 어함(御啣) ← 동아국어사전 1482쪽
7) 御璽(어새) : ① 임금의 도장 ② 옥새 ③ 국새 ④ 국보 ← 동아국어사전

二月 初六日
議政府參政 沈相薰 爲商務社社長. 農工商部大臣 閔丙奭 爲商務勾管社長. 參領 李基東 爲商務副社長. 農商工部 商工局長 吉永洙 爲商務都司務. 大興郡守 朴有鎭 司果 金光熙 爲商務副司務並 啓下.9)

二月二十日
輔國 趙秉式 爲商務社長. 農商工部 大臣 閔泳綺 爲商務勾管社長. 前郡守 李圭恒 爲商務副司務並 啓下.

三月 二十八日
議政府參政 申箕善 爲商務社長. 農商工部 大臣 閔泳綺 爲商務勾管社長. 法部協辦 李根澔 爲商務副社長. 參領 李漢英 爲商務司務長. 正三品 金光熙 前監牧官 趙永純 前郡守 李圭恒 爲商務副司務並 啓下.

四月 十五日
扈衛總管 李鍾健 爲商務勾管社長 啓下

四月 二十五日
農商工部 大臣 閔泳綺 爲商務勾管社長 啓下

1481쪽
8) ① 勅(칙) : 詔書(조서). 임금의 명령을 적은 문서 ← 東亞漢韓大辭典 249쪽
   ② 奉勅(봉칙) : 칙령을 받듦 ← 동아국어사전 942쪽
9) 啓下(계하) : 임금의 재가를 받음 ← 동아국어사전 164쪽

商務社 章程 序　(1899년 6월) … 負褓兩商

夫 商者四民之一也. 有朝有市有國之大典 而不可闕者也.

粤自甲午更張以後 商權盡輸於外京之主矣. 各廛 不廢而自廢 街路蕭條.[1] 鄉之負褓兩商 無依而無業 貨路壅塞. 思之及此 寧不慨歎.

況其效勞於國家 宜有奬勸而示意. 故 奉承聖旨 行將組織而奈之何. 黨派互分 圭角[2]漸生 甚至有違節制 而觸罪戾[3]者 此豈可曰 對揚之道耶.

顧其業 則均是我國之商民也. 究其誠 則同是向上之忠義也. 旣無他意 更何異同.

河不擇細 山不讓小 理之常也. 長袖善舞 多錢善買 古之語也. 擴開商路 勢不可分. 一乃心力 始克有終 繼自今主矣.

各廛 負褓兩商 合爲一社 謹遵勅令 章程演目 條例如左. 凡我商民 遵守勿貳 上以保護皇室 下以豐殖財源. 仰答聖恩 豈不幸哉.

　　　　　　　　　　　　　　　光武 三年 己亥(1899) 六月　　日

상무사 장정 서문 (1889년 6월) … 負褓兩商

---

1) 소조(蕭條) : ① 쓸쓸한 모양. 한적한 모양 ② 초목이 말라 시드는 모양 ← 東亞漢韓大辭典 1581쪽
2) 규각(圭角) ← 東亞漢韓大辭典 381쪽
　　① 옥(玉)의 뾰족한 모서리 ② 말과 행동이 모가 나서 남과 잘 어울리지 않는 일
3) 죄려(罪戾) : 죄와 허물. 죄를 저질러서 사리에 몹시 어그러지는 일 ← 동아국어사전 1994쪽

무릇 상민(商民)은 사민(四民 : 士農工商) 중의 하나이다. 조정(朝廷) 시장(市場) 국가의 대전(大典)에서 빼놓을 수 없는 것이다.

곰곰이 생각해 볼 때 갑오경장(甲午更張) 이후 상권(商權)이 모두 서울 밖의 주도(主導)로 넘어갔다. 각 전(廛)은 폐기시킨 것이 아니지만 저절로 폐기되어 가로(街路)가 한적하였다. 시골의 보부양상(負褓兩商)은 의탁(依託)할 곳도 없고 생업(生業)도 없으므로 물화의 통로가 옹색(壅塞)하게 되었다. 생각이 여기에 미치게 되면 어찌 개탄하지 않겠는가.

이에 국가에서 효과적인 노력(勞力)으로 마땅히 권장(勸獎)하려는 의지(意志)를 보이고 있다. 그러므로 임금의 뜻을 받들고 계승하여 수행할 장차의 조직을 어찌할 것인가. 당파는 서로 나누어져 있고 서로 어울리지 않는 모서리가 점점 생겨나며 심지어 절제(節制)를 위반하는 죄와 허물에 접촉(接觸)되는 것이 있으니 이 어찌 선양(宣揚)하는 방도(方道)가 될 수 있겠는가.

그들의 생업을 회고(回顧)해 보면 균일한 것은 우리나라의 상민(商民)일 뿐이고 그들의 정성을 궁구해 보면 임금을 향한 충의(忠義) 뿐이다. 이미 타인의 뜻이 없으니 어찌 이동(異同)을 고치겠는가.

하천(河川)은 세류(細流)를 가리지 않고 산(山)은 작은 것을 사양하지 않는다는 것이 이치의 상도(常道)이다. 소매가 길어야 춤이 잘 추어지고 돈이 많아야 장사(商賈)가 잘 된다는 옛 말이 있다. 상로(商路)를 넓게 여는 것은 세력(勢力)과 뗄 수 없다. 한결같은 마음의 힘으로 시작을 극복하면서 종결을 지우면 지금부터 주도(主導)를 계속할 것이다.

각 전(廛)과 부보양상(負褓兩商)을 하나의 회사로 통합하여 칙령(勅令)을 받들어 준수하고 장정(章程)을 펼쳐 이룩하는 조례가 다음과 같다. 무릇 위대(偉大 : 我)한 상민(商民)이 준수하는 것은 다른 두 가지가 아니다. 위로는 황실(皇室)을 보호하고 아래로는 재원(財源)을 풍요롭게 증식(增殖)시키는 것이다. 우러러 성은(聖恩)에 화답(和答)하면 어찌 행복하지 않으랴.

商務社 章程[1] (二十條 1899년 6월) … 左右兩商 (제19조)

第一條 各出 資本ᄒ야 設社開務ᄒ고 齊心合力ᄒ야 保護皇室홀 事
不出資本 則無以開張商務이오 不爲合力 則難以保護皇室이니 言雖二矣나 志則一焉이라. 各出資本ᄒ고 齊心合力ᄒ야 天下無事 則培養民生之財源ᄒ야 以就開進之路ᄒ고 天下有事 則資作軍國之餉需ᄒ야 以申忠義之誠이니 此是本社之宗旨也라. 另分爲 第六條 第七條홀 事

第二條 本社 社號ᄂ 以商務社爲稱ᄒ야 設置於皇城홀 事
城中主矣 各 廛과 署內 各 任房을 統合於商務社ᄒ고 取其中央ᄒ야 設置於中署 前平市署홀 事

第三條 社員의 分掌과 月俸은 如左홀 事

  社 長 一員 三十元 勾管社長 一員 三十元
  副社長 一員 二十元 司務長 一員 二十元
  分 社 長 十三員   分司務長 三百三十四員
  副司務 三員 每員 十五元 公 事 員 十三員 每員 十元
  掌務員 十三員 每員 十元 明査員 六十元
  財務員 七員 每員 十元 書記員 六員 每員 九元
  幹 事 二十人 每人 八元 雇 傭 三名 每名 六元

社長은 管領 社中諸務홀 事
勾管社長은 卽 舊日 有司堂上이니 總察 社中諸務홀 事
副社長은 周察庶務ᄒ고 協贊處辦ᄒ야 嚴立社規ᄒ고 懲彈不法 홀 事
司務長은 承 社長 勾管社長 指揮ᄒ야 商民과 財政과 任員 黜陟[2]을 專總홀 事

---

1) 章程(장정) : 조목으로 이루어진 규정 ← 동아국어사전 1853쪽
2) 黜陟(출척) : 못된 사람을 내쫓고 착한 사람을 씀 ← 동아국어사전 2181쪽

分社長은 專管 該道內 商務ᄒ야 轉報[3]京社ᄒᆯ 事
　　分司務長은 專管 該郡內 商務ᄒ야 轉報該社長ᄒᆯ 事
　　副司務ᄂᆞᆫ 承 司務長 指揮ᄒ야 處理 諸般事務ᄒᆯ 事
　　公事員은 承 副司務 指揮ᄒ야 出納公文ᄒ면 糾摘 商民善惡ᄒ고 査櫛[4] 財政隱漏ᄒᆯ 事
　　掌務員은 另擇 公正之人ᄒ야 廉察地方事務ᄒᆯ 事
　　明査員은 卽 贊成員이니 雖 無指摘 職務나 擇通鍊 有名譽人ᄒ야 評議商務ᄒ고 出資營業타가 隨闕轉任ᄒᆯ 事
　　財務員은 專管 社中財政이되 直承 司務長 指揮ᄒᆯ 事
　　書記員은 專任文簿ᄒᆯ 事
　　幹事ᄂᆞᆫ 社中 諸般事務를 奉令擧行ᄒᆯ 事
　　雇傭은 社中事役에 擧行使喚ᄒᆯ 事
第四條 受理處辦[5]ᄒᆞᄂᆞᆫ 挨次[6]規模ᄂᆞᆫ 如左ᄒᆯ 事
　　各 從分掌ᄒ야 無或越權이되 牌訴接受와 公文繕修를 公事員이 提出ᄒ고 副司務가 隨卽起案이어든 司務長이 先爲捺章ᄒ고 副社長 勾管社長 社長이 以次 捺章然後에 成貼[7]ᄒ고 若其微細 循例事件은 司務長 勾管社長이 專行ᄒᆯ 事
第五條 外地方 商民은 該觀察 該郡守가 分掌管轄ᄒᆯ 事
　　各道 觀察使ᄂᆞᆫ 兼帶 該道 分社長ᄒ고 地方官은 例兼 該郡 分司務長ᄒ엿ᄉᆞᆫ즉 商民之於平民에 有何異同乎아. 凡 於詞訟 等 項에 視同一體ᄒ고 無碍聽斷ᄒᆯ 事
　　閭巷에 村落에 悖衆行悖ᄂᆞᆫ 一竝 嚴禁이되 後錄諸條에 如有犯科者면 自郡捉囚ᄒ고 依律嚴繩ᄒ야 以防民弊ᄒᆯ 事

---

3) 轉報(전보) : 인편에 부탁하여 알림 ← 동아국어사전 1892쪽
4) 査櫛(사즐) : 샅샅이 조사함 ← 새우리말큰사전(상) 1687쪽
5) 處辦(처판) : 사무를 분간하여 처리함 ← 새우리말큰사전(하) 3226쪽
6) 挨次(애차) : 차례 ← 새우리말큰사전(하) 2241쪽
7) 成貼(성첩) : 문서에 관인을 찍음 ← 동아국어사전 1222쪽

後錄
　傲慢官令事
　詁尋長老蔑分行悖事
　勒捧私債事
　勒葬當禁之地事
　勒拙入塚事
　酗酒毆打事
　勒奪寡婦事
第六條 效忠奮義ᄒ야 以衛 國家를 事
　忠孝는 乃是人道之綱紀8)라. 況我商民之前後效勞9)가 與他有異者乎아. 凡 國家有事에 不避危險ᄒ고 爭先赴難이 非止一再라. 如是 組織之後에 勿計 外禍內亂ᄒ고 雖 赴湯蹈火라도 必不讓於他人이니 或有漫濾者면 亟施重罰ᄒ야 懲一勵百ᄒ올 事
第七條 各 出股金ᄒ야 成立 富强之策을 事
　商有資本 然後에 可以營業이니 貿賤賣貴ᄒ고 流通有無가 乃固邦本潤 民産之策也라. 任員 及 外地人民이 出資合力ᄒ야 以旺商業을 事
第八條 設立學校ᄒ야 講明10)商務를 事
　我國商務之迄末 擴張이 亶由商學之不明故也라. 商員 年少俊秀者와 平民中 才藝聰敏人을 抄擇設校ᄒ야 管轄於農商工部ᄒ야 格致物理之蘊과 各國 便利之規를 徒事究解ᄒ야 以圖通商長進之效를 事
第九條 商民帖章을 憑標로 成給ᄒ야 以爲防奸을 事
　商民憑標는 係是通行之規라. 不可無防奸之擧니 自本社로 另成

---

8) 綱紀(강기) : 紀綱(기강)
9) 效勞(효로) : 힘들인 보람 ← 동아국어사전 2476쪽
10) 講明(강명) : 강구(講究)하여 밝힘 ← 동아국어사전 69쪽

憑票ᄒ야 以爲頒給이되 其費ᄂᆞᆫ 每張에 定以葉錢壹兩ᄒ야 無論京
鄕ᄒ고 每壹兩內에 五錢은 許爲該社費用ᄒ고 五錢은 輸納本社ᄒ
야 以爲經費ᄒ며 憑票ᄂᆞᆫ 每年初春에 收舊換新ᄒ야 考其增減ᄒ야
以爲防奸ᄒᆞᆯ 事. 長分如是之後에 或有假托商民 而作弊者면 摘發
鋤治이되 如或因循抛置11) 則分社 司務長이 赤不可無警ᄒᆞᆯ 事
第十條 詰奸戢盜ᄒ야 便商路ᄅᆞᆯ 事
　　近來 賊黨이 晝則 伴作商民 而偃處店幕ᄒ고 夜則 嘯聚綠林 而
剪逞剽奪12)ᄒ야 行路阻絕ᄒ고 物貨壅塞ᄒ니 此實商路에 大關
係也라. 商票頒給之時에 考其居住ᄒ고 懸其保人ᄒ야 務圖綜詳
ᄒ며 場市與店幕에 如有殊常販賣之人이어든 考其標帖ᄒ고 探
其居住ᄒ야 奸狀現露者ᄂᆞᆫ 押送本郡ᄒ야 以法懲辦ᄒᆞᆯ 事
第十一條 商務便利之器械ᄅᆞᆯ 或製或貿ᄒ야 擴張利用ᄒᆞᆯ 事
　　有數者ᄂᆞᆫ 天浩也요 無限者ᄂᆞᆫ 人巧也라. 以我國有數之物로 交
換各國無限之巧ᄒ니 坐受其弊에 漸至貧困은 理所必至니 器械
之可以 便民興貨者ᄂᆞᆫ 或貿取于他國ᄒ고 或運智而造成ᄒ야 漸
進其巧ᄒ야 以便通貨이되 無論某物ᄒ고 別樣新造者ᄂᆞᆫ 自農商
工部로 定限特許專賣ᄒ야 以爲勸獎ᄒᆞᆯ 事
第十二條 隨其資本ᄒ야 分設會社ᄒᆞᆯ 事
　　人有恒産이면 必有恒心이오. 苟有恒心이면 酒色雜技가 不禁自
禁矣라. 隨其資本之豊裕ᄒ야 分設各社ᄒ야 先自造紙織造로 以
至汽船汽車에 次第設行ᄒ야 專力興販ᄒ야 擴張商業ᄒᆞᆯ 事
第十三條 商民之眚災橫罹13)ᄅᆞᆯ 公決伸理14)ᄒ야 無至寃濫ᄒᆞᆯ 事

---

11) 抛置(포치) : 내버려 둠 ← 동아국어사전 2319쪽
12) 剪逞剽奪(전경표탈) : 곧은 것을 베어서 끊고 빼앗다
13) ① 眚災(생재) : 과실로 인한 해악 ← 東亞漢韓大辭典 1222쪽
　　② 橫罹(횡리) : 뜻밖의 재앙에 걸림 ← 동아국어사전 2474쪽
14) 伸理(신리) : ① 이치를 폄 ② 조리를 신전(伸殿)함 ③ 이유를 설명함 ←
　　東亞漢韓大辭典 110쪽

商民中 或有暗買賊物타가 眞臟이 露出ᄒ면 本物屬公[15]과 該商嚴
懲은 在所難免이되 近來人心이 不吉ᄒ야 各邑 吏校輩가 稱賊招ᄒ
고 非理橫侵이 往往有之ᄒ니 此等境遇에는 各該郡守가 旣兼分司務
長ᄒ니 明社處辦ᄒ야 務徒公平ᄒ야 無使商民으로 偏被隱害ᄒ 事
第十四條 發行商務新聞ᄒ야 京鄕各處 物産時値을 詳探廣告ᄒ 事
貿賤賣貴[16]와 東換西取ᄂ 商務之大關鍵也라. 本國 各地方之
何物貴賤과 外各國之某貨商歇를 若不通知면 無以興販[17]이니
每日 電探[18]各處ᄒ야 商務新聞中에 間五日 昭詳載錄ᄒ야 使未
達商路者로 以爲趨利[19]避害ᄒ 事
第十五條 任帖憑票에 如有循私賂之弊면 查覈[20]懲罰ᄒ 事
本社任名과 商民憑票에 如或行路圖囑[21]之擧 則大違商規니 勿
計多少ᄒ고 與受者를 俱刊商籍ᄒ고 移送裁判所ᄒ야 照法嚴懲
이되 如或因循[22]이면 該公事員를 亦施次罰ᄒ 事
第十六條 商民之愛敬相助를 申明[23]舊規ᄒ 事
哀慶相助ᄂ 由來之規라. 商民中에 靡室無依와 街路得病은 自

---

15) 屬公(속공) : 임자가 없는 물건 금제품 장물 따위를 관부(官府)로 떼어 붙
임 ← 동아국어사전 1255쪽
16) 貿賤賣貴(무천매귀) : 싼 값으로 사서 비싼 값으로 팖 ← 새우리말큰사전
(상) 1232쪽>
17) 興販(흥판) : 많은 물건을 흥정하여 판매하는 일 ← 새우리말큰사전(하)
3840쪽
18) 電探(전탐) : 전파탐지기 ← 새우리말큰사전(하) 2923쪽
19) 趨利(추리) : ① 다투어 이익을 꾀함 ② 다투어 가면서 이익을 취하려는 것
← 새우리말큰사전(하) 3294쪽
20) 查覈(사핵 查核) : 사실을 조사하여 밝혀냄 ← 동아국어사전 1074쪽
21) ① 圖囑(도촉) : 청촉(請囑)을 바람 ← 동아국어사전 550쪽
② 請囑(청촉) : 무슨 일을 되게 하여 주기를 남에게 부탁함. 간촉(懇囑)
청탁(請託) ←동아국어사전 2145쪽
22) 因循(인순) : ① 낡은 인습을 고치지 못함 ② 내키지 아니하여 머뭇거림
← 동아국어사전 1765쪽
23) 申明(신명) : 거듭 밝혀 사리를 분명히 함 ← 동아국어사전 1358쪽

本社 外地方分社로 到底[24]救恤 寄旅死亡은 其喪葬等節을 亦
拔例助辦홀 事

第十七條 國民之私設都會는 嚴截禁斷홀 事

私自都會는 卽係 國禁이라. 況于昨秋以來 勅令朝令이 不啻申
複[25] 則宜其懍遵[26]이니 如有此弊면 非但犯科者之施以重律이
라. 該頭領도 難免重勘이니 別般團束ᄒᆞ야 毋至後悔홀 事

第十八條 各項 雜稅는 一切 通禁홀 事

無名雜稅之革罷事로 勅命屢下ᄒᆞ사 朝家之所 通禁也라. 農商工
部 印紙行用에는 雖分錢이라도 如有收捧者이어든 該郡 分司務
長이 具由卽報于該道分社長ᄒᆞ야 以爲通禁이고 如干不遵이면
卽報京社ᄒᆞ야 別般懲辦事

第十九條 地方組織

- 各 地方에 支社를 設置ᄒᆞ야 京鄕商民으로 一體商務를 興旺케
홀 事
- 支社를 各郡 大路邊에 連結設置ᄒᆞ야 郵傳의 便宜와 賊黨의 妨
害를 爲홀 事
- 支社에 任員을 寘ᄒᆞ되 公事員一員 掌務一員은 隨商民之公薦
圈點ᄒᆞ야 自本社로 差出이고 財務一員 書記一員 幹事三人은
自該支社로 擇差홀 事
- 支社 各 任員 職務는 京本社 任員 責任의 隨其名目ᄒᆞ야 依倣
홀 事
- 憑標價中 十分五는 隨其所捧ᄒᆞ야 精計決算ᄒᆞ야 輸納于本社이
되 近則一朔內 畢納ᄒᆞ고 遠則二朔內 畢納 而如或過限ᄒᆞ며 中
間의 若有愆滯[27] 及 消融[28]之弊면 隨所現重勘矣리니 惕念[29]

---

24) 到底(도저) : 끝끝내 철저히 ← 동아국어사전 549쪽
25) 申複(신복) : 같은 사실을 거듭 자세히 말함 ← 동아국어사전 1359쪽
26) 懍遵(늠준) : 공경하여 받들어 좇음 ← 새우리말큰사전(상) 736쪽
27) 愆滯(건체) : 연체(延滯)

擧行ᄒᆞ야 毋至犯科ᄒᆞᆯ 事 (三百里內外 遠近爲限)
- 憑標之足不足을 標價輸納時의 商民姓名을 修成冊 同爲報告ᄒᆞ야 一則 憑考ᄒᆞ고 一則 回便輸送케 ᄒᆞᆯ 事
- 毋論 行商坐賈ᄒᆞ고 如無憑標 而買賣者어든 依賊贓例 施行ᄒᆞᆯ 事
- 憑標段ᄂᆞᆫ 毋論某商ᄒᆞ고 隨其現存ᄒᆞ야 自該支社로 頒給이고 與他社로 互無爭詰 ᄒᆞᆯ 事
- 支社章程與圖章은 自本社로 刊刻頒給矣리니 所費錢葉 伍拾兩은 卽納于本社ᄒᆞᆯ 事
- 各 支社에ᄂᆞᆫ 章程一卷 公事員 掌務員 圖章二顆를 分給ᄒᆞ야 一遵 章程規例ᄒᆞ고 毋敢違越ᄒᆞᆯ 事
- 支社商民中 若有犯科之弊면 當該府郡支社에셔도 隨現懲治ᄒᆞ려니와 本社에셔도 如或入聞 則捉上嚴治ᄒᆞ야 斷下容貸矣리니 惕念毋違ᄒᆞᆯ 事
- 左右兩商이 名雖分別이나 互相勸勉ᄒᆞ야 無弊資業이되 物貨則通 同興販30)ᄒᆞ야 毋或携貳ᄒᆞᆯ 事

第二十條 未盡條件은 追後 磨鍊ᄒᆞᆯ 事

　　　　　　光武三年 己亥(1899) 六月　　日　　商務社 新刊
　　　　　　　　　　社長 議政府參政 申箕善　印

---

28) 消融(소융) : 재물을 다 씀 ← 동아국어사전 1249쪽
29) 惕念(척념) : 경계하며 두려워하는 마음 ← 우리말큰사전(하) 3226쪽
30) ① 興販(흥판) : 많은 물건들을 흥정하여 판매하는 일 ← 새우리말큰사전 (하) 3840쪽
　② 흥정 ← 새우리말큰사전(하) 3839쪽
　　- 물건을 사거나 파는 일. 賣買
　　- 물건을 파는 이와 사는 이의 사이에 들어서 매매가 이루어지도록 주선하는 일. 興成
　　- 어떤 문제를 조금이라도 자기에게 보다 이롭게 하기 위하여 상대방에게 수작을 거는 일

商務社 章程 附則 序 (1901년 9월)

夫 商者 四民之一 而其所衛國忠上 貿遷通貨 自是由來之秉心[1]
也. 粤自更張以後 交易外邦 商權漸弛 萬商無依矣.

特蒙 大皇帝陛下 仁厚之德 優恤之典 復設商務 京以本社 鄕以
支社 次第組織. 爲其商民者 孰不浴恩飽德 期報萬一之盛意 而奈
之何.

無賴之輩 互分黨派 挾雜之徒 徇私廢公于今 三載. 組織之節 尙
未就緖 其在對揚之道[2] 寧[3]不悚凜[4]也哉.

此而不另加措劃 其末流之弊 何以拯救乎. 如天之聖恩 將何以
報. 報答今承勅命 社員更置 凡務維新 廣採衆議 傍求嘉猷 以杜弊
救恤之意. 別定規例.

惟我衆商依此 恪遵益勉忠義. 上以保護皇室 下以興旺商務 仰答
聖恩. 豈不美哉.

---

1) 秉心(병심) : 정직한 마음을 간직함 ← 東亞漢韓大辭典 1281쪽
2) 對揚(대양) ← 새우리말큰사전(상) 831쪽
   ① 임금의 명령에 답하여 그 뜻을 천하에 알림 ② 대등(對等)함 ③ 필적(匹敵)함
3) 寧(녕) : 어찌 정녕
4) 悚懍(송름) : 몹시 두려워 주뼛주뼛함 ← 새우리말큰사전(상) 1954쪽

상무사 장정 부칙 서문 (1901년 9월)

　무릇 상민은 사민(四民 : 士農工商) 가운데 하나로서 국가를 보위하고 임금에 충성하며 무역으로 화물을 유통시키는 것은 정직한 마음을 간직하는 데에서 유래된 것이다. 곰곰이 생각하건대 갑오경장(甲午更張5) 1894) 이후 외국과의 교역에서 상권(商權)이 점점 느슨해지고 모든 상인이 의지할 곳이 없다.

　특별히 위대한 황제 폐하의 어질고 두터운 은덕과 가엾은 구휼의 은전을 입어 상무(商務)를 회복 설정하고 서울에는 본사(本社)를 두고 시골에는 지사(支社)를 둠으로써 차례대로 조직하였다. 상민이 된 사람은 흡족한 은덕과 입지 않은 사람이 없으므로 기필코 만분의 일이라도 성의껏 보답할 것이다. 무뢰배들이 서로 나누어 파당을 짓고 협잡무리들이 사욕(私慾)에 치우쳐 공도(公道)를 버린 지 지금까지 3년이 되었다. 조직의 절차가 아직도 실마리를 잡지 못하였으니 임금의 명령을 받들어 천하에 알리는 일이 어찌 송구스럽지 아니한가.

---

5) ① 甲午更張(갑오경장)
　　- 1894(고종 31 갑오)년 일본의 간섭 아래 정부에서 그 때까지의 옛날식 정치제도를 버리고 서양의 법식을 본받아 새 국가체제를 확립하려던 정책 208건을 의결한 것을 이름
　　- 개화파의 김홍집(金弘集) 등이 민씨 일파의 사대세력을 물리치고 대원군을 불러들여 어전회의를 열고 신정(新政)의 유서(諭書)를 발포하였음
　　- 곧 사민(四民)은 법률상 평등하고 평민도 관리에 등용될 수 있으며 노비(奴婢)의 전적(典籍)을 폐지하고 인신매매를 금지하는 것 등을 뚜렷이 내걸었음
　② 갑오신정부(甲午新政府) ← 새우리말큰사전(상) 81쪽
　　- 갑오경장 직후에 조직된 최초의 근대적 내각정부
　　- 김홍집 중심의 제2차 김홍집 내각을 말함
　　- 총리대신 김홍집, 궁내부대신 이재면(李載冕), 외부대신 김윤식(金允植), 내부대신 박영효(朴泳孝), 탁지부대신 어윤중(魚允中), 군부대신 조희연(趙義淵), 법부대신 서광범(徐光範), 학부대신 박정양(朴定陽), 농상부대신 엄세영(嚴世永), 공부대신 신기선(申箕善) 등이 등용됨

더욱이 말류(末流 : 末端)의 폐단을 특별히 조처하고 획정하는 일이 없으니 어찌 상인들을 건져낼 수 있을까. 하늘과 같은 임금님의 은덕을 장차 어떻게 보답할 것인가. 지금 칙령에 보답하여 사원(社員)을 다시 두고 모든 업무를 새롭게 하며 널리 중의(衆議)를 채택하여 아름다운 도모(圖謀)를 가까운 곳에서 찾아내고 작폐를 두절함으로서 구휼의 뜻을 별도의 규례(規例)로 정한다.
　더없이 위대한 중상(衆商 : 商人大衆)은 이에 의거하여 각별히 근면하고 충의(忠義)를 준수한다. 위로는 황실을 보호하고 아래로는 상무(商務)를 흥성 왕성시키어 임금님의 은혜에 보답한다. 어찌 아니 아름다우랴.

商務社 章程 附則 規例 (1901년 9월)

- 效忠奮義¹⁾는 乃人道之綱紀라. 況我商民之秉心²⁾ 以伸忠義로 爲宗旨³⁾者乎아. 凡 國家有事에 不避危險ᄒ고 爭先赴難⁴⁾이 是我職分이니 如是組織之後에 勿計內禍外亂ᄒ고 雖赴湯蹈火⁵⁾라도 莫後於人ᄒ야 仰答隆恩⁶⁾홀 事.
- 草木昆蟲이 聖上 雨露中 化育이온 而況商民도 亦是 大皇帝陛下 赤子也라. 平民與商民之間 有何異同乎아. 各道 觀察使 郡守가 旣兼分任 則宜乎. 視之一體 而或有偏愛偏憎之政ᄒ야 聽訟之際에 每多枉理ᄒ야 商情이 嗷嗷⁷⁾云ᄒ니 聞甚慨嘆이라. 從玆以往으로 另加顧護ᄒ야 使一視之民으로 毋至向隅케 홀 事.
- 道頭領 及 明査長 等任은 一竝革祛⁸⁾홀 事
- 商票頒給이 盖因本社 經用之意 而一自商票行用 以後로 弊一

---

1) ① 效忠(효충) : 충성을 다함 ← 동아국어사전 2476쪽
   ② 奮義(분의) : 의기(義氣)를 떨침
2) 秉心(병심) : ① 정직한 마음을 간직함 ② 다잡은 마음 ← 東亞漢韓大辭典 1281쪽
3) 宗旨(종지) ← 동아국어사전 1988쪽
   ① 종문(宗門)의 취지(趣旨)나 교의(敎義) ② 근본이 되는 뜻 ③ 중요한 뜻
4) 爭先赴難(쟁선부난) : 서로 앞다투어 어려움에 뛰어 든다 ← 새우리말큰사전(하) 2869쪽
5) 赴湯蹈火(부탕도화) ← 새우리말큰사전(상) 1540쪽
   ① 끓는 물이나 뜨거운 불도 헤아리지 않고 뛰어든다
   ② 목숨을 걸고 하는 아주 어렵고 힘든 고역이나 수난을 이르는 말
6) 隆恩(융은) : 임금이나 윗사람의 높고 큰 은혜 ← 새우리말큰사전(하) 2620쪽
7) 嗷嗷(오오) : ① 여럿이 떠들썩하다 ② 여럿이 근심하는 소리로 시끄럽다 ← 東亞漢韓大辭典 354쪽
8) 革祛(혁거) : 새롭게 고치어 낡은 것을 없애 버림 ← 새우리말큰사전(하) 3706쪽

瘼⁹⁾ 層生ᄒ야 反貽害於商ᄒ니 商票段은 以爲革袪홀 事
- 私設都會은 章程所禁이니 商民中 如有冤抑未伸者은 來訴本社ᄒ야 以爲伸雪¹⁰⁾ᄒ되 若有故犯¹¹⁾者여든 照律懲治홀 事
- 私設都會가 盖由於商民之含怨未伸 而然者라. 或有被殺 而不能報讎¹²⁾ᄒ며 或有至冤 而未得公決ᄒ야 以致衆情¹³⁾之憤菀¹⁴⁾ᄒ야 遂至於都會之境ᄋ니 雖曰犯罪나 顧基情 則反爲矜恤¹⁵⁾이라. 商民之有冤 來訴者 則詳査公決ᄒ야 毋使呼冤케 ᄒ며 事係道郡與京司者ᄂ 雖訓令照會라도 期於歸正伸冤케 ᄒ야 必使子子之商民으로 無冤安業케 홀 事
- 京支社分設이 其數不少에 弊竇¹⁶⁾滋蔓¹⁷⁾ᄒ니 隨其便宜ᄒ야 以爲合付홀 事
- 鄕各支社 區域은 各 以郡界爲定ᄒ니 勿相越侵홀 事
- 右支社¹⁸⁾段은 依前施行ᄒ야 更勿增減홀 事
- 左支社를 一郡之內에 分設이 或至三四ᄒ니 以不瞻之營業과 數

---

9) 弊瘼(폐막) : 고치기 어렵게 된 폐단 ← 새우리말큰사전(하) 3542쪽
10) 伸雪(신설) ← 새우리말큰사전(상) 2096쪽
   ① 원통한 것을 풀어 버림   ② 伸冤雪恥(신원설치)
   ③ 원통함을 풀어 버리고 부끄러운 일을 씻어 버리는 일   ④ 雪憤伸冤(설분신원)
11) 故犯(고범) : ① 고의로 범한 죄 ② 일부러 범한 죄 ③ 짐짓 죄를 범함 ← 새우리말큰사전(상) 242쪽
12) 報讎(보수) : 앙갚음 ← 새우리말큰사전(상) 1476쪽
13) 衆情(중정) : ① 여러 사람의 감정 ② 대중의 의견 ← 새우리말큰사전(하) 3095쪽
14) 憤菀(분원) : 울분이 꽉 차다
15) ① 矜恤(긍휼) : 矜憐(긍련) 矜愍(긍민) ← 새우리말큰사전(상) 505쪽
    ② 矜憐(긍련) : 불쌍하고 가엾음
16) 弊竇(폐두) : 폐단과 손해가 있는 곳 ← 東亞漢韓大辭典 597쪽
17) 滋蔓(자만) : 점점 늘어서 퍼짐 ← 새우리말큰사전(하) 2783쪽
18) ① 右支社 : 褓商團
    ② 左支社 : 負商團

小之商民으로 多設支社가 不啻無益於商路라 反貽害於商況ᄒᆞ니 從今以後로 大邑에 二支社요 小邑에 一支社式 郡郡設立 則相距 里程이 或百餘里 或七八十里ᄒᆞ야 星布棋列[19]於八域 則令飭之 鱗次飛傳이 勝於置郵 而傳令이요. 頭領之團束商氏이 不煩不擾 ᄒᆞ야 便宜甚適ᄒᆞ니 以此遵行홀 事

- 外鄕에 若有檢查之事여든 自本社로 別定任名ᄒᆞ야 下送檢查後 卽爲解任手帖홀 事
- 檢查人員을 派送時에 該員盤纏[20]은 自本社로 備給矣니 各 支社 에 雖一器飯 一盃酒라도 切勿擧論이되 若有不遵令飭者여든 與 受者를 幷爲論罰홀 事
- 無名雜稅은 自朝家로 旣爲革罷者야니 雜稅名色은 永勿侵漁於商 民홀 事
- 外鄕支社公掌[21] 改遞는 依舊例ᄒᆞ야 限一年 遞差[22]ᄒᆞ되 該支社 衆商이 薦望報來ᄒᆞ며 亦有原商等 保證然後에 自本社 成給差 帖[23]ᄒᆞ야 以爲擧行케 홀 事
- 鄕支社公掌은 以原商差出ᄒᆞ고 官吏輩은 永勿施行홀 事
- 浮浪挾雜之類가 假托商民ᄒᆞ고 出沒京鄕ᄒᆞ야 作弊多端ᄒᆞ니 此不 可不 一查釐正[24]이라 幷收商民姓名 成冊 於京鄕 各 支社ᄒᆞ야

---

19) 星布棋列 : 별처럼 흩어져 있고 바둑처럼 늘어져 있음 ← 새우리말큰사전 (상) 1883쪽
20) ① 盤纏(반전) : 노자(路資) ← 새우리말큰사전(상) 1342쪽
　　② 路資(노자) ← 새우리말큰사전(상) 696쪽
　　　- 여행하는데 드는 돈 - 짐을 떠나서 어디로 다니는 동안 먹고 자는 데에 드는 돈
　　　- 路費 路需 路錢 盤費 行費 行資 往來 길비용 노자돈
21) 公掌(공장) : 公式掌務員　接長
22) 遞差(체차) ← 새우리말큰사전(하) 3268쪽
　- 관리의 임기가 차거나 또는 부적당할 때 다른 사람으로 갈아서 임명함
23) 差帖(차첩) : ① 차접 ② 하급관리 임명의 사령서(辭令書) ← 새우리말큰사 전(하) 3197쪽

以防奸僞홀 事
- 商民中 悖衆行悖ᄒ야 若犯七禁(一傲慢官令事 二誂尋長老蔑分行悖事 三勒捧私債事 四勒葬當禁之地事 五勒拙入塚事 六酗酒毆打事 七勒奪寡婦事)者면 各別 嚴治ᄒ야 以懲習[25]홀 事
- 外鄕商民 如有呼寃之事여든 先訴于本支社 頭領ᄒ며 次呈于分司務長ᄒ야 以待公決이되 如或未伸이여든 往呈于分社長 然後에 來訴本社이되 若有越訴[26]之弊 則切勿聽訟홀 事
- 商民이 或有寃抑[27]ᄒ야 呼訴于該支社여든 該公掌이 從公決處後 捧章ᄒ야 以爲憑準이되 若有循私[28]誤決ᄒ야 來訴本社 則査判後 誤決之公掌은 別般懲治홀 事
- 毋論某商ᄒ고 若有商況輸贏者여든 來訴本社ᄒ야 從理歸正ᄒ야 以擴商路홀 事
- 平民이 願入商籍者여든 公掌務가 受保證許入ᄒ고 來報本社이되 若有生弊면 保證之人을 同爲勘罪홀 事
- 本社 大小公事 決定之規은 依府部院例ᄒ야 自下達 上捧章後 施行홀 事
- 本社任員 仕進時限은 依各部例홀 事
- 或有緊急事件ᄒ야 奉勅發訓 及 或因商民事端 訓飭이거든 分社

---

24) 釐正(이정 理正)
　　- 다스려 바로잡음. 개정함. 개혁함 ← 東亞漢韓大辭典 1906쪽
　　- (문서나 글을) 다시 정리하여 바로잡아 고침 ← 새우리말큰사전(하) 2694쪽
25) 懲習(징습) : 못된 버릇을 징계함 ← 새우리말큰사전(하) 3175쪽
26) 越訴(월소) : 송사(訟事)를 하급관청에 묻지 않고 직접 상급관청에 제소함 ← 새우리말큰사전(하) 2558쪽
27) 寃抑(원억) : 寃屈(원굴) 寃枉(원왕). ← 새우리말큰사전(하) 2547쪽
　　- 원통하게 누명을 써서 마음이 맺히고 억울함 ← 새우리말큰사전(하) 2541쪽
28) 循私(순사) : 사사로운 일 때문에 공도(公道)를 돌보지 않음 ← 새우리말큰사전(상) 2013쪽

長 分司務長이 到卽實施ᄒ되 若有僨誤29)之弊 則不善擧行之首
　　書記는 上社嚴懲ᄒ고 分社長 分司務長도 亦不無警ᄒ 事
- 本社任員 有闕時에는 受公薦塡任ᄒ 事
- 未盡條件은 追後磨鍊ᄒ 事
- 本令은 頒布日로 始ᄒ야 施行ᄒ 事

　　光武五(1901)年 九月　　日
　　　御押30) 御璽31) 奉勅32)　商務社長 議政府贊政 警部大臣署理 警部協辦 李根澤　(印)

---

29) 僨誤(분오) : 일을 잘못하여 그릇됨 ← 새우리말큰사전(상) 1555쪽
30) 御押(어압) : ① 임금의 수결(手決)을 새긴 도장 ② 어함(御啣)
　　← 새우리말큰사전(하) 2290쪽
31) 御璽(어새) : 옥새(玉璽)를 높여 이르는 말 ← 새우리말큰사전(하) 2288쪽
32) 奉勅(봉칙) : 칙령(勅令)을 받음 ← 새우리말큰사전(상) 1512쪽

東亞開進敎育會 商業課 章程 序 (1905년 10월) … 負袱兩商

　夫 商者 四民之一也. 有朝有市有國之大典 以不可闕者也. 粤自 甲乙更張以後 商權盡輸於外京之主矣.
　各廛不廢 街路蕭條 鄕之負袱兩商 無而糊業 貨路壅塞. 思之及此 奚不慨歎. 況[1]其效勞[2]於國家 宜有獎勸 而示意. 故 奉承聖上旨 行組織 而奈之何[3]黨派 互分圭角[4] 漸生. 甚至逋節制 而觸罪戾[5]者 此豈可曰 對揚之道耶. 顧其業 則均是. 我國之商民也 究其誠 則同是.
　向上之忠義也 尤無它意[6]更何異同. 河不擇細 山不讓小 理之常也. 長袖善舞[7]多錢善賈[8] 古之語也. 擴開商路 勢不分 一乃心力 治克存終繼. 自今 各廛 負袱兩商 合爲一 會謹遵.
　勅令章程 演成條例 如左. 凡 我商民遵守勿貳 上以保護皇室 下以豊殖財源 仰畣聖恩. 豈不幸哉.

　　　　　　　　　　　　　　光武九(1905)年　十月　　日

---

1) 況(황) : 況의 俗字　① 이에황(玆也) ② 찾아올황(臨訪) ③ 비유할황 ④ 하물며황
2) 效勞(효로) : 공로(功勞) ← 새우리말큰사전(하) 3807쪽
3) 奈之何(내지하) : 어찌하여　어떻게
4) 圭角(규각) ← 새우리말큰사전(상) 452쪽
　① 물건이 서로 들어맞지 않는 모양
　② 말이나 행동이나 뜻이 남과 서로 맞지 않고 두드러지게 드러나는 모양
5) 罪戾(죄려) : 죄를 저질러 몹시 어그러지는 일 ← 새우리말큰사전(하) 3046쪽
6) ① 尤(유) : 猶(같은 유)
　② 無它(무타) : 나무아미타불
7) 長袖善舞(장수선무) : 소매가 길면 춤을 잘 춘다 (韓非子 五蠹篇) ← 새우리말큰사전(하) 2843쪽
8) 多錢善賈(다전선고) : 돈이 많으면 장사를 잘 한다 (韓非子 五蠹篇) ← 새우리말큰사전(하) 2843쪽

商業課規例 (十九款) : 생략

商業課章程附則 規例 : 생략

名譽監督	前親任官 大藏大臣 子爵	渡邊國武
韓國會長	正一品 輔國勳一等 前議政府 參政大臣	趙秉式
日本會長	前廣島縣知事 勅任一等 現貴族院 勅撰議官	德久恒範
清國會長		
顧問長	正二品 陸軍參將 憲兵司令官	嚴俊源
副會長	從二品 宮內府 協辦	朴鏞昶
韓國贊成員	從一品 陸軍副將 勳一等 前議政府 參政大臣	沈相薰
日本贊成員	陸軍大將 男爵	長谷川好道
清國贊成員		
日本評議長	前高等師範學校長 正五位 勳四等 貴族院 議員	伊澤修二
日本 副長	皇典講究所 學階一等 司行 前主典	片淵琢
清國評議長		
清國 副長		
摠務	九品 前參奉	尹敦求
事務長	正三品 前鐵道院 監督	李圭恒
副司務	正三品 前議官	金光植
	從三品 前警務廳 監督	魏洪奭
	六品 前技師	金敎珏
慶尙南道 支會長	前主事	李贊鎬

동아개진교육회 상업과 장정 서문 (1905년 10월) … 負褓兩商

무릇 상업은 사민(四民 : 士農工商) 중의 하나이다. 조정 시장 나라에는 위대한 법전이 있는데 하나라도 없어서는 안 된다. 이에 갑을경장 이후부터 상권(商權)이 외경(外京)의 주체로서 진력을 다하였다.

각 전방(廛房)9)은 폐지되지 않았으나 가로(街路)는 호젓하고 쓸쓸하며 시골의 부보상들만이 할 일없이 무성하나 화물의 통로가 옹색하다. 생각이 여기에 이르니 오히려 개탄할 것도 없다. 이에 국가에 대한 공로를 더듬어보면 마땅히 권장해야 할 의지가 보인다. 옛날에는 임금님의 뜻을 받들어 조직을 수행하였는데 어찌하여 파당(派黨)을 짓고 서로 갈라져서 어긋나는 일이 점점 더 생겨난단 말인가. 심지어 절제(節制)를 벗어나서 죄를 저지르게 되는 것을 어찌 드날리는 도리에 대하여 올바르다고 할 수 있겠는가. 그 업무를 돌보면 균일하다. 우리나라 상민(商民)들의 정성을 연구해 보면 모두 동일하다.

임금님을 향한 충의(忠義)는 나무아미타불(無它)의 뜻과 같은데 어찌 이동(異同)을 바꿀 수 있겠는가. 하천은 시냇물만을 선택하지 않고 산야는 작은 것도 사양하지 않는 것이 평상(平常)의 진리이다. 소매자락이 길면 춤을 잘 추고 돈이 많으면 장사를 잘 한다는 것이 한비자(韓非子)의 옛 말이다. 상로(商路 : 장사길)를 널리 열어서 세력을 나누지 않고 한결같은 마음의 힘으로 다스려서 극복하고 마침없이 계속해야 한다. 지금부터 각 전방(廛房 : 坐賈)과 부보상(負褓商 : 行商)은 하나로 합쳐서 모이고 삼가 준수한다.

칙령과 장정을 펼쳐서 다음과 같이 조례를 만든다. 모든 우리 상민들은 물론 두 가지를 준수한다. 위로는 황실을 보호하고 아래로는 재원(財源)을 풍족하게 증식시켜서 우러러 임금님의 은혜를 일구어낸다. 이 어찌 행복하지 아니한가.

광무9(1905)년 10월 일

---

9) 전방(廛房) : 대규모 점포

東亞開進敎育會 商務左團 章程 序 (1908년 3월)

東亞開進敎育會 商務細則 序

夫 商者는 居於四民之一也라. 古者에 猶[1]日中爲市[2]ᄒ고 貿遷 有無ᄒ여 爲利用厚生이어든 況[3]自海港大開ᄒ고 六洲相通으로 國民所需用이 幾百倍於前日哉아.

然則 士農工商이 均是 一不可廢라 未必爲何者爲重이오. 何者爲輕이로되 至於富之策엔 商必爲要니 其爲制定規模에 苟[4]不分類組織이면 何能[5]經濟리오.

我韓之人이 尙昧商法[6]ᄒ여 惟望僥倖ᄒ고 不思萬全[7]ᄒ여 人各爲心ᄒ고 散亂倒錯.[8]故로 商愈容絀[9]而國愈貧弱ᄒ니 若不及今改絃易轍[10]則膏盲之疾[11]을 莫可醫也오. 燃眉之急[12]을 莫可救矣라.

---

1) 猶 : 오히려유
2) 日中爲市(일중위시) : 한낮에만 시장을 열다
3) 況(况) : ~에 비하여 (비유할황)
4) 苟(구) : 若(약) 만일
5) ① 能(능) : 잘하다 ← 동아한한대사전 1465쪽
   ② 能善小斯能善大 : 작은 일을 잘 할 줄 아는 사람은 마침내 큰 일도 잘 할 수 있다
6) 尙昧商法(상매상법) : 일찍이 상법에 둔감하다
7) 萬全(만전) : 허술한 틈이 조금도 없이 아주 안전함 ← 새우리말큰사전(상) 1093쪽
8) 倒錯(도착) ← 새우리말큰사전(상) 887쪽
   ① 상하가 거꾸로 되어 뒤바뀜
   ② 본능이나 감정의 이상(異常) 및 덕성(德性)의 이상으로 사회와 도덕에 어그러진 행동을 나타냄
9) 商愈容絀(상유군출) : 상업이 용모의 부족을 치유하다
   - 愈(유 병나을유) 絀(모자랄출)
10) 改絃易轍(개현역철) : 악기줄을 고치고 행적을 바꾸다
11) 膏盲之疾(고맹지병) : 명치끝이 갑갑한 질병
12) ① 燃眉之急(연미지급) : 눈앞에 화급한 일
    ② 燃眉之厄(연미지액) ← 새우리말큰사전(하) 2356쪽

惟我商民이 列聖朝 化育中民族[13]이라. 忠君愛國으로 爲己任ᄒ고 病救死葬으로 爲目的ᄒ니 豈不嘉尙者歟아. 苟爲因其團體 而擴張 則從以富國을 豈或讓一頭 於列邦哉아. 所以로 東亞開進敎育會中 特設 商務一課ᄒ야 其大體則[14] 統轄於本會ᄒ고 至若[15]細則은 或有依舊例 施行者ᄒ니 此則 順其俗 而專之오.

非各立門戶 而自專者也니 現今 雖舊維新之時에 若不嚴立課程이면 法久弊生ᄒ야 難保 末由之患[16]故로 另成規則ᄒ여 以爲金石之典 永遠之法ᄒ니 凡 我同志同業之人은 恪遵無違ᄒ고 開發洒心[17]ᄒ야 實踐其業ᄒ며 廣設學校ᄒ여 敎育聰俊[18]ᄒ야 發蒙啓牖[19]이면 商業進步와 財源興旺을 當不日可期니[20] 豈不猗歟盛哉아.[21] 顧以不才로 猥務本課일시 今當章程改正之日ᄒ야 敍述其事 而爲序云爾.[22]

     - 눈앞에 매우 급하게 닥친 액화   - 절박한 재액(災厄)
13) 化育中民族(화육중민족) : 교화 육성한 민족
14) 大體則 : 대체로
15) 至若(지약) ← 동아한한대사전 1494쪽
   ① 뿐만 아니라 ② 그 위에 ③ 더군다나 ④ ~와 같은 경우에 이르러서는 ⑤ ~와 같을 때에는
16) ① 末由之患(말유지환) : 이유가 끝난 환난(患難)
   ② 末由也已(말유야이) : 방도가 없음. 따를 길이 없음 ← 동아한한대사전 838쪽
17) 洒心(내심) : 너의 마음 ← 동아한한대사전 1839쪽
18) 聰俊(총준) : 총명하고 준수(俊秀)한 사람 ← 새우리말사전(하) 3287쪽
19) ① 發蒙(발몽) ← 새우리말큰사전(상) 1351쪽
   - 물건의 덮개를 젖혀서 연다는 뜻
   - 일하기가 썩 쉬움. 사리에 어두운 면을 분명히 밝힘
   - 몽매(蒙昧)한 것을 계발(啓發)시키다
   ② 啓牖(계유) ← 새우리말큰사전(상) 221쪽
   - 啓誘(계유) 啓發誘導(계발유도)
   - 무식을 깨우쳐 알도록 이끌어 줌
20) 當不日可期 : 딱히 특정한 날로 기약할 수 없으니
21) 豈不猗歟盛哉아 : 어찌 길게 흥성하지 않을 것인가

隆熙二(1908)年 三月 二十五日
正三品　尹錫天　謹稿

東亞開進敎育會 商務左團 章程 序 (1908년 4월)
東亞開進敎育會 商務細則 序

嗚呼라. 吾邦之所以萎靡不振者는 良[1]由民智黯昧[2]하고 民力貧弱也라. 蓋十數年來로 自政府 擴張敎育이 未始不勤也며 發達實業이 未始不周로되 尙未能蒸然日上하야 亟臻[3]開明之域者는 何也오.

譬[4]若滋養[5]草木에 雨露之澤은 在天하고 培植之力은 在人하야 民能有自覺力 而後에 上之敎之也易成하고 敎成 而民智廣 然後에 之士農 之工商 而無往不達也니 凡 所以 爲國民之義務 所當急 而 所當先者 ― 其不在斯乎아.

何幸 先覺有志之士 組織一會하야 名之曰 開進敎育이라 하고 卌有年所에 迄[6]無所成일식 於是에 益峻其會員之選하며 益整其規則之備하고 酒[7]以會長之名으로 遽屬于余[8]라.

---

22) 爾(이) : 矣　焉　也
1) 良 : ① 진실로양　② 때문양
2) 黯昧(암매) : 사람됨이 어리석고 못나서 사리에 어두움 ← 새우리말큰사전 (하) 2222쪽
3) 亟臻 : 亟(재빠를극)　臻(이를진)
4) 譬 : 비유할비　휘어대어말할비
5) 滋養(자양) : 몸의 영양을 좋게 함 또는 그런 음식 ← 새우리말큰사전(하) 2792쪽
6) 迄 : ① 이를흘(至也)　② 이르러미칠흘
7) 酒 : 이를내(至)

顧余 讜劣無似⁹⁾ ─ 固¹⁰⁾不敢自任이로되 屢辭不獲ᄒ야 姑且冒據나 余竊嘗慨然者¹¹⁾─ 輓近¹²⁾環域之內 ─ 率多遊衣遊食 放辟無賴¹³⁾之徒ᄒ야 旨¹⁴⁾失恒心¹⁵⁾ᄒ고 虛無恒産¹⁶⁾ᄒ야 動作訛言¹⁷⁾에 所在硬化ᄒ야 以之戕民ᄒ고 以之病國ᄒ니 玆豈非急先敎育에 各務其業ᄒ야 挽回元氣ᄒ고 實養國力之時乎아.

苟然則 玆會之責이 旣重且大ᄒ니 各宜悉力協贊¹⁸⁾에 克成闕

---

8) 遽屬于余(거속우여) : 긴급히 나에게 귀속시키다
9) ① 讜劣(전열) : (재주와 학문이) 천박하고 졸렬함 ← 새우리말큰사전(하) 2914쪽
   ② 無似(무사) ← 새우리말큰사전(상) 1217쪽
     - ~같지 않다. ~하치 않다.
     - 사람 놈 자식 나 따위의 낱말 앞에 쓰임. ~한 녀석
10) 固 : 確固(확고)
11) ① 固不敢自任이로되 屢辭不獲ᄒ야 姑且冒據나 余竊嘗慨然者
    감히 자임할 수 없는 것이 확고하지만 여러 가지 이야기를 획득하지 못하였으므로 아직도 무턱대고 내가 헛되이 맛만 보다가 개탄하는 것이다.
   ② 姑(아직고) 冒據(모거 : 근거모침) 竊(훔칠절 : 헛되이 녹만 받다) 嘗(맛볼상)
12) 輓近(만근) : ① 근래(近來) ② 몇 해전부터 지금까지 ← 새우리말큰사전(상) 1087쪽
13) ① 放辟(방벽) ← 새우리말큰사전(상) 1364쪽
     - 아무 꺼림 없이 제멋대로 함
     - 제 멋대로 마구 놂
   ② 無賴輩(무뢰배) ← 새우리말큰사전(상) 1214쪽
     - 일정한 직업 없이 방탕하고 불량한 짓을 하는 무리.
     - 무뢰한(無賴漢) 부랑배(浮浪輩) 탁류(濁流) 뇌자(賴子)
14) 旨(지) : 只 단지(但只) 어조사(語助辭 語調辭)
15) 恒心(항심) : 변하지 않고 늘 일정하게 지니고 있는 마음 ← 새우리말큰사전(상) 3659쪽
16) 恒産(항산) ← 새우리말큰사전(상) 3658쪽
   ① 살아갈 수 있는 일정한 재산 ② 일정한 생업 ③ 恒心이 있어야 恒産이 있다.
17) 訛言(와언) : ① 사실과 달리 잘못 전파된 말 ② 와설(訛說) ← 새우리말큰사전(하) 2460쪽

效[19])ᄒᆞ야 一會之倡 而公益이 興焉을 同會諸君은 其亦庶幾[20])乎 勉旃[21])於斯歟.

隆熙二(1908)年　四月　日

從一品 崇政大夫 趙重應 謹稿

東亞開進教育會 商務細則 <생략>

東亞開進教育會 商務附則 <생략>

商規團 趣旨書 (1906년 12월) .... 左右之社

夫 商者ᄂᆞᆫ 四業中 居一. 而近世開明列國이 莫不以商業으로 爲大務ᄒᆞ야 皆臻富强也. 而我邦도 從來로 有商理左右之社ᄒᆞ야 其初立規ᄂᆞᆫ 未是不備로ᄃᆡ 規老弊生ᄒᆞ야 爲其首領者 或出於豪强[1])ᄒᆞ야 不知商理之爲何等業務 而但肆橫濫權利ᄒᆞ야 侵害殘商에 多方誅求[2])ᄒᆞ야 載路怨嗟[3])ᄒᆞ고 行旅[4])受苦러니 何幸 自朝家로 爲防弊竇[5])ᄒᆞ사 令廢商社ᄒᆞ니 病源已淸에 民生이 可甦[6])이라. 然이나 茅有多般掣肘者[7]) 而如非自我商民之方策 矯捄[8])면 無以濟接[9])일ᄉᆡ. 惟我

18) 各宜悉力協贊(각의실력협찬) : 각자 마땅히 있는 힘을 다하여 협찬하다
19) 克成闕效(극성궐효) : 극복하여 그 효력을 달성하다
20) 庶幾(서기) : 거의 ← 새우리말큰사전(상) 1813쪽
21) 勉旃(면전) : ① 勉之勉焉　② 권면(勸勉)하다
1) 豪强(호강) : 뛰어나게 굳셈 ← 동아국어사전 2426쪽
2) 誅求(주구) : 관청에서 백성의 재물을 강제로 빼앗음 ← 동아국어사전 1996쪽
3) 怨嗟(원차) : ① 원망하고 탄식함 ② 원통한 탄식 ← 새우리말큰사전(하) 2552쪽
4) 行旅(행려) : 나그네. 나그네가 되어 다님 ← 새우리말큰사전(하) 3680쪽
5) 爲防弊竇(위방폐두) : 폐단의 방비를 터놓다
6) 甦 깨어날 소 (死而復生)

商民中 靡室靡家者10)看場市 而認衣食之方ᄒ고 遇店幕 而做捿息之所11)타가 若罹疾病 則無人救療12)ᄒ며 或有身死 而無人葬埋ᄒ며 或有朝聚暮散13) 而賭技欺騙者14)와 酗酒鬪敺者를 無人禁止ᄒ며 或抑買村人之牧畜種植 等物ᄒ야 於中取利타가 故意生釁15)ᄒ야 批頰撞頭16)에 無人解決ᄒ니 言念及此에 不覺寒心이라.

以是之故로 組織商規이다온 其所以 葬死救病ᄒ며 拘束亂類ᄒ며 勸之德義ᄒ며 獎之 以實業事로 自爲任務ᄒ야 自成團體ᄒ야 以爲

---

7) ① 掣肘(철주) : 철비(掣臂).
　　- 남의 팔꿈치를 옆에서 끌다
　　- 남의 일을 방해하여 못하게 제지하다 ← 東亞漢韓大辭典 725쪽
　② 茅有多般掣肘(모유다반철주)
　　- 남의 일을 방해하여 못하게 제지하는 짓이 마치 띠처럼 많이 일반화되어 있다
8) 矯捄(교구) : 교정(矯正) ← 새우리말큰사전(상) 348쪽
9) 濟接(제접) : 접제(接濟). 물건을 주어 구제함 ← 東亞漢韓大辭典 723쪽
10) 靡室靡家(미실미가) : 無室無家(부실무가).
　　① 집도 절도 없음　② 몹시 구차하여 들어 있을만한 집조차 없음 ← 새우리말큰사전(상) 1279쪽
11) ① 做捿息之所(주서식지소) : 깃들여 살 장소를 지어 주다
　② 捿息(서식) : 棲息(서식) 栖息(서식) 깃들여 삶 ← 東亞漢韓大辭典 865쪽 876쪽
12) ① 無人救療(무인구료) : 사람을 가리지 않고 모두 구료하다
　② 無 : 대체로　모두 ← 동아한한대사전 1071쪽
13) 朝聚暮散(조취모산) : 아침에 모여들었다가 해가 지면 흩어지다
14) ① 賭技(도기) : 노름 도박 ← 새우리말큰사전 869쪽
　② 欺騙(기편) ← 새우리말큰사전 537쪽 531쪽
　　- 欺人騙財(기인편재). 사람을 속이고 재물을 빼앗음 - 기인취물(欺人取物) ·편기(騙欺)
15) ① 生釁(생흔) : 두 사람 사이에 틈이 남 ← 새우리말큰사전(상) 1808쪽
　② 釁隙(흔극) : 사이가 틀어짐 ← 동아한한대사전 1900쪽
16) ① 批頰(비협) : 별협(批頰) 남의 뺨을 때림 ← 새우리말큰사전(상) 1616쪽 1458쪽
　② 撞頭(당두) : 머리를 때리다

自護自衛之方 另繕條例ᄒ니 無或違越17)ᄒ고 永久遵守가 幸甚18).

商規團 規則 (1908년 4월 14일)

第一條 本 商規團 義務ᄂ 左開事項을 主張홈이라
　一. 諸 商中 病者가 有ᄒ 時에ᄂ 團中 司察을 派ᄒ야 救察할 事
　二. 身故者 有ᄒ 時에ᄂ 團中에서 幷力埋葬할 事
第二條 都妓欺騙1)과 酗酒鬪毆2)와 抑買取利者ᄂ 團長이 司察ᄒ야 禁止 懲罰 或 黜市할 事. 但 懲罰은 小荊條로 脛3)을 十度 以下로 撻할 事
第三條 前條 境遇에 頑悖 甚ᄒ 者ᄂ 或 通于附近分派所이거나 告訴于法司할 事
第四條 諸商中에 毋論何等物品ᄒ고 權利를 親圖4)ᄒ야 公衆의 利益을 妨害ᄒᄂ 者ᄂ 會議禁止할 事. 但 朝家로서 專賣權을 蒙ᄒ 者ᄂ 勿論할 事
第五條 第一條 左開諸事項에 費用이 生할 時에ᄂ 諸 商中 義捐金을 從實數5)募集할 事. 但 從前 收錢의 例로셔 勒收ᄒᄂ 弊ᄂ 無할 事
第六條 輓近6)賊警이 無常ᄒ니 不可不 審愼7)이니 或 有場市中 初

---

17) 無或違越(무혹위월) : 혹시라도 위반(違反:違越)하지 말라
18) 幸甚(행심) : 매우 다행함 ← 새우리말큰사전(하) 3681쪽
1) 都妓欺騙(도기기편) : 도박과 사기로 남의 물건을 빼앗음
2) 酗酒鬪毆(후주투구) : 술주정과 싸움질
3) 脛(경) : 종아리 정강이
4) 親圖(친도) : 몸소 직접 친히 도모하다
5) 實數(실수) : 실제의 계수 ← 새우리말큰사전(상) 2115쪽
6) 輓近(만근) : ① 근래(近來) ② 몇 해 전부터 지금까지 ← 새우리말큰사전

入行色 不明者 可察이 到底 査覈8)ᄒ야 其不明者는 附近
警吏의게 通告할 事
第七條 本團任員은 左와 갓치 組織할 事
團長 一人 副團長 一人 書記 二人 司察 三人以上 五人
以下
第八條 團長은 團中 一體事務을 統轄ᄒ야 副團長以下 諸任員을
指揮할 事
第九條 副團長은 團長 有故할 時에 事務를 代辦할 事
第十條 書記는 團長의 指揮을 從ᄒ야 諸般事務의 記述을 掌할 事
第十一條 司察은 團長의 指揮을 從ᄒ야 第一條 左開諸事項과 餘
外諸般事을 掌할 事
第十二條 團長은 雖幾年이라도 隨其稟質ᄒ야 任務이고 副團長以
下 司察은 隨其衆望ᄒ야 以一週年으로 差任할 事
第十三條 團長은 依八邑商民衆望 而薦任ᄒ고 副團長以下 司察은
團長이 差任ᄒ되 亦衆望擇任할 事

商規團 附則 (1908년 4월 14일)

第一條 本團人員을 左갓치 組織할 事
 - 十人에 統首 一人을 置할 事
 - 五十人에 管領 一人과 司察 一人을 置할 事

(상) 1087쪽
7) 審愼(심신) : ① 마음에 근신함 ② 언행을 조심하고 삼감 ← 새우리말큰사전
(상) 2125쪽
8) 査覈(사핵 査核) : 실정(實情)을 자세히 조사하여 밝힘 ← 새우리말큰사전
(상) 1695쪽

第二條 本團人員을 當此擾攘⁹⁾ㅎ야 良惡을 識別ㅎ기 爲ㅎ야 通票
　　　 를 佩用케 할 事
第三條 通票樣式은 左와 如할 事
　　　 (前面) 第幾 通幾員
　　　　　　　金甲伊 生甲戌 七月 日
　　　　　　　本生地 藍浦郡 習衣面 良峙里
　　　 (後面) 隆熙 二年 三月 十四日
　　　　　　　團長 氏名　(印)
第四條 通票 出納處는 團長이 主掌할 事
第五條 本團內 人員中 死亡이 有ㅎ 時에는 多少間 義捐을 團中에
　　　 셔 募集ㅎ려니와 病者가 生ㅎ 時는 該通內 九人이 專擔救
　　　 療케 할 事
第六條 規則 第一條 左開事項은 刑法할 事

　　　　　　　　　　　　　　　　隆熙二(1908)年 四月 十四日
　　　　　　　　　　　　　　　　(苧産八區 商務社右社 所藏)

---

9) 擾攘(요양) : ① 요란(搖亂) ② 시끄럽고 요란한 모양 ← 동아한한대사전
　　749쪽

帝國實業會 商務課 細則 序 (1908년 9월 5일)

夫 人之爲業이 爰¹⁾有四焉에 商居其一이라. 故로 羲皇²⁾은 刱日中爲市之制ᄒᆞ고 周官 有利用厚生之法ᄒᆞ니 可不大加注意乎哉아.³⁾

噫라. 我 韓이 自數百年 以來로 商理晦塞⁴⁾ᄒᆞ야 所謂 士大夫者ㅣ 恥說理財ᄒᆞ야 其於商業에 視以卑賤ᄒᆞ야 甚至於 市井子弟를 不許仕籍ᄒᆞ야 職此而業乎.

商者ㅣ 甘作⁵⁾劣下ᄒᆞ야 遂至腐敗⁶⁾ᄒᆞ니 民力이 安得 以不困窮이며 國勢ㅣ 安得 以不萎靡⁷⁾乎哉아.

況乎.⁸⁾今日에 萬國이 交通ᄒᆞ야 民而貧富와 國而强弱이 亶在乎.⁹⁾ 商之一字之時乎아. 惟我商民은 卽 我列聖朝 生成化育之民族 而心一體團이 五百年于玆矣라.¹⁰⁾

幸際 本會之刱立ᄒᆞ야 課以分焉ᄒᆞ야 勉且勵焉ᄒᆞ니 凡 我同志ᄂᆞᆫ 遵守會規ᄒᆞ고 務進實業ᄒᆞ야 使財源之發達로 遍乎全國ᄒᆞ고 利益之均被로 通乎大局ᄒᆞ야 上以輔 聖天子 獨立之治ᄒᆞ고 下以達 二千萬民族 自由之權를 寔有厚望焉ᄒᆞ노라.

---

1) 爰(원) : 가로대(曰) 곧(乃 則)
2) 羲皇(희황) : 伏羲氏
3) 可不大加注意乎哉
   - 크게 보태어 주의하지 않는 것이 옳다
   - 군더더기 소리를 덧붙지 않는 것이 옳다
4) 晦塞(회색) : 깜깜하게 아주 꽉 막힘 ← 동아한한대사전 810쪽
5) 甘作(감작) : 甘受振作
6) ① 遂至腐敗(수지부패) : 부패와는 거리가 멀다.
   ② 遂(수) : 멀다 망설이다 ← 동아한한대사전 1856쪽
7) 萎靡(위미) : ① 시듦 ② 기력이 덜어짐 ③ 활기가 없음 ← 동아한한대사전 1542쪽
8) 況(황) : 하물며
9) 亶(단) : ① 날선 ② 날아오르다 ③ 날다 ← 동아한한대사전 85쪽
10) 부보상은 열성조인 조선왕조에서 생성 교화 육성되어 500년에 이르렀다.

隆熙二(1908)年 九月 五日
本會 副會長 閔元植 謹書

帝國實業會 商務課 細則 (1908년 9월 5일)…
左右商(제3조 제14조)

第一章 任員 及 職掌

第一條 本 課는 現在 商務를 發達하기 爲하야 同商務를 一切 組織
하고 事務를 擴張키로 左開任員을 置홀 事

司務長 一人 副司務 三人
公事員 五人 掌務員 五人 明査員 二人 …… 隨時增減
財務員 二人
書記員 二人 ……… 隨時增減
執 事 十人

第二條 司務長은 會議可決에 依한 會長 及 總務에 指揮를 承하야
副司務 以下 任員을 統率하야 一般事務를 處理홀 事

第三條 副司務는 司務長을 協贊하야 左右商 事務를 處理하되 司
務長이 有故한 時에는 代辦홀 事

第四條 公事員과 掌務員는 司務長과 副司務에 指揮를 承하야 課
中 庶務를 分擔홀 事

第五條 明査員는 司務長과 副司務에 指揮를 承하야 商規에 關한
事項을 査正홀 事

第六條 財務員은 司務長과 副司務에 指揮를 承하야 財政을 勾管
出納홀 事

第七條 書記員는 課中 各項 文簿를 專任하고 執事는 課中 諸般

命令의 服從홀 事

第二章　處務條例

第八條　地方支會로셔 商民所關 報明書을 本會 庶務課에셔 接受ᄒ야 本課에 配付ᄒ거든 書記가 接受ᄒ야 公事員 掌務員에게 提呈홀 事

第九條　公事員 掌務員는 處辦홀 事項이 有ᄒ면 副司務가 司務長에게 提呈ᄒ야 處辦을 要홀 事

第十條　司務長과 副司務가 重大事則 協議ᄒ 後에 公事員 掌務員과 書記의게 處辦狀을 繕出ᄒ야 司務長과 副司務가 聯名捺章ᄒ야 本會 評議所에 提出홀 事

第十一條　評議所의셔 會議可決ᄒ 後에 摠務가 公文을 繕出ᄒ야 會長의게 承認ᄒ야 本課로 交付ᄒ거든 副司務가 司務長의 指揮를 承ᄒ야 地方 支會長의게 發送홀 事

第十二條　各 支會 都公事員 及 各 任所 任員에 委任狀는 自本課로 成給이되 會長 司務長 副司務가 聯名捺章홀 事

第十三條　各 任所 任員에 茋期¹⁾는 依規則 遞改이되 自本課로 擇選報明 于本會홀 事

第三章　地方商民 操飭條例

第十四條　各 地方 操飭홀 事件이 有ᄒ 時의ᄂ 司務長과 副司務가 協議ᄒ야 評議會 及 通常會에 提出ᄒ야 可決을 得ᄒ 後에 支會長의게 隨時操飭ᄒ되 左開事項에 依홀 事

 - 內地에 物品을 東遷西貿ᄒ야 有無을 相通ᄒ야 以贍民用홀 事
 - 外國에 物貨을 或直輸入 或間接通商ᄒ야 以敦交誼홀 事
 - 病救死葬은 商民 遺來之規니 依舊遵守ᄒ야 互相愛護홀 事

---

1) 茋期(고기) : 줄기 기간 (임기)

- 傲慢官令 及 衆行悖者는 一切 痛禁이되 少則 嚴加團束이고 大則 交付法司홀 事
- 商民의 憑標는 本會에서 刊出ᄒ야 自本課로 頒給홀 事
- 會費金은 各 會員處에 每年 一次 二十錢式 收納ᄒ야 本會 及 支會의셔 以補經費홀 事
- 本會의 商民으로 匪類2)에 投入흔 者 有흘지라도 曉諭3) 歸順 홀 事
- 商民 中 匪類에 誤陷흔 者라도 歸順安業흘 後에 各 地方 內外 國 官憲에 詰責이 有흘 時에는 內交外涉ᄒ야 期圖安全홀 事
- 本課 任名과 商民憑標을 僞造作奸4)ᄒ는 者와 納賂圖囑5)ᄒ는 者와 會証을 他人에게 私相借與ᄒ는 者와 私設都會와 雜稅收 捧 等 弊를 一切 糾察 嚴禁홀 事
- 商民를 獎勵ᄒ야 商務學校와 商務新聞을 務圖成就홀 事
- 商務利害에 關ᄒ야 意見이 有흘 時는 本會에 提出ᄒ야 政府 에 請議ᄒ는 事도 有홀 事
- 由來八商도 均是商民이니 曉諭入會ᄒ야 左右商과 共濟營業 홀 事
- 此 細則을 議會 可決日로부터 施行홀 事

---

2) ① 匪類(비류) : 비도(匪徒). 비적(匪賊)의 무리 ← 새우리말큰사전(상) 1597쪽
② 匪賊(비적) : 무장을 하고 떼를 지어 다니면서 살인 약탈을 일삼는 도둑 ← 새우리말큰사전(상) 1610쪽
3) 曉諭(효유) : ① 효유(曉喩) ② 타이름 ③ 깨우쳐 일러 줌 ← 동아한한대사 전 818쪽
4) 作奸(작간) : 간악한 짓을 함. 간악한 짓. 조간(造奸) ← 새우리말큰사전 (하) 2807쪽
5) ① 圖囑(도촉) : 청촉(請囑)을 꾀하거나 요구함 ← 새우리말큰사전(상) 888쪽
② 請囑(청촉) : 청을 들어주기를 부탁함. 간촉(干囑) 청탁(請託) ← 새우리 말큰사전(하) 3263쪽

帝國實業會 商務課 附則 (1908년 9월 5일)⋯
左右商(제3항) 左右兩商(제8항)

第一項 各 地方에 支會를 設置ᄒ야 京鄕에 本會商民으로 一切 商務를 興旺케 홀 事

第二項 都公事員는 該課 一切 事務를 管轄ᄒ며 該所管內에 商務와 本會 商民을 糾察ᄒ야 務圖擴張케 홀 事

第三項 左右商 郡公事員 掌務員은 都公事員을 協贊ᄒ야 商務諸般 事務를 處理홀 事

第四項 都公事員이 各項 事由을 直報本課어든 自本課로 報明于本會홀 事

第五項 各 掌內 任所에 公文圖章을 本課로 成給이되 所費金 四圜式 卽納本課홀 事

第六項 商民 入會金은 隨其所受ᄒ야 聚送于本會이되 每月終에 該 名簿錄과 金額을 報明ᄒ야 以便經用이되 若有愆期[1])之弊면 該都公事員 여 掌務員는 會規을 依ᄒ야 論問홀 事

第七項 或 因時擾 及 盜賊所侵ᄒ야 商路難便之時에는 官憲의게 申請ᄒ야 特爲俾護홀 事

第八項 左右兩商이 名雖有別이나 商務는 一也니 貿易交通을 互相 勸勉ᄒ야 正實ᄒ 商務로써 國家에 富源을 涵養[2])ᄒ고 吾人의 恒産[3])을 饒足[4])케 홀 事

---

1) 愆期(건기) : ① 기일을 어김 ② 위기(違期) ← 동아한한대사전 656쪽
2) 涵養(함양) ← 새우리말큰사전(하) 3649쪽
   ① 품성이나 힘을 천천히 키움. 저절로 물드는 것 같이 차차 길러냄
   ② 학문과 식견을 넓혀서 심성(心性)을 닦음 ③ 함육(涵育)
3) 恒産(항산) : ① 살아갈 수 있은 일정한 재산 ② 일정한 생업 ← 새우리말큰사선(하) 3658쪽
4) 饒足(요족) : ① 살림이 넉넉함 ② 요부(饒富) ← 새우리말큰사전(하) 2496쪽

* 左商物種 : 魚 鹽 藿 生水鐵 土器 木物 南草 曲子 竹物 蘆席
  淸蜜 牛馬駄 船載物 靑麻 等物
* 右商物種 : 布 帛 錦 綾 紙物 紬物 苧屬 金 銀 銅 蔘 貂 撻
  綿花 皮革 等物
* 左商 : 油商 篩商 糖商 乭商
* 右商 : 鍮商 網巾商 錫商 寓散商
* 京都所 :

會 長	正二品	中樞院贊議	洪承穆		
副會長	正三品	前書記官	閔元植		
監 督	從二品	前監督	李圭恒		
同	正三品	前郡守	徐相弼		
摠 務	正三品	前監理	劉秉澈		
副摠務	正三品	前議官	太揆善		
司務長	正三品	前議官	彭元周		
副司務	從二品	前議官	金光熙		
	正三品	前議官	金鍾聲		
	正三品	前議官	趙起鎬		
公事員	正三品	前議官	羅奎榮	六 品	參 奉
			元駉常		
	正三品	前議官	卞道泳	正三品	前議官
			南基善		
	正三品	前議官	金學基	正三品	前議官
			徐光植		
	正三品	前議官	任周鎬	正三品	前議官
			朴潤昌		
	六 品	前守門將	金昌源	正三品	前議官

			金完純		
掌務員	六品	前萬戶	李千應	六品	前摠巡
			成健永		
	正三品	前五衛將	張南七	正三品	前五衛將
			朴周卿		
	六品	前都事	金溶求	正三品	前議官
			徐相龍		
	正三品	前五衛將	趙昌植	正三品	前議官
			李達鎬		
	正三品	前議官	金漢晶	六品	前主事
			姜潤基		
書記員	六品	前教官	鄭在好	六品	前主事
			徐丙元		
執事	正三品	前五衛將	崔舜卿	正三品	前五衛將
			崔喜春		
	正三品	前五衛將	金昌鉉	正三品	前五衛將
			金泳錫		
	六品	前主簿	吳奉振	六品	前司果
			崔萬興		
	九品	前司勇	陳德化	正三品	前五衛將
			李柱弼		
	九品	前司勇	李賢弼	九品	前參奉
			柳應三		

大韓商務組合 本部 章程 序 (1908년 12월)

惟我商務 卽四民中 不可一日偏廢[1]者也. 物産之此無彼有者 賴此而懋遷. 同胞之失業 無歸者 藉此而奠安 上而衛護皇室 下而扶植[2]財源 其於關係國家者 固不淺尠.[3]

在昔盛時 偏被朝家 懷綏[4]之澤 安業樂生 五百年于玆矣.

夫何 挽近[5]商業失宜. 生命由是而凋瘁 金融由是 而壅遏. 失所者 無自振之望 營業者 無前進之路. 究其原委[6]則不過曰 管轄無人 顧恤無方 以致末流[7]難救之地. 興言及此 不覺心寒. 苟使有志者 開諭[8]以矯捄之策 指導以發達之路 則商界之興旺 可指日而待也. 於是乎[9] 參古酌今 適時占宜 特設商務組合本部 別立規程 使全國內幾萬商民 一致團合. 恪遵商法 弊源則矯捄 實業則發達之 期進文明之域. 豈但爲商民之幸福歟. 實我大韓萬萬歲幸福. 凡 我商民 其各勉勵[10] 其各勉勵.

隆熙 二年 十二月 日

---

1) 편폐(偏廢): ① 한 쪽만을 버림 ② 한 쪽만이 못쓰게 됨 ← 東亞漢韓大辭典 147쪽
2) 부식(扶植): ① 뿌리를 박아 심음 ② 도와서 세움 ← 동아국어사전 954쪽
3) 천선(淺尠: 淺鮮 淺少): 얕고 적음 ← 東亞漢韓大辭典 1006쪽
4) 수회(綏懷): 편안하여 따르게 함 ← 동아한한대사전 1383쪽
5) 만근(輓近:挽近): ① 최근 ② 몇 해 전부터 지금까지 ← 동아국어사전 644쪽
6) 원위(原委): ① 일의 本과 末 ② 本源과 末流 ③ 原=源 委=流 ④ 原因 ⑤ 詳細 ← 東亞漢韓大辭典 288쪽
7) 말류(末流): ① 혈통의 끝. 여예(餘裔) ② 되잖은 유파(流派) ③ 낮은 계급. ← 동아국어사전 656쪽
8) 개유(開諭) ← 새우리말 큰사전(상) 113쪽
   - 사물의 이치를 깨우쳐 알아듣도록 잘 타이름
   - 전날 초무(招撫)할 때 사실(事實)을 하나하나 들춰내어 이를 따져서 타이름
   - 초무(招撫): 가까이 불러서 어루만져 위로함
9) 어시호(於是乎): ① 이제야 ② 이에 있어서 ← 東亞漢韓大辭典 786쪽
10) 면려(勉勵): 힘써 함. 남을 힘쓰게 함 ← 동아국어사전 688쪽

대한상무조합 본부 장정 서문 (1908년 12월)

오로지 위대(偉大 : 我)한 상민(商民)의 업무는 기존의 사민(四民 : 士農工商) 가운데 하루라도 한 쪽에 치우쳐서 버려질 수 없는 것이다. 물산(物産)은 이곳에 없으나 저곳에 있으므로 유무(有無)에 의뢰(依賴)하여 교역(交易 : 懋遷)11)이 이루어진다. 동포들이 실업(失業)으로 돌아갈 곳이 없다. 이를 빙자(憑藉)하여 안정된 직업(安業)12)을 마련(定奠)하여 위로 황실을 보위(保衛) 보호(保護)하고 아래로 재원(財源)을 바로 세우면 국가의 기반이 확고하여 얕고 적은 것이 없도다.

옛날 상민(商民)들이 흥성했을 때에는 조정(朝廷 : 朝家)으로부터 편안하게 따르는 은혜를 치우칠 정도로 입어서 편안한 마음으로 업무에 종사하고 생활을 즐긴 지 지금까지 500년이 흘렀다.

대저 어찌된 일인지 최근에는 상업이 마땅하지 않다. 이에 살아 있는 목숨들이 시들어서 초췌(憔悴)하고 금융도 옹색하게 막혔다. 업소(業所)를 잃은 사람에게는 스스로 진작(振作)한 희망이 없고 영업하는 사람에게는 전진(前進)할 길이 없다. 그 원인(原因 : 原委)을 궁구해 보면 사람을 관할하지 못하고 돌보아 구휼할 방법이 없으며 말류(末流 : 末端)를 구제할 지반이 어려웠던 것에 불과하다. 입을 열어 말(言)이 여기에 이르면 한심(寒心)함도 느끼지 못할 지경이다.

만약 뜻있는 사람이 교정(矯正 : 矯捄)13)의 방책을 깨우쳐 타일러 주고 발달하는 길을 지도해 주면 상업계(商業界)의 흥왕(興旺)을 손꼽아 기대(期待)할 수 있다. 이제야 고금(古今)을 참작(參酌)하여 적시(適時)에 옳은 것을 점유하고 특별히 상무조합(商務組合)을 설치하여 별도로 규정(規程)을 수립하면 전국에 있는 몇 만 명의 상민(商民)이 일치 단합할 것이다. 그리고 각별(恪別)히 상법(商法)을 준수하면 작폐(作弊)의

---

11) 교역(交易) : 물품을 서로 교환하여 장사함 ← 東亞漢韓大辭典 673쪽
12) 안업(安業) : 편안한 마음으로 업무에 종사함 ← 동아국어사전 1419쪽
13) 교구(矯捄) : 교정(矯正) ← 새우리말 큰사전(상) 348쪽

원천(源泉)이 교정(矯正 : 矯捄)되고 실업(實業)이 발달되어 문명의 영역으로 나갈 것을 기약할 수 있다. 이 어찌 상민(商民)만의 행복이련가. 실제로 위대한 대한(大韓)의 만만세(萬萬歲) 행복(幸福)이로다. 모든 위대한 상민(商民)은 각각 힘쓰고 또 힘쓸지어다.

1908(융희 2)년 12월

大韓商務組合 本部 規則 (1908년 12월) ...
左右商民(제6조) 左右兩商(제16조)

第一條 本 組合의 名稱은 大韓商務組合本部라 ᄒ야 京城에 寘홀 事
第二條 本 組合의 目的은 左右商民을 組合ᄒ야 商業을 發達케 ᄒ며 國法을 恪守ᄒ며 商民의 生命 財産을 保護ᄒ며 治安에 妨害者를 禁戢홀 事
第三條 本部 任員은 左(下)와 如홀 事
  部長 一人   監督 三人   副司務 二人   補佐員 三人
公事員 五人 掌務員 五人   明査員 若干人 財務員 一人
會計員 一人   書記員 若干人   執事 若干人
第四條 任員의 職務는 左(下)와 如홀 事
- 部長은 部中 諸務를 管領홀 事
- 監督은 部長의 指揮를 承ᄒ야 部中 事務를 監護홀 事
- 副司務는 部長의 指揮를 承ᄒ야 諸般事務를 處理홀 事
- 補佐員은 部中 事務를 補佐홀 事
- 公事員은 副司務의 指揮를 承ᄒ야 公文出納과 商民善惡을 糾摘ᄒ며 財政出納을 査櫛[1]홀 事
- 掌務員은 地方事務를 周察ᄒ야 商民의 奸僞를 摘發ᄒ고 每事를 評議홀 事
- 明査員은 部中 事務와 外他道郡 事務를 査實홀 事
- 財務員은 部中 財政을 專管ᄒ고 公掌所의 請求를 依ᄒ야 應用호되 三人以上 捺章後 施行홀 事
- 會計員은 財政出納에 預算決算 等 文簿를 明細記錄ᄒ야 每月終에 部中으로 報明홀 事

---

1) 査櫛(사즐) : 샅샅이 조사함 ← 새우리말큰사전(상) 1687쪽

- 書記員은 部中 一切 文書를 專擔홀 事
- 執事는 部中 諸務에 恪勤2)奉行홀 事

第五條 部中 任員이 各 從所掌ᄒ야 毋或越權홀 事

第六條 十三道에 頭領을 實ᄒ고 各 郡에 支部를 設ᄒ야 左右商民을 組合ᄒ고 章程을 分給ᄒ되 規則을 依ᄒ야 施行홀 事

第七條 商民의 憑票ᄂ 通行ᄒᄂ 規例라. 防奸을 爲ᄒ야 商行券을 繕給ᄒ고 行路上에 考准相信케 ᄒ되 該券金額은 二十錢으로 定ᄒ야 京鄕商民中 聰俊子弟를 敎育ᄒ야 商業을 進就케 ᄒ고 病救死葬과 諸般經費에 補用홀 事

第八條 各處 商賈3)가 物品賣買홀 時에 該客主 掌記規式이 不一키로 該掌記規式을 一定ᄒ야 行路上 明白ᄒ 證據를 表准ᄒ고 奸僞를 防遏4)홀 事

第九條 假稱 商民ᄒ고 出沒京鄕ᄒ야 冒法作梗5)ᄒ고 治安에 妨害者를 本 組合部에서 實地情形을 探知ᄒ야 付法嚴懲홀 事

第十條 本 組合員이 或無罪히 橫羅6)의 弊가 有홀 時ᄂ 該地方 洞里長과 本 組合部 頭領이 築底査明ᄒ야 呼寃이 無케 하되 事件이 難便ᄒ 境遇에ᄂ 本部로 報明홀 事

第十一條 本 組合員에 入參ᄒ기 願ᄒ 人은 先進員의 紹介를 因ᄒ야 姓名과 居住와 年本職業을 詳錄ᄒ야 重役員의게 布告ᄒ야 可否를 取決홀 後 出席케 ᄒ되 但 薦主ᄂ 本 組合員 外에ᄂ 不得홀 事

---

2) 恪勤(각근) : 정성껏 부지런히 힘씀 ← 새우리말큰사전(상) 43쪽
3) 商賈(상고) : 行商坐賈
4) 防遏(방알) : 防塞(방색). 적군이 쳐들어오지 못하도록 막는 요새 ← 새우리말큰사전(상) 1368쪽 1366쪽
5) 作梗(작경) : 못된 행실을 부림 ← 새우리말큰사전(하) 2807쪽
6) 橫羅(횡리) : ① 뜻밖의 재앙에 걸림 ② 의외의 횡액에 걸림 ← 새우리말큰사전(하) 3806쪽

第十二條 本 組合事務를 分擔ᄒᄂᆫ 重役員을 選定ᄒ되 總會에 經
　　　　議ᄒ야 定하고 地方地部를 置ᄒᆯ 時ᄂᆫ 重役員을 知識 勤愼
　　　　有望ᄒᆫ 人과 該地 面長 里長中으로도 選定ᄒᆯ 事
第十三條 本 組合의 居住 姓名 成冊을 昭詳記錄ᄒ야 三朔 一次式
　　　　本部로 報明ᄒᆯ 事
第十四條 商民은 資本金이 有ᄒᆫ 然後에 事業을 可經이니 股金[7]을
　　　　各出ᄒ야 貿賤賣貴도 ᄒ고 有無相通도 ᄒ야 商業을 興旺
　　　　케 ᄒᆯ 事
第十五條 大小商民이 閭巷[8]村落에 悖衆行悖ᄂᆫ 一竝嚴禁이되 傲
　　　　慢官令과 詬辱長老와 勒捧[9]私債와 勒掘人塚과 勒葬當禁
　　　　之地와 酗酒毆打와 勒奪寡婦 等 七條에 如有犯科者면 司
　　　　法에 付ᄒ야 嚴懲ᄒᆯ 事
第十六條 左右兩商이 名稱은 各殊ᄒ나 商是一般이라 愛護勸勉ᄒ
　　　　야 無獘資業이되 興販을 通用ᄒ야 葛藤이 無케 ᄒᆯ 事
第十七條 未盡條件은 追後 磨鍊ᄒᆯ 事

　　　　　　　　　　　本部任員
　　部　　長　　前都事 李學宰
　　監　　督　　從二品 徐肯淳　　正三品 李璿載　　前主事 禹秉南
　　副司務　　　前議官 朴喜英　　前主事 李瑗宰
　　補佐員　　　前郡守 李寅承　　前主事 申義善　　前主事 全秉元
　　公事員　　　前參奉 朴昌洙　　前郡守 趙敬植　　前議官 李泰榮
　　　　　　　　前侍從 李鍾鎬

---

7) 股金(고금) : 주식(柱式) ← 東亞漢韓大辭典 1458쪽
8) ① 閭巷(여항) : 閭閻(여염) ← 우리말큰사전(하) 2343쪽 1338쪽
　　② 閭閻(여염) : 백성들의 살림집이 많이 모여 있는 곳.　閭里(여리)
9) 勒捧(늑봉) : 빚진 사람에게 돈이나 물건을 억지로 받아냄 ← 새우리말큰사
　　전(상) 734쪽

　　　　　前主事 金商敎　　前主事 金正鎭　　前主事 朴尙浩
掌務員　正三品 徐丙炎　　前主事 李鍾九　　幼　學 李冑承
　　　　　正三品 金胄漢　　正三品 申泰根
財務員
會計員　前主事 韓鎭忠
書記員
執　事　嚴善永　鄭基仁　李明玉　許塾　金斗夏　高永漢
　　　　　　　　　　　隆熙二(1908)年　十二月　　日
　　　　　　　　　　大韓商務組合本部長　李學宰

木物 土器 魚鹽 水鐵 南草 麴子 生淸 牛馬駄 船載物 油 篩 糖
氈　以上左商所管
金銀銅鐵 布帛 緞屬 笠子 紙屬 緜花 蔘茸 貂獜 鍮 鎧巾 錫 寓
散　以上右商所管

商務硏究會 規則 序言 (1920년) .... 負褓商 左右社

大凡[1]吾人이 斯世에 生存을 競爭ᄒᄌ면 必也 衣食住 三件에 豊裕를 計圖ᄒ여야 其權能과 資格을 維持ᄒ지오. 衣食住 三件을 豊裕케 ᄒᄌ면 農商工의 三業을 潤澤케 아니치 못홈은 洋之東西와 世之古今에 智愚賢 不肖를 勿論ᄒ고 如印知解ᄒᄂ 바 아닌가.

噫라. 我鮮同胞여! 其圓顱方趾[2]와 竪鼻橫目[3]과 七情四大가 兩球가 同一ᄒ거날 特히 其知識의 階級과 生活의 程度ᄂ 全世界 六大洲中 最劣位에 落在ᄒ야 齒肩홀 方所와 比倣홀 區域이 聊無홈은 由何而然歟아.

豈由於人民의 學問이 不及ᄒ고 智慮가 不周ᄒ야 商工業이 發展ᄒ여야 饒足ᄒ고 人民이 饒足ᄒ여야 其國家의 富强도 亦是 永遠홀거슬 素昧[4]홀 所以러니 天地의 正理ᄂ 循環이 爲主이오 天地의 大德은 生養이 爲本일식.

惟我 總督閣下가 莅任[5]以降으로 我鮮人度의 如何와 物情의 如何를 如犀燭淵[6]ᄒ야 我鮮族 利益上에 必要를 覺悟홀 事ᄂ 不移晷[7] 而斷行ᄒ시니 豈不韙哉며 豈不休歟아.[8]

且 我負褓商은 幾百年來에 有價値 有歷史ᄒ 社會이라. 如此ᄒ 善政下에 若光陰을 虛消ᄒ고 時日을 玩愒[9]ᄒ야 殿屎[10]를 自招ᄒ

---

1) 大凡(대범) : 무릇 ← 새우리말큰사전(상) 823쪽
2) 圓顱方趾(원로방지) : 둥근 머리와 모난 발꿈치
3) 竪鼻橫目(수비횡목) : 오똑한 콧날과 가로진 눈매
4) 素昧(소매) : 견문이 좁고 사리에 어두움 ← 새우리말큰사전(상) 1915쪽
5) 莅任(이임 莅任) : 새로 부임(赴任)하여 사무를 봄 ← 새우리말큰사전(하) 2692쪽
6) 如犀燭淵(여서촉연) : 코뿔소처럼 연못을 밝힘
7) 不移晷(불이귀) ; 하루해의 그림자를 넘기지 말고
8) 豈不韙哉며 豈不休歟아 : 어찌 옳지 않고 기쁘지 않으랴
9) 玩愒(완개) : ① 태만하게 세월을 보냄 ② 재화를 탐함 ← 東亞漢韓大辭典

고 苦痛을 自甘ᄒ면 夜蛾11)의 撲燈12)과 宵虫13)이 趣火14)흠에 何異
ᄒ리오.

然이나 我商業界의 程度가 幼穉15)ᄒ고 聞識이 鴻濛16)ᄒ야 具眼 者17)의 揶揄18)를 難免흠으로 本人 等이 其發展上 硏究를 爲ᄒ야 前日 左右社 及 由來八商을 九合ᄒ야 京城府 西大門町 一丁目 一 八七 番地에 商務硏究會를 組織ᄒ야ᄉ오니 昔日19)八角箱을 頭 戴20)ᄒ며 七枝木을 肩荷21)ᄒ고 野店22)에 聽鷄起ᄒ고 板橋에 踏霜 來ᄒ야 千里에 間關23)ᄒ고 萬壑24)에 迍邅25)홀제 上山에 一敍嘯26)

1136쪽

10) 殿屎(전시) : ① 끙끙 앓음 ② 신음소리 ← 東亞漢韓大辭典 931쪽
11) 夜蛾(야아) : 밤나방 ← 새우리말큰사전(하) 2252쪽
12) 撲燈(박등) : 밤나방이 등불로 달려들다
13) 宵虫(소충) : 밤벌레
14) 趣火(추화) : 불을 향하여 달려들다
15) 幼穉(유치) : 幼稚 유치)
16) ① 鴻濛(홍몽) 澒濛 : 하늘과 땅이 아직 갈라지지 아니한 모양. 천지(天
   地) ← 새우리말큰사전(하) 3751쪽
   ② 鴻濛世界(홍몽세계) : 혼돈세계(混沌世界)
17) 具眼者(구안자) : ① 견식이 있는 사람 ② 아는 이 ③ 안목 있는 이 ← 새
   우리말큰사전(상) 379쪽
18) 揶揄(야유) : 남을 빈정거려 놀림 ← 우리말큰사전(하) 2253쪽
   - 원문에는 椰楡(야유 : 야자나무와 느릅나무)로 되어 있으나
   - 문맥에 비추어 볼 때 揶揄로 표기하는 것이 올바를 것으로 보임
19) 昔日(석일) : 옛날 ← 새우리말큰사전(상) 1833쪽
20) 頭戴(두대) : 머리에 이다
21) 肩荷(견하) : 어깨에 메다
22) 夜店(야점) : 밤에 물건을 파는 상점 ← 새우리말큰사전(하) 2253쪽
23) 間關(간관) ← 새우리말큰사전(상) 50쪽
   ① 길이 험난함 ② (새의 지저귀는 소리가) 아름다움
   ③ (수레바퀴 따위의 돌아가는 소리가) 요란함 ④ 문장이 딱딱함
24) 萬壑(만학) : 첩첩이 겹쳐진 많은 골짜기 ← 東亞漢韓大辭典 1551쪽
25) 迍邅(둔전) : ① 길이 험하여 잘 나아가지 못하는 모양 ② 둔전(屯邅) ←
   동아한한대사전 1836쪽

ㅎ고 下山에 一揮汗27)ㅎ야 手足은 胼胝28)에 苦를 不免ㅎ고 腰膂29)
는 折捩30)에 難을 莫辭ㅎ야도 所得之福은 盈眦31)에 不過ㅎ고 所獲
之金은 一囊32)에 不滿ㅎ얏스니 我同胞의 如彼흔33) 困瘁34)를 瞥眼
間35) 進一進 步武를 促進ㅎ야 山珍海錯36)과 銀蒜金葱37)과 獐牙兎
頭38)와 押脚鴈翅39)를 陸轉滊車40)ㅎ고 水運畵船41)ㅎ야 五都之市와
波斯之肆42)을 我鮮半島 幾千里에 星羅雲布43)ㅎ고 山出碁置樣44)

26) 一欷嘯(일서소) : 한 번 휘파람을 불어 내고
27) 一揮汗(일휘한) : 한 번 흘러내리는 땀을 쥐어 뿌림 ← 東亞漢韓大辭典 732쪽
28) 胼胝(변지) : ① 추위 따위로 손발이 튼 것 ② 손발에 생긴 못 ← 東亞漢韓大辭典 1471쪽
29) 腰膂(요려) : 허리와 등골뼈
30) 折捩(절렬) : 휘어 비틀어지다
31) 盈眦(영제) : 겨우 눈 언저리에 찰 정도이다 ← 東亞漢漢大辭典 1223쪽
32) 一囊(일낭) : 한 주머니
33) 如彼흔 : 저와 같은
34) 困瘁(곤췌) : 고달파서 초췌함
35) 瞥眼間(별안간)
36) 山珍海錯(산진해착) ← 새우리말큰사전(상) 1719쪽
   - 산해진미(山海珍味) 산진해미(山珍海味) 수륙진미(水陸珍味) 해륙진미(海陸珍味)
37) 銀蒜金葱(은산금총) : 은빛 마늘과 금빛 파뿌리
38) 獐牙兎頭(장아토두) : 노루어금니와 토끼머리
39) 押脚鴈翅(압각안혈) : 청둥오리가 다리를 접고 기러기가 떼 지어 날아가다
40) 陸轉滊車(육전기차) : 육지에는 증기를 내뿜는 차들이 굴러 다니다
41) ① 畵船(화선) : 채선(彩船) ← 새우리말큰사전(하) 3763쪽
   ② 彩船(채선) ← 새우리말큰사전(하) 3220쪽
      - 정재(呈才) 때의 선유락(船遊樂)에 쓰던 배
      - 아름다운 그림으로 채색하였음
      - 채방(彩舫)
   ③ 水運畵船 : 물위에는 그림처럼 아름다운 배들이 노닐다
42) ① 波斯(파사) : 페르시아 (이란의 옛 이름) ← 새우리말큰사전(하) 3496쪽
   ② 波斯之肆(파사지사) : 페르시아의 시장
43) 星羅雲布(성라운포) : 하늘의 별처럼 늘어져 있고 구름처럼 펼쳐져 있다

3. 章程類 | 347

無處不有⁴⁵⁾ㅎ고 無地不設케 ㅎ야 疇昔⁴⁶⁾에 困窮은 春宵夢⁴⁷⁾에 同付ㅎ고 現代安樂은 夏天雲과 合厚케 ㅎ면 웃지 僉彦⁴⁸⁾研究에 獲得홀 所賜이 아닌가.

凡 我 十三道 同業僉彦은 辛勿遲延⁴⁹⁾ㅎ시고 發憤研鑽ㅎ야 我 實業上 狂瀾⁵⁰⁾을 旣到에 挽回ㅎ고 陽脈을 重陰에 收復ㅎ면 總督閣下의 仁風을 奉揚홀 쑨더러 吾人에 光輝도 兩半球 列强國에 憐亂⁵¹⁾을 揮霍⁵²⁾ㅎ야 其腹非心幷哂⁵³⁾ㅎ든 種族과 伯仲間⁵⁴⁾에 並驅徜佯⁵⁵⁾ㅎ면 其所快樂이 豈有過於此者歟아. 我 槿域⁵⁶⁾ 商業家 諸

---

44) 山出碁置樣(산출기치양) : 산들이 빼어나서 바둑돌을 둔 모양
45) 無處不有(무처불유) : 있지 않은 곳이 없다
46) 疇昔(주석) : 그렇게 오래지 않은 옛적 ← 새우리말큰사전(하) 3059쪽
47) 春宵(춘소) : ① 춘야(春夜) ② 봄철의 밤 ← 새우리말큰사전(하) 3304쪽
48) 僉彦(첨언) : 여러 착한 선비
49) 辛勿遲延(신물지연) : 조금도 지연하지 말고 맹렬하게
50) 狂瀾(광란) : ① 거세차고 어지럽게 일어나는 물결 ② 광도(狂濤) ← 새우리말사전(상) 334쪽
51) 憐亂(인란) : 도깨비불처럼 아름답게 번쩍거림 ← 東亞漢韓大辭典 1088쪽
52) 揮霍(휘곽) ← 東亞漢韓大辭典 732쪽
   ① 상하로 움직이는 모양 ② 기세가 세참 ③ 빠른 모양 ④ 변하여 바뀌는 모양
   ⑤ 생각 따위를 떨쳐버림 ⑥ 돈을 함부로 씀 ⑥ 사치함 ⑦ 낭비함
53) ① 哂(소) : 笑(웃을 소)
   ② 腹非心幷哂(복비심병소) : 뱃속에 다른 마음을 먹지 않고 함께 웃다
54) 伯仲間(백중간) : 伯仲之間 ← 새우리말큰사전(상) 1400쪽
   - 맏형과 둘째형
   - 기술이나 지식 따위가 서로 어금어금하여 우열이 없음
55) ① 並驅(병구) : 나란히 달림 ← 東亞漢韓大辭典 1311쪽
   ② 徜佯(상양) ← 東亞漢韓大辭典 619쪽
      - 어정거려 노닒 - 생각에 잠기어 왔다 갔다 함 · 徜羊(상양) 逍遙(소요).
56) 槿域(근역) ← 새우리말큰사전(상) 477쪽
   ① 무궁화동산 ② 우리 한국 ③ 근화향(槿花鄉)
   ④ 산해경(山海經)에 동방군자국(東方君子國)이 있는데 근화(槿花)가 많다고

君이여.

　　　　　　　　　大正九(1920)年　月　日
　　　　　　　　　　洪　鎭　裕　　謹

한 데에서 온 말

Ⅳ. 其他類

商賈稧立儀 (1853년 9월)

　右 立儀事段[1] 惟我 韓舒林鴻庇藍定[2]七邑坐行 諸商賈 同心結稧 俾有相救之誼是在果.[3]

　賈人之出入 囂塵[4] 可謂 危亂之方. 而其中破落[5]無賴人 亦多有之. 間間有罷壞 不測之事是乎[6]則勢將擧一 牧議以社日[7]後 市上囂[8]雜之弊 而捨此不禁 則禁山林木之禍 可以逆料. 故 以僚中 有能人 各出任事 一大論議同事 結稧是遣.[9] 各其條目刊錄 于後 依此奉施行事.

---

1) 段(뜬 짠) : ~은 ~는 ~인즉 ~딴은
2) ① 韓舒林鴻庇藍定 : 韓山 舒川 林川 鴻山 庇仁 藍浦 定山
　② 苧産八區 : 扶餘 鴻山 藍浦 庇仁 舒川 韓山 林川 定山 ← 저산팔구상무우사 유품 3쪽
3) 是在果 : ~이거니와 ~인 것과 ← 이두문
4) 囂塵(효진) ← 동아한한대사전 361쪽
　① 시끄럽고 먼지가 많음 ② 번화한 시가(市街)의 시끄러운 모양
　③ 번거로운 속세의 일　④ 속세(俗世)
5) ① 破落戶(파락호) ← 새우리말큰사전(하) 3493쪽
　　돈이나 세력이 있는 집의 자손으로서 난봉이 나서 결판난 사람
　② 팔난봉 : 가지각색의 난봉을 부리는 사람 ← 새우리말큰사전(하) 3508쪽
　③ 난봉 : 허랑방탕한 짓(사람) ← 새우리말큰사전(상) 621쪽
6) 是乎(이온) : ~인 ~이므로 ~이기에 ← 이두문
7) 社日(사일) ← 동아한한대사전 1262쪽
　- 입춘 후 다섯 번째 무일(戊日)과 입추 후 다섯 번째 무일(戊日)로 사직신(社稷神)에 제사지내는 날
　- 춘사일(春社日)과 추사일(秋社日)
8) 囂雜(효잡) : 혼잡(混雜) ← 새우리말큰사전(하) 3808쪽
9) 是遣(이고) : ~이고 ← 이두문

- 接長賻儀　　上布二疋　　壯紙三束　　代二十兩
- 公員賻儀　　中布二疋　　壯紙二束　　代八兩
- 有司賻儀　　中下布二疋　白紙三束　　代五兩
- 執事賻儀　　中下布二疋　白紙三束　　代五兩
- 閑散人賻儀錢　　二兩二錢
- 童蒙所任賻錢　　四兩
- 市上街路 有相鬪作梗10)之弊是去等11)諸 所任 這這 自斷處理 是遣. 若爲拒逆 則期於告官 懲理事.
- 行商之錢 其與之受之 一大爲難者. 各 所任 中 百倍操心處事 爲㫆.12) 或於八方 無賴之人 不審古條是如乎13) 後有見失之弊 是去等 此是案之 不能事也. 此等 見敗之事 勿爲煩告事.
- 稧員 中 宴會時 無故不來之員 罰錢 壹兩式 上爲劑14)
- 童蒙所任 賻例段 非大房 已行之兒 則依閑散人15)例 施行事

　　公　　　員　　李根哲(居鴻山)
　　衣藍公員　　張允化
　　韓山公員　　盧士鉉　　金華信　　崔士寬
　　執　　　事　　曹敬元　　姜百興　　李敎甫　卓聖彦
　　有　　　司　　李致秀　　石致鉉(居藍浦)

---

10) 作梗(작경) : 못된 행실을 부림 ← 새우리말큰사전(하) 2807쪽
11) 是去等(이거든) : ~이거든 ~이었는데 ← 이두문
12) 爲㫆(ㅎ며 하며) : ~하며 ← 이두문
13) 是如乎(이다온) ← 이두문
　　① ~이라고 하는　~이다 하는　② ~이라고 하므로　~이라고 하기에　③ ~이라고 하더니　~이더니
14) 爲劑(ㅎ제 하제) ← 이두문
　　① ~한다　~함　② ~하라　~할 일　③ ~하고자
15) 閑散人(한산인) : 놈팡이　게으름뱅이 ← 새우리말큰사전(하) 3637쪽

童　蒙
大　司　崔漢成　劉百孫　盧聖燁
公　員　黃興㐫　金世龍　李判龍　金㐫成

癸丑(1853)年 九月 十四日　宴會時
接長 上公員(盧士賢) 副公員 都執事 童蒙有司 公員
已行 接長：李直偶 吳海輔
(苧産八區 商務社 右社 所藏)

상고계입의 (1853년 9월)

　　의식(儀式)을 확립하는 일은 韓山 舒川 林川 鴻山 庇仁 藍浦 定山 의 7읍에 있는 좌고행상(坐賈行商)과 모든 행상좌고(行商坐賈)들이 한 결같은 마음으로 계(稧)를 결성하고 환난상구(患難相救)의 정분(情分) 을 보태는 것이다.
　　그렇거니와 상인의 출입이 시끄러운 모양은 위란(危亂)의 모서리라 고 말할 수 있다. 그 중에는 파락호(破落戶)와 무뢰한(無賴漢)도 많다. 간간이 파괴를 예측할 수 없는 일이 있다. 그러므로 일제히 힘을 일으 켜서 사일(社日) 이후에 장시(場市)의 혼잡한 폐단을 다스리고 의논하 여 이를 잘라 버리고 금지하지 못하면 산에서 임목(林木)을 베어버리는 것과 같은 화근이 역습(逆襲)할 것으로 사료된다. 그러므로 동료들 중 에 유능한 사람을 각각 선출하여 일을 맡기고 이 일을 크게 논의하여 계(稧)를 결성하였다. 그리고 각 조문을 기록으로 간행한 후에 이에 의 거하여 받들어 시행한다.

- 접장의 부의는 상포 2필과 장지 3묶음이고 대금으로는 20냥
- 공원의 부의는 중포 2필과 장지 2묶음이고 대금으로는 8냥
- 유사의 부의는 중하포 2필과 백지 3묶음이고 대금으로는 5냥
- 집사의 부의는 중하포 2필과 백지 3묶음이고 대금으로는 5냥
- 한산인 부의전은 2냥 2전
- 동몽소 임원 부의전은 4냥
- 시장의 가로(街路)에서 서로 싸우고 못된 행실을 부리는 폐단이 있거든 모든 임원들이 갖가지를 스스로 처단하고 만약 거역하는 사람이 있으면 관청에 고발하여 순리(順理)대로 징치(懲治)한다.
- 행상의 돈을 주고받는 일은 매우 어려운 일이다. 각 임원들은 수백 번 조심하여 일을 처리해야 한다. 간혹 무뢰한(無賴漢)들이 옛 조목을 살피지 않았다고 하면서 훗날 손실의 폐단을 들추어내면 이는 위의 조목안(條目案)들이 불가능한 일이다. 이러한 실패한 일들이 발견되더라도 번거롭게 보고할 거리도 못된다.
- 계원 중 연회에 이유 없이 오지 않은 사람은 벌금 1냥씩을 상납한다.
- 동몽소(童蒙所) 임원의 부의사례(賻儀事例)가 대방(大房)에서 이미 시행한 것과 다르다면 한산인(閑散人)의 사례에 의거하여 시행한다.

商理局 禮山袱商接長 先生案[1] (1888년 5월)

凡 諸㕛先繼後 必有元勳首功. 不載書墨 則事皆昏暗.[2] 旣漏籲額[3] 則人如夜行.
漢有獜閣[4]表貞之錄 晋有蘭亭修稧[5]之記. 秩次有序 條例攸分.[6]

---

1) 先生案(선생안) ← 朴元善 著, 負褓商, 韓國硏究院 1965, 110쪽
   - 案: 冊 書類
   - 先生案은 案冊이라고도 한다. 원래는 각 관공서에서 前任公員의 성명 직명 생년월일 본적 등을 기록한 책이다. 그러나 여기서는 頭領級을 역임한 명단을 가리키는 말로 쓰여졌다. 그러므로 接長(掌務員)으로부터 實鑑班首를 거쳐서 領位까지 오른 頭領의 경력이 적혀 있다. 따라서 접장을 거치지 않고 南向班首와 領位가 된 사람은 선생안에서 제외된다.
2) ① 昏暗(혼암) : 혼흑(昏黑) 혼암(昏闇)
   ② 昏黑(혼흑) : 어두워서 아주 캄캄함 ← 새우리말큰사전(하) 3746쪽
   ③ 昏闇(혼암) : 어리석고 못나서 사리에 어두움 ← 새우리말큰사전(하) 3744쪽
3) ① 漏籲(누유) : 누락되었다고 외치다
   ② 扁額(편액) 遍額 ← 새우리말큰사전(하) 3531쪽
      - 비단 종이나 널판지 따위에 그림을 그리거나 글씨를 써서 방안이나 문 위에 거는 액자(額子)
      - 편제(扁題)
   ③ 篆額(전액) : 전자(篆字)로 쓴 비갈(碑碣)이나 현판의 제액(題額) ← 새우리말큰사전(하) 2913쪽
4) 麒麟閣(기린각) ← 새우리말큰사전(상) 517쪽
   - 한(漢) 나라의 선제(宣帝)가 지은 누각
   - 공신(功臣) 11명의 상(像)을 그리어 누각 위에 걸었음
5) ① 蘭亭(난정) ← 새우리말큰사전(상) 623쪽
   - 중국 절강성(浙江省) 소흥현(紹興縣) 남서쪽에 위치한 난저(蘭渚)에 있던 정자(亭子)
   - 고래로 남화가(南畵家)가 즐겨 그리는 제재(題材)의 하나
   ② 난정의 모임 ← 새우리말큰사전(상) 623쪽
   - 진(晋) 나라의 목제(穆帝) 때인 353년 3월 3일 사안(謝安)을 비롯한 41명의 명사(名士)들이 난정(蘭亭)에 모여 곡수(曲水)에 술잔을 띄워 마음을 가다듬고 시를 읊던 일
   - 이 시(詩)를 모아 왕희지(王羲之)가 서문을 써서 난정집서(蘭亭集序)라

推千載之上 而往跡不潛. 居千載之下 而來趣惟新. 顧我商業設所 其來頗久矣.[7]

始自漢城府 公文刊行之後 荐承[8]惠商局公文 頒布之敎 任房綢密於此 可覩商務之弘規於此 可期許多文牒 靡不詳載.

然 接長一任 何等難重 而由來 別無立案節目 誠甚慨. 然 歲在丁亥 接長之任 自商理局 擅 差賤名 越明年 因爲再任 則嗚呼 任大責重. 若蚊負之山 蛆行于海 何可晏然 堪任乎.

商理局 旣設之後 公文圖書 名標帖旨 將欲改備新板 出沒京營[9] 歲餘[10] 成效事. 豈易言哉.

商業至此 無或遺漏[11]而且成. 已經 時任接長之交替 冊子 書以姓名 註以年條[12] 命之曰 先生案. 後之君子 考閱追想 鱗次謄錄[13]而簡中準限. 瓜滿[14]之外 如或暫差接長之任 未幾[15]還退[16]之人 則

하였음
6) 攸分(유분) : ① 수분(修分) ② 다듬어 갈라놓다
7) 其來頗久矣(기래파구의) : 그 내력이 자못 오래되었다.
8) 荐承(천승) : 연달아 이어 받들다. 빈번히 이어 받들다 ← 동아한한대사전 1529쪽
9) ① 京營門(경영문) : 서울에 있던 각 영문(營門) ← 새우리말큰사전(상) 200쪽
　② 營門(영문) : 병영(兵營)의 문. 군문(軍門) ← 새우리말큰사전(하) 2390쪽
10) 歲餘(세여) : 1년 남짓한 동안 ← 새우리말큰사전(상) 1895쪽
11) 遺漏(유루) : 사물의 짜임새가 허술하여 새거나 빠짐 ← 새우리말큰사전(하) 2582쪽
12) 年條(연조) ← 새우리말큰사전(하) 2364쪽
　① 어떤 일에 종사한 햇수　② 사물의 유래나 역사
　③ 어떠한 해에 어떠한 일이 있었다는 것을 나타내는 조목
13) 謄錄(등록) ← 새우리말큰사전(상) 973쪽
　① 베끼어 기록하는 일　② 이전의 전례(前例)를 적은 기록
14) 瓜滿(과만) : 임기만료 ← 동아한한대사전 1152쪽
15) 未幾(미기) : 동안이 얼마 오래 걸리지 않음 ← 새우리말큰사전(상) 1269쪽
16) 還退(환퇴) : 집 땅 따위를 샀던 것을 도로 무름 ← 새우리말큰사전(하) 3778쪽

不入於此. 案中之意 永久遵守行事.[17]

時接長 方世昌 謹稿

상리국 예산복상접장 선생안 (1888년 5월)

무릇 모든 것은 먼저 창설되고 나중에 계승되는 것인데 여기에는 반드시 원래의 공훈과 우두머리의 공로가 있게 마련이다. 이를 붓글씨로 등재해 놓지 않으면 거의 모든 일이 어둡고 캄캄하게 된다. 이미 편액(扁額)에 누락되었다고 외치면 사람이 마치 밤중에 걸어가는 것처럼 분간할 수 없다.

한(漢) 나라에서는 기린각(麒麟閣)에 곧은 기록을 표시하였고 진(晋) 나라에서는 난정(蘭亭)에서 계(稧)를 닦은 기록이 분명히 있다. 질서의 차례에는 순서가 있고 조례에는 분별(分別)이 대롱대롱 걸려져 있다. 천년을 위로 밀고 올라가 보면 갔던 발자취가 산란하지 않고 앞으로 천년 아래에서 살게 되면 취향(趣向)은 오로지 새롭게 된다. 생각컨대 우리의 상업에서 임소(任所)가 설치된 것은 내력이 자못 오래되었다.

한성부(漢城府)의 공문이 발간된 이후로부터 연달아 이어진 혜상국(惠商局)의 공문이 반포된 교훈은 여기에서 임방(任房)이 주도면밀(周到綿密)하고 상무(商務)의 크나큰 규약을 볼 수 있으며 허다한 문첩(文牒)에 등재된 내용이 상세하지 않는 것이 없기 때문이다.

그런데 접장에 일임된 것이 아무리 어렵고 귀중한 것이라도 별도로 입안된 절목도 없이 내려 왔으므로 성의를 몹시 개탄(慨歎)하게 된다. 정해(丁亥 1887 고종24)년 접장의 임무는 상리국에서 마음대로 천한 이름에 차별을 두고 내년을 넘기어 재임명되면 책임이 중대(重大)하게

---

17) 遵行(준행) ← 새우리말큰사전(하) 3076쪽
① 전례나 명령 등을 좇아서 행함 ② 규정을 지키어 행함

된다. 마치 모기가 산을 짊어지고 구더기가 바다를 건너가는 것 같아서 어찌 편안하게 임무를 감당할 수 있을 것인가.

상리국이 이미 설립된 이후 공문도서 명표첩지를 신판으로 개편하고 싶어서 1년 남짓 동안 서울의 각 영문(營門)을 드나들면서 노력한 결과 효과를 거두었다. 말로는 쉬운 일이로다.

상업이 여기에 이르니 새거나 빠지는 일도 없이 성사(成事)되었다. 이미 현직 접장의 교체되면서 책자에 성명 연조(年條) 등이 기록되어 선생안(先生案)이라고 명명(命名)되었다. 훗날의 군자(君子)들이 자세히 살펴서 열람하고 생각을 보태어 마치 물고기의 비늘처럼 차례대로 베껴서 기록해 놓을 것이나 개중에는 기준에 한계가 있다. 임기가 만료되어 간혹 잠정적으로 차출된 접장의 임무가 얼마간의 시일이 걸려서 되돌려질 사람이면 이 선생안(先生案)에 삽입할 수 없다. 선생안의 중심의미를 영원히 오래도록 준수 수행해야 한다.

현직접장 방세창 삼가 글을 올림

先生案 追記 (己巳 1929)

嗚呼. 我 先生案 歲戊子 方先生世昌氏 所修正[18]者 而伊來四十餘年. 分而合 合而分 甦而絶 絶而甦 艱難波瀾 如風燭火. 一縷老脈[19]滑勻濡弱者 伊誰之力實.

諸先生之陰騭[20]各 有志之贊同 可不興感 可不踊躍.[21] 然 而滿瓜以後 始許登案 繼存之功缺 而敦睦之道 缺矣. 故 雖暫任旋遞之人 一切 登案之意 已有詢議.[22]

後之君子 幸相提携 準此爲式 不潛維新[23]也歟.

歲 己巳(1929) 肇夏

後進 兪鎭浩 謹記

선생안 후기 (1929 己巳)

어허라. 우리의 위대한 선생안(先生案)은 무자(戊子 1888)년 방세창(方世昌) 선생이 바로 잡아서 고쳐 놓은 것이 40여 년이 흘렀다. 나누고 합하며 합하고 나누었다. 소생(甦生)과 절단(絶斷)이 교차되면서 마치 바람 앞의 촛불처럼 고된 어려움도 많았고 파란(波瀾)도 많았다. 하나의 실낱같이 늙은 맥박이 원활하고 고르거나 막히고 허약한 것은 무엇인가의 힘이 충실(充實: 充滿)한 것이다.

---

18) 修正(수정) ← 동아한한대사전 137쪽
   ① 바로 잡아서 고침 ② 몸을 닦아 행실이 올바름 ③ 정도(正道)를 닦음
19) 一縷老脈(일루노맥) : 하나의 실낱같이 늙은 맥박
20) 陰騭(음즐) : 하늘이 남 몰래 백성을 도움 ← 새우리말큰사전(하) 2638쪽
21) 踊躍(용약 踊躍) : ① 뛰어 일어나 기세 좋게 나아감 ② 춤추듯이 뜀 ← 동아한한대사전 1791쪽
22) 詢議(순의) : 물어서 의논하다
23) 維新(유신) : 폐습을 개혁하여 새롭게 함 ← 새우리말큰사전(하) 2590쪽

모든 선생들의 음덕(陰德 : 陰騭)과 각 유지(有志)들의 찬동이 흥감(興感)과 용약(踊躍)을 얻지 못하는 것은 옳은 일이다. 그러나 임기가 끝난 이후 선생안에 등재되도록 허락되기 시작하면 공로와 흠결이 계속 존속되어 돈목(敦睦)의 도리가 결함을 보인다. 그러므로 비록 잠정적으로 돌아가면서 맡은 사람일지라도 선생안에 등재할 것인지의 모든 뜻은 미리 물어서 의논해야 한다.

훗날의 군자(君子)들이 다행히도 서로 제휴(提携)하고 이를 준용(準用)하여 혼합하지 말고 폐습을 개혁하여 새롭게 하기 바란다.

기사(己巳 1929)년 초여름
후진 유진호 삼가 기록함

青衿綠[1] (1901년 3월)

　夫 行商在四業 中 屬一 而凡民之資生[2]也. 粤自辛亥四月 有承朝家之令飭[3] 大興林令監仁字孫字 得漢城府公文. 刱設洪結保靑大興 五邑任房 擇定可堪[4]任役 幹檢場市之諸物. 曾經[5]所任[6]列錄于冊子 名之曰 靑衿錄矣.

　其後 乙酉年 自京司[7]更設商理局 還收漢城官公文. 又 乙亥年 更設商務社 還收商理局公文. 而今承商務社公文 行之者 二三載矣.

　以若愚蠢[8]資質 猥蒙接長之任 考閱[9]傳事之跡 則靑衿之修 無矣. 自其將[10]初靑衿 其無傳. 以壬辰盆考 班首之位 乙酉爲始修成

---

1) ① 靑衿(청금) ← 새우리말큰사전(하) 3254쪽
   - 시경(詩經)의 靑靑子衿(청청자금)에서 온 말
   - 유생(儒生)을 달리 이르는 말
   - 성균관 유생의 푸른 두루마기 교복 제복 유니폼(uniform).
   - 상무사(商務社)의 임원을 일컬음
   ② 靑衿錄(청금록) : 성균관(成均館) 향교(鄕校) 서원(書院) 등에 있던 유생(儒生)의 명부(名簿) 유안(儒案)
2) 資生(자생) : 생업(生業) ← 새우리말큰사전(하) 2788쪽
   . ① 어떤 직업으로 생계를 유지함 ② 생계를 유지하는 직업
3) 令飭(영칙) : 명령을 내리어 단단히 일러 경계함 ← 새우리말큰사전(하) 2398쪽
4) 可堪(가감) : 어떤 일을 감당해 낼만함 ← 새우리말큰사전(상) 2쪽
5) 曾經(증경) : 일찍이 이전에 겪음 ← 동아한한대사전 825쪽
6) 所任(소임) ← 새우리말큰사전(상) 1928쪽
   ① 맡은 바 직책 ② 마을이나 작은 단체의 아래 등급 임원 ③ 색장(色掌)
7) ① 京司(경사) : 경각사(京各司) 각사(各司) ← 새우리말큰사전(상) 195쪽
   ② 京各司(경각사) : 서울에 있던 관아(官衙)를 통틀어 일컬음 ← 새우리말큰사전(상) 185쪽
8) 愚蠢(우준) : 어리석고 민첩하지 못함 ← 새우리말큰사전(하) 2522쪽
9) 考閱(고열) : 상고(詳考)하여 열람함 ← 새우리말큰사전(상) 251쪽

一冊. 乙酉卽 商理局設始之初也. 以後 舊例遂行昭載. 豈非生光哉.

噫 乙酉之前 移書 靑衿之錄 而於心 恒所未安. 故 玆欲其重修 考閱社屬成冊 則或存或無 不得記錄. 故 只以役[11]次序奉錄 而社屬 未能修載. 自丙寅 至甲申 記傳隨存 闕漏[12]居多.

而幸有聞於曾經修其書 而付載於乙酉之上. 從玆以後之漏傳段[13] 使後進永爲釋其疑 而注準. 豈非任所之所當行者哉.

辛丑(1901)年 三月 日

海生 崔德周 謹序

丙午(1906) 三月 日
領位 參判 姜箕柱(保寧) 領袖 都事 金炳斗 班首 前郞 李耆壽
都執事 李鳳鶴 六郡公事長 李信植 六郡都公員 金鍾大
都公員 崔炳爀 本房公員 吳炳善 賻儀公員 姜聖五
書記公員 文鍾九

(苧産八區 商務社 左社 所藏)

---

10) 將(장) : 그리하여 대저 ← 동아한한대사전 513쪽
11) 役(역) : 줄세우다 ← 동아한한대사전 611쪽
12) ① 闕漏(궐루) : 결루(缺漏) ← 새우리말큰사전(상) 440쪽
② 缺漏(결루) : (죽 늘어 놓인 가운데 같이 들어 있던 것이) 새어서 없어짐 ← 새우리말큰사전(상) 176쪽
13) 段 : (이두) ~은 ~는

청금록 (1901년 3월)

 대저 행상은 사업(四業 : 士農工商) 가운데 하나에 속하며 무릇 백성의 생업(生業 : 資生)이다. 이에 신해(辛亥 1791)년 4월부터 조정(朝廷 : 朝家)의 영칙(令飭)을 계승하여 대흥(大興)에 거주하는 임인손(林仁孫) 영감이 한성부(漢城府)의 공문을 얻었다. 그리고 홍성(洪城) 결성(結城) 보령(保寧) 청양(靑陽) 대흥(大興)의 5읍에 임방(任房)을 창설하여 감당할만한 임무와 역할을 선택 결정하고 시장에 있는 모든 물건의 검색(檢索)을 주간(主幹)케 하였다. 일찍이 하급임원을 책자에 열거 기록하여 청금록(靑衿錄)이라고 이름 지었다.
 그 후 을유(乙酉 1825)년에는 서울의 모든 관아(官衙)로부터 다시 상리국(商理局)을 설치하고 한성관(漢城官)의 공문을 환수하였다. 또한 을해(乙亥 1875)년에는 다시 상무사(商務社)를 설치하고 상리국의 공문을 환수하였다. 그리하여 지금은 상무사의 공문을 이어받아 수행하고 있는지 2~3년이 되었다.
 만약 우둔하고 어리석은 자질로 말미암아 외람(猥濫)되고 몽매(蒙昧)한 접장이 전해진 일의 궤적을 자세히 고찰 열람하는 임무를 맞게 되면 청금(靑衿:儒生)이 수찬(修撰 : 編修)하는 일은 없게 된다. 그리하여 처음의 청금(靑衿)은 전해지지 않았다. 임진(壬辰 1892)년 반수(班首)의 지위를 더욱 더 살펴보면 을유(乙酉 1885)년에 처음으로 편수되어 하나의 책으로 묶어졌다. 을유(1885)년에는 상리국이 창설된 시초(始初)이었다. 그 후 구례(舊例)를 수행하는 것이 소명(昭明)을 싣게 되었다. 그 아니 생광(生光)이던가.
 아. 을유(乙酉 1885)년 이전에는 청금(靑衿 : 儒生)의 목록을 글로 옮겨 놓았으므로 항상 마음속으로 미안했다. 그러므로 이에 다시 편수(編修)하고자 사속(社屬 : 商務社官吏)을 고찰 열람하여 책으로 만들었는데 간혹 존재하는 것도 있고 간혹 없는 것도 있으므로 모두 기록할 수 없었다. 그러므로 지금은 차서(次序)와 봉록(奉錄)을 줄세웠으나 사

속(社屬)을 모두 수찬(修撰) 등재(登載)할 수 없다. 병인(丙寅 1866)년부터 갑신(甲申 1884)년에 이르기까지 전해진 기록을 따라가 보면 새어 나간 것이 무척 많다.

다행히도 일찍이 수찬한 서적을 청문(聽聞)한 바 을유(乙酉 1885)년 청금(靑衿)의 상권에 덧붙여서 실려 있다. 그 후 누락된 채로 전해진 것은 후진들이 의문점을 석명(釋明)하고 준비에 주력(注力)해야 한다. 이 어찌 임소(任所)에서 마땅히 수행할 일이 아니던가.

신축(1901)년 3월 일
해생 최덕주 근서

商務相助稧 (1923년 12월)

惟我右社商務之刱始가 未知何許何年代로 實行이나 然이나 先輩之勸善懲惡과 病救死葬의 興隆繁昌은 何其優也며 輓近[1] 時事之變遷으로 規模敗壞하고 慶弔相問이 永廢하야 甚至於 大先生 仙案[2]의 一年節祀[3]之一盃誠奠도 方法無路하야 靑衿錄 仙案 等 重要書類를 抛棄於勿問處[4]하야 其爲前商社之任員 與 列位諸僚가 未嘗不[5]歎息者 久矣오.

互相越視하야 平日風光과 相互敦睦을 無處不問이더니 有志諸氏의 感舊憶昔之懷도 不無하고 病救死葬의 萬一이라도 生覺코져 奮然興起하야 隨其事力[6]而出資設定하니 號曰 商務相助稧也라.

從玆以往으로 益加精誠修稧면 前日風景도 依然復興하며 商務規例가 從此振興하리니 豈不美哉며 可不盛儀[7]哉아. 故 明條 列于左하노라.

大正十二(1923 癸亥)年 暮春 序

---

1) 輓近(만근) : ① 근래(近來) ② 몇 해 전부터 지금까지 ← 새우리말큰사전(상) 1087쪽
2) 仙案(선안) : 신선(神仙)의 서류(書類) 훈령서(訓令書) 책상(冊床) 등 ← 동아한한대사전 865쪽
3) 節祀(절사) : 절기나 명절을 따라 지내는 제사 ← 새우리말큰사전(하) 2930쪽
4) 抛棄於勿問處(포기어물문처) : 물어 볼 곳이 없으므로 포기하다
5) 未嘗不(미상불) ← 새우리말큰사전(상) 1276쪽
   ① 정말 아닌게 아니라 ② 과연 ③ 미상비(未嘗非)
6) 事力(사력) : 사세(事勢)와 재력(財力) ← 새우리말큰사전(상) 1656쪽
7) 盛儀(성의) : 성대한 의식(儀式) ← 새우리말큰사전(상) 1879쪽

條 例

- 稧資一月에 隨其事力 而各出資金ᄒ야 以爲稧資 홈
- 名義난 商務相助稧라 ᄒ고 位置난 洪城 廣川으로 홈
- 左記와 如히 各 稧員의 出資金 收合ᄒ야 明其原邊[8])ᄒ고 年一次 修稧홈
- 稧員 中 一周年間 任首[9])를 改差ᄒ야 勤勉視務[10])케 하고 諸般事爲를 擔當處理ᄒ되 接長 一人 本房 一人 書記會計 各 一人 執事 幾員을 選定홈
- 資金을 年三割 利息으로 殖利ᄒ야 稧員 中 若有哀慶이여던 略略 紙 與 燭으로 提燈進慰케 홈
- 稧員 中 一周年間 視務用財가 利子都計의 超過ᄒ난 境遇의ᄂ 不倫의 所致로 責任에 自擔徵出[11])케 홈
- 利子都計 下記後 若有剩餘가 幾許間[12])存在ᄒ난 境遇의난 稧件 資本金으로 充納케 홈
- 左記 稧員外 入金을 志願ᄒ난 人員이 有ᄒ면 何時든지 前稧員의 出資金의 依ᄒ야 任意許入케 홈
- 無依無托ᄒ 散閑同僚 中 或 罹重病으로 呻吟街路이거나 不幸死亡ᄒ야 未有掩葬之道 自商務相助稧中 擔負救葬케 홈

出資人員錄   姜漢永 氏 拾圜 外 四十五人

---

8) 明其原邊(명기원변) : 원금과 이자를 명시하다
9) 任首(임수) : 책임자
10) 視務(시무) : 사무를 봄 ← 새우리말큰사전(상) 2060쪽
11) 徵出(징출) ← 새우리말큰사전(하) 3176쪽
    조세나 빚 따위를 갚지 않을 때에 친척이나 관계자에게 대신 물어내게 함
12) 幾許間(기허간) : 얼마간 ← 새우리말큰사전(상) 538쪽

  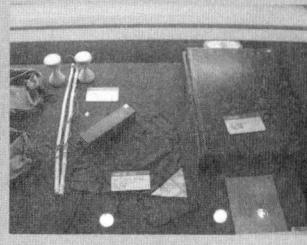

제3부
딸림 자료

● 딸림 자료 1 ●　　　　**부보상 관련 전통노래**

- **부보상들의 노래**
  짚신에 감발 치고 패랭이 쓰고
  꽁무니에 짚신 차고 이고 지고
  이 장 저 장 뛰어 가서
  장돌뱅이 동무들 만나 반기며
  이 소식 저 소식 묻고 듣고
  목소리 높이 고래고래 지르며
  비가 오나 눈이 오나 외쳐가며
  돌도부장사하고 해질 모렵
  손잡고 인사하고 돌아서네
  다음날 저 장에서 다시 보세.

- **부보상들의 지신밟기노래**
  주인 주인 나오소 좌사 손님 들어가오
  사해 안에 사는 사람 서로 서로 형제인데
  고을 백민끼리 남남 보듯 할 수 있소.
  산토끼가 죽어 가면 여우도 슬퍼하오
  금수조차 그러한데 한심하다 우리 세상
  무거운 등짐 지고 이곳저곳 떠돌면서
  아침에는 동녘하늘 저녁에는 서녘땅
  어쩌다 병이 나면 구원할 이 전혀 없네
  사람에게 짓밟히고 텃세한테 괄세받고
  언제나 숨 거두면 까마귀의 밥이 되고
  슬프도다 우리 인생 이럴 수가 어찌 있소
  우리 산다한들 몇 만 년을 살 것이오
  한데 묶어 단결하고 규율로써 다스리면

형도 좋고 아우 좋고 서로 서로 도울제면
동네방네 좋을시고 우리 고을 좋을시고.

- 고령지방 부보상의 지신밟기노래 ← 商道 제1권 228쪽
  우리는 등짐 지고 이곳저곳 떠돌면서
  아침에는 동녘하늘 저녁에는 서녘땅
  어쩌다 병이 나면 구원할 이 전혀 없네
  사람에게 짓밟히고 텃세한테 괄세받고
  언제나 숨 거두면 까마귀의 밥이 되고
  슬프도다 우리 인생 이럴 수가 어찌 있소

- 부보상들의 공문제 노래
  성수만세 선수만세
  오늘 장에 천 냥이요 아랫장에도 천 냥이요
  한 달 육장 매장해도 수천 냥씩 재수 봐요
  가는 길에 만 냥이요 오는 길에 만 냥이요
  소금장수 등짐장수 간 곳마다 짭짤하네
  만세 만세 성수만세
  좌사 여러분들 오고 가는 험한 길에
  몸수 안녕 하시옵고 재소 대통하옵소서.

- 이천지방의 장타령
  춘천이라 샘밭장 신발이 젖어 못 보고
  홍천이라 구만리장 길이 멀어 못 보고
  이귀 저귀 당귀장 당귀 많아 못 보고
  한자 두자 삼척장 베가 많아 못 보고
  명주 바꿔 원주장 값이 비싸 못 보고
  횡설수설 횡성장 에누리 많아 못 보고
  값많은 강릉장 값이 싸서 못 보고

이통 저통 통천장 알 것 많아 못 보고
엄성듬웃 고성장 심심해서 못 보고
철덕 철덕 철원장 길이 질어 못 보고
영 넘어라 영월장 담배 많아 못 보고
어화 저화 금화장 놀기 좋아 못 보고
회회충충 회양장 길이 험해 못 보고
이강 저강 평강장 강물 없어 못 보고
정들었다 정선장 갈보 많아 못 보고
화목 많은 화천장 길이 막혀 못 보고
양식 팔어라 양양장 쌀이 많어 못 보고
즉금 왔다 인제장 일 바빠서 못 보고
울퉁불퉁 울진장 울화 나서 못 보고
안창곱창 평창장 국술 좋아 못 보고

- **영천지방의 장타령**
  설설긴다 기개장 푸릎 아퍼 몬 보고
  앉어 본다 안간장 고개 아퍼 몬 보고
  서서 본다 서울장 다리 아퍼 몬 보고
  입이 크다 대구장 무서워서 몬 보고
  도보한다 경주장 숨이 가뻐 몬 보고
  울울적적 울산장 답답해서 몬 보고
  국끼린다 장내장 묵고 싶어 몬 보고
  초상났다 상주장 시끄러워 몬 보고

- **아산지방의 장타령**
  목발없는 지게지고 골목 골목 들어가니
  뿌리없는 감나무 감이나 잔뜩 열어서
  밑살없는 광우리에 감이나 잔뜩 담어서
  백으내장으로 갔더니 배덕 걸려 못 팔고

뜰미시장으로 갔더니 시간이 틀려서 못 팔고
　　신편장으로 갔더니 하두 심심해 못 팔고

- 제주지방의 장타령
　　왓상팟상 사기장은 부서지어 못 볼러라
　　코풀었다 흐렁장은 닉닉하여 못 볼러라
　　똥뀌었다 방귀장은 웃지여서 못 볼러라
　　말 다 울려라 워랑장은 달아나서 못 볼러라

- 마상일기
　　밤이 새면 장거리에 풀어야 할 황앗짐
　　별빛잡고 길을 물어 가야할 팔십리란다.
　　나귀목에 짤랑 짤랑 향수되는 방울소리
　　구름 잡고 도는 신세 발길이 설다.

　　경상도다 전라도다 충청도에 강원도
　　외양간에 나귀 몰아 몇 십 년이냐
　　길친구에 입을 빌어 더듬어 본 추억 속에
　　말만 들은 옛 고향에 처녀를 본다.

　　황혼들면 주섬 주섬 다음장을 손꼽아
　　선잠깨인 벼갯머리 세월은 주마등이냐
　　동쪽에서 잔을 들고 서쪽에서 사랑푸념
　　울고가자 당나귀야 방울 울리며
　　← 고려성 작사　홍갑득 작곡　진방남 노래

- 商務右社의 社歌　(제1절)
　　태조대왕 등극 후에 우리 생명 건져 냈소
　　영위영감 반수영감 듣잡시오

시재영감 요중영감 모시고서 들어갑니다
오늘이 몇 날이냐 삼월 열나흘입니다
우리가 살면 몇 백 년 사나
목숨을 다하여 보은충성 다하세
산천초목은 젊어나 가는데
우리네 인간들은 왜 이리 늙나요
나라에 충성하고 부모에게 효도하세
후렴 : 계화 계화 계화자 좋소

- 商務右社의 三歎歌
  一歎 老當益壯 大開社會擧呼名 幾許男兒義重輕 驥展誓期千里志 鶴鳴揚振九 聲盾序正當看履歷 權衡都是在公平 淸濁解觀經渭上 江南欲下順流行
  二歎 時局日非 自由世界覺非令 失路誤尋商社林 窮達敢論三抱玉 賢良誰却四知金 征馬驕行先折柳 弄禽解語競呼林 扶風年少爭春笛 悵江頭未盡吟
  三歎 舌戰群雄 世無知己和淸琴 誰識峨詳古調音 皆驚帳後時豹壯 先覺隆中午睡深 置器運方安正位 爭風追勢亂危心 雌雄難辨雙雅色 一風足宜獨出林
  〔扶餘郡 南面 馬井里 南一居士 後隱生 田祜鎭 三歎感述 八郡僉位 會監前謹呈〕

◇ 자료 : 문화재관리국, **重要民俗資料調査報告書** 제81호, 12쪽, 1980년 7월 5일.

● 딸림 자료 2 ●　　　주요 약사

BC 37년　　고구려 건국
　414년　광개토대왕비 건립　日本書紀 발간
1145년　三國史記 발간
1231년　원나라 고려침입
1270년　강화도에서 개성으로 환도
1356년　고려의 쌍성총관부 공격
1364년　고려의 여진격퇴
1370년　고려의 오녀산성(졸본성) 함락
1380년　고려 이성계 장군의 황산대첩
1388년　고려 이성계 장군의 위화도회군
1392년　이성계 장군의 조선태조 즉위
1592년　임진왜란
1636년　병자호란
1868년　일본의 명치유신(明治維新)
1875년　일본사신 조선탐문 (통교교섭단)
1876년　강화도조약(江華島條約) : 일본의 강압개항 경제침탈
　　　　- 일본은 강화도 조약에 의거하여 15개월 이내 조선에 외교관과 영사를 파견하고
　　　　- 영사재판권을 행사할 수 있게 되었다.
1882년　임오군란 (최초의 반일운동)
　　　　- 박영효를 일본특사 겸 수신사로 일본에 파견 (선상에서 태극기 고안)
1884년　갑신정변
1889년　일본의 광개토대왕비문 변조
1894년　갑신정변 : 서재필(미국시민권 보유) 김옥균 박영효가 주도
　　　　- 갑오개혁(甲午改革) : 1894년 7월 · 1896년 2월
1894년　동학란(동학농민운동)

주요 약사 ｜ 373

- 전봉준 처형 (1895)
1895년 명성황후(明成皇后) 시해 (을미사변 10월 7일)
  - 서재필 입국
  - 독립협회(1896) → 〈개명〉 만민공동회(1898) → 大韓自强會 → 대한협회
  * 청일전쟁(淸日戰爭 1894~1895)
    - 일본과 청국이 조선지배권을 놓고 다툰 전쟁
    - 일본의 승리로 조선지배권 탈취함
  * 대한제국(1897년 10월 12일 ~ 1910년 8월 29일 조선총독부설치 일한병탄)
  * 노일전쟁(露日戰爭 1904~1905)
    - 만주 한반도 동해에서 싸운 일본과 러시아 간의 전쟁
  * 한일의정서(제1차 1904) 조인 : 이등박문이 특파대사로 내한
  * 을사보호조약(乙巳保護條約) : 1905년 11월
    - 한국외교권 박탈, 주한외교기관 폐지
    - 을사오적(乙巳五賊) : 박제순(외무대신) 이지용(내무대신) 이근택(군부대신) 이완용(학부대신) 권중현(농상공부대신)
    - 일본의 독도 강점
  * 통감부(統監府) 설치 : 1906년 2월 → 통감부정치(1906월 6월~1910년 8월)
    - 초대 통감 : 이토 히로부미
    - 대한제국을 병탄할 예비공작을 위해 서울에 설치한 기관
    - 대한제국을 해골처럼 만들었다.
1907년 헤이그 밀사사건(6월 25일) → 고종퇴위 순종즉위
      한일신협약(韓日新協約 7월 24일) → 한국군해산
    - 이완용의 친일내각을 앞세워 일본인 차관을 각 부처에 앉혀 외교 내정을 통감의 지휘에 따라 집행하는 차관정치(次官政治) 감행
1909년 안중근 의사에 이등박문 사살 (하얼빈)
    - 일본이 사법권 및 감옥사무를 빼앗고 경찰권을 위임받음

       - 조선은행(한국은행) 창립
1910년　조선총독부 설치(8월 29일) → 일한병탄 경술국치 국권피탈
       - 조선총독부 설치 가동 : 1910년 10월 1일
       - 이완용과 데라우치가 일한병탄 조약에 조인함
1919년　삼일만세운동(3월 1일)
1925년　조선인의 상업 (조선총독부 발행)
1927년　이왕직장관 설치
1929년　일본의 동해 변조 (일본해)
1931년　만주사변 : 일본 관동군(關東軍)의 만주침략
1935년　고종실록 순종실록 간행
1937년　중일전쟁 : 1941년의 태평양전쟁으로 확대
1940년　창씨개명
1941년　국민학교 명칭사용 : 황국신민학교
　　　　태평양전쟁 발발
       - 일본이 하와이 진주만과 필리핀의 미군사시설 기습 공격
1945년　광복(8월 15일) : 일제강점기 종식

● 딸림 자료 3 ●   부사모의 啓導活動

* 작성 : 構堂 李勳燮
* 부사모 (부보상을 사랑하는 사람들의 모임)

한국정신문화연구원장의 공식답변 (2003년 4월 22일) 부보상(負褓商)의 명칭이 공식적으로 회복되었다. 2003년 4월 22일 한국정신문화연구원 (http://www.aks.ac.kr)에서는 열린원장실 답변 목록 제70번을 통하여 부보상의 명칭을 공식적으로 회복시켰다. 이는 2001년 11월 7일 결성된 부보상(負褓商)을 사랑하는 사람들의 모임(약칭 부사모) 소속 네티즌인 경기대학교 경영학과 3학년생 이수섭 군의 건의에 대한 한국정신문화연구원의 공식적인 답글을 통하여 다음과 같이 공표되었다.

또한 2003년 5월 19일 교육인적자원부(http://www.moe.go.kr) 교육과정정책과에서는 〈사이버소리함 묻고답하기 초중등교육 교육과정〉의 7378번을 통하여 "부보상 용어는 학계의 전반적인 추이와 연구 성과를 면밀히 검토하여 차기 교육과정 개발시에 반영하도록 하겠다"고 공표하였다. 이는 2003년 4월 29일 경기대학교 경영학과 3학년생인 국승훈 군이 제기한 〈부보상 명칭회복을 위한 교과서 수정요구〉에 대한 답글이다. 이 답글에서는 부보상에 대한 학계의 인지도 제고를 위한 계도활동의 전개도 요청하였다.

이러한 공식적인 답글이 유도되기까지에는 수많은 사연과 우여곡절이 있었다. 홈 사이트를 발판으로 삼고 있는 부사모의 차원과 학술적 배경을 바탕으로 삼고 있는 한국전통상학회의 차원에서 살펴 볼 수 있다.

우선 홈 페이지 사통팔달(四通八達 http://www.bubosang.net)이 2001년 5월 10일 개설되고 기술적인 준비기간을 거친 후 2001년 8월 15일 개통되었다. 이 홈페이지는 교수와 대학생을 중심으로 우리 대한민족의 전통행상인 부보상의 참된 정신문화를 회복하여 새 천년을 도약하는 상업적 경영철학의 밑거름으로 삼자는 뜻으로 이훈섭 교수의 헌신적 주도로 만들어졌다.

부보상은 유무상통(有無相通)을 위하여 사통팔달(四通八達)하였고 생산자와 소비자가 있는 곳이라면 전국의 방방곡곡을 불철주야로 누볐던 것이다. 따라서 이들의 4대 강령인 물망언(勿妄言) 물패행(勿悖行) 물음란(勿淫亂) 물도적(勿盜賊)이 현대 생활인의 실천덕목으로 자리매김 되기를 기대한 것이다.

부사모는 2001년 11월 7일 MBC 드라마 〈商道〉에서 보부상으로 방영되고 있는 내용을 시청하면서 오도된 부보상의 명칭을 회복하기 위하여 경기대 학생들이 개별적 계도활동을 전개하면서 자발적으로 출발했다. 부사모의 결성은 2001년 제2학기 한국전통경영사를 수강한 경기대학교 2학년 학생들이 주축으로 동년 12월 15일 경기도 양평 파크빌에서 개최한 〈부보상 학술토론회〉에서 비롯되었다. 이에 따른 네티즌 활동을 통하여 1925년 조선총독부에서 뒤틀어 놓은 보부상의 명칭을 척결하고 본래의 부보상(負褓商) 명칭을 되찾아 그 참뜻을 널리 확산시키고자 결집된 것이다.

경기대학교 학생을 주축으로 하여 2003년 6월 1일 현재 http://www.bubosang.net로 공식 사이트를 등록하고, 적극 계도활동을 전개하고 있는 부사모 네티즌은 제1기생 71명, 제2기생 185명, 제3기생 240명, 제4기생 272명으로서 총 768명에 이르고 있다.

부사모 네티즌의 폭발적 계도활동은 2002년 4월 10일 조선일보 21면에 게재된 〈보부상도 근대화 지향〉이라는 제목으로 월봉저작상 수상자(조재곤)가 대서특필되면서 촉발되었다. 이 기사를 본 부사모 네티즌들이 조선일보 독자부와 취재기자에게 부보상의 명칭오류를 정정하도록 강력히 항의하는 글을 앞 다투어 송신했던 것이다. 이에 대한 수상자의 해명이 동년 4월 13일 조선일보 7면에 게재되었다. 일제시대에 일본인들이 우리 상인을 폄하하기 위하여 이름을 바꾼 것이라기보다는 사람들의 선택에 의해 보부상으로 정리되었다는 어설픈 설명이었다.

이에 대하여 동년 4월 16일 본인이 조선일보 7면 독자투고란에 〈부보상 명칭 복원해야〉 라는 제목으로 결정적인 반론을 제시하였다.

그러나 안타깝게도 4월 25일 조선일보 7면 이규태 코너에서 〈보쌈질〉이라는 주제의 글 속에 보부상(褓負商)이라는 용어가 다음과 같이 사용되었다.

"……사복차림으로 미행(微行)하던 영조대왕도 보쌈질 당할 위기를 겪고 있다. 과부 보쌈질에 대한 공식문서로는 고종 32년(1892) 제규유편(諸規類編)을 들 수 있는데 보부상(褓負商)들이 지방에 돌아다니며 과부약탈을 일삼는 것을 엄금하고 있다. ……"

이에 부보상의 명칭회복을 위하여 또 다시 부사모 네티즌들이 벌떼처럼 일어나서 언론계의 원로인 이규태 선생(kyoutaelee@chosun.com)과 조선일보 독자부(opinion@chosun.com)에 강력히 항의 계도 송신하였다. 이에 따라 조선일보 2002년 6월 12일자 7면 이규태 코너에서는 〈유니폼 바꿔 입기〉라는 주제의 글을 통하여 부보상(負褓商)이라는 용어가 다음과 같이 등장되었다.

"…… 월드컵 경기를 마친 다음 적대 선수끼리 유니폼을 바꿔 입는 것을 흔히 볼 수 있다. 적대 감정을 완화시키는 흐뭇한 광경이 아닐 수 없다. 동업자끼리 유대 강하기로 소문난 부보상(負褓商)들이 오다가다 만나면 입었던 옷을 바꿔 입고 제 갈 길을 간다. 곧 옷을 바꿔 입는다는 것은 친화와 신의(信義) 그리고 일심동체를 다지는 전통의식인 것이다. 우리 나라에서 아버지의 옷을 맏이 둘째 셋째로 물려 입었던 옷물림의 관행도 가난해서가 아니라 조손 형제간에 이해를 초월하고 한 마음을 가지라는 정신의식이었다. ……"

이규태 선생은 부보상이라는 용어를 사용하기 시작했다. 2003년 7월 2일자 조선일보 A26면 이규태 코너에서는 〈무지개 祝祭〉라는 주제의 글을 통하여 부보상(負褓商)이라는 용어가 다음과 같이 사용하였다.

"(前略)…… '화랑세기'에 보면 용양신(龍陽臣)이라는 신라 법흥왕의 남색 파트너가 나오고 화랑 사다함의 아버지인 구리지의 동성애 파트너로 얼굴이 아름답고 교태를 잘 부리는 설성(薛成)이 나온다. 신라 화랑의 전신인 청소년집회소는 구성원들이 격리 수용되어 심신을 수련하면서 향토나 국토를 방어하고 공공활동을 돕는 일을 했다. 이 청년집회소가 동성애의 발원지라는 설이 있으며 그 잔존이랄 수 있는 농촌단체인 농사(農社)나 상업단체인 부보상(負褓商)에 의해 전승돼 내렸던 것이다. ……(後略)"

이후 부사모 네티즌의 활동은 증폭되었다. 그 결과 www.hanmail.net와 밀접하게 제휴되어 있는 www.search.daum.net의 부보상 카페에서 부보상의 올바른 명칭이 복원되었고, www.search.naver.com과 www.empas.com 에서 2002년 5월 12일 〈부보상〉 검색이 수용되었다. 조선일보의 어수웅 기자(jan10@chosun.com)는 2002년 12월 13일 〈북스 조선 홈〉의 '북 뉴스'에서 이용선의 다큐소설 〈조선최강상인 (동서문화사)〉을 소개하는 기사에서 부보상이라는 용어를 사용했다. 이는 동년 9월 14일부터 네티즌의 계도활동이 효과를 나타낸 것이다.

이상과 같은 성과가 나타나는 데는 경기대 학생을 주축으로 구성된 부사모 네티즌의 열렬한 계도활동이 크게 주효하였다. www.bubosang.net의 사발통문을 통하여 계도실시에 관한 신호탄인 긴급통문이 27회나 발통되었다. 제1통문(조선일보 월봉저작상 2002년 4/10), 제2통문(조선일보 월봉저작상 4/13), 제3통문(조선일보 이규태코너 4/27 천지일 제보), 제4통문(야후 5/12 정혜원 제보), 제5통문(매일경제신문 5/14 조홍연 제보), 제6통문(조선일보 9/5 추경태 제보), 제7통문(조선일보 9/14 김경민 제보), 제8통문(동서문화사 9/18 조홍연 제보), ……(이하 생략) 등이 줄을 이었던 것이다. 이 밖에도 부사모 회원들의 다각적인 숨은 노력이 용트림처럼 저변에서 끊임없이 굽이쳐 흐르고 있다.

한편 한국전통상학회 차원에서 전개된 학술적 활동이 부보상 명칭회복의 중요한 기반을 형성하였다. 1988년 3월 3일 학회가 창립되고 동년 8월 부보상관련사료역해(負褓商關聯史料譯解 이훈섭)를 학회지 창간호로 발간하였다. 1989년 2월에는 부보상(負褓商)의 경영활동연구(經營活動研究)라는 표제로 학회지 제2집이 발간되었고, 1990년 8월에는 부보상연구(負褓商研究 이훈섭 황선민)라는 제목의 단행본을 발행하였다. 본인은 1997년 7월 한국적부보상논고(韓國籍負褓商論攷)라는 단행본을 출판하였고, 2001년 9월 22일 세종문화회관 4층 컨퍼런스 홀과 2002년 5월 25일 광주

시립민속박물관, 그리고 2003년 5월 20일 대구대학교 국제경영대학원 최고정책연구과정에서 〈부보상 명칭을 되찾자〉는 주제로 특강하였다. 이 내용은 한국전통상학연구 제15집 제2호 329쪽 및 제16집 제1호 권두언으로 등재되었다. 또한 본인은 2003년 6월 27일 COEX 그랜드볼룸에서 사단법인 한국경영사학회가 주관하고 매일경제신문사가 후원하는 〈2003년도 보령그룹 창업대상 시상식 및 정기학술발표대회〉에서 500여 명이 참석한 가운데 〈부보상의 내력과 명칭회복〉을 30분간 공개발표 보고한 일이 있었다. 물론 열렬한 환호와 동의를 받았다.

이상과 같은 고밀도의 노력이 상호 축적되어 한국정신문화연구원에서 부보상 명칭회복의 성과로 나타났고, 교육인적자원부에서도 앞으로 교육과정 개발시에 중 고등학교 교과서에서 보부상이라는 용어가 부보상(負褓商)이라는 용어로 교체되도록 반영하겠다는 공개 표명이 나왔던 것이다.[1]

---

1) 韓國傳統商學會, 韓國傳統商學硏究(제17집 제1호 제22책) 권두언, 2003년 6월 30일.

● 딸림 자료 4 ●   負褓商 名稱回復 呼應資料

⟨자료 1⟩ 한국정신문화연구원장의 공식답변 (2003년 4월 22일)
⟨자료 2⟩ 교육인적자원부의 공식답변 (2003년 5월 19일)
⟨자료 3⟩ 대전일보 (2003년 5월 13일 논설기사)
⟨자료 4⟩ 중앙일보 중부판 (2003년 5월 8일자 10면 기사)
⟨자료 5⟩ 경대학보 (2003년 5월 6일자 8면 기사)
⟨자료 6⟩ 오마이뉴스 (2003년 5월 2일자 사회면 기사)
⟨자료 7⟩ 강석찬 선생의 격려글 (2003년 4월 23일)
⟨자료 8⟩ 경대학보 (2003년 4월 21일자 5면 기사)
⟨자료 9⟩ 영남일보 (2003년 3월 26일자 사회면 기사)
⟨자료 10⟩ 조선일보 (2003년 7월 2일자 A26면 기사)
⟨자료 11⟩ 조선일보 (2002년 6월 12일자 7면 기사)
⟨자료 12⟩ 조선일보 (2002년 4월 16일자 7면 기사)
⟨자료 13⟩ 경향신문 박영철 기자 (호응답글 2004년 4월 6일)
⟨자료 14⟩ 서울대학교 인류학과 이문웅 교수 (찬동답글 2004년 5월 18일)
⟨자료 15⟩ 사회봉사신문 김윤미 기자 (격려글 2004년 5월 24일)
⟨자료 16⟩ 중앙일보 주기중 사진부장 (찬동답글 2004년 5월 26일)
⟨자료 17⟩ 부산덕포여중 최유정 국사교사 (격려글 2004년 5월 27일)
⟨자료 18⟩ 과천시장의 공식답변 (문화체육과 2004년 5월 28일)
⟨자료 19⟩ 히스토피아 (2004년 5월 31일)
⟨자료 20⟩ 예산 향토사학자 성부제 선생 (분투글 2004년 6월 1일)
⟨자료 21⟩ 경북관광개발공사의 공식답변 (2004년 6월 4일)
⟨자료 22⟩ 포항제철공고 이명환 국사교사 (찬동글 2004년 6월 10일)
⟨자료 23⟩ 예산군 소재 무한정보신문 장선애 기자 (찬동기사 2004년 6월 14일 5면 상단)
⟨자료 24⟩ 예산군 소재 무한정보신문 장선애 기자 (찬동기사 2004년 6월 14일자 5면 하단)
⟨자료 25⟩ 예산 향토사학자 성부제 선생 (분투글 2004년 6월 10일)

〈자료 26〉 예산군의 공식답변 (2004년 6월 23일)
〈자료 27〉 전주중산초등학교 교과과정 (4-1 사회)
〈자료 28〉 서경대학교 대학원 교과과정 (법학과)
〈자료 29〉 정보통신 사이버 전시관 : 전기통신 100년사
〈자료 30〉 갑오개혁 (1894년)
〈자료 31〉 부보상 표기 주요사료
〈자료 32〉 사회봉사신문 김윤미 기자 (격려글 2004년 8월 9일)
〈자료 33〉 신경영학습조직 (하인호 저, 삼성경제연구소)
〈자료 34〉 서울신문 김규환 기자 (격려글 2004년 9월 13일)
〈자료 35〉 경향신문 기사 (2004년 9월 13일 박세환 투고)
〈자료 36〉 연합뉴스 정태진 기자 (찬동글 2004년 10월 1일)
〈자료 37〉 충청남도 문화예술과의 공식답변 (2004년 10월 4일)
〈자료 38〉 주간동아 최영철 기자 (찬동글 2004년 10월 4일)
〈자료 39〉 경북일보 황진호 기자 (기사정정 2004년 9월 14일)
〈자료 40〉 sbs 김명환 기자 (찬동보도 장길산드라마 2004년 10월 12일)
〈자료 41〉 홍성군 문화공보실의 공식답변 (2004년 10월 13일)
〈자료 42〉 오마이뉴스 안서순 기자 (찬동적 답글 2004년 10월 14일)
〈자료 43〉 헤럴드경제 곽세연 기자 (찬동적 답글 2004년 10월 18일)
〈자료 44〉 영화천국 시네21의 김귀숙 기자 (찬동적 답글 2004년 10월 18일)
〈자료 45〉 드림위즈 운영자 (찬동조언 2004년 10월 20일)
〈자료 46〉 머니투데이 이백규 기자 (기사정정 2004년 10월 22일)
〈자료 47〉 두산세계대백과사전 (찬동적 내용수정 2004년 10월 23일)
〈자료 48〉 한국브리태니커 (호의적 답글 2004년 10월 26일)
〈자료 49〉 대구신문 기사 (2004년 10월 27일 남궁성옥 투고)
〈자료 50〉 대구신문 김덕용 기자 (기사정정 2004년 10월 27일)
〈자료 51〉 경북 고령군 (긍정적 답글 2004년 10월 28일)
〈자료 52〉 동아일보 정용균 기자 (찬동글 2004년 10월 29일)
〈자료 53〉 각종 포털 사이트의 내용수정 (2004년 11월 2일)
〈자료 54〉 메트로 타임즈 (기사정정 2004년 11월 5일)

〈자료 55〉 엠파스 (내용수정 2004년 11월 10일)
〈자료 56〉 한국정신문화연구원 (찬동적 답글 2004년 11월 10일)
〈자료 57〉 두산동아는 우리 친구 (2004년 11월 10일)
〈자료 58〉 문화일보 이영미 기자 (찬동적 답글 2004년 11월 11일)
〈자료 59〉 시민의신문 전용모 기자 (기사정정 2004년 11월 17일)
〈자료 60〉 한밭교육박물관 (내용정정 2004년 11월 17일)
〈자료 61〉 시사저널 박성준 기자 (찬동답글 2004년 11월 21일)
〈자료 62〉) 매일신문 정경구 기자 (찬동답글 2004년 12월 3일)
〈자료 63〉 국토포털 (내용정정 2004년 12월 3일)
〈자료 64〉 네이버는 우리 친구 (2004년 12월 5일)
〈자료 65〉 오마이뉴스 이성규 기자 (기사정정 2004년 12월 8일)
〈자료 66〉 내일신문 김남성 기자 구당 인터뷰 (2004년 12월 8일)
〈자료 67〉 동아일보 지명훈기자 (호응기사 2004년 12월 12일)
〈자료 68〉 한국일보 방민준 논설위원실장 (찬동기사 2004년 12월 15일)
〈자료 69〉 부산일보 백현충 기자 (호응답글 2005년 3월 11일)
〈자료 70〉 부보상 명칭 최초 KBS1 TV 50분간 방영 (2005년 3월 17일)
〈자료 71〉 unews의 이민희 기자 (기사정정 2005년 3월 21일)
〈자료 72〉 posco news의 조이산 작가(호응답글 2005년 3월 23일)
〈자료 73〉 박두환 국사선생님(호응답글 2005년 3월 23일)
〈자료 74〉 제주투데이 이상진 기자 (기사정정 2005년 3월 24일)
〈자료 75〉 현대불교신문 김강진 기자 (호응답글 2005년 3월 26일)
〈자료 76〉 파란 포탈사이트(호응답글 2005년 3월 31일)
〈자료 77〉 뉴스메이커 유성문 작가 (찬동답글 2005년 4월 2일)
〈자료 78〉 경향신문 박영철 기자 (찬동답글 2005년 4월 3일)
〈자료 79〉 오마이뉴스 방상철 기자 (기사정정 2005년 4월 5일)
〈자료 80〉 금성출판사 (우호답글 2005년 4월 6일)
〈자료 81〉 네이버 여행지추천 블로그 (기사정정 2005년 4월 9일)
〈자료 82〉 서쪽나라 (호응답글 2005년 4월 9일)
〈자료 83〉) 서울경제 김홍길 기자 (찬동답글 2005년 4월 11일)
〈자료 84〉 부산일보 정달식 기자 (찬동답글 2005년 4월 12일)

〈자료 85〉 영남일보 김현철 기자 (호응답글 2005년 4월 13일)
〈자료 86〉 한국관광공사(호응답글 2005년 4월 13일)
〈자료 87〉) 홍성신문 이종민 기자 (찬동기사 2005년 4월 14일)
〈자료 88〉 충청남도 (찬동답글 2005년 4월 14일)
〈자료 89〉 영남일보 이하수 기자 (찬동답글 2005년 4월 16일)
〈자료 90〉 경북일보 하철민 기자 (호응답글 2005년 4월 17일)
〈자료 91〉 대전일보 김재근 기자 (호응기사 2005년 4월 18일)
〈자료 92〉 아이뉴스충북 방병철 기자 (기사정정 2005년 4월 19일)
〈자료 93〉 단양군수 (호응답글 2005년 4월 19일)
〈자료 94〉 단양뉴시스 이병찬 기자 (찬동답글 2005년 4월 20일)
〈자료 95〉 아이뉴스365 방병철 기자 (찬동기사 2005년 4월 23일)
〈자료 96〉 서울신문 남기창 기자 (찬동답글 2005년 4월 25일)
〈자료 97〉 뉴스타운 김진우 기자 (기사정정 2005년 4월 29일)
〈자료 98〉 서쪽나라 (내용수정 2005년 5월 4일)
〈자료 99〉) 다음 포털사이트 (호응답글 2005년 5월 4일)
〈자료 100〉 새전북신문 강영희 기자 (찬동답글 2005년 5월 6일)
〈자료 101〉 인천일보 김주희 기자 (호응답글 2005년 5월 13일)
〈자료 102〉 전교학신문 채향란 기자 (찬동기사 2005년 5월 13일)

* 내용의 정확성 및 충실성을 도모하기 위하여 오자 탈자 및 오류는 교정하였음. 아울러 지면의 한계상 전체 내용을 싣지 못했음을 양해 바라며 자세한 내용을 알고 싶은 독자는 http://www.bubosang.net에 들어가서 확인하기 바랍니다.

<자료 1> 한국정신문화연구원장의 공식답변 (2003년 4월 22일)
먼저 열린원장실 방문을 고맙게 생각합니다. 경기대학교의 많은 학생들이 부보상에 관하여 글들을 올리고 있습니다. 물론 개인마다 답변을 드리는 것이 바람직하나 그렇지 못함을 양해바랍니다. 경기대학교 이수섭 학생께서 질의하신 부보상을 보부상으로 잘못 간행된 한국민족문화대백과사전(본원간행)의 지적을 대단히 고맙게 생각합니다. 다음 개정판부터는 부보상으로 용어변경을 약속드리고 올바른 우리의 용어를 널리 알리도록 노력하겠습니다. 경기대학교 모든 분들의 학문적 성취를 기대합니다. 감사합니다.

<자료 2> 교육인적자원부의 공식답변 (2003년 5월 19일)
먼저 경기대 학생 여러분들의 우리 역사에 대한 열의와 정성에 감사드립니다.
통용되고 있는 보부상 명칭의 연원과 그 잘못을 지적하고 부보상으로 공식화하자는 건의는 대단히 감사합니다. 다만 우리 부는 학계의 일반화된 연구 성과를 토대로 교육과정 및 교과서를 집필하고 있으므로 특정 학설이나 건의를 그대로 수용하여 교육과정이나 교과서에 곧바로 반영하는 것은 곤란하다는 것을 이해해 주시기 바랍니다. 부보상 용어는 학계의 전반적인 추이와 연구 성과를 면밀히 검토하여 차기 교육과정 개발시에 반영하도록 하겠습니다. … (이하 생략)

<자료 3> 대전일보 김형규 차장 (2003년 5월 13일 논설기사)
제 목 : 여백 - 보부상
흔히 알고 있는 보부상(褓負商)은 원래 명칭이 부보상(負褓商)이라고 한다. 負褓商이라는 증거는 이성계 태조가 조선왕조를 건립하는데 도움을 준 등짐장수(負商)들을 앞세워 중상주의정책을 실현하기 위해 행상의 대표자인 백달원에게 하사한 옥도장에 유아부보상지인장(唯我負褓商之印章)이라고 새겨져 있음을 내세운다. 負褓商이라는 용어는 이 밖에 다수 문헌에 등장한다. 부보상이 보부상으로 둔갑한 이유는 일제가 사농공상의 일본식 서열개념으로 조선왕조의 중상정책을 폄하하기 위한

것이라고 학자들은 주장한다. … (중략) …

　하루빨리 현대판 부보상들이 다시 나라경제와 국민생활 구석구석에 삶의 활기를 배달해주는 날이 오길 기대한다.

<자료 4> 중앙일보 중부판 조한필 기자 (찬동기사 2003년 5월 8일자 10면)

제 목 : 보부상 기념관 존립 위기

　국내 하나뿐인 충남 예산의 '보부상(褓負商) 유품전시관'이 존립 위기에 처했다. 최근 "전시관 이름이 일제 잔재이기 때문에 바꿔야 한다"는 개명 요구에 이어 전시관을 다른 곳으로 옮겨달라는 주문까지 받고 있기 때문이다. 전시관 이름 논란은 보부상 유품전시관이 있는 예산군의 홈페이지 게시판에 "보부상은 일제 때 왜곡된 명칭으로 원래 이름인 부보상(負褓商)으로 고쳐져야 한다"는 글이 잇따라 오르면서 비롯됐다.

　이들 글은 대부분 경기대 이훈섭(57 경영학과) 교수에게 수업을 들은 대학생들이 올렸다. 李교수는 "보부상은 조선총독부의 식민정책의 하나로 바꾼 이름"이라며 명칭 환원을 3년째 주장하고 있다. '부보상'은 등짐장수인 부상(負商 남자행상)과 봇짐장수인 보상(褓商 여자행상)의 조합어로 조선왕조의 이성계 태조대왕이 직접 지어준 이름인데 일제 어용학자들이 1925년부터 보부상으로 바꿔 불러 지금에 이르게 됐다는 것이다.

　한국의 지맥을 끊으려고 전국 명산에 쇠말뚝을 박는 만행을 저지른 일제가 항일 운동에 앞장섰던 부보상 이름도 보부상으로 바꿨다는 게 李교수의 설명이다.

　이에 따라 최근 정신문화연구원도 자체에서 만드는 『한국민족문화대백과사전』의 '보부상' 용어를 개정판 발행 때 '부보상'으로 변경하겠다고 밝혔다.

　이에 대해 예산군은 "전시관 이름 변경은 군에서 결정할 사항이 아니다"며 "문화재청 국사편찬위원회 등 유관 단체들의 유권 해석이 내려져야 바꿀 수 있다"는 입장이다. … (이하 생략)

<자료 5> 경대학보 (2003년 5월 6일자 8면 기사)
　　제　목 : 보부상은 일제의 잔재, 부보상으로 바꿔야 …
　　조선시대 돌아다니면서 물건을 파는 행상의 정식 명칭은 부보상(負褓商)이다. 그러나 일제의 식민정책으로 본래의 이름은 잃어버리고 보부상(褓負商)이라는 이름으로 불리어지고 있다. 이를 바로 잡기 위해 제자들과 밤낮으로 노력하는 경영학부 이훈섭 교수를 지난 2일 만나 보았다.
　　"부보상을 바로 잡는 일이야말로 우리 민족의 정기를 바로 세우는 일이지" 하며 따뜻한 말을 건네는 이훈섭 교수.
　　"부보상은 쉽게 말해서 부상과 보상을 합한 말이야. 부상은 등짐장사로 5조 물종이라고 하는 식생활 관련 물건을 파는 사람이지. 보상은 귀걸이나 비녀 등 장신구를 파는 일을 하는 사람이야" 라고 부보상이 무엇인지 쉽게 설명한다. … (이하 생략)

<자료 6> 오마이뉴스 최현영 (찬동기사 2003년 5월 2일)
　　제　목 : 보부상은 일제시대 왜곡된 명칭으로 부보상(負褓商)이 바른
　　　　　　명칭
　　지난 22일 한국정신문화연구원 홈페이지(http://www.aks.ac.kr)의 열린원장실 게시판에 경기대학교 부사모(부보상을 사랑하는 네티즌 모임) 회원들이 한국민족문화대백과사전의 보부상 용어를 수정해 달라는 글에 대하여 "다음 개정판부터는 '부보상' 으로 용어변경을 약속하고 바른 명칭을 널리 알리도록 노력하겠다" 는 답변 글이 게재되었다.
　　또한 부사모 회원들은 교육인적자원부, 국사편찬위원회 등에도 바른 용어 사용을 위한 글을 올리고 있으며 경기대학교 경영학부 교수이며 한국전통상학회 회장인 이훈섭 교수(사진)의 홈페이지 게시판과 사발통문(http://www.bubosang.net)을 보면 바른 용어 회복을 위한 그 동안의 노력을 엿볼 수 있다. … (이하 생략)

<자료 7> 강석찬 선생의 격려글 (2003년 4월 23일)
　　제　목 : 저는 제천에 사는 강석찬입니다.
　　경기대학교 이훈섭 교수님 이하 학생 여러분 안녕하십니까? 부여관광

발전진흥회 홈페이지를 통해 본 사이트까지 들어와 본 강석찬입니다. 우리의 소중한 역사의 한 맥이 뒤틀린 상태로 계승되고 있다는 사실에 적잖게 놀라움을 금치 못하겠습니다. 지성의 요람 대학에서 그나마 우리의 역사를 올바르게 이해하고 후세들에게 교육시키는 교수님이 계신다는 사실만으로도 우리 미래가 그렇게 어둡지만은 않다는 것을 알았습니다.
지난 세기, 우리의 역사는 1천년의 적 일본에 의해 철저하게 왜곡되어 온 것은 사실입니다. 이것도 모자라 이제는 우리의 바다명칭과 섬까지 그들의 입방아에 오르내리고 있다는 사실만으로도 그들은 아직까지 한국을 자신들의 속국인 양 생각하고 있나 봅니다. 반만년 단일민족의 우수한 역사를 가진 고조선의 후예로서 1천년의 적 일본의 잔재를 확실하게 청산하는 그날까지 열심히 노력해야겠습니다. … (이하 생략)

<자료 8> 경대학보 (2003년 4월 21일자 5면 기사)
   제 목 : 거꾸로 보는 세상
   보부상(褓負商)을 틀린 용어이다. 부보상(負褓商)으로 회복되어야 한다. 지금까지 보부상이라고 배워온 명칭이 일본 제국주의자들이 사농공상의 일본식 서열개념으로 조선왕조의 중상정책을 폄하하기 위한 역사왜곡의 한 부분이라는 사실이 나를 놀라게 했다. 이는 일제의 식민정책에 최후까지 반항한 부보상의 민족정신을 말살하려는 술책이었기 때문이다. … (이하 생략)

<자료 9> 영남일보 원도혁 기자 (찬동기사 2003년 3월 26일)
   제 목 : 보부상 명칭 싸고 논란
   대구시설관리공단이 지난 18일 대구종합유통단지 조성 10년을 기념하기 위해 대형조형물 '보부상의 길'을 만들고 제막식을 가졌다는 보도가 지난 18일 나가자 보부상 명칭이 잘못됐다고 주장하는 독자 e메일이 최근 영남일보에 쇄도하고 있다. 물건을 지게에 지고 팔러 다니던 남자행상과 물건을 보자기에 싸서 머리에 이거나 등에 지고 팔러 다니던 여자행상의 통칭이 보부상(褓負商)이 아니라 부보상(負褓商)이라는 주장이다. 보부상은 일본 조선총독부가 우리민족의 역사를 왜곡 날조하기

위해 앞뒤를 뒤틀어 만든 용어이므로 쓰지 말아야 한다는 것이다.… (이하 생략)

<자료 10> 조선일보 이규태 코너 (2003년 7월 2일자 A26면)
제 목 : 무지개 祝祭
'화랑세기'에 보면 용양신(龍陽臣)이라는 신라 법흥왕의 남색 파트너가 나오고 화랑 사다함의 아버지인 구리지의 동성애 파트너로 얼굴이 아름답고 교태를 잘 부리는 설성(薛成)이 나온다. 신라 화랑의 전신인 청소년집회소는 구성원들이 격리 수용되어 심신을 수련하면서 향토나 국토를 방어하고 공공활동을 돕는 일을 했다. 이 청소년집회소가 동성애의 발원지라는 설이 있으며 그 잔존이랄 수 있는 농촌단체인 농사(農社)나 상업단체인 부보상(負褓商)에 의해 전승돼 내렸던 것이다. 전통 성인식인 힘겨루기나 담력테스트를 거친 다음에도 주식을 대접해야 하고 고참들에게 동성애를 바쳐야 하는 것이 통과의례처럼 돼 있기도 했다. … (이하 생략)

<자료 11> 조선일보 이규태 코너 (2002년 6월 12일자 7면)
제 목 : 유니폼 바꿔 입기
월드컵 경기를 마친 다음 적대 선수끼리 유니폼을 바꿔 입는 것을 흔히 볼 수 있다. 적대 감정을 완화시키는 흐뭇한 광경이 아닐 수 없다. 동업자끼리 유대 강하기로 소문난 부보상(負褓商)들이 오다가다 만나면 입었던 옷을 바꿔 입고 제 갈길 간다. 곧 옷을 바꿔 입는다는 것은 친화와 신의(信義) 그리고 일심동체를 다지는 전통 의식인 것이다. 우리 나라에 아버지의 옷을 맏이 둘째 셋째로 물려 입었던 물림옷의 관행도 가난해서가 아니라 조손 형제간에 이해를 초월, 한마음을 가지라는 정신 의식이었다. 초생아의 배내옷을 할아버지 할머니의 속곳 빨아 지어 입혔던 것도 섬유가 빳빳한 새 베를 피한다는 실용성도 있지만 신생아의 탄생으로 멀어지기 쉬운 조손간의 사이를 좁히려는 뜻이 잠재돼 있었다. 동푸(同胞)를 동포(同袍)로 쓰기도 하는데 곧 같은 옷을 입는 사이라는 보다 친밀감을 돋우는 말이다. … (이하 생략)

<자료 12> 조선일보 구당 투고 (2002년 4월 16일자 7면)
　제　목 : 부보상 명칭 복원해야
　13일자 7면 '독자에 답합니다'에서 조재곤 선생의 견해를 읽었다. 문제의 소재는 조선총독부에서 1925년에 펴낸 '조선인의 상업 78쪽'과 1929년 '조선의 시장경제 281쪽'에서 본문의 내용에는 부보상(負褓商)으로 설명하면서 소제목을 보부상(褓負商)으로 뒤틀어 놓은 데서 발단된 것이다.
　그 이전 조선왕조의 1883년 통상아문진정서 군국아문행정처리문 혜상공국감결 등과 1885년 판하상리국서문 등 모든 관련 사료에서는 부상보상(負商褓商) 부보상(負褓商)으로 표기되어 있을 뿐 보부상이라는 용어가 전혀 사용되지 않았다. 본래 부보상이라는 용어는 조선의 태조가 중상정책의 일환으로 부보상의 대표인 백달원(白達元)에게 유아부보상지인장(唯我負褓商之印章)이라는 옥도장을 하사한 데서 비롯된 고유명사이다. 식생활 필수품을 취급한 부상(負商)이 먼저 나타났고 그 다음에 장신구 등을 취급한 보상(褓商)이 생겨난 순서이다. 따라서 우리는 일제가 비틀어 놓은 보부상이라는 용어를 거부하고 우리 고유의 부보상이라는 용어를 회복해야겠다. 이는 학자들이 해야 할 일이다. 특히 최근 일본 정부에서 독도를 그들의 땅이라고 기술하는 역사책을 승인한 상황에서 더욱 절실한 대목이다.

<자료 13> 경향신문 박영철 기자 (호응답글 2004년 4월 6일)
　친절한 지적에 감사드립니다. 제가 쓴 화개장터 벚꽃축제는 하동군이 주최하는 행사입니다. 군청에서도 행사안내문 등에서 '보부상'이란 명칭을 쓰고 있었습니다. 저에게 지적해주신 내용을 다른 언론과 관공서 등에도 보내신다면 바른 용어를 보다 빨리 정착시키는 데 도움이 될 것 같습니다. 앞으로 기사를 쓸 때 주의하겠습니다.

<자료 14> 서울대학교 인류학과 이문웅 교수 (찬동답글 2004년 5월 18일)
　'부보상을 사랑하는 모임'으로부터 지적이 있어서 지금까지 보부상(褓

負商)이란 명칭으로 올려놓았던 것을 부보상(負褓商)으로 바로 잡겠습니다. 부보상(負褓商)은 조선왕조 이성계 태조대왕이 중상육성정책(重商育成政策)으로 하사한 고유명칭이며 보부상(褓負商)이란 단어는 조선총독부에서 억상이간책략(抑商離間策略)으로 부보상을 변조 고착시킨 명칭이라고 합니다. 부보상의 역사적 배경과 관련된 더 많은 자료가 이 모임의 사이트인 http://www.bubosang.net 에 올려져 있으니 참조하시기 바랍니다. 지적해주신 분들께 감사의 말씀을 드립니다.

<자료 15> 사회봉사신문 김윤미 기자 (격려글 2004년 5월 24일)
존경해 마지않는 이훈섭 선생님 안녕하십니까. 저는 사회봉사신문사에서 취재기자로 일하고 있는 김윤미라고 합니다. … (중략) …
저 역시 우리 나라에 태어난 한 국민으로서 역사의 뒤안길에서 어두운 그림자를 지고 살아왔던 우리말을 그 굴레에서 벗어나게 하는 데 작은 도움이나마 보태고 싶은 마음입니다. 이 시대의 진정한 애국자이신 선생님을 진심으로 존경합니다. 또한 누구도 시작하지 못하는 일을 용기와 결단력으로 추진하고 계신 선생님께 감사를 전합니다. 황국신민학교가 초등학교로 바뀐 것처럼 보부상이 아닌 부보상으로 적힌 교과서로 우리 아이들이 공부하는 날이 하루 빨리 찾아오길 바라며 또한 존경하는 선생님께 다시 한 번 감사와 존경의 인사를 드리며 저는 이만 물러날까 합니다.

<자료 16> 중앙일보 주기중 사진부장 (찬동답글 2004년 5월 26일)
사진부장입니다. 아래 박세환 님 의견에 전적으로 동의합니다. 그러나 대부분의 사람들이 보부상으로 알고 있고 그렇게 쓰고 있습니다. 언어는 역사성을 갖고 있고 사람들 사이의 사회적 약속입니다. 우리가 정해 놓은 약속(국어사전)은 아직은 보부상입니다. 갑자기 부보상이라는 단어가 나올 때 뜻을 몰라 당황하게 될 사람들도 생각해야 합니다. 이런 류의 단어가 많습니다. 하루아침에 바뀔 일은 아닌 것 같습니다. 바꾸려는 노력을 계속하겠습니다. 감사합니다.

<자료 17> 부산덕포여중 최유정 국사교사 (격려글 2004년 5월 27일)
　안녕하세요? 저는 부산의 덕포여자중학교에서 국사를 가르치고 있는 최유정이라고 합니다. 제가 속해있는 학회 홈페이지에 최종석 학생께서 부보상(일명 보부상)에 관해 남기신 글을 읽고 이렇게 답변을 드립니다. 사실 보부상에 대해서는 익숙하지만 부보상이라는 단어는 생소하더군요. 그런데 알려주신 사이트(www.bubosang.net)에 들어가서 글을 읽고 몰랐던 사실을 알게 되어 감사했습니다. 저희 학교에 계신 또 다른 역사 선생님도 당연히 보부상이라고 알고 계시네요. 물론 보상과 부상에 대해 관심을 가지고 사료적 기록을 검토해 본 사람이라면 알고 있던 사실이 아닌가 생각되기도 하는데요. 아직까지 역사학계나 역사교육계에서 충분히 널리 알려지지 못한 건 사실입니다. 중학교 교과서에 보부상 얘기가 나오는 것은 조선후기 사회의 변동, 상업의 발달과 관련한 단원과 우리나라 근대개화기 때 독립협회와 황국협회 할 때 다루어지는데요. 저는 수업할 때 보상과 부상의 상업 발달, 유통망의 확장에 관해서 강조해서 수업하는 편이었구요. 물론 그들이 짊어지고 다니는 물품에 대해서도 언급합니다. 그리고 근대에 오면 독립협회를 탄압하는 황국협회의 보부상에 대한 이야기도 간단히 이야기합니다. … (이하 생략)

<자료 18> 과천시장의 공식답변 (문화체육과 2004년 5월 28일)
　먼저 과천시정에 관심을 가져 주심에 감사드립니다. 〈부보상을 사랑하는 모임〉 경기대학교의 재학생들로부터 〈보부상 두령 뽑기〉의 명칭이 일제의 잔재적 표현을 쓰고 있다는 지적이 있어 이에 대하여 검토 중에 있습니다. 조속한 시일 내에 관련학계의 의견수렴 등을 거쳐 정확한 명칭으로 바로 잡도록 하겠습니다. 아울러 개개인 모두에게 답변을 드리지 못한 점 양해바랍니다. 감사합니다.

<자료 19> 히스토피아 (2004년 5월 31일)
　안녕하세요. 히스토피아입니다. 이렇게 저희 사이트 관심 가져 주시고 좋은 글 올려주셔서 감사합니다. 그리고 깊은 고민 없이 보부상이라는 용어를 선택한데 대해 미안하구요. 부보상이 맞다 아니면 보부상이 맞다

라는 문제는 점차 부보상이 맞고 보부상은 일제시대에 고착된 것이라는 견해가 지배적인 것 같습니다. … (이하 생략) … 다시 한 번 회원님의 지적에 감사드립니다. 수정하겠습니다.

<자료 20> 예산 향토사학자 성부제 선생 (분투글 2004년 6월 1일)
　　제　목 : 예산의 향토사학은 죽었는가?
　　지난해 4월초 예산군 홈페이지에 보부상이라는 용어는 일제의 잔재라는 경기대생들의 글이 19건이 올라와 있었고 1년이 지난 오늘 같은 글이 11건이 올라와 있는 것을 알았습니다. 거기에 대한 목록 416번의 답변을 보면 국가가 지정한 것이기에 군에서 마음대로 할 수 없다는 지극히 원론적인 답변을 읽을 수 있었습니다. 참으로 지당한 답변입니다. 우리 군하고는 전혀 상관없는 일이라는 식의 답변은 바로 복지부동의 전형처럼 보여집니다.
　　물론 일개 담당 공무원이 해결할 수 있는 일이라고는 어느 누구도 생각지 않습니다. 담당자로서는 억울한 일이기도 합니다. 지역사회에서 아는 처지에 꼬집는 것이 서운하기도 하겠지만 그러나 예산군의 현실은 이러한 문제가 불거질 때마다 누가 근본적으로 해결할 것인가? 누가 책임을 질 것인가에 대하여 모호하기 그지없습니다. … (이하 생략)

<자료 21> 경북관광개발공사의 공식답변 (2004년 6월 4일)
　　답변입니다. 여러분들이 '부보상 바로잡기'에 관한 글을 많이 올려주셨습니다. 먼저 우리말 우리역사 바로잡기에 대한 학생들의 열의에 격려를 보내며 좋은 지적에 감사드립니다. 여러 자료와 국어 역사학자님들의 뜻에 비추어 우리 공사의 홈페이지에 있는 보부상을 부보상으로 명칭을 수정하였습니다. 일일이 답변 드리는 것이 바람직하나 그렇지 못한 점에 양해를 바랍니다.

<자료 22> 포항제철공고 이명환 국사교사 (찬동글 2004년 6월 10일)
　　부보상이란 일상용품을 짊어지고 다니는 (무거운 물건)부상과 봇짐을

갖고 다니는 (가벼운 물건)보상을 말한다. 조선 태조의 건국 시 충성을
바친 공로로 상단을 인정받아 부보상 총본부인 임방을 개성에 설치하여
상품판매에 대한 특권을 부여받으면서 조직화되었다. 부보상의 조직에는
엄격한 규율 외에도 불문율이 있어 서로간의 이익을 보호하고 도왔다.

<자료 23> 예산군 소재 무한정보신문 장선애 기자 (찬동기사 2004년 6월
14일 5면 상단)

 제 목 : 보부상? 부보상? 명칭논란 계속

  국가지정문화재 중요민속자료 제30호로 지정된 보부상 유품을 보유하
고 보부상촌 건립을 준비하고 있는 우리 군이 보부상 명칭에 대한 끊임
없는 문제제기를 받고 있음에도 소극적인 자세로 일관하고 있다는 지적
이다. 이훈섭(경영학 박사, 한국전통상학회 회장) 경기대 교수의 연구 주
장과 이 학교 학생들은 예산군 홈 페이지를 통해 지난해부터 2년째 지
속적으로 이 문제를 제기하고 있다.

  그러나 우리 군 담당자가 "국가지정문화재 명칭을 자치단체가 함부로
변경할 수 없다"는 이유로 검토조차 하지 않자 예산군의 무성의한 태도
에 분노까지 느낀다고 밝히고 있다. 부보상을 사랑하는 사람들의 모임
(bubosang.net 이하 부사모)을 결성하고 전국의 지자체와 단체 그리고
언론사 등을 상대로 부보상 명칭회복을 위해 여론 환기 작업을 하고 있
는 이들은 과천시와 경북관광공사 한국정신문화연구원 문화재청을 비롯
해 각 언론사 등으로부터 받은 회신과 비교하면 정작 보부상의 맥을 잇
고 있다는 예산군의 무성의를 비난하고 있다. … (이하 생략)

<자료 24> 예산군 소재 무한정보신문 장선애 기자 (찬동기사 2004년 6월
14일자 5면 하단)

 제 목 : 일제가 부보상을 보부상으로 왜곡
    명칭찾기운동 앞장선 이훈섭 교수

  이훈섭(경영학박사 한국전통상학회 회장) 경기대 교수는 "부보상이
보부상으로 뒤틀리게 표기된 것은 1925년 우리의 역사를 왜곡 날조하는
데 혈안이 된 조선총독부에서 어용학자들을 앞세워 한반도의 식민지화

를 꾀하려는 의도적 책략에 기인된 것"이라고 주장한다.

이 교수는 "부보상은 이성계 태조가 고조선 때부터 존속해 오던 등짐장수(負商)들을 추슬러서 중상주의정책을 실현하기 위해 행상들의 대표자인 백달원에게 하사한 옥도장에 유아부보상지인장(唯我負褓商之印章)이라고 분명히 새겨져 있는 점을 비롯해 조선시대 사료의 곳곳에 보부상이 아닌 부보상으로 기록한 흔적을 찾을 수 있다"고 근거를 제시하고 있다. … (이하 생략)

<자료 25> 예산 향토사학자 성부제 선생 (분투글 2004년 6월 10일)
제 목 : 역사적 오류인 보부상 명칭 시정 요구에 대한 문화공보실의 구태의연한 답변
보부상이라는 용어는 일제의 잔재이므로 부보상으로 바꾸어야 한다는 경기대생들의 글이 지난해 4월 (예산군에 바란다)에 20여건이 올라와 있고 일년이 지난 지금도 시정을 요구하는 글이 계속 올라오고 있습니다. 문화공보실의 답변을 읽어보면 국가지정문화재이므로 예산군이 마음대로 바꿀 수 없다는 원론적인 답변을 일년이 지난 지금도 계속하고 있습니다. 다시 말하면 일년이 넘었어도 담당자의 닫힌 근무자세는 변하지 않고 있음을 반증하고 있는 셈이지요. 세상이 그렇게 변해도 예산군 문화공보실은 변하지 않고 있습니다. 예산군이 마음대로 바꿀 수 없다는 것은 주장하지 않아도 다 아는 사실입니다. 그러한 답변은 한마디로 예산군의 치부를 드러내는 행위입니다. 그것은 국가지정문화재를 보유하고 있는 예산군이 군 홍보용으로만 내세우지 말고 구체적 증거자료가 있는 이상 행정절차를 통하여 오류 시정을 해 달라는 것으로 이는 지극히 당연한 국민의 권리인 것입니다. … (이하 생략)

<자료 26> 예산군의 공식답변 (2004년 6월 23일)
제 목 : [Re] 부보상 명칭회복 요청건
귀하의 문화재 관리 관심에 감사드립니다. 귀하께서 말씀하신 보부상 명칭에 대히어는 현재 보부상유품은 부여 홍성 예산 등에 있으며 국가지정문화재 중요민속자료 제30호(1976.5.12지정)로 국립부여박물관과 예

산보부상전시관에 보관 관리되고 있습니다. 보부상→부보상 명칭변경에 대하여는 자료를 면밀히 검토하고 있으며 관련기관과의 협의 등을 통하여 정확한 명칭이 될 수 있도록 할 계획이오니 이점 양지하시기 바랍니다. 마침

<자료 27> 전주중산초등학교 교과과정 (4-1 사회)

부보상 유품(중요 민속자료 제30호), 부여 민칠식 가옥(중요 민속자료 제192호), 부여 정계채 가옥(중요 민속자료 제193호)등이 있다. 무형 문화재로는 은산 별신제(중요 무형 문화재 제9호)와 산유화가(충청남도 무형 문화재 제4호)있다. 부여 구두레 일원이 사적 및 명승으로 지정되었고 부여 내산면의 은행나무(천연기념물 제320호), 백강의 부여 동매(충청남도 문화재 자료 제122호), 고란초 등이 보호되고 있다.

<자료 28> 서경대학교 대학원 교과과정 (법학과)

상법기본연구는 상법일반에 관하여 연구하는 것을 내용으로 한다. 구체적으로는 상법사 상법총론 상행위법으로 구성되는 바 상법사는 외국의 수천 년에 걸친 상법의 발전과정과 우리의 부보상 등 고유의 상사제도를 연구하고 상법총론은 상호 상업사용인 영업양도 등을 연구하고 상행위법은 대리상 중개인 위탁매매업 운송업을 연구한다.

<자료 29> 정보통신 사이버 전시관 : 전기통신 100년사

1884년 3월 27일에 우정총국을 개설하고 홍영식을 총판으로 임명하여 동년 10월 1일부터 한성 인천간에 근대식 우편제도가 실시되었으나 갑신정변으로 인하여 불과 20일 만에 폐지된 뒤 우편사업 재개의 기운은 좀처럼 성숙되지 않았다. … (중략) … 당시의 조관이나 양반 부유계급에 속하는 인사들이 관설 역마편, 경영주인의 연로편, 또는 부보상 등을 통한 재래식 신서전달방법에 의존하면서 근대화의 선구가 될 우편에는 무관심하였음은 유감스러운 일이 아닐 수 없다. … (이하 생략)

<자료 30> 갑오개혁 (1894년)

- 갑오개혁(1894 고종31) 자료 속에 〈부보상〉의 명칭이 사용되었다. 이는 1960년 국사편찬위원회에서 출판한 김윤식 친필 속음청사 원본에 등재되어 있다.
- 부보상 외에 이름을 칭탁해 무리 짓는 것을 각별히 금할 것.

<자료 31> 부보상 표기 주요사료

 - 조선왕조의 이성계(李成桂) 태조가 고조선 때부터 존속해 오던 등짐장수(負商)들을 추슬러서 중상주의정책(重商主義政策)을 실현하기 위하여 행상(行商)들의 대표자인 백달원(白達元)에게 하사한 옥도장(玉圖章)에 유아부보상지인장(唯我負褓商之印章)이라고 분명히 새겨져 있는 점을 비롯하여

  통상아문진정서(通商衙門陳情書 1883)
  통상아문대민행정처리문(通商衙門對民行政處理文 1883)
  군국아문행정처리문(軍國衙門行政處理文 1883)
  혜상공국관문등서책(惠商公局關文謄書冊 1883)
  혜상공국감결(惠商公局甘結 1883)
  혜상공국절목(惠商公局節目 1883)
  판하상리국서문(判下商理局序文 1885)
  판하상리국절목(判下商理局節目 1885)
  상무사장정서문(商務社章程序文 1899)
  상무사장정이십조(商務社章程二十條 1899)
  동아개진교육회상무과장정서(東亞開進敎育會商務課章程序 1905)
  상규단취지서(商規團趣旨書 1906)
  제국실업회상무과세칙(帝國實業會商務課細則 1908)
  제국실업회상무과부칙(帝國實業會商務課附則 1908)
  대한상무조합본부규칙(大韓商務組合本部規則 1908)
  상무연구회규칙서언(商務硏究會規則序言 1920) 등 큰 줄기의 공문서에

 - 부상보상(負商褓商) 부보양사(負褓兩社) 부보휼보(負褓恤保) 좌우상(左右商) 부보양상(負褓兩商) 부보상(負褓商) 좌우사(左右社) 좌우

지사(左右之社) 좌우상민(左右商民) 좌우양상(左右兩商) 등의 분명한 용어로 기록되어 있을 뿐
- 보부상(褓負商)이라는 용어는 전혀 사용되지 않았다.
- 負褓商으로 표기된 연도별 주요 저서

년 도	저 자	저 서	출 판 사
1928	猪谷善一	朝鮮經濟史	大鐙閣（東京）
1931	菊池謙讓	朝鮮雜記	鷄鳴社
1933	四方博	朝鮮社會經濟史研究	京城帝國大學
1937	李能和	朝鮮の負褓商とその變遷	朝鮮總督府
1938	車相瓚	朝鮮の負褓商	朝鮮日報社
1948	李北滿	李朝社會經濟史硏究	大成出版社
1965	朴元善	負褓商	韓國硏究院
1970	韓㳓劤	朝鮮開港期의 商業硏究	一潮閣
1988	李勳燮	負褓商關聯史料譯解	韓國傳統商學會
1992	李勳燮	韓國傳統經營史硏究	保景文化社
1997	李勳燮	韓國籍負褓商論攷	京畿大 硏究交流處
2004	李勳燮	韓國傳統經營論	탑21북스

<자료 32> 사회봉사신문 김윤미 기자 (격려글 2004년 8월 9일)
선생님 오랜만에 인사드립니다.
선생님 안녕하십니까. 김윤미 기자입니다. 오랜만에 인사드리네요. 계속되는 무더위 속에서도 계도활동에 여념이 없으신 선생님과 여러 제자분들을 뵙는 것은 저에게 있어 변함없는 자극제 역할을 합니다. 저도 지인들에게 편지를 통해 부보상의 이야기를 전하고 있습니다. 눈앞에 번쩍하고 보이는 모세의 기적은 아니더라도 꾸준히 지속되는 계도열정의 결과 언젠가는 모든 사람들이 '부보상'을 알게 될 것으로 생각합니다. 응원의 말씀 전합니다.
신문이 두 번 나오면 한 달이 지나갑니다. 그런 생활이 익숙해질수록

여유로운 시간들이 생겨납니다. 조금씩 보다 보람 있는 일들을 찾고 있습니다. 저의 작은 움직임이 우리 나라의 역사를 바로 잡는 데 조금이나마 도움이 되길 바라면서 이만 마치고자 합니다. 선생님과 학생 여러분, 아울러 계도활동을 펼치고 계신 모든 분들이 건강하시길 기원합니다.

<자료 33> 신경영학습조직 (하인호 저, 삼성경제연구소)
  … 명리(名利)를 초월하여 국가에 심신을 바치는 진충보국(盡忠報國)의 이념을 구체화하여 충의(忠義)로 결합된 단체이다. 〈부보상(負褓商)〉은 유사시(有事時)에는 진충(盡忠)하고 무사시(無事時)에는 의리(義理)에 따라 행동하였다. 둘째 〈부보상〉은 고객을 위한… (이하 생략)
  … 학습조직은 원초적으로 이미 한국사회나 한국기업에 존재하고 있었다. 그 이념적 기초는 고려시대부터 내려온 〈부보상〉의 상업 활동이나 두레사상 그리고 오늘날 산업화의 초석이 되었던 새마을 사업에서도 찾아볼 수 있다.

<자료 34> 서울신문 김규환 기자 (격려글 2004년 9월 13일)
  이메일 잘 받았습니다. 좋은 지적이었습니다. 과문한 탓에 부보상과 보부상의 차이를 이번에 알게 됐네요. 고맙게 생각합니다. 앞으로 부보상으로 쓰도록 노력하겠습니다.
  그런데 문제는 신문의 표기와 관련이 있습니다. 신문의 표기는 국립국어연구원에서 결정합니다. 그 곳에서 앞으로는 보부상이 아니라 부보상으로 써야 한다고 결정하면 앞으로 신문에서 부보상이라고 쓸 것입니다. … (이하 생략)

<자료 35> 경향신문 기사 (2004년 9월 13일 박세환 투고)
  제 목 : [경향을 읽고] 부보상이 올바른 표현
  지난 10일자 사회면 〈품앗이 마케팅 미끼 1백20억 투자금 가로채〉라는 기사에서 용어 사용에 잘못이 있다고 생각해 글을 쓴다. 〈10계좌를 투지히면 보부상이라 부르며〉라는 기사 내용에서 보부상(褓負商)은 부보상(負褓商)이 올바른 표현이다. 부보상은 조선시대의 상업 분야에서

큰 영향력을 발휘했으며 나중에 일제에 맞서 가열찬 항거를 했던 행상들의 조직으로 중상주의 육성정책을 펼쳤던 조선시대 태조 이성계가 직접 지어준 이름이다. 하지만 지금 일상생활에서 보부상이라는 표현이 자주 쓰이고 있다. 보부상은 조선총독부의 식민정책 중 하나인 억상이간책략(抑商離間策略)을 통해 바뀐 이름이다.

일제가 아직도 그들의 침략을 왜곡하고 합리화하는 마당에 우리말을 폄훼하고 역사에도 없는 부적절한 용어를 사용하는 것은 우리 조상과 후손들이 교감할 수 있는 혼과 맥을 끊는 큰 실수라고 생각한다. 지난해 4월22일 한국정신문화연구원도 연구원 홈페이지를 통해 〈우리가 펴낸 한국민족문화대백과사전의 보부상 용어를 개정판부터 부보상으로 변경하겠다〉고 밝힌 바 있다.

<자료 36> 연합뉴스 정태진 기자 (찬동글 2004년 10월 1일)
먼저 귀하의 지적에 감사드립니다. 아울러 지적하신 부분에 대해서는 충분히 숙지하여 기사 작성시 참고하도록 하겠습니다. 다시 한번 감사드리며 안녕히 계십시오.

<자료 37> 충청남도 문화예술과의 공식답변 (2004년 10월 4일)
충남넷 홈페이지 방문을 환영합니다. 귀하를 비롯한 경기대학교 재학중인 학생들로부터 지난 9월 충남넷 홈페이지에 게재된 내용 중 부보상을 보부상으로 잘못 알고 사용했던 용어에 대한 지적에 대하여 대단히 감사하게 생각합니다.

아울러 지난해 4월에는 한국정신문화연구원에서 간행한 한국민족문화대백과사전에 잘못 표기된 보부상 용어를 다음 개정판부터 올바른 부보상 용어로 약속받은 사실 등 많은 고증노력과 홍보 활동상을 살펴보았습니다.

앞으로 충남도에서도 우리의 올바른 부보상 용어 사용표기 등 홍보활동에 적극 노력하겠다는 말씀을 드리면서 귀하를 비롯한 관심 있는 많은 학생들의 학문적 성취와 올바른 부보상 명칭회복운동의 성과를 기대합니다.

<자료 38> 주간동아 최영철 기자 (찬동글 2004년 10월 4일)
　　옳습니다. 제가 이 내용을 취재하려면 누구를 찾아야 하는지 알려 주십시오. 그리고 한 사람이 보내도 내용이 맞으면 기자는 틀린 것을 수정할 용기를 가지고 있습니다. … (중략) … 어쨌든 제 잘못을 수정할 기회를 주십시오. 제 연락처는 아래에 있습니다.
　　옛것을 사랑하고 바로 잡는 일에 관심이 많은 기자입니다.

<자료 39> 경북일보 황진호 기자 (기사정정 2004년 9월 14일)
　　대구관광협회가 주관하는 대구 근교권 투어에 문경웰빙관광코스가 선정돼 매주 1회씩 문경 정기관광이 실시된다. … 〈중략〉
　　영남의 선비를 비롯한 〈부보상〉, 영남의 세곡과 궁중 진상품 등 각종 영남의 산물이 넘던 길로 주흘관(제1관문) 조곡관(제2관문) 조령관(제3관문) 교귀정 조령원터 책바위 KBS사극촬영장 등을 비롯하여 수많은 문화 유적들이 남아 있는 역사의 현장이다.

<자료 40> sbs 김명환 기자 (찬동보도 장길산드라마 2004년 10월 12일)
　　제　목 : SBS 장길산, "부보상이 맞는 표현" 시청자 잇단 지적
　　　　　　　　　　　　[머니투데이 스타뉴스 김관명 기자]
　　SBS 대하드라마 '장길산'에 등장하는 '보부상'의 옳은 표현은 '부보상'이라는 지적이 잇따라 제기되고 있다. 경기대에 재학하며 '부사모(부보상을 사랑하는 사람들의 모임)'에서 활동 중이라는 시청자 백선갑 씨는 12일 스타뉴스에 "보부상이라는 용어는 일제의 잔재이며 잘못된 용어"라며 "부보상이라는 용어가 올바른 것"이라는 내용의 글을 보내왔다.
　　다음은 백씨가 보내온 글의 전문이다.
　　부보상(負褓商)의 용어가 보부상(褓負商)으로 왜곡 둔갑된 연유는 일본 제국주의자들이 사농공상의 일본식 서열개념으로 조선왕조의 중상정책을 폄하하기 위한 역사왜곡과 식민정책을 합리화시키기 위해 일제에 최후까지 반항한 부보상의 민족정신을 말살하려는 술책에 기인된 것으로 보인다. 왜냐하면 1910년 일한병탄 이후 일제의 식민통치가 극성

을 부리던 시기인 1925년 조선총독부 총독관방 문서과에서 발행한 〈조선인의 상업〉이라는 저서의 제2장 제3절 제2항인 78쪽에서 처음으로 보부상이라는 용어가 대두되었기 때문이다. 문장의 내용에서는 이성계 태조가 부보상이라는 명칭을 부여했다면서 항목의 제목에는 보부상으로 기록하였던 것이다.

다른 시청자 박세환 씨도 "'부보상'의 정식명칭은 '보부상'이 아닌 '부보상' 으로 조선시대 태조 이성계 대왕님께서 친히 하사하신 명칭"이라며 "'부보상'은 태조대왕님이 중상육성정책으로 하사한 명칭이고, '보부상'은 조선총독부에서 억상이간책략으로 변조한 명칭" 이라고 밝혔다.

네티즌 이시연 씨는 SBS '장길산' 홈페이지 시청자 게시판에 올린 글에서 "저번 방송에서도 보부상으로 방송하던데 41회 미리보기를 보니 (또) 보부상이라고 명칭을 쓰고 있다" 며 "일본에 의해 바뀐 부보상의 명칭은 회복돼야 한다" 고 주장했다.

<자료 41> 홍성군 문화공보실의 공식답변 (2004년 10월 13일)
　　홍성군 홈페이지 방문을 환영합니다. 경기대학교에서 2004 홍성 내포사랑 큰 축제 행사 내용 중 부보상을 보부상으로 잘못 알고 사용한 용어에 대한 지적에 대하여 감사한 마음을 먼저 전합니다. 홍성군에서는 금년에 잘못 이해하고 표기된 사항에 대해서는 "부보상" 으로 바로 표기될 수 있도록 전 군민에 대한 홍보활동을 적극 노력하겠다는 약속을 드리며 학생 여러분들께서 우리의 왜곡된 역사인식을 바로 세울 수 있도록 적극적인 노력과 연구 성과를 기대합니다. 감사합니다.

<자료 42> 오마이뉴스 안서순 기자 (찬동적 답글 2004년 10월 14일)
　제　목 : 부끄럽습니다.
　　솔직히 몰랐습니다. 가르침에 감사합니다. 앞으로 반드시 부보상으로 쓰겠습니다.

<자료 43> 헤럴드경제 곽세연 기자 (찬동적 답글 2004년 10월 18일)
　　일단 저희 웹에는 조치를 했구요. 주로 토론방에서 찾아다 쓰는 건데

다음번부터는 주의할게요.

<자료 44> 영화천국 시네21의 김귀숙 기자 (찬동적 답글 2004년 10월 18일)
　안녕하세요. 씨네에서 교열을 맡고 있는 김귀숙이라고 합니다. 독자엽서에 감사하며 보부상이라는 명칭에 대한 지적에 대한 글도 잘 읽어 보았습니다. 일단 그러한 취지에 공감과 찬성의 뜻을 전합니다. … (이하 생략)

<자료 45> 드림위즈 운영자 (찬동조언 2004년 10월 20일)
　안녕하십니까? 드림위즈 운영자입니다. 문의하신 내용에 대한 답변입니다. 안녕하세요. 행복한 인터넷 검색 드림위즈의 검색 운영자입니다. 건의하신 내용은 잘 살펴보았습니다. 보부상이 잘못된 명칭이라는 것도 개인의 입장에서는 이미 알고 있던 사실입니다. 하지만 드림위즈의 백과사전의 내용은 드림위즈가 임의로 고칠 수 있는 부분이 아닙니다.
　백과사전의 경우 파스칼 백과사전의 내용을 계약에 의해서 사용 중이기 때문에 원하시는 부보상의 명칭회복을 위해서라면 파스칼 백과사전 측에 문의하시기 바랍니다. 파스칼 측에서 수정이 된다면 드림위즈 백과사전의 내용도 자동으로 수정됩니다. 타 검색 포털의 경우도 마찬가지입니다. 각 계약된 백과사전 업체에 문의하시는 방법 이외에는 없습니다. 잘못된 명칭을 바로잡기 위해 애쓰시는 모습에 박수를 보내드립니다. 좋은 결실 얻어내시길 바랍니다. 감사합니다.

<자료 46> 머니투데이 이백규 기자 (기사정정 2004년 10월 22일)
　… 개성상인 송상은 최인호 소설 상도로 유명해진 임상옥이 활약한 조선중기까지 한국 최고 최대의 경제계 인맥을 형성하고 지점망인 〈부보상〉 체계를 갖춰 우리 경제를 좌우한다.……

<자료 47> 두산세계대백과사전 (찬동적 내용수정 2004년 10월 23일)
　- 두산세계대백과사전에서 보부상이 〈부보상〉으로 정정되었다는 내용

이다.
- 이에 따라 네이버의 백과사전에서도 보부상이 〈부보상〉으로 정정된 것으로 판단된다는 것이다.
- 이는 2002년 12월 7일 〈긴급통문13〉에 의한 부사모가 전개한 두산 세계대백과사전에 대한 계도활동의 결과로 보인다.
- 그 후 2004년 4월 4일 최종석(관개4)이 거듭 제보 계도한 일이 있다.

〈자료 48〉 한국브리태니커 (호의적 답글 2004년 10월 26일)
안녕하십니까? 한국브리태니커입니다. 메일 주심에 감사드리며 문의 사항에 대해 안내를 드립니다. 관련 명칭에 대해 내부적인 확인작업을 진행 중이며 차후 결과가 나오는 대로 고객님께 말씀을 올리도록 하겠습니다. 이는 보다 정확하고 바른 정보를 드릴 수 있도록 신중을 기하는 것으로 고객님의 양해를 부탁드리며 관련 내용은 바로 잘 잘못을 회신해 드리지 못하는 사항인 듯합니다. 당연히 잘못된 표기인 경우 수정하고 정정해야 되는 사항이며 이러한 부분을 알지 못하거나 사전에 미리 수정하지 못하는 점에 대해서 사과의 말씀 올립니다. 관련 팀에서 보다 정확한 자료와 결과가 나오는 대로 회신을 드릴 수 있도록 하겠습니다.
… (이하 생략)

〈자료 49〉 대구신문 기사 (2004년 10월 27일 남궁성옥 투고)
〈오피니언〉 발언대 - 부보상 명칭 회복해야
부보상(負褓商)은 조선왕조 이성계 태조대왕이 중상육성정책(重商育成政策)으로 하사한 명칭이고 보부상(褓負商)은 조선총독부에서 억상이간책략(抑商離間策略)으로 변조 고착시킨 명칭이다. 따라서 부보상의 명칭을 회복해야 한다. 여기에는 여러 가지 근거 자료가 있음을 볼 수 있다. 역사적 기록에 의하면 위에서도 말한 바와 같이 조선왕조의 태조 이성계 대왕님이 고조선 때부터 존속해 오던 등짐장수(負商)들을 추슬러서 중상주의정책(重商主義政策)을 실현하기 위해 행상(行商)들의 대표자인 백달원(白達元)에게 하사한 옥도장(玉圖章)에 유아부보상지인장

(唯我負褓商之印章)이라고 분명히 새겨진 것을 볼 수 있다.

<자료 50> 대구신문 김덕용 기자 (기사정정 2004년 10월 27일)
　제　목 : 〈경제〉 대구百, '유통역사 60년' 전시회 마련
　대구백화점은 창업 60주년을 기념해 60년 동안의 대구백화점 및 지역 유통 역사자료를 한자리에 모은 '대백 유통역사 60년'전시회를 진행한다. 대백프라자점 10층 갤러리 전관에서 다음달 1일까지 진행되는 이번 전시회는 조선시대 〈부보상〉 관련자료, 일제시대 유통관련자료, 초창기 백화점 관련자료, 근대 유통 관련 자료와 대구백화점의 1944년부터 2004년까지 60년 동안의 다양한 유통관련 자료를 전시한다.
　* 답글 전문
　죄송합니다. 아낌없는 지도 편달 고맙게 생각하구요. 메일 잘 읽었습니다. 저 또한 앞으로 부보상 명칭회복 운동에 조금이나마 도움이 되도록 노력하겠습니다. 감사합니다.

<자료 51> 경북 고령군 (긍정적 답글 2004년 10월 28일)
　이시연 님 안녕하십니까. 경북고령군청 담당자입니다.
　본 고령21 싸이트를 방문해 주셔서 감사합니다. 귀하에게 최대한 좋은 정보를 제공할 수 있도록 노력하는 사이트가 되겠습니다. 본 메일은 게시판에 글이 등록되면 자동으로 접수 처리됨을 알려 드립니다. 하시는 일 모두 이루시길 바라며 건강하세요. 감사합니다.

<자료 52> 동아일보 정용균 기자 (찬동글 2004년 10월 29일)
　보내주신 메일 잘 봤습니다. 제가 학교 역사 수업시간에서 교과서 등을 통해 보부상으로 배웠고 … (중략) …. 취재원이 제공한 자료에도 보부상으로 적혀 있어 이를 인용하다보니 보부상으로 기사가 작성된 것 같군요. 앞으로는 기사작성 때 귀하가 보내주신 메일 내용을 참고하겠습니다. 저의 기사에 관심을 가져주신 데 대해 감사드립니다.

<자료 53> 각종 포털 사이트의 내용수정 (2004년 11월 2일)

1) 드림위즈 백과사전의 부분적 보완 수정
　전통사회에서 시장을 중심으로 행상하면서 생산자와 소비자 사이에 교환경제를 매개하였던 전문적 상인. 보상(褓商)과 부상(負商)을 총칭하는 명칭으로 부보상(負褓商)이라고도 한다.
2) 네이트 백과사전의 부분적 보완 수정
　전통사회에서 시장을 중심으로 행상하면서 생산자와 소비자 사이에 교환경제를 매개하였던 전문적 상인. 보상과 부상을 총칭하는 명칭으로 부보상이라고도 한다.
　… 전통사회에서 시장을 중심으로 행상하면서 생산자와 소비자 사이에 교환경제를 매개하였던 전문적 상인. 보상(褓商)과 부상(負商)을 총칭하는 명칭으로 부보상(負褓商)이라고도 한다.
3) 파란 백과사전의 부분적 보완 수정
　전통사회에서 시장을 중심으로 행상하면서 생산자와 소비자 사이에 교환경제를 매개하였던 전문적 상인. 보상과 부상을 총칭하는 명칭으로 부보상이라고도 한다.
　… 전통사회에서 시장을 중심으로 행상하면서 생산자와 소비자 사이에 교환경제를 매개하였던 전문적 상인. 보상(褓商)과 부상(負商)을 총칭하는 명칭으로 부보상(負褓商)이라고도 한다.
4) 엠파스의 부분적 보완 수정
　그 동안 보부상이라 많이 알려져 왔다. 부보상은 부상(負商:男)과 보상(褓商:女)의 합성어(合成語)이다. …… (중략) ….
　부보상(負褓商)의 용어가 보부상(褓負商)으로 왜곡 둔갑된 연유는 일본 제국주의자들이 사농공상의 일본식 서열개념으로 조선왕조의 중상정책을 폄하(貶下)하기 위한 역사왜곡과 식민정책을 합리화시키기 위하여 일제에 최후까지 반항한 부보상의 민족정신을 말살하려는 술책에 기인된 것으로 보는 견해도 있다.
　… [부보상]이라는 항목을 등록시켜 놓았습니다. 그리고 다른 내용에 나오는 "보부상"이라는 명칭은 저자가 별도로 있어서 저자와의 협의가 필요한 사항입니다. 학술연구의 결과로 나온 것은 연구자의 의사를 존중하는 것이 중요합니다. 따라서 저자와의 협의가 끝나면 고쳐드리도록 하

겠습니다. 저희들도 적은 인원에 너무 많은 일이 밀리다 보니 처리가 늦어지고 있습니다. 거듭 죄송하다는 말씀드립니다.
5) 두산세계백과사전과 네이버백과사전은 이미 〈부보상〉으로 수정되었다.

<자료 54> 메트로 타임즈 (기사정정 2004년 11월 5일)
 … 두천에서 봉화까지 〈부보상〉들이 짐을 지고 넘어 다니던 길. 내륙에 필요한 소금과 미역 등을 가지고 쌀 감자 대추 감 밤 등 여러 가지 곡류 등으로 물물교환식의 장사가 이루어졌던 고개, 그 〈보부상〉들 틈에는 영락없이 잔술 장사까지 끼어 있었다는 후설에 어설픈 웃음하나 외출한다. ……
 … 두천에서 봉화까지 〈부보상〉들이 짐을 지고 넘어 다니던 길. 내륙에 필요한 소금과 미역 등을 가지고 쌀 감자 대추 감 밤 등 여러 가지 곡류 등으로 물물교환식의 장사가 이루어졌던 고개, 그 〈부보상〉들 틈에는 영락없이 잔술 장사까지 끼어 있었다는 후설에 어설픈 웃음하나 외출한다. ……

<자료 55> 엠파스 (내용수정 2004년 11월 10일)
 부보상은 부상(負商:男)과 보상(褓商:女)의 합성어(合成語)이다. 본래 사람의 초기생활 수준에서는 식생활(食生活)에 관련된 용품을 판매하는 부상(負商)의 활동이 먼저 발생되었고 그 다음 단계로 점차 생활수준이 향상되면 의생활(衣生活)에 관련된 문화용품을 판매하는 보상(褓商)의 활동이 순차적으로 요구되게 마련이다. 부상(負商)은 물건을 지게(支械)에 지고 팔러 다니던 남자행상(男子行商 : 등짐장수)이고 보상(褓商)은 물건을 보자기(褓: 布)에 싸서 머리에 이거나 등에 지고 팔러 다니던 여자행상(女子行商 : 봇짐장수)을 말한다. 부보상(負褓商)의 용어가 보부상(褓負商)으로 왜곡 둔갑된 연유는 일본 제국주의자들이 사농공상의 일본식 서열개념으로 조선왕조의 중상정책을 폄하(貶下)하기 위한 역사왜곡과 식민정책을 합리화시키기 위하여 일제에 최후까지 반항한 부보상의 민족정신을 말살하려는 술책에 기인된 것으로 보는 견해노 있다.

<자료 56> 한국정신문화연구원 (찬동적 답글 2004년 11월 10일)
엠파스 한국학지식 〉 한국학 Q&A 〉 함께 쓰는 한국백과를 보시지요. [부보상]이라는 항목을 등록시켜 놓았습니다. 그리고 다른 내용에 나오는 보부상이라는 명칭은 저자가 별도로 있어서 저자와의 협의가 필요한 사항입니다. 학술연구의 결과로 나온 것은 연구자의 의사를 존중하는 것이 중요합니다. 따라서 저자와의 협의가 끝나면 고쳐드리도록 하겠습니다.
저희들도 적은 인원에 너무 많은 일이 밀리다 보니 처리가 늦어지고 있습니다. 거듭 죄송하다는 말씀드립니다.

<자료 57> 두산동아는 우리 친구 (2004년 11월 10일)
- 두산세계대백과사전에서 부보상 용어를 확실하게 수용했다.
- 두산백과사전에서 부보상을 검색하거나 또는 보부상을 검색해도 역시 제일 먼저 〈부보상〉이 떠오른다.

<자료 58> 문화일보 이영미 기자 (찬동적 답글 2004년 11월 11일)
안녕하십니까. 이영미입니다. 제 글에 관심 가져주시고 잘못을 지적해주셔서 감사합니다. 님들이 보내주시는 글 덕에 다시 한 번 제 글을 검토했습니다. 그래서 웹사이트를 방문했고 이번 일은 제 기사의 정정보도 정도로 그치면 안 될 것 같아 담당 기자님께 님들의 웹사이트 취재를 의뢰 드렸습니다. 문화일보 자체가 역사 문화에 관심이 많아 님들의 움직임을 주의 깊게 보시리라고 믿습니다. 다시 한 번 감사드립니다.
* 답글 전문
'치우천하' 연재 담당기자입니다. 부보상에 대해서는 사이트를 통해서 읽어봤습니다. 앞으로 작품을 연재하는데 참고하도록 하겠습니다. …
(이하 생략)

<자료 59> 시민의 신문 전용모 기자 (기사정정 2004년 11월 17일)
… 간장소는 옛날 화개장터에서 소금가마니를 지고 오던 〈부보상〉이 발을 헛디뎌 소금을 가마니 째 쏟아 물이 간장처럼 짜졌다 하여 간장소

라 한다.

<자료 60> 한밭교육박물관 (내용정정 2004년 11월 17일)
　… 시장풍속 모형촌은 사라져가는 시골장 풍경과 전통적인 상거래에서 사용되었던 여러 풍속들이 잊혀져 가는 상거래 관행과 그 변천의 역사를 되돌아보고 (부보상) 공인 객주 상인들의 족적과 그들의 풍속을 확인할 수 있다.
　… 조선 전기에는 수도에 시전 이외에 매일장 형식의 노상시장이 열리고 지방에는 향시가 열려 행상과 (부보상) 등 전업적 편력행상의 활동도 점차 활발해졌다. … (이하 생략)

<자료 61> 시사저널 박성준 기자 (찬동답글 2004년 11월 21일)
　이현진 씨께. 보내주신 이메일 잘 받았습니다. 보부상이 아닌 부보상, 잘 알겠습니다.
　앞으로 혹시 이 용어를 다시 쓸 일이 있으면 유념토록 하겠습니다. 시사저널을 관심 있게 봐주신 점에 대해서 감사드립니다.

<자료 62>) 매일신문 정경구 기자 (찬동답글 2004년 12월 3일)
　부보상에 대한 옳은 지적 감사히 받아들이겠습니다. 참고해 향후 그같은 오류를 범하지 않겠습니다. 거듭 감사드립니다. 건강하시고요. 좋은 하루 되십시오.

<자료 63> 국토포털 (내용정정 2004년 12월 3일)
　제　목 : 부보상의 중심이었던 덕산
　… 또한 광천리에 남은 들상여, 읍내리에 예덕상무사 소속 (부보상) 유품과 미륵불, 신평리 미륵불, 옥계리에 삼층석탑이 있다. 교육기관으로는 초등학교 3개교가 있다. 읍내 신평 옥계 북문 상가 사동 둔 대치 광천 사천 외라 내라 복당 낙상 대동 시량 등 16개 동리가 있다. … (이하 생략)

<자료 64> 네이버는 우리 친구 (2004년 12월 5일)
　네이버 백과사전의 〈보부상〉의 기원 및 조직과 〈보부상〉의 개항이후 활동에서 부보상으로 깔끔하게 정정되었다.

<자료 65> 오마이뉴스 이성규 기자 (기사정정 2004년 12월 8일)
　… 또 〈부보상〉을 중심으로 한 전통상업 등 서민문화의 전승지역이자 서해안의 천혜의 아름다운 자연경관을 보유한 곳으로서 문화관광의 중심지로의 발전 잠재력이 아주 높은 지역이라고 건교부는 설명했다. …
(이하 생략)

<자료 66> 내일신문 김남성 기자 구당 인터뷰 (2004년 12월 8일)
　제 목 : 인물초대석 - 부보상 명칭 바로잡는 이훈섭 경기대교수
　"보부상이 아니라 부보상입니다" "일제시대 조선총독부는 지난 25년 조선사편수회를 조직하여 악랄한 식민사학을 유포시켰습니다. 또 일제는 이 시기에 조선역사를 변조하기 위해 온갖 만행을 저질렀지요. 그 가운데 하나가 부보상 명칭을 보부상으로 바꾼 것입니다."
　경기대 경영학부 이훈섭(59·사진) 교수는 평생을 부보상 명칭 바로 잡기에 나서고 있다. 일반인들에게 낯선 부보상은 우리가 잘 알고 있는 조선시대 상인들 가운데 하나인 보부상의 원래 이름이라는 것. 그가 처음 부보상에 관심을 가지게 된 것은 25년 전인 지난 1980년. 전공인 경영학 공부를 위해 전통 상학(商學)책들을 뒤적이다 부보상이라는 이름을 발견했다. 당시 이 교수가 발견한 자료는 조선왕조 이성계 태조가 행상계(行商界)의 대표자인 백달원에게 하사한 옥도장에 새겨진 유아부보상지인장(唯我負褓商之印章)이라는 문장이다. 또 그는 각종 조선시대의 사료(史料)에서 온통 '부보상'(負褓商)이라는 명칭을 발견했다.(참고 www.bubosang.net)
　그러던 가운데 이 교수는 지난 25년 조선총독부가 발간한 '조선인의 상업'이라는 책의 78쪽에서 소제목이 보부상으로 둔갑된 사실을 확인했다. 그는 이런 과정을 통해서 부보상이 보부상으로 바뀐 것은 숨겨진 곡절이 있을 것으로 의심하며 꾸준히 연구를 계속해왔다. 이 교수는

일제가 부보상 이름을 왜곡한 이유로 두 가지를 든다. 우선 태조의 중상정책을 비롯한 국가정통성과 민족정기를 훼손 왜곡하려는 일제의 역사 식민정책 가운데 하나라는 주장이다. 다른 하나는 조선의 시장지배권을 충성심이 강렬한 부보상에서 일본상인 주도로 판갈이해 경제식민정책을 고착시키려는 의도라는 것. 그는 "부보상 명칭회복 운동은 일제에 의하여 왜곡된 상업역사적 용어를 회복하는 것"이라며 "따라서 우리 상인의 민족정기를 바로 세우려는 학문의 광복운동이다"고 주장했다.

이 교수의 오랜 집념은 최근 들어 잇달아 성과를 내기 시작했다. 한국정신문화연구원 한국전통상학회 한국경영사학회 한밭교육박물관 등에서 부보상의 용어를 수용했다. 또 두산세계대백과사전 네이버백과사전 등 포털 사이트에서 부보상으로 정정했으며 각종 정부 기관에서도 호응을 보이고 있다. "점차 고쳐지고 있지만 부보상 명칭이 완전히 고정될 때까지 언론이 관심을 가져주는 것이 가장 중요합니다. 같이 명칭을 바로 잡아봅시다."

<자료 67> 동아일보 지명훈기자 (호응기사 2004년 12월 12일)
　　제　목 : 일제잔재 보부상 대신 부보상으로
　　봇짐장수와 등짐장수를 통틀어 이르는 '보부상'이라는 표현은 식민지적 잔재이기 때문에 '부보상'으로 불러야 한다는 주장이 일부 학자 등을 중심으로 제기되고 있다. 본보가 8일자 A27면(지방판·중부·호남·제주)에 '충남 내포문화권 본격 개발된다'는 제목으로 보도한 기사에서 '보부상촌' '보부상 조직을 관리하던 기관인 예덕상무사' 등의 표현을 쓴 데 대해 "부보상으로 써야 하는 것 아니냐"는 독자 e메일이 적지 않게 답지했다. …. (이하 생략)

<자료 68> 한국일보 방민준 논설위원실장 (찬동기사 2004년 12월 15일)
　　제　목 : [지평선] 개성
　　작년 12월11일 처음 개성에 가보았다. 한국토지공사 개성공단 개발사무소 착공식에 참석하기 위해서였다. 개성은 예부터 벽란도와 함께 국제상업도시로 발달했다. 특히 개성인들은 상재에 능해 전국의 행상을 조직, 이른바 송방(松房)을 두고 경제권을 장악할 정도였다. 등에 짐을 지고 장사하는 남자인 부상(負商), 보따리를 이고 장사하는 여자인 보상(褓商)을 합쳐 부보상이라 불렀는데 중상주의정책을 편 이성계 태조가 직접 이름을 하사했다고 한다. 이를 일제가 보부상으로 기록하면서 잘못 전해지고 있다. 개성이 남북경제협력시대를 대표하는 경제특구로 거듭날 것을 기대해본다.

<자료 69> 부산일보 백현충 기자 (호응답글 2005년 3월 11일)
    안녕하십니까. 부산일보 백현충기자입니다. 보내주신 이메일은 잘 받았습니다. 좋은 의견에 대해 감사드립니다. 뼈 속까지 스며든 일제 단어를 찾아내고 개선하려는 이현진 님의 노력에 시나브로 고개가 숙여집니다. 특히 글로써 먹고사는 사람으로서 부끄럽기도 하고요. 그저 습관적으로 큰 고민 없이 사용했다는 사실도 속상합니다. 덕분에 귀 홈페이지도 둘러보고 작은 충격도 받았습니다. 즐거운 '답사(?)'였습니다. … (중략) …
    하지만 제 개인적인 의견으로는 관행을 떠나 잘못된 것은 언제든지 바로잡혀야 한다는 생각입니다. 빠르면 빠를수록 좋겠죠. 모르고 쓴다면 몰라도 알면서도 쓰는 것은 정말 나쁜 일이겠죠. 좀 더 적극적인 계획으로 보부상 아니 〈부보상〉에 대해 다른 형태의 글도 계획해볼까 생각합니다. … (이하 생략)

<자료 70> 부보상 명칭 최초 KBS1 TV 50분간 방영 (2005년 3월 17일)
    - 제 목 : 조선의 상인 부보상
    - http://www.kbs.co.kr 〉kbs korea 〉도전역사퀴즈 〉방송보기 〉부보상 (147번)
    - http://www.kbs.co.kr/korea/sisa/survival/vod/1344281_2735.html

<자료 71> unews의 이민희 기자 (기사정정 2005년 3월 21일)
    좋은 지적 감사합니다. bubosang.net에서 확인했습니다. 보부상이 아니라 부보상으로 표기하는 것이 올바른 역사바로세우기 차원에서 매우 중요한 문제라는 것을 알았습니다.

좋은 지적 감사합니다. 기사내용에서도 보부상으로 표기된 부분을 부보상으로 바로 잡았습니다. 또 이런 기회에 bubosang.net의 활동을 접하게 돼서 매우 좋았습니다. 기회가 된다면 유뉴스에서 이런 문제에 대한 글을 주셔도 좋겠습니다. 다시 한 번 감사드립니다.

<자료 72> posco news의 조이산 작가 (호응답글 2005년 3월 23일)
 조이산입니다. 메일을 받고 부보상넷에 들어가 보았습니다. 부보상이라는 명칭을 하사받은 과정과 보부상으로 둔갑하게 된 과정 등이 자세히 나와 있더군요. 좋은 일을 하고 계십니다. 일제시대에 잘못 비틀어진 게 어디 부보상뿐이겠습니까? 다만 안타까운 점은 인터넷 국어사전에서 부보상을 찾을 수 없다는 점입니다. 더 활발한 활동을 하여 원래의 명칭을 되찾게 되기를 바랍니다. 그럼 더욱 정진하시기를 …

<자료 73> 박두환 국사선생님(호응답글 2005년 3월 23일)
 보내주신 정겨운 글 잘 읽어보았습니다. 이현진 님의 주장이 어느 정도 설득력도 있고 긍정적으로 생각해 볼 수 있는 사항인 것은 분명합니다. 하지만 일선에서 역사를 가르치는 우리 교사들은 학생들에게 객관적인 부분을 강조해야 하며 주류 학계에서 인정한 부분만을 가르칠 수밖에 없는 것이 또한 현실입니다.
 예전에도 이와 비슷한 일이 있었는데 제가 알고 있는 것과 다르다고 하더라도 아이들에게는 교과서에 있는 내용을 가르쳐야 하는 것이 우리 일선교사들의 아픔이기도 하고요.
 이현진 님이 말씀하신 내용 잘 보았고요. 더 자세히 알아본 다음에 시정해야 할 문제라면 시정하도록 하겠습니다. 따뜻한 관심 감사드리고요. 더욱 열심히 공부하여 아이들에게 바른 우리의 역사를 가르치는 교사가 되기 위해 노력하겠습니다. 다시 한 번 감사드립니다.

<자료74> 제주투데이 이상진 기자 (기사정정 2005년 3월 24일)
 부보상으로 수정했습니다. 많은 관심에 감사드립니다.

<자료 75> 현대불교신문 김강진 기자 (호응답글 2005년 3월 26일)
안녕하세요. 현대불교신문 김강진 기자입니다. 보내주신 메일 잘 받아 보았습니다. 제 기사를 읽고 관심을 가져주신 점 감사드립니다. 저도 한때 국문학 쪽을 공부했고 나름대로 바른말을 쓰려고 노력하고 있습니다. 단어 하나 하나의 의미를 모두 따져 쓰는 것이 기자의 올바른 도리인 줄도 알고 있지요. 또한 이현진 님의 말씀대로 민족정신을 말살하기 위해 만들어진 단어들을 하나하나 없애 나가는 것도 중요한 노력이라는 점을 공감하고 수긍합니다.
……. 중략 ……
일단 저는 좋은 공부했습니다. 보부상이라는 단어가 그렇게 악의를 띤 단어라는 것을 알게 되었으니까요. …… (이하 생략)

<자료 76> 파란 포탈사이트 (호응답글 2005년 3월 31일)
문의하신 내용에 대한 답변입니다. 고객님 안녕하세요. 파란 고객센터입니다. 보부상에 대한 올바른 의견 주셔서 감사합니다. 저희 파란에서는 고객님의 소중한 제안이 유실되지 않도록 내부적으로 제휴/제안 시스템을 운영하고 있습니다. 주신 의견은 확실히 서비스운영자에게 전달되며 검토 후 가능한 부분은 빠른 시간 내 적용하도록 하겠습니다. 다만 내부적인 사정이나 우선순위가 있으므로 적용이 되는 시점은 시간이 좀 걸리거나 적용대상에서 제외될 수 있습니다. 저희 파란에서는 고객님의 의견을 항상 중요하게 생각하고 있습니다. 감사합니다.

<자료 77> 뉴스메이커 유성문 작가 (찬동답글 2005년 4월 2일)
님의 지적 고맙기만 합니다. 앞으로는 꼭 부보상으로 쓰겠습니다.
가급적 주기라도 달아서 그 유래에 대한 설명도 곁들이는 것이 좋겠지요.
지적에 대한 보답으로 지금 제가 구상중인 '길에서 보내는 엽서'(인상적인 이미지와 짧은 글을 매주 한차례 이상 이메일로 보낼 생각)가 준비되는 대로 보내 드리도록 하겠습니다.
작지만 좋은 인연의 기회이기를 바랍니다. 건승하십시오. 총총.

<자료 78> 경향신문 박영철 기자 (찬동답글 2005년 4월 3일)
경향신문 박영철 기자입니다. 전에도 경기대 학생들의 지적을 받은 적이 있습니다. 또 깜박했습니다. 행사 주최측이 사용하는 용어를 그대로 인용하다 보니 실수가 반복되는 것 같습니다. 경기대 학생들의 부보상 명칭 바로잡기 운동이 여러 가지 관련 행사를 주최하는 관공서를 대상으로 보다 활성화된다면 더 효과가 많을 것이라 생각합니다. 앞으로 더욱 신경을 쓰겠습니다. 죄송합니다.

<자료 79> 오마이뉴스 방상철 기자 (기사정정 2005년 4월 5일)
… 전국을 떠도는 〈부보상〉들은 생필품을 여수 광양 남해 삼천포 충무 거제 등지 사람들은 뱃길로 미역이나 청각 고등어 등의 수산물을 가져와 팔았다고 한다. ….

<자료 80> 금성출판사 (우호답글 2005년 4월 6일)
조병학 님 안녕하세요. 금성출판사 국어사전 팀입니다. 파란국어사전의 보부상이라는 명칭에 대하여 귀하가 메일로 보내주신 의견 잘 들었습니다. 이 문제에 대해서는 우리도 이미 알고 있고 보부상을 부보상으로 바꾸어야 하는 문제를 검토하고 있는 중입니다.
…… (이하 생략) ……

<자료 81> 네이버 여행지추천 블로그 (기사정정 2005년 4월 9일)
… 청운의 꿈을 품고 한양길을 오르던 선비들을 비롯한 〈부보상〉들이 험준한 새길을 오르다 한 잔의 술로 피로를 달래며 쉬어가던 곳인 옛 주막…

<자료 82> 서쪽나라 (호응답글 2005년 4월 9일)
안녕하세요 서쪽나라 담당자입니다. 역사바로잡기에 앞장서시는 분들이 이렇게 많은 줄 몰랐습니다. 관심 감사드리며 앞으로도 많은 격려와 지도 부탁드립니다. 그런 좋은 하루 되십시오

<자료 83>) 서울경제 김홍길 기자 (찬동답글 2005년 4월 11일)
　　김대성 독자님. 좋은 지적 감사합니다. 다름이 아니오라 지적하신 내용을 저희 신문에 지면화하려 합니다. 원고지 5매 정도로 부보상 사용의 정당성에 대한 글을 보내주시면 적극 반영해 드리도록 하겠습니다. 보내실 때는 명함판 사진도 한 장 부탁드리고요. 또한 소정의 원고료도 있음을 알려 드립니다. 앞으로도 애정 어린 지적 부탁드립니다.

<자료 84> 부산일보 정달식 기자 (찬동답글 2005년 4월 12일)
　　몰랐던 부분을 지적해 주셔서 정말 고맙습니다. 저도 역사에 관심이 있는데 잘 몰랐던 부분입니다. 이 실천운동에 저도 동참하겠습니다. 그리고 많이 알리겠습니다. 그리고 이번 기회로 관련 소식도 받을 수 있으면 좋겠네요. 고맙습니다.

<자료 85> 영남일보 김현철 기자 (호응답글 2005년 4월 13일)
　　적절하지 않은 글 사용에 관하여 지적 감사히 생각합니다. 덕분에 부보상에 관하여 역사적 공부와 일제 잔재에 대하여 잘 알았습니다. 앞으로도 저희 영남일보에 많은 관심 부탁드립니다.

<자료 86> 한국관광공사 (호응답글 2005년 4월 13일)
　　안녕하십니까? 저희 한국관광공사 홈페이지를 이용해 주셔서 감사합니다. 지적해주신 부보상 명칭에 관련하여 학계 및 기관의 자문을 통한 확인작업 진행 중에 있습니다. 정학한 지침이 정해지는 대로 홈페이지 정보에 반영하겠사오니 잠시만 기다려 주시기 바랍니다. 다시 한 번 저희 관광공사 홈페이지에 관심과 애정을 보여 주신 것에 감사드리며 앞으로 보다 정확한 관광정보 전달을 위해 노력하겠습니다.

<자료 87>) 홍성신문 이종민 기자 (찬동기사 2005년 4월 14일)
　　제　목 : 향 피워 부보상 넋 부르다
　　　　　　원홍주등육군상무우사 홍도원서 제향
　　　　원홍주등육군상무우사 한상인 접장이 부보상들의 넋을 위로하는 제주를 올리고 있다. 원홍주등육군상무우사(접장 한상인) 제향이 지난 4일 보령시 청소면 홍도원 현지에서 거행됐다. 이날 제향에는 한상인 접장을 비롯해 채현병 군수, 이종건 도의원, 상무우사 관계자 등 1백50여명이 참석해 먼저 간 부보상들의 넋을 위로했다. 원홍주등육군상무우사는 6군과 20개 임소로 되어 있는데 육군은 홍주 청양 대흥 보령 오천 결성이고 임소로는 홍성 광천 옹암 갈산 용호 결성 옥계 보령 오천 홍도원 대흥 광시 청양 운곡 남양 화성 평촌 합천 대교 백야 등으로 많은 재산과 자료를 보유하고 있다.
　　　…… (이하 생략)

<자료 88> 충청남도 (찬동답글 2005년 4월 14일)
　안녕하세요? 충남도청에 근무하고 있는 홍순광이라 합니다. 부보상에 대해 여러분이 글을 올리신 걸 읽어보았습니다. 그분들 중 가장 먼저 글을 올리셨더군요. 먼저 충남 도정에 깊은 관심을 갖고 있고 또한 미처 몰랐던 사실을 깨우쳐 주심에 깊은 감사를 드립니다.
　우리道에서는 충남 서북부 內浦지역의 역사문화를 정비하기 위한 內浦文化圈 綜合開發計劃을 2004년도에 확정한 바 있으며 그중 부보상촌 조성계획이 있습니다.
　물론 나 혼자만으로 명칭이 정정될 수 있으리라고는 기대하지 않지만 나름대로 홍보에 일조하도록 하겠습니다. …… (이하 생략)……

<자료 89> 영남일보 이하수 기자 (찬동답글 2005년 4월 16일)
　안녕하십니까. 영남일보 이하수 기자입니다. 기사에 관심을 가져주신 점 감사합니다. 더욱이 잘못된 부분까지 지적해 주신데 대해 매우 고맙게 생각합니다. 장돌림의 한자어로 보부상이라는 단어를 쓴 게 잘못 됐다는 지적을 하셨군요. 아마 제가 보는 국어사전에 문제가 있는 것 같습니다. 1970년대 어문각에서 출간된 어문각종합국어사전(김민수 홍웅선 편)에는 장돌림이라는 우리말의 한자어로 보부상(褓負商)을 들고 있습니다. 부보상은 보부상의 동의어 정도로만 적시해 놓고 있습니다. 기사에서 어휘를 선택하는데 더욱 주의를 기울이겠습니다. 감사합니다.

<자료 90> 경북일보 하철민 기자 (호응답글 2005년 4월 17일)
경북일보 하철민 기자입니다. 보부상 명칭사용의 오류 지적에 대해 감사드립니다. 이 기사를 쓰면서 보부상이라는 단체는 조선말 이용익이 조직한 어용단체로 독립협회에 대항하여 만민공동회를 테러한 친일단체로 알고 있어서 많이 고민했습니다. 하지만 지방조직은 그러한 행위에 가담하지 않았고 지켜지는 지역 문화로 육성하기 위해 기사를 썼습니다. 정진아 학생의 지적처럼 조선 초부터 조직된 부보상이라는 단체로 학계에서 인정됐다면 앞으로는 부보상의 명칭사용을 적극 권장하고 지역의 전통문화 유산으로 지켜나가는데 초점을 맞추겠습니다.

<자료 91> 대전일보 김재근 기자 (호응기사 2005년 4월 18일)
제 목 : 보부상은 부보상이 맞는 말
일제 때 변경 … 충남도 홈피 정정요구 봇물
보부상(褓負商)이 아니라 부보상(負褓商)입니다! 충남 예산에서 이뤄지는 보부상 놀이와 관련 보부상이란 언어가 일제 잔재라며 우리 고유의 말인 부보상으로 바꿔달라는 주장이 잇따르고 있다. 충남도 홈페이지 〈충남도에 바란다〉와 〈자유게시판〉에는 요 며칠 사이 보부상이란 용어를 고쳐달라는 의견이 속속 올랐다.
경기대학교에 재학중이라는 이모 네티즌은 충남넷 곳곳에 〈예산 보부상놀이〉라고 적었는데 보부상은 일제에 의해 왜곡된 표현이고 부보상이 올바른 표현이라고 올렸다. 강모라는 네티즌도 〈보부상이란 명칭은 일제 식민시대 잔재〉라며 〈부보상의 명맥을 계승 발전시키는 행사에서 제대로 된 명칭조차 사용하지 않는 사실이 놀랍다〉고 지적했다. 이들은 부보상이 원래 명칭이라고 주장하고 있다. 조선을 건국한 이성계 태조가 상업을 장려하는 중상정책(重商政策)의 일환으로 1392년 하사한 명칭이 바로 부보상이라는 것이다.
이성계 태조는 여진정벌 등 여러 차례 전투에서 행상들의 도움을 받았고 왕이 된 뒤 보은의 의미로 행상을 지원하고 유아부보상지인장(唯我負褓商之印章)이라고 새겨진 옥도장을 하사했다. 부보상은 이성계 태조가 하사한 고유명사라는 것이다. 일제는 조선의 경제를 무너뜨리기 위해 상업을 억제했고 1925년경부터 명칭도 보부상으로 바꿨다. 식민통치가 극성을 부리던 1925년 조선총독부에서 발행한 〈朝鮮人의 商業〉이라는 책에서 처음으로 보부상이라는 용어를 사용하기 시작했다.

일제는 이 책에서 이성계 태조가 부보상이라는 명칭을 부여했다면서 정작 제목부터 보부상으로 비틀어 기록했다. 충남도는 이와 관련 〈국가지정 중요민속자료 제30호로 지정된 보부상 유품의 경우 아직 명칭변경이 이루어지지 않았으며 국가차원에서 명칭변경이 이루어져야 할 것〉이라며 홈페이지에 실린 〈예산 보부상놀이〉는 행사의 공식명칭이므로 임의로 변경할 수 없지만 명칭이 변경 시행되면 즉시 수정하겠다고 밝혔다.

<자료 92> 아이뉴스충북 방병철 기자 (기사정정 2005년 4월 19일)
단양군이 전국 249개 지방자치단체에 대한 전담공무원을 지정, 정보를 교환하고 주요시책 및 우수행정사례 등을 수집하기 위한 시책으로 행정부보상제(行政負褓商制)를 운영키로 해 눈길을 끈다. 이를 위해 군은 249개 지자체에 대한 담당공무원을 지정, 오는 8월 15일까지 해당 지자체에 파견해 기본현황을 파악하는 것은 물론 우수업무 추진사례 및 선진시책 등을 벤치마킹토록 할 방침이다. …… (이하 생략)

<자료 93> 단양군수 (호응답글 2005년 4월 19일)
먼저 우리 군정에 많은 관심을 가지고 명칭사용과 관련하여 좋은 지적해 주신데 진심으로 감사드리며 아울러 죄송하다는 말씀 올립니다. 국립국어연구원에 질의한 바 보부상과 부보상을 둘 다 사용한다는 의견은 받았지만 우리 군에서는 명칭 사용에 대하여 다각적으로 다시 검토해 보도록 하겠으니 이 점 널리 양해하여 주시기 바랍니다. 다시 한 번 지적해 주신데 진심으로 감사드립니다.

<자료 94> 단양뉴시스 이병찬기자 (찬동답글 2005년 4월 20일)
뉴시스 통신 이병찬 기자입니다. 잘못된 역사를 바로 잡아 나가는 귀 단체에 경의를 표합니다. 앞으로는 어휘선택에 좀더 신중을 기하겠습니다. 몰랐던 것을 새로이 알게 해 주신 점도 감사드립니다. 이 땅에서 일

제 잔재인 보부상이라는 용어가 하루 빨리 사라지길 바랍니다. 귀 단체의 건승을 기원합니다.

<자료 95> 아이뉴스365 방병철 기자 (찬동기사 2005년 4월 23일)
　　제　목 : [단양] 부보상&보부상 명칭표현 논란
　　　　　　이훈섭 경기대 교수 … 부보상이 올바른 표현

　등짐장수(負 남자행상)와 봇짐장수(褓 여자행상)를 통틀어 일컫는 부보상(負褓商)이라는 명칭을 두고 부보상과 보부상 가운데 어느 것이 올바른 표현인지에 대한 논란이 일고 있다. 경기대학교 이훈섭(57 경영학과) 교수는 보부상은 조선총독부의 식민정책의 하나로 바뀐 이름이라며 식민지적 잔재이기 때문에 부보상으로 불러야 한다며 몇 년째 명칭 환원을 주장하고 있다.
　부보상은 등짐장수인 부(負)와 봇짐장수인 보(褓)의 조합어로 조선왕조 이성계 태조가 직접 지어준 이름인데 일제 어용학자들이 지난 1920년대 보부상으로 바꿔 불러 지금에 이르게 됐다는 것이다. 한국의 지맥을 끊으려고 전국 명산에 쇠말뚝을 박는 만행을 저지른 일제가 항일 운동에 앞장을 섰던 부보상의 이름도 보부상으로 바꿨다며 부보상이 올바른 표현이라고 일부 학자들은 밝혔다. 이들은 임진왜란 때 식량과 무기를 관군에게 날라주고 전투에 참가, 이러한 활동의 대가로 정부로부터 어염 목기 등 전매권을 부여받고 상단에 소속되지 않는 행상을 단속하는 특권도 누렸다. 이 같은 학자들의 주장에 따라 지난 1978년 설립된 한국정신문화연구원도 자체에서 만드는 한국민족문화대백과사전의 보부상 용어를 개정판 발행 때 부보상으로 변경하기로 한 것으로 알려졌다.
　그러나 현재 각종 국어사전과 백과사전 등에서는 이들 두 가지 표현이 혼용되고 있는데 국어사전(동아 민중)은 모두 보부상을 표제어로 삼아 설명한 뒤 부보상도 같은 뜻이라고 표기하고 있다. 이와 함께 두산백과사전과 포털사이트인 네이버 등은 예산보부상전시관 같은 고유명사를 제외하고는 부보상이라고 쓰고 있지만 포털사이트 다음 등은 보부상이라고 표기하는 등 혼용되고 있다.
　이와 관련 이훈섭 교수는 자신의 논문에서 보부상이라는 용어는 조선총독부가 억상이간책략(抑商離間策略)을 통해서 1925년 〈조선인의 상업〉이라는 책에서부터 쓰기 시작했다고 주장했다. 조선왕조 이성계 태조가 중상주의 정책 차원에서 행상의 대표자인 백달원에게 유아부보상지인장(唯我負褓商之印章)이라고 새긴 옥도장을 하사한 후 1925년 이전까지는 부보상이라는 용어만 쓰였다는 것.

<자료 96> 서울신문 남기창 기자 (찬동답글 2005년 4월 25일)
　　조윤종 님께. 저는 서울신문 남기창입니다. 님께서 부보상의 올바른 사용법을 지적해 준 데 대해 먼저 고맙다는 말씀 전합니다. 사실 저는 모르고 그렇게 썼습니다. 다시는 그런 어처구니없는 일본식 용어를 쓰지 않도록 하겠습니다. 글을 쓰고 있는 기자로서 조금만 주의하고 노력하면 될 일을 게으른 탓에 이렇게 실수하고 말았습니다. 이제는 일본식 용어를 좀더 연구하고 정리해서 실수를 재발하는 일이 없도록 다짐하겠습니다. 님의 지적에 대해 다시 한번 머리 숙여 감사드립니다. 고맙습니다.

<자료 97> 뉴스타운 김진우 기자 (기사정정 2005년 4월 29일)
　　* 정정 기사
　　… 넷째 날 5월 1일은 〈부보상〉과 상여소리가 어우러진 가장행렬이 덕산온천 주차장에서 도중도 무대까지 이어지고 …
　　* 답 글 : 편집부　2005-04-29 오후 1:42:09
　　부보상으로 교정했습니다. 경기대학생 여러분들의 좋은 지적 감사드리며 앞으로 주의토록 하겠습니다. 좋은 활동하고 계시군요^^
　　* 답 글 :　김진우　2005-04-29 오후 7:49:03
　　감사합니다. 학생들의 문화에 대한 관심 그리고 열정에 뿌듯함을 느낍니다. 저는 향토사연구가로서 학생들의 지적을 겸허히 받아들입니다. 당연한 지적입니다. 미처 최종교정을 보지 못하고 게시한 저의 실수입니다. 학생들의 역사에 대한 그룹 활동과 의식에 한국의 미래를 가늠할 수 있어 흡족하네요.^^
　　* 격려글 　: 긴진우 기자
　　님의 지적 감사합니다. 기성세대들의 습관적 사용이 아직도 배어있습니다. 이런 문화침투에서 벗어나지 못하고 있는 기성세대의 책임이 큽니다. 향토연구가로서 활약하는 저도 이 내용을 알면서 보도자료의 내용을 큰 확인 없이 올리다보니 부보상을 공무원들의 잘못된 자료로 올리게 되었습니다. 학생의 바로잡음 감사합니다.

　* 격려글 : 독자

　일반적으로 보부상이 우리들 일상에서 흔히 사용되고 있어서 잘 모르고 있습니다. 특히 방송에서도 보부상으로 사용하고 있기 때문에 그렇습니다. 저도 오늘 부보상이란 것을 알았습니다. 앞으로도 학생들이 뉴스타운에 자주 오셔서 좋은 지적해 주시고 홍보해 주시면 감사하겠습니다. 경기대 화이팅! ㅃㅃ!!

　* 격려글 : 애독자

　학생들이 뉴스타운 시민기자로 활동하시며 적극 홍보하는 것이 더욱 좋겠습니다. 경기대의 모습이 보기 좋습니다. 모두 시민기자로 가입하세요.

<자료 98> 서쪽나라 (내용수정 2005년 5월 4일)
　　　- http://www.westcoree.co.kr/rgboard/view.php?&bbs_id=
　　　culture&page=&doc_num=9
　　[집중탐구] 부보상놀이
　　　- http://www.westcoree.co.kr/rgboard/view.php?&bbs_id=
　　　culture&page=&doc_num=8
　　[집중탐구] 부보상에 대하여

<자료 99>) 다음 포털사이트 (호응답글 2005년 5월 4일)
　　돋아나는 새싹처럼 푸르름을 간직한 봄날입니다. 안녕하세요. 고객님. Daum 커뮤니케이션 사전 담당자 윤성득입니다. 먼저 Daum 검색 서비스에 대한 고객님의 좋은 의견 감사드립니다. 회원님께서 보내주신 내용은 잘 받아 보았습니다. 현재 콘텐츠를 제공하는 동서문화사에 요청을 한 상태이며 검토 후 반영한다는 안내를 받았습니다. 그러므로 조금 더 기다려 주시기 바랍니다. 다른 궁금하신 사항은 언제든지 문의해 주시면

성실히 답변해 드리겠습니다. 고객님과 늘 함께하는 Daum 사전이 되도록 노력하겠습니다. 싱그러움이 함께하는 4월 되시기 바랍니다.

<자료 100> 새전북신문 강영희 기자 (찬동답글 2005년 5월 6일)
　　보내주신 메일 잘 받았습니다. 그리고 좋은 지적도 감사합니다. 지나치기 쉬운 문제들을 꼼꼼하게 체크해주시고 여러모로 부러움이 느껴집니다. 뚜렷하게 문제의식 가지고 대학 생활하는 것도 많이 부럽습니다. 그 동안 그렇게 배워왔기 때문에 아무런 생각 없이 '보부상'이란 말을 써왔습니다. 저 뿐만 아니라 다른 기자들도 마찬가지일 거구요. 제가 여러분들이 보내주신 메일 내용을 저희 게시판에 붙여놓겠습니다. 앞으로도 저희 신문에 많은 관심 기울여 주시고요. 언제나 열정적으로 하루하루를 사십시오.

<자료 101> 인천일보 김주희 기자 (호응답글 2005년 5월 13일)
　　지적 감사합니다. 전에도 인천일보 보시고 많은 분(부사모)들께서 보부상, 부보상 관련 지적을 해주셨더군요. 우리 말(얼 정신) 찾기에 노력하시는 모습 정말 보기 좋습니다.
　　..... (이하 생략)

<자료 102> 전교학신문 채향란 기자 (찬동기사 2005년 5월 13일)
　　제　목 : [전교학신문] 부사모(부보상을 사랑하는 모임) 명칭수정운동
　　　　　　조선상인 명예 되찾자
　　보부상이 아니라 부보상이 바른 말입니다. 보부상은 부보상의 하위개념이며 일제가 창씨개명을 하듯 그들의 계략에 의해 의도적으로 부보상이 보부상으로 명칭이 바뀐 것입니다. 독도 망언과 역사왜곡으로 나라 안팎이 한창 시끄러울 때 온라인상에서는 식민지적 잔재로 남아있는 보부상이라는 명칭을 부보상으로 바로 잡아야 한다는 〈부보상 되찾기 운동〉이 한창이었다. 지난 25년 동안 한결같이 부보상이라는 명칭을 되찾기 위해 깅단에서 또는 학회에서 목소리를 높여왔던 경기대 경영학부 이훈섭(60) 교수. 그는 2001년 11월부터 제자들과 함께 '부사모(부보

상을 사랑하는 모임 www.bubosang.net)'를 만들어 명칭수정운동을 활발하게 벌이고 있다.

부보상의 왜곡된 표기는 역사 왜곡

지금까지 보부상이라고 멋모르고 사용한 명칭은 일본 제국주의자들이 사농공상의 일본식 서열개념으로 조선왕조의 중상정책을 폄하하기 위한 역사왜곡의 한 부분입니다. 이는 일제의 식민정책에 최후까지 반항한 부보상의 민족정신을 말살하려는 술책이었습니다.

부보상이 보부상으로 둔갑한 것은 1925년 우리 민족의 역사를 왜곡 날조하는데 혈안이 된 조선총독부에서 어용학자를 앞세워 조직한 조선사편수회가 식민사학을 유포하면서 기인되었다고 이 교수는 주장했다. 이교수가 부보상에 관심을 가지게 된 것은 지난 1980년 우연히 조선총독부가 발간한 '조선인의 상업'(1925년 刊)이라는 책에서 소제목은 보부상으로 되어 있고 본문에서는 부보상이라고 기록되어 있는 것을 확인하고 나서부터. 이후 독도를 일본해로 바꾼 1929년, 조선총독부에서 발간한 〈조선의 시장〉에서는 완전히 부보상이 보부상으로 바뀌어 기록되어 있었다. 그러나 조선총독부가 아닌 일반출판사인 계명사에서 1931년 발행된 〈조선잡기〉에서는 오로지 부보상으로 기록되어 있었고 이밖에도 전통 상학(商學)책들을 통해 부보상의 정당성을 쉽게 찾아볼 수 있었다.

이와 함께 통상아문진정서(1883) 혜상공국감결(1883) 혜상공국절목(1883) 상무사장정(1899) 등에 부상보상 부보양사 부보흘보 좌우상 부보양사 부보상 좌우사 등의 용어가 기록되어 있는 것을 확인할 수 있었다.

이에 이훈섭 교수는 "먹거리 등 식생활과 관련된 것을 지게에 지고 다니던 부상(負商)이 여성 장식품을 봇짐에 싸가지고 다니던 보상(褓商)보다 먼저 생겼으니 순서로 봐서도 부보상이 맞다"면서 "부상을 좌사, 보상을 우사로 부르면서 이 둘을 좌우사라고 명칭함으로써 부보상과 좌우사를 일치시켰던 점도 한 예"라고 설명했다.

부보상 이름이 왜곡된 숨은 이유

"부보상이 보부상으로 왜곡 둔갑된 이유는 일본 제국주의자들이 사농공상의 일본식 서열계념으로 조선왕조의 중상정책을 폄하하기 위한 역사왜곡과 식민정책을 합리화시키기 위하여 일제에 최후까지 반항한 부보상의 민족정신을 말살하려는 술책에 의해서 입니다."

이 교수는 "사농공상(士農工商)의 용어가 신분의 서열개념인 양 착각하고 상업과 상인이 이유 없이 폄하됐던 것도 식민사관의 잔재"라며 "원래 사농공상의 용어는 신분이나 직업의 서열개념이 아닌 사민주의 사상의 생업개념으로 임금과 노비를 제외한 모든 백성의 대명사였다"고 설명했다. 이어 그는 "동서고금을 막론하고 중상주의정책을 실시한 국가는 오래 번성하였고 조선왕조가 500년을 이어온 것도 같은 이유"라고 전했다. 무엇보다 일제가 두려워했던 것은 부보상들의 충성심과 민심을 주도하고 있다는 사실이었다고. 이에 조선의 시장지배권을 충성심이 강한 부보상에서 일본상인 주도로 뒤집어 경제식민정책을 고착시키려는 무서운 의도가 숨어 있었다고 이 교수는 주장했다. 그는 "부보상의 명칭을 되찾는 것은 왜곡된 상업역사적 용어를 회복하는 것"이라며 "이는 우리 상인의 민족정기를 바로 세우는 학문의 광복운동"이라고 강조했다.

상도를 이끈 부보상의 계명

이교수가 부보상에 심취했던 이유는 단순히 명칭이 왜곡되었기 때문이 아니라 부보상들의 상도에서 비롯된다. 그는 "부보상들이 품속에 지니고 다니던 신분증 뒷면에는 '물망언(勿妄言) 물패행(勿悖行) 물음란(勿淫亂) 물도적(勿盜賊)'의 4대 계명이 적혀 있어 행실의 도덕적 기틀로 삼았다"면서 "특히 물망언은 재물을 들이지 않고 남에게 베풀 수 있는 일곱 가지 보시 중의 하나인 언시(言施)에 입각하여 불신과 거리감을 좁히는 첩경이었다"고 설명했다.

그는 "이러한 부보상의 계명은 향약의 4대 강령인 덕업상권 과실상규 예속상교 환난상휼을 바탕으로 삼고 있다"며 "한국상인의 전통의식 속에 살아 있는 부보상의 행실은 참으로 숭고한 상인정신으로 지금에 와서도 본보기로서 조금의 손색이 없다"고 전했다.

부사모의 계도 활동

부보상이란 명칭을 되찾기 위해 25년 동안 학생들에게 끝없이 강조해 온 이훈섭 교수는 지난 2001년 11월 제자들과 함께 부사모를 결성하였고 부사모 네티즌들은 인터넷 검색활동을 통해 계도메일을 보내는 등 명칭회복에 앞장서고 있다. 현재 부사모 회원은 1천여 명. 대부분 이교수의 강의를 들었던 학생들이며 누구의 강요에 의해서가 아닌 자발적으로 참여하고 있다는데 큰 의의가 있다.

부사모 회원인 이현진(경영 3) 씨는 "우연히 신문기사를 읽다가 보부상이 아닌 부보상이라는 명칭을 확인했을 때 가장 뿌듯하고 보람이 있다"면서 "꾸준한 활동으로 전통행상인 부보상의 참된 정신문화를 회복하여 경영철학의 밑거름으로 삼았으면 한다"는 포부를 밝혔다. 가족이나 친지 등 가까운 사람들에게서부터 부보상 캠페인을 벌이고 있다는 박윤아(경영 2)씨는 "계도메일을 받은 사람으로부터 '고맙다'는 답메일을 받았을 때가 가장 기쁘다"고 말했다. 이들의 적극적인 활동은 최근 가속도가 붙어 눈에 보이는 성과로 나타나기 시작했다. 지난 2003년 한국정신문화연구원은 부보상의 명칭을 공식적으로 수용했으며 교육인적자원부는 공식답변을 통해 '학계전반적인 추이와 연구성과를 검토해 차기 교육과정 개발시 반영하겠다'고 공표하기에 이르렀다. 뿐만 아니라 두산세계대백과사전 네이버백과사전 등 포털 사이트에서도 보부상에서 부보상으로 명칭을 정정했다.

이 교수는 "학생들의 열정과 인터넷이 없었다면 불가능한 일"이었다며 "가슴과 가슴이 통해 점차 좋은 결과를 얻고 있다"고 말했다. 이교수와 부사모 회원들은 민비가 명성황후로 회복되고 국민학교가 초등학교로, 이씨조선이 조선왕조로 명칭을 회복한 것처럼 부보상도 곧 완전한 명칭으로 회복될 것으로 확신했다.

저자 이훈섭 교수 http://www.bubosang.net

약 력
- 경제학학사(건국대학교) 경영학석사(고려대학교) 경영학박사(건국대학교)
- 경기대학교 교수 / 한국전통상학회 이사장 / 한국전문경영인(CEO)학회 회장

경 력
- 경기대학교 학술진흥원장 / 경기대학교 경영학부장 / 중화민국 봉갑대학 교환교수
- 한국전통상학회 회장 / 한국전문경영인(CEO)학회 부회장
- 중부일보 객원논설위원 / 성균관 전학

負褓商 關聯 著述 (9권)
- 負褓商關聯史料譯解 (한국전통상학회 1988)
- 負褓商의 經營活動硏究 (한국전통상학회 1989)
- 負褓商硏究 (보경문화사 1990)
- 韓國傳統經營史硏究 (경기대학교 연구교류처 1992)
- 韓國籍負褓商論攷 (보경문화사 1997년)
- 韓國籍經營史論攷 (보경문화사 1998)
- 韓國傳統經營史論 (글로벌 1999)
- 韓國經營史論 (글로벌 2002)
- 韓國傳統經營論 (탑21북스 2004)

부보상을 아십니까

2005년 06월 10일 초판 제1쇄 인쇄
2005년 06월 17일 초판 제1쇄 발행

저 자 이 훈 섭
발행자 이 영 구
발행처 한 마 음 사

주소 ; 서울 마포구 성산동 103-21
전화 ; (02)3141-0361 Fax (02)3141-0365
등록 ; 1978. 11. 16 번호 1-509

※ 이 책의 전사 또는 무단전재를 금합니다.
  ISBN 89-7800-090-8